세계기독교 상황에서의 선교

머리말

나와 '선교학'과의 첫 만남은 친구의 소개로 아세아연합신학대학원 (ACTS)에서 이루어졌다. 내가 대학원에서 선교학을 전공한 이후 '선교'는 나의 삶과 떼어낼 수 없는 부분이 되었다. 본래 학부시절에는 목회를 염두에 두고 있었기 때문에 구약학에 관심을 가졌다. 그 이유는 한국교회 설교 강단에 구약 메시지가 소홀하다는 비판 받는 것을 보고 균형 잡힌 설교자가 되기 위해서였다. 그러나 성령님은 나를 러시아 선교사로 보내셨고, 선교사 생활 이후 선교학으로 박사 학위를 받고 신학대학에서 선교학을 가르쳤으니 선교학은 나의 사역의 핵심이 되었다.

선교학을 강의하는 중에 "선교란 무엇인가?"라는 질문이 생겼다. 이 질문은 선교 본질에 대한 질문이 아니라 선교 행위에 대한 것이다. 오늘날 한국교회는 목회와 선교에 있어 일방적 선포 속에 많은 부작용을 낳고 있다. C. H. 크래프트는 선교사들에게 복음이 전달될 때 그 문화에 적절한(appropriate) 것이 되도록 해야 한다고 했다. 예로, 한국적 기독교 신앙 형태가 그대로 선교지에 이식되기보다 그들의 문화에 적절한 신앙 형태가 만들어져야 한다는 것이다.

이것은 선포와 관련이 있다. 우리가 가지고 있는 복음을 교리처럼 만들어 선포되기만을 바란다면 나의 지식을 그들에게 전달하는 것 외에 그 어느 것도 복음의 뿌리를 내리는 일은 없을 것이다. 그러나 복음은 만남이고 그 사이에 일어나는 한 개인의 변화를 가져와야 한다. 복음은 생명력으로 그 사회와 문화를 변혁시키는 힘이 있는데, 선포 중심의 복음은 마치 뿌리 없는 나무처럼 언젠가 죽게 된다. 일방적 선포의 더 큰 어려움은 선교에 대한 부정적 인식이다. 오늘날 선교라는 용어는 오염되어 있다. 복음 선포가 일방적이다 보니 사람들은 과격단체 정도로 생각한다.

본서는 필자의 박사 학위 논문으로 선교가 무엇인지 궁금해 하는 분들을 위해 책으로 내게 되었다. 특히 20세기 중반부터 유럽기독교에서 '세계 기독교'로 전환된 시점에 우리의 선교는 어떻게 해야 할 것인지 대안을 제시했다. 이 책의 흥미로운 점은 신학, 사회학, 문학, 철학, 언어학이 어우러져 선교를 논하고 있다는 점이다. 우리의 사고는 기독교라는 텍스트를 뛰어넘어 타 학문과 교류하는 가운데 확장해 나가야 한다. 그 이유는 우리만 아는 이야기가 되어서는 안 되기 때문이다. 선교가 신학으로만 설명될 것이 아니라 타 학문들로도 설명되어 그 지평이 넓어질 때 선교학의 사명을 다했다고 말할 수 있다.

이 책은 우연히 만들어진 것이 아니다. 인생을 살면서 어떤 결과물이든 누군가의 도움 없이는 이루어질 수 없음을 알게 되었다. 본서도 융합의 과정을 통해 만들어졌다. 필자의 선교 여정과 그동안 공부하면서 만난 신학교 교수들과 직접 또는 간접적으로 만난 사람들로 인한 결과물이다. 특히 40년 지기 친구 목사의 격려와 선교라는 이름 때문에 출판을 허락해 주시고 노고를 아끼지 않은 도서출판 해븐 염성철 대표님께 감사를 드린다.

2021년 3월
연신원 합동연구실에서

차 례

제1장

서 론

오늘날 선교는 구심력(centripetal force) 프라퍼겐더(propaganda) 선교의 부작용으로 인해 재검토되어야 하는 시점에 이르렀다. 구심력 선교[1]는 흄[2]이 종교적 가설의 난제로 인한 판단중지를 말한 것과 후설[3]이 특정한 대상 영역에서만 타당한 것을 모든 대상 영역으로 적용했던 자연주의와 역사주의 오류에 대해 판단중지를 요청한 것처럼, 기독교의 구심력 선교도 모라토리움(moratorium)을 필요로 한다. 이미 1973년 태국의 방콕에서 선교의 '일시중지'가 제안되었다.[4] 선교의 재고 이유는, 우리가 사용하고 있는 '선교'라는 용어는 과격한 종교 단체가 행하는 부정적 이미지를 내포하게 되었으며, 종교 간에 분쟁을 야기 시키는 용어로 오해되고 있기 때문이다. 이러한 시점에 구심력 선교는 재고되어야 하며, 또한 1950년 이후 오늘날 '세계기독교'(World Christianity 또는 Global Christianity) 현상[5]은 선교에 대한 새로운 질문을 제기하고 있다. 현재 기독교 인구는 세계 인구의 1/3로 추정되는 가운데 유럽, 라틴 아메리카, 아프리카, 아시아에 편만하게 분포되어 있다.[6] 이것은 지금까지 행해지고 있는 구심력으로 보내는 선교에 대한 질문을 던지게 되었다. 그리고 세계기독교 현상은 구심력 선교와 원심력 선교를 뛰어넘는 차원이 있기 때문에 선교의 새로운 대안이 요구된다.

지금까지 가톨릭과 개신교가 선교라는 미명 아래 수행해 온 것은 근대화론과 관련이 있다. 근대화론은 철저한 비판적 성찰을 가져야 한다. 왜냐하면 유럽의 식민주의가 정당성을 말한다고 할지라도 집단을 학살하고 노예로, 만들어버린 이력은 그들이 주장하는 합리주의와 휴머니즘이라는 이데올로기와 맞지 않기 때문이다.7) 선교는 근대라는 문명화 사명감에 의한 책임이 아니라 타자와의 공존과 빈곤과 질병을 없애고 평화를 정착시키는 것이었어야 했다. 근대 계몽주의가 주체와 타자를 구분한 것은 자체적으로 모순을 드러내고 있는데, 개인의 자유를 극대화하면서도 타자의 자유에 대해서는 최소화했기 때문이다. 근대주의에 대한 탈근대주의적 비판은, 근대주의가 공동체의 억압에 맞서 개인의 자유를 성취한 계몽주의적 이성의 힘에 대해서는 부정하지 않는다. 동시에 이러한 성취의 이면에 선교에서 타자를 억압하는 것에 대해 침묵하는 유럽 중심적 사고는 비판의 대상이 된다. 탈근대적 선교는 근대적 자유와 타자에 대한 존중이라는 양면성을 동시에 성찰하는 것이 되어야 한다.

그래서 방연상은 라토렛(Kenneth Scott Latourette, 1884-1968)이 말한 '기독교의 위대한 세기'로 불리는 19세기 선교가 근대성에 기인한 것이었기 때문에 근대성의 토대를 넘어서는 탈근대성에 대한 논의의 필요성을 말했다.8) 그 이유는 근대 세계는 인간의 합리적 이성에 근거한 과학기술의 활용을 통한 개발을 정당화시켰고, 자연에 대한 인간의 지배와 통제를 발전의 이름으로 합리화시키기 때문이다. 계몽주의는 인간의 이성 진보에 따른 신화를 말한다. 유럽은 선교되지 않은 곳을 미개한 곳으로 규정해 유럽의 이성, 합리성, 논리성을 그들에게 제공함으로 유익

을 준다고 보았다. 계몽주의가 진보일까? 유럽 사람들은 두 번의 세계
대전을 치루면서 그 환상이 깨졌지만, 그 이전에는 근대주의가 인간에
의한 다른 인간의 지배를 합리화하고 정당화하는 계기를 마련해 주었
다.9) 유럽은 모더니즘의 한계 속에서 포스트모더니즘을 주창하게 된
것이다.

이 시점에서 우리에게 선교의 형태를 부여해 준 16-17세기의 가톨릭
선교와 18-19세기의 개신교 선교에 대한 반성적 질문을 해야 한다.10)
그 이유는 선교가 구심력으로서의 프라퍼겐더였기 때문이다.11) 조지
오웰(George Orwell, 1903-1950)은 모든 작가가 메시지가 있으며 작품
의 상세한 세부 묘사가 메시지에 의해 영향을 받기 때문에 "모든 예술은
프라퍼겐더"라고 했다.12) 16세기 이후 20세기 초까지 가톨릭과 프로테
스탄트에서 행한 구심력적 프라퍼겐더는 보편 역사적, 중심적, 조직적,
일방적, 설득적, 평균적13)인 것이었으며 동시에 보편적 인간, 닫힌 언
어, 거대 담론, 이원론, 존재론적인 것이었다. 가톨릭 선교는 이미 유럽
에서 교황과 왕에 의해 집단적 개종을 시도했고, 라틴 아메리카와 아프
리카에서 정복을 통한 개종을 이루었다. 프로테스탄트 선교는 식민주의
세력과 더불어 아시아, 아프리카 그리고 태평양 섬들에 진출해서 기독
교 신앙을 전파했다. 특히 프로테스탄트는 '대위임령'14)이라는 것에 근
거해 사람들을 설득(persuade)해 예수를 믿게 하고, 예수의 '재림'을 앞
당기는 종말론15) 성취를 이루기 위한 선교가 되었다.

그러나 선교는 '하나님의 선교'로 그의 뜻에 맞게 움직여 나가는 것이
중요하다.16) 해리 보어(Harry R. Boer)는 선교가 대위임령으로 움직인
것이 아니라 성령에 이끌려 나갔음을 주장한다.17) 선교는 인간의 구상
물이라기 보다는 하나님께서 만들어 나가는 결과물이라는 것이다. 보어

는 베드로와 예루살렘 교회, 그리고 바울이 지상명령을 목표로 움직이지 않았음을 주장한다. 그 근거로 베드로는 고넬료 회심 이후에야 이방인 선교를 생각하게 되었고, 예루살렘 교회는 이방인에게 성령이 임했다는 보고를 접하고 나서야 이방인 선교를 말함으로 예루살렘 중심으로 사고했다. 사도행전에 나오는 초기 기독교인들의 생활은 성전과 예루살렘을 중심으로 이루어진 것이다.18) 초기 기독교에서는 지상명령에 근거한 이방인 선교에 대한 자발적이고 적극적인 자세를 찾아보기 어렵다. 바울도 회심 이후 사도들을 만나 지도받기보다 아라비아 광야로 들어갔고 성령의 인도를 받음으로 이방인 선교를 시작하게 되었지 지상명령 때문에 움직인 것이 아니었다. 또한 바울이 드로아에서 환상을 본 후 소아시아가 아닌 마케도니아로 방향을 돌린 것은 그의 계획이 아닌 성령의 인도하심이었다. 누가가 이러한 신적 개입을 기술하는 목적은 바울 선교가 다른 어떤 인간적 자의와 기도에 의한 것이 아니라 하나님의 직접적 인도와 간섭 아래 집행되고 있다는 사실을 부각시키려는데 있다.19)

우리는 선교에 대한 비판적 성찰을 어디에서 찾을 수 있을까? 필자는 러시아 선교사 생활 중에 정교회에는 '선교'라는 용어가 없음을 알게 되었다. 정교회에는 16-17세기의 가톨릭교회나 18-19세기의 개신교회가 정의 내리고 있는 '선교'라는 개념이 없다. 그들에게 선교는 구원받은 이들의 자연스러운 활동이지 구원받게 만드는 조직적 활동이 아니었다. 본 논문에서 정교회에 대한 이해는 오늘날의 보편적 정교회 보다는 2-5세기를 중심으로 논하는 것으로 제한시킨다. 2-5세기 기독교는 서방 보다는 동방20)이 기독교의 중심지였다.21) 초기 동방 정교회(Eastern Orthodoxy Churches) 지역의 신앙은 그리스도의 '부활'에 초점을 맞추어 신화(deification, 神化)를 추구한 점이 독특하다. 정교회는 인간을 하나님의 형상(imago Dei)을 닮은 존재로 본다(창 1:26). 정교회는 그리스도를 통해 생명을 받은 후 하나님의 형상을 더욱 발전시키기 위해 신화에 매진하였다. 이것은 서방교회가 구원에 매진했던 것과의 차이점이다. 서방은 나를 위해 구원하신 그리스도의 고난에 초점을 맞추었다. 서방이 인간의 구원받는 것에 전력을 다할 때 동방은 구원 받은 자의 신화에 심혈을 기울였다.[22] 동방에서 인간은 예수 그리스도를 만난 이후에 성령의 도움을 받아 변화되어야 할 존재였다. 소아시아와 리옹의 이레네우스(Irenaeus, 135-202)는 인간이 창조될 당시 어린아이처럼 계속 자라나야 할 존재로 보았다. 그의 관점은 하나님의 창조 행위로서 인간은 계속 성장되어야 했다. 인간은 창조 시 완성된 존재가 아니라 하나님과의 교제 속에서 유아기에서 벗어나 성인으로 발돋움해 나가기 위해 창조되었다. 인간이 창조 이후 계속 발전해 나간다는 견해는 역사[23]에 대한 이해를 새롭게 해 준다. 이레네우스는 역사를 하나로 보았다. 하나님 나라도 하나이다. 역사와 하나님 나라를 하나로 본 것은, 인간이 하나님과 교제하는 가운데 계속 성장해 나갈 존재로 보았기 때문에 나온 것이다. 그는 인간의 성장이 멈춘 것은 하나님과의 교제를 거부한 결과였고, 예수 그리스도의 생명과 부활로 인해 교제가 가능해짐으로 신화를 추구하게 되었다고 본다. 그리스도가 오심은 그의 성령을 통하여 인간에게 창조 당시에 주어진 형상과 모양을 갱생하기 위한 것이다.[24] 인간은 역사에서 다시 새로운 존재로 새 창조되어 나가는 것이다. 인간은 하나님 나라 백성으로 하나님의 형상과 모양을 더욱 발전시켜 나가야 하는 존재이다.[25]

그런데 동방 정교회 지역에서 부활신앙에 맞추어 개별적으로 신화를 추구한 은둔자들로 인해 새로운 현상이 나타나게 되었는데, 사람들이 은둔자들을 찾아가 신앙을 상담(counsel)하는 일이 일어난 것이다. 이것은 선교가 그리스도의 생명을 받은 자들의 신화를 통해 자연스럽게 발산되는 것임을 보여 준다. 선교는 인간이 주도적으로 어떤 목적을 성취하기 위한 수단으로 이루어지는 것은 아니다. 중요한 것은 가톨릭과 개신교는 구원의 입장에서 타자를 구원시켜야 한다는 관점을 가지고 선교 개념을 말하게 된 것이고, 정교회는 타자가 아닌 자신의 변화를 추구한 결과 자연스러운 선교가 이루어졌기 때문에 선교 개념이 없게 된 것이다.

이제 선교는 우선적으로 '자신을 향한 것'이어야 한다. 선교하는 자는 신화된 자여야 한다. 그 이후에 타자를 향한 것이어야 한다. 그렇다면 선교란, 정교회처럼 선교하는 자의 신화된 모습을 통해 타자가 다가오게 하는 원심력(centrifugal force)이어야 한다. 선교는 그리스도 안에서 변화된 이들의 완전히 헌신된 행동으로 나오는 것이다.[26) 선교는 변화된 그리스도인들의 사랑의 삶의 실천이지, 어떤 개념을 포교하기 위해 사람을 설득시키는 것이거나 계획을 세워서 어떤 목적을 달성하기 위해 수단을 사용하는 것이 아니다. 이제 우리의 과제는 프라퍼겐더에서 원심력과 구심력의 관계를 어떻게 풀 것인가 하는 점이다. 그것은 전체성이나 변증법으로가 아닌 대화로서 풀어나갈 수 있을 것이다.

현대에 이르러 우리가 내리고 있는 선교 정의는 서먹해졌다. 우리는 선교에 대한 새로운 정의를 내려야 한다. 초기 기독교부터 현대 기독교에 이르기까지 선교는 수많은 패러다임을 거쳐 왔기 때문에 현대 선교에 있어서 선교 개념에 대한 패러다임의 전환은 자연스러운 일이다.

16세기 이후 가톨릭과 프로테스탄트 선교의 패러다임(paradigm)은 '구원'(salvation)에 초점을 맞추었다.[27] 가톨릭[28]과 프로테스탄트[29]에서 말하는 인간의 구원은 십자가와 관련되어 예수 그리스도는 우리를 구원하는 신앙의 대상이 되었다. 프로테스탄트가 완전한 구원을 강조한 것에 비해, 비록 가톨릭이 구원 받은 이후의 의로운 생활을 강조한 것과 차이를 드러내고 있지만, 둘 다 구원 중심이다. 이것이 구심력적 프라퍼겐더 선교를 태동시킨 원인이다. 구원론적 기독교는 인간의 구원을 위해 세례를 베풀어 교회 안으로 들어오게 하거나, 아직 구원받지 못한 사람들에게 복음의 소식을 전하는 것에 목적을 두고 있다. 그들은 인류 역사를 그리스도 중심으로 해석하여 구속사로 규정하였다. 그 결과 선교 역사는 자연스럽게 기독교를 확장시켜 나가는 것이 되었다.[30] 구원론적 기독교가 예수 그리스도를 단순한 구원 지식에 불과한 분으로 만들게 되면 자신들이 가지고 있는 구원 진리를 전달하는 구심력적 선교에 치중하게 된다. 그 결과 복음은 바흐친이 말한 시적(poetic) 언어처럼 추상적, 예술적으로 작용할 뿐 삶과 과정이라는 산문(prose)이 없는 형식주의가 되고 말았다. 즉 보편 언어만 있지 개인 실제 언어가 없는 것이다. 선교는 진리 전달이라는 관심 속에 진리를 가진 자가 진리를 모르는 자에게 전달하는 것이 되고 만다. 이러한 선교는 '자아'의 우월성 가운데 '타자' 구원에만 관심을 가지게 된다.[31]

그 결과 가톨릭과 프로테스탄트 선교는 타자를 억압하게 되었다. 우선 가톨릭 선교는 소위 발견의 시대로 불리는 15세기 이후 표면적으로 드러났다. 먼저 스페인과 포르투갈이 16세기에 새로운 대륙이라는 공간을 만났다.[32] 그들은 교황청으로부터 항해자들에 의해 발견된 지역들에 대한 선교 허가를 얻어냈다. 선교사들은 새로운 공간에서 아메리카 토착민들을 교회 안으로 끌어 들이는 구심력 선교를 시행했다. 바야돌리드 논쟁에서 나타난 것처럼, 스페인이 아메리카를 만났을 때 토착민들을 백지 상태로 보았다. 그들이 보기에 토착민들은 독립된 존재가 아니며, 하나님의 피조물로 아담의 피를 이어받은 형제들인지 아니면 다른 범주에 속하거나 악마 제국의 신민들인지 가려내서 구원시켜야 할 존재에 불과했다.33) 그들은 토착민들의 문화를 무시한 채 교회라는 자신들의 공간 안으로 일방적으로 끌어 들였다. 그 결과 선교는 구심력으로 인위적인 것이 되었고, 유럽중심주의적 사고로 타자를 선교 대상(target)으로 설정했다.34) 정복주의 선교에 대한 반성으로 예수회의 적응주의 선교가 대두되었으나 프란체스코회와 어거스틴회의 반대로 중단하게 되었다. 17세기에는 수도사들이 아닌 사제들에 의한 선교가 기획되었다. 스페인과 포르투갈과 달리 로마에서는 교황 그레고리우스 15세(Pope Gregorius XV, 1554-1623)가 '신앙 확산을 위한 성성'(Propaganda, 1622)을 설립했다.35) 그것은 로마가 스페인과 포르투갈의 선교 세력에 맞서기 위해 설립된 것으로 수도사가 아닌 교구사제들을 선교 사업에 활용하기 위한 것이었다. 그 일환으로 1627년에 선교대학원을 설립했지만 1650년에 중단되었다.36)

또한 프로테스탄트 선교는 18세기에 식민주의와 더불어 유럽의 선교회들과 미국의 교회들에 의해 빠르게 확장되어 나갔다. 유럽은 18세기 말 강력해 지기 시작하면서 아시아, 아프리카, 태평양을 식민지화해 나갔다. 프로테스탄트는 18세기 이후 19세기 위대한 선교의 세기를 지나 20세기 초까지 선교에 합류했다. 프로테스탄트 선교는 네덜란드, 영국, 프랑스, 독일 등 해상무역과 더불어 시작되었다. 본래 프로테스탄트에는 선교 관점이 없었다.37) 그러나 네덜란드38) 개혁교회 신학자들이 선교학을 연구하기 시작하면서 선교를 태동시켰다. 그것은 로마 가톨릭의 포교성성을 본받은 것이었다.39) 네덜란드 기독교는 1602년 동인도무역회사(East India Company)가 인도양 일대에서 무역하고 남방 지역을 탐험함으로 인해 생겨난 자국의 이주민들과 새롭게 만난 타 지역 사람들에 대한 관심을 가지게 되면서 선교가 논의되었다. 네덜란드 정부는 식민지 내의 자국민 결속과 토착민을 기독교로 순화시키기 위한 목적으로 목사들을 훈련시키기 위해 라이든대학 내에 신학교를 설립했다.40) 비록 동인도무역회사가 설립한 신학교는 가톨릭 포교성성보다 더 이른 1632년에 문을 닫았지만, 프로테스탄트는 그 이후에 영국과 프랑스, 독일 등의 식민주의 정책의 도움을 받아 18세기에 주춤해진 가톨릭 선교의 뒤를 이어 받아 아시아와 아프리카에서 활발하게 구심력 선교를 시행해 나갔다.

본 논문은 16세기 이후 언어로 인간을 규정하고, 18세기 이후 역사로 인간을 함몰시킨 가운데 나타난 기독교의 구심력 선교를 해체하고 그 유산을 새롭게 하는데 그 목적이 있다. 본 논문은 정교회와 가톨릭, 그리고 프로테스탄트의 선교 형태를 비교하면서 구심력과 원심력 선교를 뛰어넘는 '세계기독교'(World Christianity) 상황에서 일어난 '하나님의 선교'를 바흐친(Mikhail Bakhtin, 1895-1975)의 '문화이론'을 통해 그 대안을 제시해 보고자 한다.

우리는 왜 세계기독교 상황을 고려한 선교를 논해야 하는가? 데이비드 바렛(David Barrett)의 2001년 개정판 『세계기독교백과』41)에 근거해, 1900년 세계 각 대륙의 기독교 인구 비율을 보면 유럽 70%, 북아메리카 11%, 오세아니아 1%, 아프리카 2%, 아시아 4%, 남아메리카 12%

인 것에 비해, 2008년 세계기독교의 대륙별 인구는 유럽(5억 5천 6백 4십만), 북아메리카(5억 3천 2십만), 오세아니아(2천 2백 8십만), 아프리카(4억 2천 3백 7십만), 아시아(3억 5천 5백만), 남아메리카(2억 2천 4십만)이다. 이것은 기독교가 세계에 평평(flat)해진 것을 의미한다.[42] 마크 놀(Mark A. Noll)은 세계 교회현장의 변화에 대해, 성공회 주일 예배 신자 수는 영국, 캐나다, 미국보다 케냐, 남아프리카공화국, 탄자니아, 우간다가 더 많으며, 장로교는 주일 예배 참석에 스코틀랜드보다 아프리카 가나에서 더 많이 참석하고, 브라질의 하나님 성회 교단 신자가 미국에서 가장 큰 두 오순절교단 신자보다 더 많이 참석하고 있다고 했다.[43]

이러한 현상에 대해 앤드류 월스(Andrew F. Walls)는 기독교의 순례자 원리에 근거해 앞으로 남반부 기독교가 세계기독교를 주도해 나갈 것이라고 주장하고, 필립 젠킨스(Philip Jenkins)는 남반부 기독교 현상을 일종의 계시록적인 촛대이동으로 간주한다.[44] 그러나 필자는 기독교 중심축의 이동보다는 평평해진 기독교 현상에 주목할 것이다. 한국에서 아직 세계기독교에 대한 논의가 활발하게 이루어지고 있지 않은 상황에서, 필자의 논문은 바흐친의 문예 비평으로 세계기독교학의 선교 분야를 다룬 것이다. 1945년 이후 기독교가 지구적으로 평평하게 된 상황에서 선교는 새로운 논의를 필요로 한다. 이제는 각 지역의 기독교를 인정해야 할 뿐만 아니라, 서로 다른 것을 인정하는 가운데 만나야 한다. 라민 싸네(Lamin Sanneh)의 '번역의 선교'는 지역성과 관련된 것이고, 앤드류 월스의 '기독교왕국'(Christendom)[45]에서 '세계기독교'로의 변화도 각 지역에 나타난 기독교의 독특한 모습에 대한 것이다. 세계기독교는 과거에 역사적으로 존재했고, 현재 지역적으로 존재하는 다양한 기독교의 형태들이 서로 대화적 관계가 되어야 할 것을 상정한다.[46] 여기에 바흐친의 시공성(chronotope)과 대화주의(dialogism)는 세계기독교 상황에서의 선교 방향을 제공해 줄 수 있을 것이다. 이제 선교사는 각기 다른 기독교 생활방식에 대해 격려할 수 있어야 한다. 윌스는 "다가올 세기에 선교사가 직면하게 될 가장 큰 책임은 세상의 다양한 문화권 속에서 각기 다른 기독교 생활방식들에 대해 발전되도록 돕고 격려하는 것"이라고 했다.[47]

본 논문을 전개함에 있어서, 제2장에서는 평평해진 세계기독교 상황에서 우리가 가지고 있는 선교 개념의 절대성에서 벗어나 선교 개념의 변화 가능성을 제시하고자 한다. 우리 시대에 전혀 생각지 못한 세계기독교 현상이 일어났다. 이것은 기존의 선교 개념으로는 설명될 수 없는 일이다. 그것은 하비 콕스 (Harvey Cox)가 『세속도시』(Secular City) 이후로 『하늘로부터의 불』(Fire from Heaven : The Rise of Pentecostal Spirituality and the Reshaping of Religion in the 21st Century)이라는 글을 쓰게 만든 원인이기도 했다. 오늘날 세계기독교가 된 것의 근원은 오순절 운동에 있다. 20세기 후반 오순절파 운동은 서구 밖에서 급속히 성장하는 교회들의 중심이 되었다.[48] 그러나 보다 근본적으로 '하나님의 선교'와 관계가 있다.

제3장에서는 우리가 지금 선교라고 생각하고 있는 선교의 틀을 제공한 16-17세기의 가톨릭 선교와 18-19세기의 프로테스탄트 선교의 모습을 살펴볼 것이다. 그것은 어떤 형태를 지니고 있는가? 16세기 이후 서구의 선교는 인간을 언어와 역사라는 프리즘으로 본 것과 관련되어 있음을 알게 될 것이다. 그것은 초기기독교의 원심력 선교와 달리 구심력 선교 형태를 보여준다.

프라퍼겐더가 구심력으로 작용할 때 언어는 거대담론이 되어 인간을 억압하였고, 역사는 인간을 보편적으로 만들어 개별적 인간을 상실하게 만들었다. 언어에 있어서, 에드워드 사이드(Edward W. Said, 1935-2003)는 푸코(Michel Paul Foucault, 1926-1984)의 '식민 담론'[49]에 근거해, 서구 지식의 형태들이 어느 특정한 종류의 언어 내에서 어떤 식으로 구축되는지를 보여 주었으며, 서구의 언어가 모든 유형의 문화적 가정들로 가득 차 있음을 보여 주기 위해 '담론' 개념을 사용했다고 본다.[50] 우리가 대화할 때 다른 언어를 사용하는 사람들과 접촉 언어(contact language)[51]를 사용해야 하지만, 식민주의는 거대담론으로 일관했다. 사이드는 오리엔탈리즘이라는 것을 하나의 담론으로 검토하지 않고서는 유럽의 문화가 계몽주의 이후의 시기에 정치적으로, 사회학적으로, 군사적으로, 이데올로기적으로, 과학적으로, 상상적으로 동양을 관리할 수 있게 만든 체계적인 규율을 도저히 이해할 수 없다고 보았다. 오리엔탈리즘이라는 용어는 유럽이 동양을 있는 그대로 묘사한 표상이 아니라 조작으로서의 표상인 것이다.[52] 또한 인간은 언어와 더불어 역사로 설명될 수 없는데 선교는 역사주의에 인간을 가두고 말았다. 하나님은 인간을 단순히 구속을 위해 이 역사를 주관하시는 분이 아니다. 만약 하나님이 인간을 역사 안에서 다루시는 분이라면 인간을 기계적으로 다루시는 분이 되고 만다. 인간을 언어와 역사에 함몰시킨 프라퍼겐더 선교는 부작용으로 작용하게 된다.

오늘의 세계기독교는 인간이 기획한 선교로는 이해될 수 없다. 그래서 우리의 이해 폭을 넓히기 위해 우리에게 생소한 새로운 선교 개념을 담고 있는 동방정교회의 신학과 선교를 제4장에서 다루고자 한다. 그것은 2-3세기 기독교의 중심지에 있었던 신학으로 이레네우스를 중심으로 살펴볼 것이다. 그가 본 인간은 하나님과의 관계에서 발전해 나가는 개별적 존재이다. 정교회는 인간을 개인 실존의 토대 위에 세우고 신화되어 나가는 존재로 본다. 그 결과 그들이 완성을 향해 나가는 가운데 타자에게 영향을 주게 되었는데, 이것이 동방정교회의 선교이다.[53] 정교회에서의 선교는 개인 실존의 변화에 따른 타자 실존의 변화를 이끌어 내는 것이라고 말할 수 있다. 이것은 내가 타자를 변화시키려고 하는 것이 아니라 타자가 나의 변화된 모습을 보고 다가온 것이다. 이와 같은 원심력 선교는 선교의 또 다른 형태를 보여 준다.

이제 선교는 기존 선교에 대한 반성으로 새로운 선교 대안을 찾아야 한다. 그래서 제5장에서는 언어와 역사로 인간을 대하고 있는 프라퍼겐더의 구심력 선교의 해체를 통한 '포스트 프라퍼겐더'(post-propaganda)를 논의할 것이다. 본 논문에서 'post'는 'after'(이후)로서의 완전한 해체(de)라기 보다는 기존의 것에 대한 부적합성 속에서 새롭게 뛰어 넘는 'beyond'(너머)로 사용될 것이다. 바흐친적 카니발이 일정기간 사회의 왜곡된 것을 조롱하는 가운데 부분적으로 해체함으로써 재정립해 나간 것처럼,[54] 'post'는 구심력 선교의 부작용을 뛰어 넘어 새롭게 만들기 위한 과정이다.

구심력 선교 해체에 따른 포스트 프라퍼겐더 선교 구축은 바흐친의 문화이론(cultural theory)[55]을 가지고 전개해 나갈 것이다. 바흐친의 문화이론은 탈형식주의적인 것으로 포스트모던 사고와 흡사하기 때문에[56] 구심력 선교의 해체에 대한 대안으로 작용할 수 있다. 첫째로, 포스트모던 시대에서 선교는 역사에서 탈역사 / 시공간으로 이동해야 한다. 이것은 바흐친의 문학작품 속에 나타난 크로노토프(chronotope)를 말한다. 그가 말한 'chronotope'는 희랍어 어원의 'chronos'와 'topos'의 합성어로 시간과 공간을 의미한다.57) 철학이 '무엇'에서 시작하여 '어떻게'를 거쳐 '왜' 참인지를 묻는 가운데 오늘날 '누가-언제/어디서'라는 구체적인 삶에서 그 해답을 찾으려 하는 것은 자크 데리다((Jacques Derrida))가 말한 서구 사회가 규정해 놓은 것을 가지고 모든 것을 판단하는 것이 불가능하기 때문에 나타난 현상이다.58) 선교도 누가-언제, 어디서 하는 것과 관련이 되기 때문에 일방적 전달이 아닌 각 상황에 맞게 선교해야 한다. 바흐친은 도스토예프스키의 문학 작품 안에서 다양한 크로노토프들을 보았다.59) 선교는 다양한 시공성 안에서 일어나고 있다. 시공성의 변화를 인식하게 되면 어떻게 선교할 것인지 질문하게 된다.60)

둘째로 포스트모던 시대의 선교는 언어가 아닌 탈언어 / 대화가 되어야 한다. 선교는 서로의 '말'을 통해 이루어진다.61) 인간은 철저히 개인적 실존이며, 각 개인은 평등한 존재로 서로 대화를 통해 성장할 수 있다. 선교는 실존의 만남이며 서로 도움을 주고받는다. 인간의 다양한 시공성은 일방적 선교를 제한시킨다. 바흐친은 사람들의 말(slovo)에 관심을 기울였다. 그는 인간을 획일적으로 판단하지 않았으며, 그들 사이에 일어나는 대화를 통해 인간의 성장을 시도했다.

바흐친은 언어 철학에 근거해 개인 실존을 다루었다. 그는 도스토예프스키(Fyodor Mikhailovich Dostoevskii, 1821-1881) 소설에서 다성음악(polypony, 多聲音樂)62)적 요소를 발견한 가운데 언어학(linguistics)이 아닌 말(slovo)을 강조하게 되었다. 소설의 다성악은 인간이 각자의 말로 자신을 드러내며 대화하는 가운데 스스로를 온전한 인간으로 만들어 나가고 있다. 선교는 폴리포니적 행위이다. 선교는 일방적 전달이 아니라 인격적 대화로 만들어진다. 그래서 선교는 호모포니(homophony)

적 행위일 수 없다. 선교는 쌍방 간의 관계에서 이루어지는 것이다. 만약 선교가 나의 주장만을 강조한다면 호모포니가 되고 만다. 호모포니적 선교는 많은 성부를 사용하면서도 주된 성부가 있으며, 다른 성부들은 주된 성부를 반주하기 위해 존재하는 종속적인 것에 불과하다.

셋째로 포스트모던시대의 선교적 행위는 구심력에서 원심력/수동이 되어야 한다. 구심력 선교는 타자를 주체 안으로 끌어당기는 것이었지만 포스트모던 시대의 선교적 행위는 주체와 타자가 구별이 없어야 한다. 이제 선교는 타자를 주체 안으로 끌어들이면 안 된다. 과거에 선교적 행위가 언어와 역사 중심성을 가지고 타자에게 행사한 것이었다면, 이제는 타자가 아닌 나의 책임 있는 행위를 통해 나타나야 한다.

제2장

평평한 세계기독교와 선교

1. 선교개념의 변화 가능성

우리는 선교가 무엇(what)인지에 대해 질문할 때, 역사적으로 선교에 대한 다양한 모습이 나타났음을 알아야 한다.[63] 현재 우리가 시행하는 선교에 대한 정의는 16-17세기의 가톨릭 선교와 18-19세기의 프로테스탄트 선교의 연장선에 있는 것으로 선교에 대한 다양한 모습 가운데 하나임을 알게 될 것이다. 이 시기의 선교는 구심력 형태라는 특징이 있다.[64] 문제는 이 형태의 프라퍼겐더 선교가 계속 유지되기 어렵다는 점이다.[65] 오늘날 선교는 새로운 선교 형태를 필요로 한다.

프로테스탄트 선교는 선교사들을 지리적[66], 문화적[67]으로 경계를 넘어 보내는 것과 관련되어 있다. 보내는 선교는 삼위일체 교리에서 성부에 의한 성자의 파송, 성부와 성자에 의한 성령의 파송에 근거해, 선교를 라틴어 '*missio*'인 "보내는 것"에 근거하고 있다. 보내는 선교에는 선교사들을 보내 이루려는 목표가 설정된다. 한문으로 '宣敎'를 문자로 풀이하면 "종교를 선전하여 널리 펴는 것"이다. 선교가 지리적, 문화적인 것으로 이해되면 기독교 신앙을 전달하기 위해 선교사를 보내는 것이 된다.[68] 보내는 선교는 신학적 토대에 의해 진행되었다. 선교를 행할 때, '선교자체'에 대한 논의 보다는 '선교신학'이라는 정의에 따라 실천된 것이다. 선교는 신학적 주장에 기초해서 어떤 임무를 수행하게 된다. 그것은 선교를 자신의 신학적인 주장을 펼쳐 놓고 실천을 행한 것과 같다. 그 결과 선교는 이미 해답을 가지고 어떻게 할 것인지에만 집중하게 되었다. 우리는 신학적으로 제공된 선교신학을 완성된 제품인 양 중요하게 여겨왔다. 그 결과 1888년에 시작된 학생선교지원자운동(SVM)[69]은 선교신학의 한계의 예를 보여 준다. SVM의 표어였던 "세계 복음화는 우리 세대에"는 드와이트 무디(Dwight Lyman Moody 1837-1899)의 '전천년설' 신학에 기초한 것이다. SVM이 시작한 1888년 이후부터 1945년까지 해외 선교를 지원한 학생이 20,500명에 이른다.[70] 그런데 SVM의 해외 선교 자원자 수는 제1차 세계대전(1914-1918)을 기점으로 급속히 쇠퇴하는 가운데, 1934년에는 해외 선교 지원자는 38명에 불과하게 되었다.[71] 1921년에 지원자가 637명이었던 것이 1938년에는 25명에 불과했다. 이것은 전천년설 신학이 위기를 맞이한 결과에 따른 것이다. 신학은 시대와 지역에 따른 인간의 작업이다. 그래서 선교에 신학을 대입시키면 시공간의 변화에 따라 생명력을 잃게 된다.

프로테스탄트 선교는 조직, 목표라는 구심력으로 작용하고 있다. 이러한 선교는 인간의 개별적 특성을 무시한 보편적 인간 이해를 가지고 시행되는 것으로 타자를 일방적으로 주체 안으로 끌어들이게 된다. 선교는 구심력적인 형태로 타자를 내 안으로 끌어 들이고 동화시키는 것이 된다. 그것은 일방적이고 강압적이며 타자를 무시한 것이다. 또한 선교는 각 선교지의 지역이라는 시·공성을 무시한 채 전체로서의 역사 이해를 가지고 선교하게 된다. 프라퍼겐더 선교가 구심력으로 작용하게 되면 자아가 아닌 타자를 향해 나가게 된다. 선교가 나 '자신' 보다는 '타자'에게 집중하게 되면서 왜곡된 현상이 나타난다. 그 결과 선교는 논란의 중심에 서게 되었다. 선교는 사람들을 자신의 주장으로 끌어들이기 위한 설득행위가 되었다.[72] 선교는 삶이 아니라 사람을 설득하는 언변이 되고 말았다. 그것은 기술(skill)로서 심리학, 정치학, 매스컴, 광고 등에서 하는 것처럼 되고 말았다. 특히 19세기 이후 개신교 선교는 복음의 내용을 가지고 사람을 설득하는 것에 집중하고 있다. 그 결과 선교는 목적을 달성하거나 외적으로 형식적이 되어 기독교 교세 확장사가 되었고,[73] 세계 안에 더 많은 기독교인을 만드는 통계학이 되고 말았다.[74]

프로테스탄트 선교는 윌리엄 캐리(William Carey, 1761-1834) 이후 1950년대까지 통일된 의미는 아니지만 명확한 개념을 가지고 있었다. 그것은 신앙의 전파, 하나님의 통치의 확장, 이방인의 개종, 새 교회들의 설립이다. 성경의 특정한 본문에 근거한 비전(vision)을 강조해서 대화가 아닌 일방적 전달 형태를 띠었다. 이와 더불어 종말을 지향하는 구속사라는 측면과 연결되었다.[75] 현재는 복음이 모든 '국가'에 전파되었다고 진단한 가운데 '족속'이라는 단어에 초점을 맞추어 '미전도 종족'을 향한 선교론이 나와 모든 종족에게 복음이 전파된다면 세상 끝이 온다는 종말론과 관련되었다.[76] 그 결과 선교는 주님의 재림을 앞당길 수 있는 것으로 작용했다.[77]

그러나 20세기에 이것은 점차 수정되어 새로운 선교 개념들이 나왔다.[78] 새로운 선교 개념은 선교대회를 통해 나왔다. 선교대회를 통해 나타난 새 선교론은 구심력 프라퍼겐더 선교의 한계를 경험하면서 나왔다.

1910년 WMC(The World Missionary Conference, 세계선교대회)에

서 트뢸취(Ernst Tröeltsch)는 선교에 있어서 세계종교들과의 관계를 말했다. 그는 진화론적 입장에서 기독교를 제일 고등한 종교로 보면서도 세계종교는 각자의 토양에서 자란 것이기 때문에 참된 종교와 거짓된 종교는 없다고 보았다. 1928년 IMC(International Missionary Council, 국제선교협의회)에서 혹킹(William Hocking)은 종교적 상대주의 관점에서 타종교와의 동맹을 말했다. 그러나 칼 바르트(Karl Barth)는 유일한 계시 예수 그리스도를 강조했다. 라우센부쉬(Walter Rauschenbusch)는 제1차 세계대전을 경험하면서 복음적 신앙과 더불어 사회적 개조를 말했다. 그는 선교를 인간사회의 하나님 나라로의 변형이라고 보았다. 1938년 IMC에서 크래머(H. Kraemer)는 혹킹에 반대해 기독교와 비기독교의 불연속성을 말했다. 그러나 이 대회는 복음화를 사회 변혁과 정의, 자유 그리고 평화의 실현으로 해석했다. 그것은 통전적 선교로 기독교를 세상의 화해를 위한 도구로 보았다. 1947년 IMC는 확대된 복음전도를 말했다. IMC는 전 세계를 선교의 현장으로, 전 세계 복음화가 아닌 전 세계 평화를 위한 선교를 주창했다. 호켄다이크(J. C. Hoekendijk)는 교회 중심적 선교에서 세계 중심적 선교를 말했다. 전도의 목적은 평화를 위한 일인 것이다. 1952년 IMC가 개최되던 시기는 제2차 세계대전 이후 제3세계가 서구로부터 독립하는 시기라는 점이 주목된다. 신생교회들의 지도력 신장과 전통종교로의 회귀, 그리고 서구의 식민주의에 대한 반성으로 정복과 승리가 아닌 섬김과 봉사의 선교가 대두되었다. 칼 하르텐슈타인(Karl Hartenstien)은 칼 바르트 신학을 선교 영역에 도입해, 선교의 주체가 하나님 자신이라는 '하나님의 선교'(Missio Dei)를 말했다. 바르트가 하나님 계시의 수직적 차원만 강조한 가운데 선교에 대한 부정적인 견해를 나타냈지만, 하르텐슈타인은 계시의 수직

적 차원과 더불어 인간 삶과 관련된 수평적 차원까지 다루었다.[79] IMC
는 1957년 아프리카 대륙에서 최초로 식민주의에서 독립된 가나에서
개최되었다.[80] 이제 선교는 서구적 차원을 탈피하여 하나님께서 행하
시는 것으로 전환되었다. 선교가 인간이 하는 것이 아닌 하나님의 활동
이라는 견해는 윌리엄 캐리의 이교도들을 회심케 하기 위한 수단들에
대한 축소를 의미했다. 그래서 가나회의에서 나온 대표적인 질문은 "선
교란 무엇인가?"였다.

그 이후 선교는 교회의 부분으로 사회복음이라는 수평적 차원에 관심
을 가지게 되었다. 가나에서 IMC와 WCC(World Council of Church, 세
계교회협의회)의 통합이 결의된 후 1961년 인도의 뉴델리에서 IMC는
WCC에 통합되었다. 이제 선교 분야는 WCC 안의 CWME(Commission
on World Mission and Evangelism, 세계선교와복음화위원회)에서 논
의하게 되었다. WCC가 1948년 암스테르담에서 창립된 지 13년 만에
이루어진 일이다. WCC는 선교를 개인이 행하는 복음주의 선교보다 영
적으로 갱신된 교회의 에큐메니칼 임무로 보았다. 그래서 뉴델리에서는
그리스도의 죽음이 모든 인류에게 적용되므로 믿는 자들만이 아닌 모든
자들에게 구원이 임하는 것이며, 죄에 대해서도 그리스도 안에서 하나
님과 세상의 수직적 관계가 이미 이루어졌기 때문에 복음전도는 세상에
샬롬을 이루는 수평적 관계를 행하는 것이라고 했다. 또한 타종교와의
대화를 복음전파의 한 형태로 받아들였다. 이후로 선교는 수평적 차원
을 강조하는 가운데, 1968년 웁살라에서 선교의 목표를 세상의 비인간
적인 것들인 차별, 착취, 소외, 억압을 극복하는 인간화에 두었고, 1973
년 방콕에서는 제3세계에서 온 사람들이 52%가 되는 가운데 교회간의
파트너십을 존중해 선교의 일시중지를 말하게 되었으며, 인간의 경제

적, 정치적, 문화적 그리고 개인적 비참함에서 해방시키는 '오늘의 구원'을 말하게 되었다.[81]

이와 같이 선교 대회를 통해 선교 개념은 고정되어 있는 것이 아니고 변화되는 것임을 알 수 있다. 보쉬는 그것을 패러다임에 따른 선교의 변화라고 했다. 로버트(Dana Robert)가 "20세기 말 전형적 기독교인은 더 이상 유럽에 사는 남자가 아니라 라틴아메리카나 아프리카에 사는 여성이다"[82]라는 말이 생소하게 들린다면, 선교라는 단어도 새로운 개념을 알게 되면 생소하게 들릴 것이다. 그러나 우리가 18세기 이후에 만들어진 선교 개념을 절대적인 것이라고 말할 수 있을까? 더군다나 구심력 선교의 부작용이 나타난다면 어떠한 입장을 취해야 하는가?[83] 이제 기독교는 세계의 각 지역에 골고루 분포되어 '세계기독교'(World Christianity)가 되어 새로운 선교 개념을 필요로 하게 되었다. 이것은 새로운 현상으로 어느 누구도 상상할 수 없었던 일이다.

2. 세계기독교로의 전환

기독교 인구는 1950년 이래 아프리카, 아시아, 라틴아메리카에 기하급수적으로 증가하면서 기독교 중심축은 유럽에서 남반부로 이동하고 있다. 필립 젠킨스는 "기독교는 이번 세기 안에 전 세계적으로 큰 부흥을 맞이하게 되지만, 그중 대다수 기독교인은 백인이나 유럽인 혹은 유럽계 미국인이 아닐 것"이라고 내다본다.[84] 지구촌기독교연구소(Center for the Study of Global Christianity)의 2005년 통계에 따르면, 현재 기독교 인구는 유럽에 5억 3천100만 명, 라틴아메리카에 5억 1천100만 명, 아프리카에 3억 8천900만 명, 아시아에 3억 4천400만 명, 북아메리카에 2

억 2천 600만 명으로 추산하는데, 30년 후에는 아프리카 대륙의 기독교 인구가 현재의 2배가 될 것이라고 예측된다. 이런 전망이라면 2025년 기독교 인구는 아프리카에 5억 9천 500만 명, 라틴아메리카에 6억 2천 300만 명, 아시아에 4억 9천 800만 명이 될 것이다. 반면에 유럽은 5억 1천 300만 명으로 세계에서 3위로 떨어질 것이다.[85] 기독교는 세계적으로 평평하게 된 것이다.

세계기독교는 새로운 모습을 보여 준다. 세계기독교는 유럽중심[86]의 기독교왕국으로부터 남반부(아프리카, 라틴아메리카, 아시아) 중심으로서 전환을 의미한다. 기독교가 유럽이라는 어느 한 곳이 중심이 아니라 아프리카, 라틴아메리카, 아시아라는 새로운 중심들이 생겨난 것이다. 즉 기독교 중심축이 유럽, 아프리카, 라틴아메리카, 아시아 등으로 다양하게 펼쳐진 것이다. 기독교는 어느 한 곳이 중심이 아니라 여러 곳이 중심이 되고 있다. 세계기독교는 서구중심에서 여러 지역들 중심으로의 전환을 보여 준다. 기독교의 여러 중심축이 생겨난 것이다. 그 결과 중심과 주변의 구분이 사라졌다. 과거의 선교는 중심에서 주변[87]을 변화시키는 것이었다면 이제는 주변이 중심을 변화시킬 징조가 보이고 있다. 오늘날에는 남반부 선교사들이 유럽에서 활동하고 있다.

이제 아프리카와 라틴아메리카의 기독교인이 세계기독교 인구의 절반을 차지한 가운데 '백인 기독교'라는 말은 어색하게 들리게 되었다. 기독교 인구의 대다수를 차지하게 된 '남반부 기독교'는 유럽 기독교의 부유하고 안정된 사람들이 아닌 가난하고 박해받는 사람들이며, 정치적 해방과 동시에 초자연적 악으로부터의 구원을 말하며, 합리적인 교리가 아닌 초자연적 교리나 도덕적 전제를 가지며, 이성적 신앙이 아닌 오순절 신앙이며, 지역 교회가 아닌 도시로 이주한 사람들의 교회이며, 미래적 구원이 아닌 현세를 더 신뢰한다. 그들은 성경을 과거의 책이 아닌 현재 우리의 삶과 관련된 실제적 말씀으로 읽는다. 즉 선교는 진리를 전달하는 것이 아니라 사회를 반영한 가운데 나타난 것임을 보여 준다.

세계기독교 상황은 21세기 선교학의 새로운 전환을 요구하고 있다. 세계기독교학의 선구적 인물은 앤드류 월스로, 그는 시에라리온과 나이지리아에서 교수 선교사 생활 중에 앞으로 기독교의 중심축이 아프리카를 포함한 '남반부'가 될 것이라는 확신 속에 스코틀랜드 애버딘 대학(Aberdeen Univ.)에서 기독교의 비서구적 표현 양식에 대한 연구를 시작했다. 지난 100년 동안 유럽이 기독교의 중심부였지만, 기독교의 중심축이 남반부로 이동하고 있다는 월스의 선교학적 진단은 많은 학자들의 연구를 촉발시켰다.[88] 젠킨스는 미국 대학의 교과 과정에 아프리카, 라틴 아메리카, 그리고 아시아의 기독교 연구를 소홀히 한 점을 지적하며, 세계기독교에 대한 연구야말로 세계 각국의 다른 문화를 이해할 수 있는 중요한 인문학적 텍스트라고 강조했다.[89] 월스의 주장 이후에 세계기독교학은 아프리카 신종교 전문가 해럴드 터너(Harold W. Turner), 아프리카 기독교 역사가 에이드리언 헤이스팅스(Adrian Hastings), 아프리카에서의 성서 번역 의미를 다룬 라민 싸네(Lamin Sanneh), 아프리카 학자 크와메 베디아코(Kwame Bediako), 미국 세계기독교학 연구 동향을 주도하는 조너선 봉크(Jonathan Bonk), 원시종교 전문가 제임스 콕스(James L. Cox) 등이 확장시켜 나갔다.[90]

1982년에는 애버딘대학 내 '비서구기독교연구소'(Centre for the Study of Christianity in the Non-Western World)가 설립되었다. 세계기독교학은 비서구기독교의 역사와 문화, 신학을 서구교회의 선교역사, 경건주의 및 복음주의 운동 역사, 부흥운동사, 문화 및 선교인류학, 종교학, 사회학 등과 연계해서 연구하고 있다.[91] 비서구기독교연구소는 앤드류 윌스에 이어 데이비드 커(David Kerr)가 새로운 연구소장이 되었으며, 세 번째 소장은 잭 톰슨(Jack Thomson)이 되었다. 2009년에 브라이언 스탠리(Brian Stanley)가 소장이 되면서 비서구기독교연구소를 '세계기독교연구소'(Centre for the Study of World Christianity)로 변경되었다. 이러한 명칭 변경은 학문연구가 전통적인 '선교학'(Missionary Studies)의 영역에서 벗어나 세계기독교의 역사, 신학, 문화, 윤리, 종교, 정치, 민족, 성 등을 포괄하는 '세계기독교학'(World Christianity)으로 넓어진 것을 의미한다.[92] 세계기독교학은 전 세계 학문 네트워크를 위해 '선교운동역사 및 세계기독교학회'(Meetings of Yale-Edinburgh Group on the History of the Missionary Movement and World Christianity)가 1992년부터 윌스와 싸네를 중심으로 매년 예일대학교(Yale University)와 에딘버러 대학교(University of Edinburgh)에서 매년 교대로 포럼을 개최하고 있다. 그것은 선교운동과 세계기독교의 발전에 대한 정보공유와 문서화하기 위한 것이었다.[93] 이와 같은 연구의 토대는 1945년 이후 기독교 인구가 남반부로 이동한다는 윌스의 이론에 근거한다. 그는 기독교가 한 지역에서 중심부를 가지다가 쇠퇴하고 다른 지역에 다시 중심부가 등장하는 진퇴를 반복하는 연속(serial)적인 것이라고 말한다.

본 논문은 계속해서 기독교가 세계적으로 평평해졌으며, 선교학이 세계기독교학으로의 전환이 요구되는 시점에서, 선교 개념의 다양성으로서 16-17세기 가톨릭 선교와 18-19세기 프로테스탄트 선교, 그리고 3-4세기 동방정교회 선교를 살펴보고자 한다. 이러한 비교는 윌스가 토착화 원리 이후에 순례자 원리를 말한 것처럼, 선교 개념도 변화할 수 있

는 것임을 보여주는 것으로 포스트모던 시대에 새로운 선교론의 가능성
을 보여 준다.

는 것임을 보여주는 것으로 포스트모던 시대에 새로운 선교론의 가능성
을 보여 준다.

제3장

구심력적 프라퍼겐더 선교

세계기독교 현상은 구심력 선교만으로 설명될 수 없는 부분이 있다. 선교는 인간의 행위이기 이전에 하나님의 선교였다. 기독교는 역사적으로 여러 중심들이 생겨났음을 보여 준다. 여기에는 구심력 선교와 더불어 원심력 선교가 있었기 때문에 가능한 것이었다.

그런데 로마 가톨릭은 5세기 로마 멸망 이후 프랑크족의 후원으로 구심력 선교를 행했다. 더 나아가 16세기 이후 가톨릭 선교와 18세기 이후 프로테스탄트 선교도 구심력 형태를 지니게 된다. 가톨릭과 프로테스탄트는 구심력 선교를 해 왔으며 지금도 구심력 선교는 사라지지 않고 있다.[94] 선교가 구심력으로 작용하게 되면 어떤 중심을 상정하게 된다. 그것은 서구중심적인 것이었다. 그런데 선교가 행하는 일은 궁극적으로 인간을 위한 일[95]이기 때문에 선교가 어떤 목적을 달성하는 것이나 캠페인이 되어서는 안 된다. 선교가 목적을 달성하기 위해 수단을 사용할 수는 있겠지만 선교 행위에 있어서 구심력적인 것은 많은 문제를 내포하게 된다. 왜 우리는 지금까지 구심력 선교를 고집하고 있는가? 본 장에서 구심력 선교의 한계와 문제점을 살펴봄으로 다음 장에서 원심력 선교와 비교해 보고자 한다.

1. 가톨릭 선교(16-17세기)

1) 먼저 로마 가톨릭의 구심력 선교를 살펴보자. 7세기 초대 기독교 중심지였던 동방 정교회의 시리아의 안디옥, 이집트의 알렉산드리아, 소아시아의 에베소, 팔레스타인은 이슬람으로 인해 쇠약해졌다. 동방지역의 기독교 황폐는 중동과 아시아로의 선교가 활기를 잃게 되었다. 반면에, 서방 로마 가톨릭은 5세기 이후 기독교 중심지로 변모해 나가기 시작했다. 서방 기독교는 로마가 멸망(476)한 이후 게르만족들의 교회가 되었다. 가톨릭은 로마 멸망 이후 새로운 토대인 프랑크 왕국을 기반으로 발전해 나갔다.

로마 가톨릭의 유럽 선교는 가톨릭교회의 수호자 프랑크족과 로마 가톨릭의 교황, 그리고 수도회들이 담당했다. 가톨릭교회는 13세기 까지 오랜 시간동안 유럽을 선교했다. 선교가 유럽에 제한된 이유는 이슬람의 저지로 인해 유럽이 지리적으로 1500년까지 암흑시대를 맞이했기 때문이다. 이슬람은 모든 육로(land route)를 통제했다. 이것은 유럽 가톨릭 세계에 일대 재앙이었다.[96) 주후 1000년에서 1200년 사이에는 유럽의 북방 민족들인 노르웨이, 덴마크, 아이슬란드, 그린란드, 스웨덴, 핀란드에 기독교가 전래되었다.[97) 1200년에 이르러 비록 부분적이지만 유럽은 거의 전체가 기독교를 수용하면서 새로운 통일체 즉 기독교 공동체로 인식되기에 이르렀다.[98)

유럽 선교에 있어서 우선적으로 황제들의 영향력이 컸다. 496년 프랑크족(Franks)의 클로비스(Clovis, 465-511) 왕이 가톨릭 세례를 받았다.[99) 그로 인해 프랑크족 전사들 3천 명이 세례 받았다. 800년에는 교황 레오 3세(Pope Leo III, 750-816)에 의해 프랑크 왕국의 샤를마뉴

(Charlemagne, 742-814)의 황제 대관식이 거행되었다. 샤를마뉴 황제
는 색슨족(Saxons)을 그리스도교로 들어오도록 열정을 다했다. 황제는
군사력으로 한 게르만 부족을 정복한 후에 개종을 요구하였다. 황제에
의한 유럽에서의 가톨릭 확장에는 전쟁, 개종, 음모, 진압이라는 포악하
고 잔인한 행동들이 뒤따랐다. 정복에 의해 이루어진 개종이란 정복 권
력과 새로운 종교의 제휴라고 하는 위험스러운 관계를 보여 주기 때문
에, 샤를마뉴가 색슨족(Saxons)을 개종시킨 긴 과정에는 순교와 살육의
이야기로 점철되어 있다.[100]

프랑크족 루이 황제는 안스카르(Anscar) 수도사를 통해 스칸디나비
아의 스웨덴(Sweden)과 덴마크(Denmark)를 선교했다. 11세기에 이르
러 북부유럽의 민족들의 그리스도교화가 시도되었다. 스웨덴의 뵈른
(Bjorn) 왕과 덴마크의 크누트(Knut) 왕이 기독교를 수용하는데 큰 역
할을 했는데, 노르웨이(Norway)에서도 왕권의 역할이 컸다. 노르웨이
의 올라프 트리그베쇤(Olaf Tryggvessön) 왕이 바이킹 전사로 실리 섬
에 있을 때 한 기독교 수도사를 만나 깊은 감명을 받고 기독교를 국교로
삼고자 했으며, 결국 올라프 하랄드쇤(Olaf Haraldssön) 왕이 자신의 나
라를 기독교 국가로 만들었다. 아이슬란드(Iceland)는 민주적인 절차를
통해 기독교를 수용하였다. 그린란드(Greenland)에서는 레이프(Lief)
왕이 노르웨이 수도사를 데려와 교회를 세웠다. 핀란드(Finland)에서는
스웨덴 왕 에릭 9세가 종교 전쟁을 벌여 정복한 가운데 주민들에게 세
례를 강요했다. 13세기 이후 웬드족(Wends), 프러시아족(Prussians),
리투니아족(Lithuanians), 그 밖의 민족들에게는 독일, 덴마크, 폴란드,
러시아라는 네 방향으로 기독교 세력이 들어왔는데, 특히 튜튼 기사단
(The Order of Teutonic Knights)에 의해 그리스도교 세계에 편입되었

다. 그 이후 유럽에서 기독교는 프랑스, 아일랜드, 영국 등에서 중요한 위치를 차지하게 된다.[101]

유럽 선교는 황제와 더불어 교황들이 이끌어 나갔다. 로마 가톨릭은 보편적 교회를 추구해 나갔다. '가톨릭' 용어는 보편적이라는 헬라어 *katholikos*에서 유래된 것이다. 교황들은 교회를 공고히 하려고 가톨릭 안으로 끌어들이는 선교를 시도했다. 교황 대 그레고리우스(Gregorius the Great, 540-604)는 597년 영국 선교를 위해 어거스틴(Augustine of Canterbury)과 수도사들을 캔터베리로 파견했다. 그 결과 켄트(Kent)의 왕 에델버트(Ethelbert)가 개종하였으며, 1만 명의 색슨족이 세례를 받았다. 대 그레고리 교황 시대 이후 16세기까지 가톨릭교회 선교는 교회 안으로 끌어당기는 구심력으로 작용했다. 스티븐 니일은 대 그레고리우스의 선교를 바울 시대 이후 계획되고 계산된 선교로 평한다.[102]

유럽에서 '교회-국가'의 관계는, 로마제국 아래에서는 교회가 제국 안에 있었다면, 중세에 이르러 교회 안에 있는 국가로 존재하게 된다.[103] 국왕은 교회를 외적으로 보호하되 성직자의 축복을 통해서만 통치자로서 권위를 인정받았다. 교황이 군사적 원조를 요청함으로 십자군(Crusades) 운동이 시작되었다. 교황 우르바누스 2세(Urbanus II, 1042-1099)는 1095년에 프랑스 클레르몽에서 열린 공회의에서 십자군을 일으킨다. 천 년경 유럽은 로마를 중심으로 그리스도교적 공동체로 인식되는 시기로, 십자군은 1096년부터 1270년까지 200여 년 간 성지를 이슬람으로부터 탈환하려는 목적으로 8회에 걸쳐 일어났다. 민중 십자군과 귀족 십자군은 비잔틴 수호와 예루살렘 성지 탈환이라는 순수한 신앙적 동기와 더불어, 상인들의 경제적 이익에 대한 욕망과 영토에 대한 야망, 그리고 농민들의 봉건사회의 중압으로부터 벗어나려는 세속적 동기로 인해 재난의 결과를 가져왔다. 십자군은 하나님의 영광이라는 명분으로 이슬람교도들을 무자비하게 대했다. 십자군 성전은 정복의 형태를 지니고 있었다. 십자군 운동은, 교황이 기독교세계에 대한 자신의 권위를 높이고 정교회를 가톨릭 아래로 통합시켜 기독교세계의 통일이라는 구심력으로 나타났기 때문에 비판받을 수 있다.

이와 같은 16세기 이전의 가톨릭 선교는 황제, 교황을 중심으로 타자를 자신들 안으로 당기는 구심력 선교가 이루어졌다.

그러나 유럽 선교에 있어서 황제들과 교황의 영향력과 더불어 수도사들의 영향력도 있다. 그것은 로마 가톨릭 안에도 수도회를 통해 원심력 선교가 있었다. 수도사들은 이슬람이 육로를 저지할 때 이슬람과 인도, 그리고 중국의 몽골제국을 향해 나가 선교했다. 프란체스코회(Franciscan Order)의 프란시스(Francis of Assisi, 1181-1226)는 십자군을 통해 무슬림(Muslim)이 기독교화 되지 않은 이유에 대해, 복음이 단순하고도 아름다움의 형태로 제시되지 않았기 때문이라고 했다. 그래서 자신이 그들에게 가 단순성과 기쁨을 회복시키고 빈자들에게 봉사하기 위해 이슬람 사람들에게 가려고 시도한 후 1219년 제5차 십자군과 함께 이집트의 술탄(Sultan)[104]을 만날 수 있었다.[105] 도미니쿠스(Dominicus, 1170-1221)에 의해 창설된 도미니크회(Dominican Order)가 이교도들을 개심시키는 목적을 가졌다면, 프란시스회는 실제 청빈을 통해 작은 자들을 섬기는 일을 선교의 목적으로 삼았다. 프란체스코회의 제3회(Tertiary)의 소속인 라몬 룰(Ramon Lull, 1235-1316)은 이슬람 선교를 위한 세 가지 원칙[106]에서 그들의 언어에 대한 폭넓고 정확한 지식이 필요하기 때문에 미라마르에 동양 언어 연구를 위한 대학 설립이 필요하고, 무슬림들은 학식이 있기 때문에 그리스도교의 진리를 잘 밝혀 놓은 책을 만들어야 하며, 선교사는 자신의 생명을 두려워하지 말고 무슬림들에게 가서 증거 해야 한다고 했다.

2) 유럽은 15세기 말부터 내항해의 시기를 맞이히면서 이슬람의 저지로부터 벗어나기 시작했다. 스페인과 포르투갈은 육로가 아닌 해로(seaway)를 길로 삼아 팽창해 나갔다.107) 바닷길 개척은 유럽이 이슬람의 배후를 돌아 아시아의 뒷문으로 들어가게 했다.

교황 니콜라우스 5세(Nicolaus V, 1397-1455)는 1454년에 포르투갈과 스페인에게 점령한 지역에 대한 소유권을 인정해 주었고, 1455년에는 교령을 통해 페드로도(padroado) 체계인, 포르투갈 왕에게 무역 독점권과 비 그리스도인들을 노예 제도에 포함시킬 권리 외에 교회에 대한 포괄적인 행정적 통제권을 허락해 주었다.108) 교황 칼릭투스 3세(Calixtus III, 1378-1458)는 스페인과 포르투갈 사이의 경쟁을 막기 위한 조치로 아조레스(Azores)의 지도 위에 선을 그어, 서쪽을 스페인에게, 동쪽을 포르투갈에 속하도록 만들어 주었다.

스페인은 16세기에 라틴 아메리카에서 엔코미엔다(encomienda) 제도를 시행했다. 엔코멘데로(encomendero)들은 강자가 노동 등의 사용 대가로 약자를 보호한다는 명분을 내세워 1503년 왕으로부터 인디오(Indio)109)들을 보호하는 조건으로 토지와 원주민 사용권을 부여 받았다. 그들은 인디오들의 신앙을 개종시키는 것과 종족 전쟁과 해적으로부터의 보호, 그리고 스페인어 교육, 기반 시설의 유지와 발전을 위해 인디오들을 관리한다고 했다. 인디오들은 그에 대한 답례로 강제 노동과 금속, 옥수수, 밀, 돼지 또는 다른 농산물을 공물로 바쳐야만 했다. 엔코멘데로들이 멕시코, 브라질, 아르헨티나, 페루 등에서 행한 일은 잔인하고 무자비했다.

더 나아가 엔코멘데로들은 자신들의 충분한 노동력 확보를 위해 아프리카에서 라틴 아메리카로 흑인들을 노예로 끌고 왔다. 그 결과 아프리카는 노예 시장이 되었다.[110] 1511년 아프리카의 노예 상황을 본 도미니코 수도사 드 몬테시노스(Antonio de Montesinos)는 "당신들은 무슨 권리와 근거로 이 인디오들을 그렇듯 잔인하고도 끔찍하게 종노릇 시키는가?"라고 질문했으며, 드 라스 카사스(Bartholomew de Las Casas, 1474-1566)는 스페인이 아리스토텔레스의 철학을 빙자해 어떤 백성은 나면서부터 노예들이라고 말하는 것에 대해, 그들의 말대로 미개하고 야만적인 사람들이라 하더라도 그들에게 사랑과 부드러움과 친절을 가지고 행하기만 하면 그들도 훌륭한 생활의 방식과 질서를 갖게 될 것이라며 토착인들을 변호했다.[111] 그러나 1519년 스페인 정복자 에르난 코르테스(Hernán Cortes, 1485-1547)는 아즈테카(Azetecs) 제국의 수장 목테수마(Moctezuma 또는 Montesuma, 1486-1520)의 사절단를 만났을 때 그들을 정복 대상으로만 삼았다. 정복은 타자를 변증법적으로 동일자에게 포함시키는 군사적이고, 실천적이고, 폭력적인 과정이다. 이들의 처음 만남은 정복자와 피정복자의 군사적 관계였다.[112] 정복은 '칼'과 '십자가'를 결합하였다.

가톨릭의 수도회 선교는 스페인과 포르투갈의 대항해로 인해 유럽 외의 지역으로 확산되어 나갔다.[113] 이 시기의 중요한 수도회는 프란체스코회(Franciscan Order), 도미니크회(Dominican Order)와 이후에 이냐시오(Ignatius of Loyola, 1491-1556)에 의해 시작된 예수회(Society of Jesus)로, 수도사들은 무역선을 타고 라틴 아메리카, 아프리카 서해안, 아시아의 인도, 일본, 말라카 해안, 중국, 필리핀 등으로 들어갔다. 포르

투갈과 스페인의 선박에는 수도사들을 동승시켜 새로운 대륙으로 들어
갔다. 그 이유는 새로운 인종이 발견되면 그들을 그리스도교 신앙으로
인도해야 하는 줄로 사고했기 때문이다.[114] 교황 칼릭투스 3세(Calixtus
III, 1378-1458)는 1456년에 포르투갈에 장차 추가될지도 모르는 영토에
대한 영적 감독권을 부여했으며, 교황 알렉산더 6세(Alexander VI,
1431-1503)는 1493년에 스페인 왕실에게 대서양 연안에 존재하거나 발
견될지 모르는 땅들에 대한 무역 독점권을 인정함과 동시에 선교사들이
그곳에 거주하는 사람들을 위해 그리스도인 신앙으로 돌아오도록 할 것
을 지시했다.[115] 새로 발견된 땅에 대한 가톨릭의 선교는 '신앙의 전파',
'복음전파', '사도적인 선포', '교회의 확장', '교회의 설립', '그리스도의 통
치의 전파', '열방들에게 빛을 비춤'이었다.[116]

그러나 그 당시 선교사들이 비판을 받는 것은 엔코미엔다를 행하는
사람들과 같은 배를 타고 왔다는 점과 선교 또한 엔코미엔다 상황에서
이루어졌다는 점이다. 수도사들은 토착인들을 아직 흑암 중에 거하는
민족들로 보고 가톨릭 신앙으로 개종시키려 했다.

가톨릭 선교는 구심론적인 것으로 나아갔다. 선교는 어떤 집단이든지
세례를 베푸는 것으로 이행되었다. '가톨릭'이라는 단어가 일반, 우주, 공
동이라는 의미로 사용된 것을 보면, 모든 것에 공통되거나 들어맞는 보
편적인 것을 강조했음을 보여 준다. 그들은 토착인의 의향과 관계없이
일방적 선교를 했다.[117] 선교는 새롭게 발견되는 지역에 대한 정복주의
로 로마 교황청 권위의 위임과 연결되어 사람들을 가톨릭교회로 들어오
도록 하는 것이 되었다. 라틴아메리카에서 선교는 인디오 문화와 종교를
무시한 가운데 이루어졌기 때문에 강제 개종 형태가 되었다. 인디오의
고유의 권리, 문명, 문화, 세계, 신인 상상세계(imaginaire)는 그들에게

'낯선 신'의 이름으로 정복되었다. 그들의 상상세계는 '악마적'이라는 명분으로 퇴치되었다. 이렇게 유럽은 타자의 세계를 부정적, 이교도적, 사탄적인 것으로 해석했다. 선교사들은 그들을 타블라 라사(tabula rasa) 즉 백지118) 상태라고 보는 가운데 신전을 파괴하고 신성시 여기는 유럽의 종교로 대치하려고 했다. 선교는 인디오의 영혼을 정복했다. 유럽인이 생각하기에 아즈테카인과 잉카인은 문자를 사용하지 않았고 철학자들의 지혜가 없기 때문에 2등급 야만인으로 규정했으며, 도시문화에 속하지 않은 원주민들과 안데스 지방의 원주민들은 3등급 야만인으로 분류했다. 프란체스코회가 1524년 멕시코에 도착한 이후 인디오 영혼은 거칠고, 어리고, 미성숙한 사람으로 정의되었다. 그들의 선교는 기독교 교리, 주기도문, 십계명, 사도신경을 외우도록 하는 것이 전부였다. 이와 같은 방식으로 1524년 이후 불과 30-40년 기간에 아메리카 북쪽의 멕시코의 아스테카 제국에서 남쪽으로 칠레의 잉카 제국까지의 도시에 가톨릭을 전파했다. 이것은 '영혼의 정복' 공식이었다.119) 그 결과 선교는 영혼을 사랑하는 것이 아닌 경제적, 정치적, 종교적 확장이 되고 말았다.

시행착오를 겪은 이후에, 수도회들(프란체스코회, 도미니크회, 어거스틴회)은 엔코미엔다 체제로 부터 탈피하여 콘벤토(convento)를 시도하게 되었다. 콘벤토는 인디오들이 살던 지역을 떠나 마을을 따로 형성해서 살도록 하는 것이다. 수도원 안에 인디오들과 함께 새로운 그리스도인 마을을 형성하는 것으로, 그 안에 병원, 학교, 고아원을 설치하였다. 그러나 이것은 그들의 사회에서 떠나게 한 것이었기 때문에 진정한 토착화라 할 수 없다. 인디오들은 그들의 사회에서 격리되는 어려움을 경험해야 했다. 콘벤토 형태의 선교는 타자를 인정하지 않고 자신들이

원하는 방식대로 살게 하는 오만함이 들어 있다. 인간은 자신의 사회를 떠나서 살 수가 없는데, 그들이 살던 사회에서 분리시켜 전혀 다른 방식의 삶을 강요했다. 그들은 토착인들을 백지로 보고, 그들의 종교, 문화, 언어가 무시된 가운데, 세례를 통한 유럽인들의 종교, 문화, 언어를 강요했다. 유럽인들은 인간이었고 토착인들은 인간으로 만들어야 할 대상이었기 때문에 그들의 선교는 앞으로 발견될지 모르는 땅과 그곳에 살고 있는 사람들에게 세례 주는 것을 선교라고 생각했다. 또한 로마 가톨릭이 포교성성을 통해 평신도들과 같은 수도사들이 아니라 사제 중심의 선교를 한 것도 그들의 우월성을 드러낸 것이다. 스페인과 포르투갈 가톨릭은 토착인을 미개한 것으로 생각했기 때문에 토착인 사제 양성에 힘을 쓰지 않았다. 그들이 토착인 개종자들의 미숙함 때문에 사제 세우는 일에 신중한 태도를 취했다고 한 것이지만, 토착인 사제들을 양성하는데 게을리 함으로써 서구 중심의 교회가 되게 했다.[120] 이에 더하여 십자군이 성지탈환이라는 명목 하에 정복을 벌인 일과 대항해 시기에 정복을 벌인 일은 선교가 힘 있는 자들의 확장이었음을 알 수 있다.

이와 같이 가톨릭 선교는 토착인의 종교, 문화, 언어를 무시했다. 교황들은 토착인의 종교에 대한 배려 없이 가톨릭 신앙으로 귀화시키도록 했다. 또한 선교는 토착인의 문화를 정복하는 것이 되었다. 그들에게 토착인의 문화는 재고될 것이 아니라 파괴되어야 할 것이었기 때문에 그들의 절기와 축제들을 파괴시키거나 근절시켰다. 그리고 언어는 라틴어를 고수했다. 과거에 게르만족들의 언어를 거칠고 쓸모없는 것으로 여겨졌던 것처럼, 토착인의 언어도 무시하고 예배에서 라틴어 전례를 사용했다.[121] 성서 번역에 있어서도 남인도의 피셔 해안에 가톨릭 선교사가 1543년에 상주해 있었지만, 타밀어 신약성경 번역은 1714년 프로테스탄트 선교사 지이겐발크(Ziegenbalg)에 의해 이루어졌고, 필리핀에서는 가톨릭 선교사가 1565년에 도착했지만 1873년에 이르러서야 팡가시난(Pangasinan) 방언으로 누가복음만 번역되었던 것을 보면, 가톨릭 선교는 라틴어 사용으로 일관했음을 알 수 있다.[122]

　가톨릭 선교는 구심력 요소를 지니고 있다. 구심력 선교는 토착인과 그들의 문화를 지배하고 착취하고 정복한다. 팅커(George E. Tinker)의 말대로 그러한 선교는 생명이 아니라 도리어 문화적 학살을 낳았다.[123] 구심력 선교는 타자를 백지로 보기 때문에 그들의 것을 말살하고 유럽의 새로운 것을 주입시킨다. 그것은 대화가 아닌 일방적 설득이다. 근대의 주체성은 주체를 절대적 존재로 만들었고 객체를 대상화 하는 동시에 타자를 자기 안으로 동일화했는데, 이러한 동일성의 철학은 인종차별, 노예제도, 유대인 대학살, 문화 제국주의 등 수많은 문제들을 파생시키게 된다.

　보쉬는 가톨릭의 구심력 선교의 원인을 성 어거스틴(354-430)의 신학에서 찾았다. 어거스틴은 사람의 본성과 능력에 낙관적인 견해를 가지고 있던 펠라기우스(Pelagius)와의 논쟁에서 원죄와 예정론 교리로 그들을 반박했다. 어거스틴은 신학적인 문제보다 인간이 어디에서 구원을 발견할 수 있느냐는 문제와 씨름한 가운데 바울에게서 해답을 찾았다. 그는 바울의 가르침에서 이신칭의를 취했다.[124] 어거스틴의 신학은 이후에 영혼의 구속을 중심에 놓게 했으며, 하나님 나라는 하늘의 소망으로 선을 행할 자가 받게 될, 그리고 인내의 상급으로 받게 될 장소가 되었다. 어거스틴의 『하나님의 도성』은 지상의 도성과 하나님의 도성과 연결시켰다. 그는 거룩한 것과 세속적인 것을 구별하지 않았으며, 영적인 우위 속에서 지상의 도성이 하나님의 도성에 봉사하는 것으로 이해했다. 그러나 결과적으로 지상의 도시는 종속적인 것이 되었으며, 교황권이 절정에 이르게 되었다.[125] 또한 어거스틴은 도나티스트들(Donatists)과의 논쟁을 통해 교회를 좋은 교인들을 포함하여 모든 죄인들을 위한 것으로 간주했다. 그러나 그 결과를 교회를 신봉하는 것이 되어 선교는 곧 교회의 자기실현이 되었다. 교회 중심적 이해는 세례를 강조하게 되었다.[126] 구원은 개인적인 것이 되었고 교회 울타리 안으로 들어오는 것이 되었다.

어거스틴 신학의 영향은, 그레고리 대제에 의해 4세기에서 11세기 선교에 있어서 강제적인 개종이 로마제국 전 지역을 휩쓸었으며, 16세기 이후에는 아프리카, 아시아와 아메리카 원주민들에 대한 식민지화를 정당화시켜 주었다.[127] 보쉬는 중세 로마 가톨릭 선교 패러다임을 대변하는 본문을 "사람을 강권하여 데려다가 내 집을 채우라."(눅 14:23)에서 찾았다.

그러나 예수회는 구심력 선교에 대한 반성으로 타불라 라사가 아닌 적응주의(adaptation)[128] 선교를 시도했다. 그들은 현지의 언어를 공부해 그들의 사상과 문화를 익힌 다음 지배층이나 지식인들과의 학술적 교류로 가톨릭 교리를 전파했다. 예수회의 이나시오(Ignacio de Loyola, 1491-1556)는 포르투갈 국왕으로부터 인도에 선교사 파송을 요청 받았을 때 그는 프란시스 하비에르(Francis Xavier, 1506-1552)를 보냈다. 하비에르는 인도에서 선교한 후 일본에서 선교할 때 원주민 백지 정책을 포기했다. 이전의 스페인 선교사들은 라틴 아메리카에서 토착인의 문화, 종교, 언어를 완전히 허물고 새로운 토대를 만들었다. 그러나 하비에르는 토착인 문명 전체를 무가치한 것으로 보지 않고 선교했다.[129] 예수회 동양지역 순찰사(巡察使)였던 발리냐노(Alessandro Valignano,

1537-1606)는 선교사의 의복을 비단으로 입게 해 부유층과 유력층과 어울리도록 했고, 일본의 젊은이들을 유럽으로 여행을 시켜주어 새로운 세계를 보게 했으며, 일본 사람을 사제로 만들기 위해 신학교를 설립했다.[130) 마태오 릿치((Matteo Ricci, 1552-1610)는 중국 문화를 존중하는 가운데 중국인 의복을 입었고, '하느님' 이름을 '天主'로 번역했으며, 공자에게 '성'(聖)이라는 칭호를 부여했고, 조상숭배는 상징적인 것으로 처리했다.[131) 드 노빌리(Robert de Nobili, 1577-1656)는 인도인이 되기 위해 노력하는 가운데 인도 성자들이 입는 황갈색의 카비(Kavi) 옷을 입었고, 타밀(Tamil, 인도 남동부의 타밀족이 사용하는 드라비다어족의 대표언어) 고전과 텔루구(Telugu, 인도의 안드라프라데시 주의 공용어이며 남동부 지역에서 사용되는 언어)와 산스크리트(Sanskrit, 인도 아리아어 계통으로 고대 인도의 표준문장어)를 통달했으며, 인도인의 눈에 부정한 것으로 보이는 것을 피했고, 신분이 낮은 카스트와 신분이 높은 카스트를 구별해 카스트별 선교를 행했다.[132) 드 로드(Alexander de Rhodôs, 1591-1660)는 베트남어의 표기체계를 고안했고, 사제의 결핍에 따른 대안으로 현지인 교리문답교사(catechist)들을 훈련시켜 활용했다. 교리교사들은 규칙을 지키며 공동생활을 했고, 기초적인 의학교육과 더불어 충분한 교육을 받았으며, 독신생활과 사례로 받는 것을 공동기금으로 활용했다.[133)

예수회의 적응주의 선교는 프란체스코회와 도미니크회의 선교사들에 의해 제제를 받았다. 그 이유는 중국에서 사용된 하느님 이름과 관습들과 조상숭배 허용이 기독교 신앙의 본질적 내용과 위배된다고 보았기 때문이다.[134) 결국 예수회의 적응주의 선교는 타격을 받게 되어 더 발전하지 못했다.

로마 교황은 스페인과 포르투갈의 수도회 중심의 선교를 견제했다. 교황 그레고리우스 15세(Gregorius XV, 1554-1623)는 수도사들이 아닌 사제들이 선교를 관리하도록 1622년 포교성성(Sacred Congregation for the Propagation of the Faith)을 설립했다.[135] 그는 '프라퍼겐더 피데'를 작성해 교구 주교들을 선교 현장에 활용했다. 그는 잉골리(Francesco Ingoli)를 서기로 임명해 수도회들 사이의 가열된 선교 경쟁을 막으며 선교의 주도권을 수도회가 아닌 교회가 가지도록 했다. 그 당시 선교 사업은 스페인 가톨릭과 포르투갈 가톨릭이 주도하고 있었기 때문에 로마 가톨릭이 그 굴레에서 벗어나기 위한 것이었고, 선교의 일선에 수도회들이 활동하고 있었기 때문에 사제들과 균형을 유지하기 위해 교구사제들을 활용하기 위한 것이었다. 그것은 마치 세계교회협의회(WCC)가 '선교단체'들에 의한 선교 보다 '교회'에 의한 선교로의 전환을 취한 것에 비교될 수 있다. 포교성성은 중앙에서 선교 사업을 장악하기 위한 전략이었다.[136] 포교성성은 무엇보다 종교개혁을 저지하기 위한 방책이기도 했다. 포교성성은 자신의 신학의 절대적 주장으로, 그 신학 안에 사람들을 판단하고 결정하게 한다. 신학은 선교 결과로 만들어진 것인데, 신학이 율법이 되어 선교에 영향을 주게 된 것이다. 선교는 그 자체로 정의를 내릴 수 있는 것인데 신학이 선교의 정의를 내리면서 선교를 제한했다. 그 결과 선교가 왜곡되었다. 프라퍼겐더와 같은 신학적 정의로 내린 선교는 어떤 세계관이나 문화이론이 되어 나타나기 때문에 신중히 다루어야 한다. 프라퍼겐더 선교는 형식주의처럼 교리 전달의 모습을 띠고 있다. 선교는 책임적인 삶을 구성하는 가운데 그리스도께서 하신 것처럼 타자를 위하여 타자의 편에 서서 행하는 것인데, 교리 전달이 되고 만 것이다.[137]

근대의 선교는 종교, 정치, 경제, 사회와 분리되지 않았으며, 힘의 확장사라고 보아도 좋을 것이다. 그것은 제국주의를 통해 주체를 확장하는 일이었다. 선교는 중심과 주변을 경계 지어 중심의 확장에 몰두했다. 선교에 있어서 주변은 가치 없는 것이었고 늘 정복되어야 할 대상에 불과했다. 가톨릭의 프라퍼겐더는 보편성 사고에서 나온 것으로 교회 안과 밖을 구분하였고, 세례를 받게 하는 것이 목적이 되었다.[138) 선교지에서 교황의 파송을 받은 사람들만이 실제적 교구장이었기 때문에 정복된 지역의 교회들은 자율권을 얻지 못한 가운데 로마의 부속물, 이류 교회, 딸 교회, 미숙한 예배 공동체가 되었다.[139) 이러한 결과는 중심에서 주변으로 확장하려는 것에 기인한다.

선교에 있어서 유럽 중심적 사고는 20세기 중반까지 지속된다. 16세기 이후 가톨릭 선교의 큰 오류는 인간을 개별적 존재로 보지 않은데서 나온 것이다. 인간을 규정하려고 할 때 주의할 것은 보편적으로 정의내릴 수 없다는 점이다. 그 이유는 인간 각자의 주어진 상황이 다르고 독립적인 삶의 자리가 있기 때문이다. 즉 인간은 개별적 존재인 것이다. 성경이 저자들의 처한 상황과 관련된 것임을 볼 때 성경도 닫힌 언어로 모든 것을 규정지을 수 없음을 알 수 있다. 예로, 욥기서는 평균적 지혜를 거부하고 있으며, 바울서신은 그가 설립한 교회들의 질문에 대한 대답이다. 신학도 마찬가지다. 그것은 각 지역에 토대에서 만들어진 것이기 때문에 초월적인 것이라기보다는 지역적인 것이다. 선교는 인간의 개별성을 인정하는 가운데 이루어져야 한다.

3) 16세기 가톨릭 선교의 오류는 인간을 개별적 존재로 보지 않고 언어라는 거대담론으로 본 것에 있다. 16세기 가톨릭 선교는 자신들의 담

론을 가지고 만든 것이었다. 푸코는 르네상스 시기(16-17세기)에 언어가 모든 것을 설명해 사물이 생명력을 잃게 되었다고 말한다. 사물이 언어로 규정되었기 때문이다. 사물은 닮음, 일치, 언어 자체, 이 언어를 형성하는 기호가 대상을 가리키는 방식으로 이해되었다.[140] 그 결과 자연이 과학에 포함되는 가운데 인간도 닮음, 비교라는 시금석으로 판단되었다.[141] 6세기 파르메니데스(Parmenides of Elea, BC 515-445)는 사유와 존재를 하나로 보았다. 그는 사유와 언어의 관계를 통해 유일하고 분할할 수 없는 하나의 존재자를 증명하고자 했다.[142] 사람이 사물을 생각하거나 말할 때 그 사물은 존재하는 것이다. 그런데 이러한 주장은 물건과 이름 사이의 틈이 생기게 된다. 예로, 물건과 이름은 일치하지 않기 때문이다. 그래서 소쉬르(Ferdinand de Saussure, 1857-1913)가 언어에 있어서 개념과 이미지라는 두 체계를 말하게 되었던 것이다. 이 둘은 구별해서 연구해야 하는데 마치 정치사에서 시간의 한 점이 시대와 어느 정도의 기간에 해당되는 시기를 구별하는 것과 같다. 예로, 십자군 시대를 논할 때 변하지 않는 특성을 고려한다.[143] 소쉬르는 인간의 언어활동(langage)은 '랑그'(langue)와 '파롤'(parole)로 이루어지는데, 그 가운데 주요한 요소로 랑그를 꼽는다. 랑그와 파롤은 서로 성격이 다르다. '랑그'는 체계적인 것으로 변하지 않는다. 랑그는 그 발음을 듣고 상상하는 사물로, 언어 규칙이자 사회적 약속이다. '말'(dialogue)은 언어 체계가 있기 때문에 의사소통이 가능해 진다는 것이다. 의사소통이 가능한 것은 사회 구성원 모두가 공유하는 단어 체계, 음운 체계, 문법체계라는 장르가 있기 때문이다. 랑그는 언어활동에 필요한 도구(tool)로 개인적 발화에 의미를 부여하는 추상적 체계이다. 소쉬르는 랑그가 언어활동의 본질적인 부분이라고 본다. 소쉬르는 '랑그'만을 연구의 대상으로 삼았다.144) 그것도 기표와 관련된 것만 다루었다. 그것은 언어 과학의 정태 국면과 관계되는 '공시언어학'(synchronic linguistics, 共時言語學)으로 구조적 관계들을 취급한 것이다. 그가 언어를 랑그에 제한시킴으로 '말'이 아닌 '언어학'이 되고 말았다.145) 소쉬르는 랑그에서 언어의 과학적 분석, 보편적, 일반적 규칙들을 발견한다. 만약 이런 규칙들이 없다면 언어는 그 주요 임무를 완수할 수 없다고 본 것이다.

소쉬르가 '파롤'을 중요하게 생각하지 않은 것은 변화 때문이다. 그는 파롤이 말의 개별적 발음에 불과하다고 생각했다. 파롤은 언어과학의 진화와 관련된 '통시언어학'(diachronic linguistics, 通時言語學)으로 시간 속에서 변화하고 발전하는 현상들을 취급한다. 소쉬르가 파롤에서 언어학을 시도하지 않는 이유는, 그것이 사회적이기 보다는 개인적, 시간적 과정을 따른 것이기 때문에 체계를 만들 수 없기 때문이었다.

그러나 언어가 랑그만을 주장하게 될 때 닫힌 언어가 되어 거대담론으로 작용하여 사람을 억압시키게 된다. 사이드는 오리엔탈리즘(Orientalism)이 서양에 의해 만들어진 동양에 대한 거대담론으로 그들의 주장을 합리화시켜 나갔다고 보았다.146) 오리엔탈리즘은 유럽중심, 백인중심에서 나온 것이다. 1765년부터 1850년 사이 유럽은 동양에 대한 열정이 생겨났으며, 그 열정을 이국성, 신비성, 근본성, 생식성과 연결시켰다. 이렇게 담론은 만들어지는 것이다. 오리엔트는 어떤 것이라고 설정되어 있는데, 주로 신비스럽고, 싸울 줄 모르고, 말을 잘 듣는 여성적인 이미지로 만들어졌다. 서양은 동양에 대해 남성의 욕망이 성취되는 곳으로 그려졌다. 그것은 동양 사람들이 말하는 것이 아니고 동양 사람을 위한 것도 아니다. 그것은 서양 사람들이 만든 서양 사람을 위한 동양에 대한 이야기이다. 사이드는 세계사 속에서 끊임없이 하나의 주된 목소리로 이어져온 제국주의의 흐름이 문화와 긴밀하게 연결되어 있음을 알았다. 서구는 오리엔탈리즘 담론을 만들어 비 서구를 지배한 것이다.147) 오리엔탈리즘은 서양 사람들의 지식체계에서 당연한 것으로 받아들여지게 되었다. 서양은 오리엔탈리즘으로 동양의 경제, 정치, 사회를 통치하게 되었다. 서양이 동양을 설정한 참칭(arrogation to oneself of a title, 僭稱)으로 인해 타자는 조작되었다. 타자를 타자로 구성하는 것은 인종주의와 성차별주의와 병존하게 되었다. 헬레네 식수(Héléne Cixous)는 타자를 지식형식으로 전유하는 대문자의 H의 역사는 타자를 관용할 수도 없고 그것을 포함의 경제 바깥에 둘 수도 없다고 했다.148) 레비나스(Emmanuel Levinas, 1906-1995)도 역사가 타자를 비인격적인 정신이나 관념 내에 통합할 수 있다고 주장한다면 잔인성이자 부정한 행위이며 타자를 무시하는 것이라고 했다.149) 그리고 데리다도 타자성이 대화가 아니라 언어 그 자체의 작용을 하게 되면 왜곡된다고 했다. 타자를 외부에서 만들어진 지식으로 보게 되면 타자가 동일자로 전유되는 또 다른 형식을 구성하게 된다. 그 결과는 서양 제국주의가 자연스러운 것이 된다는 점이다.

거대담론은 인간을 억압하고 통제한다. 인간은 전문화된 문화이론으로 인해 고통을 당하게 된다. 오늘날 식민주의는 사라졌다. 그러나 식민주의적 사고는 현재도 소멸되지 않고 있다. 식민주의는 지나갔지만 그 흔적이 남아 있다. 역사는 누구의 관점에서 기술된 것이냐에 따라 현재에서 선택되고 재구성되곤 한다. 식민주의는 식민지를 경험한 사람들에게 공유된 기억으로, 또한 문화, 이데올로기, 정책을 둘러 싼 의견 충돌의 장으로 아직도 큰 영향력을 행사하고 있다.

거대담론은 근세150)와 근대151)에 형성되었다. 근대는 자신의 삶을 영위할 수 있는 자아의식의 재발견으로, 신 중심에서 인간 중심으로 전환된 시기이다. 근대성은 개인이 자신의 주인이라는 자각과 더불어 인간은 스스로 살아갈 능력이 있는 이성적 존재임을 말한다.[152] 유럽의 근대 주체성 철학은 이론과 실천의 분열로 인해 타자를 억압하게 되었다. 근대는 도구적 이성과 실천적 이성의 분열로 인해 타자를 오직 자신의 주체성 안에 포괄시키는 거대담론이 되었다.

그런데 유럽에서 거대담론을 만든 계기는 근세에 일어난 신대륙 발견(유럽의 관점)과 깊은 관련이 있다. 역사학자들은 서구의 근대 시작에 대해 '프랑스 혁명'과 '산업혁명'에서 찾지만, 유럽의 근대의 시작점은 유럽이 다른 대륙과의 만남에 기인한다. 콜럼버스(Christopher Columbus, 1451-1506)는 1492년 다른 대륙을 찾았다. 본래 '발견'이란 미처 찾아내지 못했거나 아직 알려지지 않은 사물이나 현상, 사실을 처음으로 찾아낸다는 의미인데, 스페인과 포르투갈의 입장에서는 신대륙 발견이었지만, 이미 그 대륙에 살고 있던 사람들은 그들에게 정복을 당한 것이다. 유럽은 콜럼버스 이후 산업혁명 전까지 자신의 대륙에서 다른 대륙으로 팽창해 나갔다. 그들은 신대륙과 토착민들을 식민지화 해 나갔다.

신대륙 정복 과정은 종교적, 정치적, 문화적, 경제적으로 전개되었다.[153] 서구의 신대륙 정복에 대해 어떤 사람은 종교적 측면에서 선교와 인도주의적이라고 보는 사람이 있다. 그러나 정복 과정에서의 강압성과 잔혹함을 본다면 그것은 자기합리화인 것을 알 수 있다. 또한 어떤 사람은 정치적 입장에서 식민지에 투입된 행정과 법제의 기능, 구성과 효율성을 말한다. 그러나 그들의 착취와 관료들 사이의 이익 경쟁을 본다면 법과 행정의 효율성은 가면에 불과하다. 그리고 어떤 사람은 문화적 입장에서 발견한 자들과 발견된 이들 사이의 수용성을 말하지만, 유럽인들에게 신대륙은 타자에 대한 정복이었기 때문에 두 세계의 만남은 지적, 감정적, 사회적 혼란을 야기 시킨 것에 불과하다. 더 나아가 어떤 사람들은 경제적 측면에서 유럽과 신대륙 사이의 물리적 교류의 확대에 초점을 두고 구조사적 접근을 꾀한다. 그러나 유럽은 신대륙에서 그들이 필요로 하는 향료, 금은, 노동력을 획득했기 때문에 경제적 조우는 형평성에 맞지 않는다.

신대륙이라는 것은 유럽의 상상력의 산물일 뿐이다. 그들은 토착민들을 타자로 대하는 가운데 자신들의 욕망을 채우는 장소로 접근했다. 엘리슨 게임스(Alison Games)가 『제국의 거미줄』에서 16세기 후반 약소국에 불과했던 영국이 100년 만에 강대국이 된 이유를 영국인들의 신대륙과 낯선 땅으로의 진출이 거리낌이 없는 세계인(cosmopolitan)의 특징으로 자연스럽게 이루어진 제국 지배라고 해석154)해 보지만, 발레리 플린트(Valerie I. Flint)는 『크리스토퍼 콜럼버스의 상상의 풍경』에서 유럽은 자신들의 지배권역을 표시하기 위해 지도에 지배자의 모습을 그려 넣고, 미지의 세계에 괴물을 그려 넣음으로써 타자를 정복의 대상으로 만든 것이라고 지적한다.155) 서구는 16세기 이후 거대담론을 만들어 가톨릭 선교에 영향을 주었다.

2. 프로테스탄트 선교(18-19세기)

유럽은 15세기까지 이슬람의 침략과 저지로 인해 유럽 밖을 향해서 나가지 못하는 약한 국가들이었다.156) 그런데 유럽이 더 강력한 국가로 발돋움하게 된 것은 17세기 식민주의 세력이 등장하면서부터였다. 프로테스탄트는, 가톨릭이 16세기 스페인과 포르투갈에 의해 인도양을 지나 인도로 항해하는 뱃길 무역을 거의 독점적으로 운영하는 가운데 선교를 펼쳐 나갔던 것처럼, 프로테스탄트 선교도 유럽의 식민지 세력의 확대와 더불어 일어나게 되었다. 프로테스탄트 선교는 가톨릭의 선교가 주춤한 상황에서 또다시 가톨릭의 구심력 선교를 이어받아 계속 진행되었다. 유럽은 18세기에 더 강력해지기 시작했다.[157]

프로테스탄트 선교는 네덜란드에 의해 인도네시아에서 선교의 포문을 열었다. 네덜란드 선교는 가톨릭의 포교성성(Propaganda) 방식을 따랐다.[158] 네덜란드는 동인도회사(East India Company)를 통해 세계 무역을 시작했을 때 라이든(Leiden)에 신학교를 세워 목사를 양성해 무역선에 함께 보냈다. 식민주의자들은 초기에 선교사들이 그들의 영토에 들어오는 것을 상업적 이익에 위협되는 것으로 보아 반대했으나, 그들의 협조자가 되기에 충분하다고 보아 이후에 환영했다. 식민주의 절정시대 동안(1880-1920) 정부의 관리들은 선교나 선교사들의 사역을 칭송하며 그들을 동역자로 간주했다. 영국 선교사들은 영국 식민지에서, 프랑스 선교사들은 프랑스 식민지에서, 독일 선교사들은 독일 식민지에서 사역하는 것이 일반화되었다. 선교사는 자신들이 하나님을 섬기는 가장 놀라운 기회이며 동시에 조국을 섬기는 영광된 기회라고 생각했다. 그들은 "우리는 하나님의 나라를 위할 뿐만 아니라 프랑스를 위해서도 사역하고 있다."[159]라고 말했다. 네덜란드 기독교는 인도네시아, 실론(현재 Sri Lanka), 타이완으로 들어갔다.

네덜란드의 뒤를 이어 영국(England) 개신교가 선교의 대열에 뛰어들었다. 영국은 북아메리카(America)로 갔다. 영국의 선교는 가톨릭의 콘벤토(convento) 본을 따라 인디언(Indian)들을 위한 '기도하는 마을들'(praying towns)을 세웠다.[160] 대표적인 선교사로 존 엘리어트(John

Eliot, 1604-1690)와 브레이너드(David Brainerd, 1718-1747)가 있다.

이후에 덴마크, 프랑스, 독일, 벨기에, 오스트레일리아, 미국이 프로테스탄트 선교의 뒤를 따랐다. 덴마크 개신교는 독일 경건주의 선교사들을 통해 인도의 트랑크바르(Tranquebar)와 탄조레(Tanjore) 왕국에 들어갔으며, 그린란드(Greenland) 지역에도 들어갔다. 덴마크의 국왕 프레데릭 4세(Frederik IV, 1671-1730)는 독일 할레(Halle) 대학의 프랑케(August Hermann Francke, 1663-1727)가 추천한 지켄발크(Bartholomew Ziegenbalg, 1683-1719)와 플뤼챳(Henry Plütschat, 1678-1747)을 인도의 트랑크바르(Tranquebar) 선교사로 보냈다. 지켄발크는 인쇄기를 들여와 타밀어 신약성경을 인쇄했으며, 선교 지역을 탄조레(Tanjore) 왕국으로 확장했다. 이후 탄조레에서 슈바르츠(Christian Friedrich Schwartz, 1724-1798) 선교사가 청빈과 고결한 삶을 통해 교회를 세웠다. 모라비아(Moravia)의 '모라비아 형제단'(Moravian Brethren)은 그린란드(Greenland), 수리남(Surinam), 기아나(Guiana), 아프리카의 황금 해안(Golden Coast, 현재 Ghana)을 선교했다.

미국(America)은 개신교 선교에 있어서 특별한 위치를 차지하는데, 그리스도의 재림을 염두에 두고 전 세계에 복음이 전파되기를 갈망했다. 마태복음 24장의 "이 천국복음이 모든 민족에게 증언되기 위하여 온 세상에 전파되리니 그제야 끝이 온다."(마 24:14)라는 종말론과 연결시켰다. 선교는 하나님 나라의 도래를 앞당기기 위한 것으로 이해되었다. 미국은 영국의 선교지이면서도 유럽에서 이민 온 그리스도인들의 재림 신앙으로 인해 일찍 선교에 관심을 가졌다. 보스턴 회중교회의 코튼 메더(Cotton Mather) 목사는 할레대학의 프랑케와 인도의 트랑크바르의 선교사들과의 서신 교환을 통해 전 세계에 복음을 전한다면 성령강림을 유도하게 될 것이라는 점을 공감했다.[161] 조나단 에드워드는(Jonathan Edwards, 1703-1758)는 선교를 자신의 관심 주제로 삼는 가운데, 선교를 위한 '전 세계적인 기도 협약'(Concert of Prayer)을 실천했다.

18세기 프로테스탄트 선교는 유럽의 식민주의 비전에 십자가(cross)를 결합시킴으로써 더욱 활력을 띠게 되었다. 이것은 16세기에 가톨릭 교회가 정복과 십자가를 결합한 것과 같다. 비전과 십자가의 결합에 따른 프로테스탄트 선교는 19세기에 이르러 근대 선교의 비조(鼻祖)로 알려진 윌리엄 캐리의 대위임령이라는 언어주의로 구체화 되었으며, 미국의 재림 신앙이라는 역사주의와 연결되어 절정에 이르게 되었다. 캐리의 '이교도를 회심시키기 위해 그리스도인들이 수단을 사용해야 할 책임'이라는 비전은 제임스 쿡(James Cook, 1728-1779) 선장의 항해기를 읽으면서 나온 것[162]으로서 예수의 대위임령[163]인 "그러므로 너희는 가서 모든 민족을 제자로 삼아 아버지와 아들과 성령의 이름으로 세례를 베풀고 내가 너희에게 분부한 모든 것을 가르쳐 지키게 하라."(마 28:19-20)라는 것에 근거했다. 즉 위대한 세기로 불리는 19세기 프로테스탄트 선교는 언어(마 28:19-20)와 역사(마 24:14)의 융합으로 함축될 수 있다. 언어주의와 역사주의의 결합 결과 개신교는 하나님 나라를 앞당기기 위해 선교회들이 세워지게 되었다.[164]

종교개혁의 신학은 루터에게서 나왔다. 어거스틴이 5세기를 위해 바울을 재발견했다면, 루터는 16세기를 위해 바울을 재발견했다. 종교개혁은 중세의 가톨릭 패러다임과 관련이 있다. 그 가운데 중요한 것은 올바른 신조를 강조한 것이다.[165] 개신교 신학은 인간의 철저한 부패를 말함으로 이신칭의 교리를 강조한다. 이것은 인간을 숙명주의적인 관점에서 바라보게 했다. 종교개혁 신학은 하나님께서 이미 그리스도 안에서 하신 것이기 때문에, 보쉬는 프로테스탄트 신학 패러다임의 선교 본문을 "이 복음은 모든 믿는 자에게 구원을 주시는 하나님의 능력이 됨이라"(롬 1:16)에서 찾았다.

그런데 프로테스탄트는 계몽주의 영향을 깊게 받았다.[166) 계몽주의는 이성의 시대였으며, 주체-객체 구조를 지니고 있으며, 과학의 비목적론, 진보에 대한 믿음, 과학적 지식, 모든 문제들이 원칙적으로 해결 가능함, 사람의 자율성을 강조하였다. 계몽주의가 신학에 미친 영향은 첫째로, 이성이 중요하게 작용하여 신앙보다 이성을 강조하게 되었다. 둘째로, 주체와 객체의 엄격한 분리는 자신의 시대와 성경 기록의 시대간의 역사적이 차이를 말하게 되었다. 셋째로, 과학으로부터 목적의 제거와 인과율에 의한 목적의 대체는, 세계가 목적이 아닌 원인과 결과에 의해 움직이는 것으로 이해되었다. 과학이 모든 문제들을 해결할 수 있기 때문에 신비의 자리가 없어졌다.[167) 넷째로, 진보에 대한 믿음은 세상을 개혁하고, 빈곤을 몰아내고, 정의가 실현될 것을 바라보게 되었다.

이와 같이 계몽주의가 선교에 미친 영향은 인간의 자율성 강조에 있다. 선교는 인간이 성취해야 할 멸망하는 이방인들을 구원하기 위한 열망으로 발전하였고, 20세기 초에는 사회복음을 말하게 되었다.[168) 계몽주의가 선교에 미친 영향은 그리스도 안에서의 하나님의 사랑에 대한 감사와 세상을 이처럼 사랑하사 독생자를 주신 하나님의 대한 헌신으로서의 사랑으로 나타났다. 그런데 사랑의 주제가 선교에서 긍정적인 측면과 더불어 부정적인 측면도 나타났다. 부정적으로는 비서구인들을 미개하다고 보는 비관주의로 발전하였으며, 구원받아야 할 사람들은 주로 개인들로 간주되었다. 19세기 동안 개인주의는 더욱 강력해져서 선교의 보증서로 개인들에게 구원을 선포해야 할 선교사들의 개인적 책임이 강조되었다. 이 기간의 선교 본문은 "건너와서 우리를 도우라"(행 16:9)였다. 사랑의 주제가 동정과 서양의 경제적 부요와 우월로 대체된 것이다. 선교에서 서구적 우월함이 반영된 가운데 '가난한'이라는 형용사는 '이방인'을 의미하게 되었다.

또 다른 우월감이 나타났는데, 그것은 문화적인 것에서 나타났다. 서구 역사학자들은 진화론적 관점에서 서구 문화의 우월성을 제공했다. 그들의 생각에 선교에서 한 나라에 미친 복음의 효과는 그들의 예절을 바르게 하고, 그들의 사회 교제를 순화시키고, 급속하게 그들을 문명화된 삶의 습관들로 인도하는 것이었다. 이 당시에 인기 있는 성경 본문은 "내가 온 것은 양으로 생명을 얻게 하고 더 풍성히 얻게 하려 함이라."(요 10:10)였다. 여기에서 문제는 기독교의 원리들이 유럽 중산층의 이상들과 가치들과 혼용되기 시작했다는 점이다. 서구는 비기독교 세계의 악을 보면서 자신들이 선교한 결과로 온 사회발전에 미친 공헌을 내세우게 되었다. 그들은 선교 현장의 문화를 인정하지 않게 되었고, 인간 본성의 전적인 부패라는 칼뱅주의 교리를 서구인 자신들에게 적용하기보다는 아프리카와 아시아 사람들에게 적용시켰다. 그 결과 선교에 있어서 문명화는 당연한 것이 되었다.

그리고 프로테스탄트 선교는 역사와 관련되어 진행되었다는 특징이 있다. 하나님께서 그의 뜻을 전달하는 도구로 서구의 나라들을 세계 끝까지 보내셨다는 섭리를 가지게 되었다. 그들의 선교는 구약의 선민개념과 결합되었다. 계몽주의 시대에 가장 널리 사용된 본문은 대위임령(마 28:19-20)이었다. 그것은 선교사들을 땅 끝까지 가게 한 동력이 되었다. 역사는 종말과 만났다. 역사가 인간을 보편적 존재로 본 것처럼, 프로테스탄트 선교는 대위임령을 근거로 역사의 종말을 앞당길 수 있는 것(마 24:14)으로 선교를 제시했다. 즉 인간은 개별적 존재의 가치가 상실되고 종말을 향해 나가는 보편적 존재로 상정되었다. 그것은 1910년 에딘버러 '세계선교대회'(World Missionary Conference, WMC)에서 "이 세대 안에 세계를 복음화하자"(The Evangelization of the World in this Generation)는 것에 잘 나타나 있다. 그 슬로건은 존 모트(John Raleigh Mott, 1865-1955)가 1880년대와 1890년대에 '해외 선교를 위한 학생 자원 운동'(Student Volunteer Movement for Foreign Missions, SVM)[169]에 영감을 준 것으로, 이후부터 세계 선교는 미국이 주도권을 잡고 나갔다. 1958년 뉴욕의 선교연구도서관(Missionary Research Library)에서 조사한 결과 전 세계의 개신교회 선교사의 총 수가 43,000명으로, 이 가운데 미국에서 파송된 사람들이 27,733명으로 집계[170]된 것처럼 20세기 세계 선교는 미국의 세기가 되었다. 오늘날도 개신교의 선교는 언어와 역사가 서로 얽혀 작동하고 있다. 이것이 사람들을 선교의 동력으로 이끌고 있다.[171]

1) 구속사 선교

기독교 시간[172]은 하나의 방향성을 가진다.[173] 즉 창조로부터 종말을 향해 직선적(linear)으로 나아간다. 어거스틴(St. Augustine, 354-430)은 『신국론』(De civitate Dei)[174]에서 직선적 시간을 다룬다. 그는 시간과 역사를 미래에 끝없이 연장되어 나가는 무한한 것이거나 최후의 완성이 없이 계속 반복하는 것으로 생각하지 않았다. 세계가 영원하고 무한하다는 것은 하나님의 영원성을 침해하는 것이요, 시간이 순환된다고 하는 것은 하나님의 창조에 위배된다고 보았다. 그에게 '영원'은 항상 현재로서 시간의 길이에 있는 것이 아니라 본성에 있는 것이었고, '시간'은 영원과 달리 어떤 목적을 향하여 하나님의 섭리 하에 직선적으로 진행해나가는 역사적인 시간이었다. 그 시간의 한가운데에 그리스도의 성육신이 위치해 타락에서 구원으로 나가는 구원사로 보았다. 어거스틴은 시간 안으로 영원의 수레바퀴를 들여옴으로써 인간의 경험을 무화시켰다. 인간은 신성 안에서만 해석되었다. 그의 역사관은 실낙원에서 복락원으로 가는 과정이다. 그는 하나님의 섭리의 역사를 말한다.[175] 그는 역사를 아담에서 대홍수까지, 대홍수에서 아브라함까지, 아브라함에서 다윗까지, 다윗에서 바벨론 포로기까지, 바벨론 포로기에서 그리스도의 탄생까지, 그리스도의 탄생 이후부터 어거스틴이 살던 시대까지, 그리고 안식일이라는 역사의 8분법으로 나누었다.[176] 그는 인간이 하나님에 의해 구속될 것이며 세계는 종말을 향해 간다는 직선적 시간관을 가지고 있다. 그리고 그는 이 세계를 하나님의 나라와 지상의 나라를 대비하는 가운데, 역사는 두 도성의 긴장과 대립 가운데 결국 하나님 나라 승리로 인류의 역사는 끝이 난다고 보았다.[177]

존 스토트(John Stott, 1921-2011)도 선교를 역사에 초점을 맞춘다. 그는 선교의 성경적 관점을 창세기 12장을 근거로 제시한다.[178] 하나님께서 아브라함에게 '자손', '땅', '축복'을 약속하셨고, 그와 마찬가지로 "땅의 모든 족속"(창 12:3b)이 복을 얻는 것이 성경의 주요 주제라는 것이다. 하나님은 역사의 하나님으로서, 창세기 12장을 중심으로 그 앞에 나오는 창세기 1-11장은 서론 역할을 하는 것이고 그 뒤에 나오는 성경 나머지 부분은 창세기 12장을 성취해 나가는 내용이라고 보았다.

역사는 제멋대로 흘러가는 사건이 아니다. 하나님은 영원한

과거로부터 생각하셨고, 영원한 미래에 완성될 하나의 계획
을 정확한 시간에 이루어 가고 계시기 때문이다.[179]

이것은 언어와 역사가 섞여 있는 것으로 선교가 창세기 12장을 비전
으로 제시해 "아무라도 능히 셀 수 없는 큰 무리"(계 7:9)가 구속되도록
돕는 것에 초점을 두고 있다. 윌리엄 캐리 이후의 프로테스탄트 선교는
복음을 듣지 못한 사람들에게 가는 것으로 정의되었다. 이러한 것은 언
어주의(문자주의)로 윌리엄 캐리가 마태복음 28장을 근거로 제시한 것
과 존 스토트가 창세기 12장을 근거로 제시한 것과 관련이 있다.

개신교의 복음주의 선교의 대표적인 책인 『Mission Perspectives』의
서론에 "본서는 비전에 대한 것"이라고 밝히고 있다.[180] 그 비전을 이루
기 위해 성경적, 역사적, 문화적, 전략적 관점을 서술한다. 그러나 선교
의 목적은 비전을 통한 목표 달성이 아니다. 선교가 언어주의에 사로잡
히게 되면 하나님은 인간을 억압하는 분이 되고 만다. 그것은 하나님에
대해 이미 주어진 틀 안에 해석함으로 인간을 가두어 두게 된다. 인간의
삶은 다양하며 개인의 실존도 다양하기 때문에 아브라함이라는 인물 하
나로 인간의 모든 것을 결정지을 수 없다. 또한 선교가 언어주의가 되면
단순히 정보를 전달하는 행위가 된다. 그렇다면 선교는 어떤 교리를 전
달하는 것이 목적이 되어 영지주의(Gnosticism)처럼 어떤 지식을 전달
했던 것과 같은 논리에 빠지고 만다. 선교가 영혼구원이라는 지식에 초
점을 맞추게 되면 인간의 삶에 있어서 현재가 상실되고 구원받을 미래
만 존재하게 되는 공백이 생기게 된다. 이렇게 선교가 언어에 함몰되면
설득(프로파겐더)으로 전락하게 된다. 설득은 일방적 전달에 그치기 때
문에 전달되는 내용만 있지 전달자의 행위가 없다. 선교는 어떤 정보나

지식을 전달하므로 끝나는 것이 아니다. 선교는 전략에 의해 완성되는 것도 아니다. 선교는 전달 내용과 더불어 예수 그리스도의 성육신처럼 구체적 행위가 수반되어야 한다.

인간의 다양성을 역사관에 함축시킬 수 있을까? 인간은 역사관으로 해석이 가능한가? 만약 성경을 구속사로 보는 가운데 이스라엘 중심으로 해석하게 되면 인간은 소외되고 결정된 존재로 남게 된다. 성경은 역사주의로 설명될 수 있는가? 르네상스 시기(16-17세기)에 언어가 모든 것을 설명하고, 근대(18-19세기)에 역사성181)이 사물의 중심으로 침투한 이후, 인간은 객관적, 통계적, 전형적인 것으로 설명되었다. 역사의식은 18세기에 나타난 최근의 소산이다. 푸코는 18세기 이전의 분류 법칙은 수평적 전개였고, 18세기 이후는 수직성으로 기원, 인과 관계, 역사로 정돈되었다고 본다. 그 결과 사물 자체는 더 불명료해졌다.182) 19세기의 역사성은 상이한 유기적 구조들을 서로 연결하는 유비를 시간적 배열에 따라 늘어놓았다.

근대 초 철학자들은 학문을 구성하는 특질로 기억력, 이성, 상상력을 꼽았다. 베이컨(Francis Bacon), 디드로(Denis Diderot), 달랑베르(d'Alembert)는 기억력을 역사(history)에, 이성을 철학(philosophy)에, 상상력을 시(poem)에 배치시켰다.183) 이것은 역사를 객관적인 사실을 추출해 내는 학문으로 본 것이다. 역사관이 보편적이게 되면서 개별적인 것을 다루지 못하게 되었다.184) 또한 역사가들은 19세기에 통계적 방법을 사용했다. 그것은 인간에 관한 지식을 일반화시킨 것이다. 역사학은 자연법칙처럼 어떤 원리, 통계가 되므로 인간 자체를 연구하는데 실패하게 되었다. 역사가들은 사회학적이나 경제학적 통계와 마찬가지로 도덕적 통계를 드러냈다. 그리고 인간과 큰 집단적 운동의 연구만이 아니라 도덕과 문명의 연구도 통계적 방법을 도입하기에 이르렀다.[185] 버클 (Henry Thomas Buckle, 1821-1862)은 인간의 행동은 선행하는 것들에 의해 결정되는 것이므로 획일성의 성격을 지닌다고 했다. 그것은 똑같은 상황 아래서는 똑같은 결과를 낳는다는 말이다. 부르크하르트(Jacob Christoph Burckhardt, 1818-1897)도 『세계사적 고찰』에서 역사가의 임무를 항존적(conservation)이고 반복해서 일어나는 전형적(typical) 요소들을 확인하려는 시도라고 보았다. 그는 역사에서 전형을 발견할 수 있다고 보았다. 역사는 반복되기 때문에 전형을 발견할 수 있다고 보았다.[186]

그러나 딜타이(Wilhelm Dilthey, 1833-1911)는 역사의 자율성을 강조한다. 그는 역사가 자연 과학에 환원될 수 없다고 보았다. 만일 우리가 역사적 인식을 포섭시킬 일반적 제목을 찾는다면 물리학의 한 분과로서가 아니라 의미론의 한 분과로서 기술할 수 있을 것이다. 역사는 물리적 혹은 화학적 사실들처럼 관찰될 수 있는 것이 아니다.[187] 역사는 역사가의 주관적 해석과 관련이 있기 때문에 '객관성'을 띠기 어렵다. 크로체 (Benedetto Croce, 1866-1952)도 역사에서 철학적 사고를 위한 주제가 있을 수 없다고 보았다. 왜냐하면 역사적 경험은 보편적이 아닌 주관적일 가능성이 크기 때문에 역사적 진실을 사실과의 일치로 보기 어렵기 때문이다. 그는 역사적 지식의 확실성과 가치는 그저 현실 전체일 뿐이라고 보았다. 인간의 다양성은 역사관에 함축시킬 수 없다.

우리가 성경을 아브라함 이후 구속사를 전개하는 과정으로 그리게 되면 인간을 이미 결정된 존재라는 숙명론에 빠지게 된다. 우리는 "인간이 어떤 존재인가?"를 질문함과 더불어 하나님이 인간에 대해 어떤 관계를 맺고 있는지에 대한 질문도 해야 한다. 그래야 역사와 관련된 인간 이해를 할 수 있을 것이다. 하나님은 인간과 어떤 관계를 맺고 있는가? 하나님은 인간을 어떻게 대하고 계시는가? 즉 하나님은 인간을 개별적으로 관계하고 계시는가? 아니면 인간을 보편적인 역사 속에서 다루고 계시는가? 또는 하나님께서 특별한 은혜로 어떤 인간이나 민족은 선택하셨고, 인간의 전적인 타락으로 인해 다른 인간이나 민족은 방치해 두셨는가? 인간은 하나님에 의해 결정된 존재인가? 하나님께서 인간과 관계하시는 방식은 어떨까? 이러한 질문들은 선교에 있어서 중요하다. 하나님이 인간을 어떻게 보시는가에 따라 선교 방향이 결정되기 때문이다.

하나님은 인간을 선민이나 예정론이라는 어떤 규정된 것에 의해 관계하지 않으시고 개별적 존재로 만나시는 분이시다. 인간은 하나님 앞에서 개별적 존재이기 때문이다. 인간은 하나님 앞에서 종속적이지 않다. 하나님과 인간은 서로 독립적 존재로 서로를 일방적으로 지배하지 않는다. 성서를 연구할 때 일반적 오류는 자기 생각을 미리 결정해 놓고 그것을 단지 확인하기 위해 본문을 사용한다는 점이다.[188] 선교에 대한 복음주의와 에큐메니칼의 논쟁에 있어서 그들은 성서를 선택적으로 사용하곤 했다.[189] 이것은 선교의 출발을 자신의 특별한 관심사와 특수한 상황적 과제들에 둠으로서 나타난 현상이다. 그들은 성서에서 선교의 증거가 될 만한 일련의 자료들을 추출해 놓고 그 다음에 과제의 완성을 고려한다. 예로, 구약에서 선교의 문제를 다룰 때 선교사를 파송한다는 전통적인 이해를 가지고 본다. 이것은 구약성서를 역사주의적 관점으로 읽었기 때문에 나온 것이다. 하나님의 전지전능이라는 속성에 기대어 구속사로 읽게 된 결과이다.

구속사는 인간의 죄에 초점을 맞추어 종말론과 연결되어 나타난다. 인간은 아담의 타락 이후 범죄 했기 때문에 하나님께서 아브라함을 선택해 인류 구속사를 준비하실 때 이스라엘이 선택되어 이방의 빛으로 사용되었다는 것이고, 현재는 예수 그리스도를 중심으로 종말에 이르기까지 구원의 역사가 진행된다는 것이다. 하나님께서 인류를 구속하신다는 '구속사'는 이스라엘을 중심으로 세계를 포괄한 역사관이다. 모든 사고의 중심을 이스라엘에 둔다. 그 결과 이스라엘 이외의 나라 사람들은 주변인으로 전락한다. 개신교회가 교회사를 초대교회 이후 깜박 나갔다가(Blinked Out) 종교개혁 시대에 깜박 들어오는(Blinked On) 'BOBO 이론'으로 보게 되면, 개신교는 종교개혁 이전을 상실하고 초대교회 이후 곧바로 종교개혁으로 건너뛰게 되는 것처럼, 이스라엘 중심의 역사는 이스라엘 이외의 모든 민족들을 제외시키고 만다.[190]

구속사의 오류는 아브라함 이후 아브라함 중심으로 모든 민족을 포괄하도록 만든다. 아브라함이 하나님으로부터 '자손', '땅', '축복'을 약속 받는다는 것이다.

> 여호와께서 아브람에게 이르시되 너는 너의 본토 친척 아비 집을 떠나 내가 네게 지시할 땅으로 가라. 내가 너로 큰 민족을 이루고 네게 복을 주어 네 이름을 창대하게 하리니 너는 복의 근원이 될지라. 너를 축복하는 자에게는 내가 복을 내리고 너를 저주하는 자에게는 내가 저주하리니 땅의 모든 족속이 너를 인하여 복을 얻을 것이니라 하신지라(창 12: 1-4).

이 본문에 대해, 카이저(Walter C. Kaiser)는 요약된 복음이라고 했고, 존 스토트는 성경 전체의 내용을 가장 포괄적으로 나타낸 구절이라고 주장했다.191) 이러한 견해는 이스라엘 중심적인 것으로 이미 결정되고 계획된 것에 의해 아브라함이 약속 받은 '자손', '땅', '축복'이 점진적으로 성취되어 나가는 과정이라고 본다. 구속사는 창세기 12장의 아브라함의 소명 기사에 근거해서, 이스라엘은 "땅의 모든 족속들을 위하여" 세워진 것으로 본다. 볼프(Hans Walter Wolff)도 야웨 기자(Jahwist)의 구속사를 인류의 역사를 위해 존재하는 역사이며, '땅의 모든 족속들을 위한' 역사라고 본다.192) 곧 야웨 기자가 이스라엘 역사를 세계사와 연결시켜 보았다는 것이다. 구속사는 목적이 있는 것으로, 아브라함이 세계 민족 가운데 선민으로 부름을 받아 "땅의 모든 족속들을 위하여" 새로운 민족이 되도록 소명을 지닌 것이라는 신앙이다. 이와 같은 논의를 통해 구속사는 이스라엘 중심의 역사인 것을 알 수 있다.

　이것은 역사주의적 관점으로 이스라엘 이외의 이방인은 제외됨으로 개인 실존이 상실된다. 하나님은 선택된 자들 외에는 버림받은 자로 낙인찍는 분이 되고 만다.193) 만약 구속사가 맞는 것이라면 이스라엘 역사에서 이스라엘이 '땅의 모든 족속을 위한' 행위가 나타났어야 했다. 이스라엘은 바벨론 포로로 끌려가기 전까지 결코 그런 역할을 하지 않았다. 구속사가 맞는 것이라면, 이스라엘 역사는 하나님께서 모든 민족을 포괄하는 내용으로 구성되어 있어야 한다. 바벨론 포로 경험 이후인 제 2이사야에 이르러서야 모든 민족들이 하나님 앞에 서 있음을 선포하게 된다. 또한 바벨론 포로기에 창조신학을 확립하게 된다.

　레벤슨(Jon Douglas Levenson)은 히브리 성서가 구원사(Heilsgeschichte)로 써진 것이 아님을 말한다. 그는 "역사는 공동체의 것이다. 이스라엘 역사는 이스라엘 공동체 전체의 과거로서 전 세대에 걸친 모든 이스라엘 사람들에게 영향을 주고 의무를 지운다."194)라고 했다. "히브리 성서에서 구원은 주로 집단적이고 역사적인 개념이지 개인의 구원을 말하는 것이 아니라는 것이다."[195] 히브리 성서에 나타난 구원은 집단적 구원을 다루고 있다. 이스라엘은 역사적 사건을 통하여 하나님을 인식했으며, 이스라엘 종교는 이야기를 낭송하는 종교로 나타났다.[196] 인류의 각 개인은 이스라엘 역사를 통하여 하나님을 인식할 뿐이다. 인간은 구속사라는 보편 역사 속에 함몰될 수 없다.[197]

구약성서는 선교 개념 보다는 '하나님 나라'의 점진적인 과정을 보여준다. 그 일을 위해 하나님은 '하나님의 선교'(Missio Dei)를 행하셨다.[198] 하나님의 선교에는 선교사 파송이라는 개념이 없다. 구약성서에 나타난 하나님 나라는 지리적 개념 이라기보다는 '통치' 개념이다. 이스라엘 민족의 형성은 아브라함과 그의 열 두 아들과 관계가 깊은데, 그들은 하나님의 통치 안에 들어왔다. 이스라엘은 아브라함이 하나님의 다스림을 받는 가운데 형성된 것이다.

창세기 1장은 하나님을 세계 전체와 인류 전체의 유일하고도 자유로운 창조주로 증언한다.[199] 그리고 인간은 하나님 앞에 책임적 존재로 만들어졌음을 보여 준다. 하나님은 인간을 창조하실 때 결정적 존재로 만들지 않고 책임적 존재로 만들었다는 것을 강조한다. 창세기 2장에 나오는 선악과는, 인간이 자유의지를 가지고 선택하는 존재임을 보여준다. 여기에 이스라엘뿐만 아니라 모든 인간이 포함된다. 모든 인간은 하나님의 형상을 가진 자로서 책임적 존재로 사는 것이다. 역사로 본다면, 이스라엘 중심의 구속사가 아니라, 모든 인간 스스로가 구속사로 살아간다는 점이다. 이것은 이스라엘이 책임적 존재로 살아야 했던 것처럼, 모든 인간도 책임적 존재로 살아야 하는 것이다. 이스라엘 역사에서 제외된 인간 개인은 이스라엘 역사를 참고할 뿐이다. 사복음서 저자들이 구약을 참고하듯이, 우리들도 구약을 참고해 자신에게 적용하는 것이다. 이스라엘의 계약 신학은 그 자체에 목적이 있는 것이 아니라, 각 개인이 하나님 앞에 단독자로 계약을 맺고 있다. 모든 인간은 아브라함, 여호수아, 이스라엘처럼 하나님과 계약적 관계에 들어가는 것이다. 인간은 하나님 앞에 서 있는 존재로 살아가고 있다.

'창조신학'은 하나님과 인간의 관계를 선명하게 보여 주고 있다. 모든 인간은 하나님과 깊은 관련을 맺고 있다. 시편 기자는 개인의 출생에서 주님의 간섭을 말한다. "주께서 내 내장(양심)을 창조하시고, 나의 어머니의 몸속에서 나를 만드셨나이다.… 나를 지으심이 심히 기묘하심이라.… 내가 은밀한 데서 지음을 받고 땅의 깊은 곳에서 기이하게 지음을 받은 때에 나의 형체가 주의 앞에 숨겨지지 못하였나이다."(시 139: 13-15) 이사야는 인류의 창조자가 동시에 각 개인의 창조자이시라는 신앙을 말한다. "그 날에 사람이 자기를 지으신 이를 바라보겠으며"(사 17:7), 즉 인류의 창조만이 아니라, 개인의 생성 과정도 하나님의 손으로 만든 작품이라는 것이다.[200] 그러므로 구약성서를 '구속사'가 아닌 '창조신학'을 통해 조명할 때 인간에 대한 이해를 바르게 할 수 있을 것이다.

2) 종말론적 선교

선교는 하나님 나라 확장 사업인가? 하나님 나라가 현재적 천국과 미래적 천국으로 설명될 때, 선교의 언어주의는 미래적 천국에 초점을 맞추고 있다. 존 스토트는 이 균형을 맞추기 위해 1974년 로잔대회에서 수평적(사회구원)인 것과 수직적(영혼구원)인 것의 균형을 이루는 수정된 입장을 내 놓는다.

> 나는 이것을 1966년 베를린에서 열린 세계전도대회에서 지
> 상 명령의 세 가지 주요 부분(전파, 증거, 제자)을 상세히 설
> 명하려 할 때, 나 자신이 갈등을 느꼈음을 고백한다. 그러나
> 나는 오늘날에는 다르게 표현하고자 한다.… 내가 이제 보
> 다 분명히 아는 것은 명령의 결과뿐만 아니라 실제 명령 그
> 자체가 예수의 말씀을 곡해하는 죄를 범치 않기 원한다면,
> 복음전도의 책임뿐만 아니라 사회적 책임도 포함하는 것으
> 로 이해해야만 한다는 것이다.[201]

그러나 지금도 영혼구원과 사회구원의 비중은 여전히 영혼구원에 초
점을 맞추고 있다. 따라서 그는 "우리는 그럼에도 불구하고 로잔 협약에
서 … 전도가 우선적이다."라는 말에 동의한다고 말한다.[202] 선교가 미
래적 천국에 초점이 맞춤으로 인해 잘못된 종말론적 역사관이 생겨난다
는 점이다. 이것은 언어주의와 역사주의의 종합이다.

역사주의 선교는 랄프 윈터(Ralph D. Winter)에게 두드러지게 나타
난다.[203] 그는 창세기 12장 이후부터 전개되는 성경을 하나님 나라가
악한 권세에게 반격을 가하는 한 편의 드라마라고 보았다. 이와 같은 역
사주의는 현재 종말이 가까이 왔음을 주장한다. 그리고 그 주장은 우리
의 선교로 종말이 당겨질 수 있다고 본다. 그는 마태복음 24장의 "이 천
국 복음이 모든 민족에게 증언되기 위하여 온 세상에 전파되리니 그제
야 끝이 오리라."라는 것에 근거해, 이제 선교는 지역(places)으로 가는
것이 아니라 종족(people)에게 가는 '미전도 종족'(unreached peoples)

에게 초점이 맞추어지게 되었다.[204] 그리스도인이 말세에 해야 할 일은 모든 민족에게 증거가 이루어지도록 하는 것이 되었다. 그것은 종말을 앞당기는 행위가 된다.

종말을 앞당기게 하는 것이 선교인가? 프로테스탄트 선교는 미래적 종말론을 지향하는 가운데 닫힌 역사 체계를 가지고 있다. 그것은 종말의 시기나 장소 혹은 방법과 관련되었다. 미래적 종말론을 지향하는 사람들은 천년기(millennium, 계 20:4)에 초점을 맞추어 해석한다. 그들은 현재적 삶 보다는 천년기가 언제 올 것이냐에 관심을 둔다. 그들은 이미 천년기가 실현된 것(amillennialism)으로 보거나, 예수의 재림 이전(postmillennialism)과 이후에 오는 것으로 보기도 한다. 그러나 천년기설은 사회적 상황과 관련된 것이었다. 19세기 초 서구 문명의 진보를 믿는 이들은 예수의 재림 이전에 지상에서 천국이 이루어질 것이라는 후천년설을 주장했다. 그것은 복음적 가치와 문화적 가치를 혼용한 것이다.[205] 반면에 전천년설은 19세기 말 미국의 시대적 암울함과 사회 경제적 위기 속에서 나왔다. 그들은 이 세상에 대환난이 있을 것이기 때문에 주어진 시간 내에서 가능한 많은 수의 영혼을 영원한 형벌로부터 구출해야 한다고 주장했다. 그리고 그것은 선교의 목표가 되었다.[206]

선교가 역사주의에 매이게 되면 개인 실존이 사라진다.[207] 이미 결정된 역사에 의해 인간은 허수아비가 될 뿐이다. 그리고 오직 선택받은 자들만이 축복을 누리게 된다. 하나님은 인간을 역사에 함몰시키시는 분인가? 종말론적 선교는 인간의 현재적 삶을 망각시킨다. 선교는 인간 실존 전존재와 관련되어야 한다.

오늘날 선교의 위기는 비전에 근거한 언어주의와 목적(goal)을 달성하기 위한 역사주의에 있다. 그것은 하나님을 기계적으로 본 것이다. 역사주의 선교는 구속사 입장에서 타자를 끌어 들이면서 선교 동기를 부여한다. 개신교 선교는 개체 인간에 대한 관심이 아닌 구속사와 거대담론으로 인간을 이끌어 왔다. 선교에서 개체 인간은 상실되었고, 인간은 구속사와 거대담론에 의해 보편적 인간으로 취급했다. 선교는 인간을 위한 일임에도 불구하고 인간 자체가 아니라 어떤 사고를 덧입혀 논의되고 있다. 그래서 보쉬는 선교 행위가 구약의 하나님의 '인애'(욘 4:2)와 신약의 예수의 경계선 없는 무한한 '사랑'(눅 4:18-19)에 기초해야 한다고 말한다.208) 선교는 어떤 목적을 성취하고자 함이 아니라 사람에게 사랑을 실현하는 일이기 때문이다.

브루그만(Walter Brueggemann)은 『예언자적 상상력』(The Prophetic Imagination)에서, 모세가 애굽의 '정적인 승리주의의 종교'와 '억압과 착취의 정치'에서 '하나님의 자유의 종교'와 '인간의 정의의 정치'를 통해 대안적 공동체를 형성했지만, 솔로몬이 다시 애굽의 종교와 정치로 회귀하는 가운데 '평등의 경제'에서 '풍요의 경제'로, '정의의 정치'에서 '억압의 정치'로, '하나님의 자유의 종교'에서 '하나님의 접근성의 종교'가 펼쳐지게 되었다고 말한다.209) 그 결과 하나님은 예언자들을 통해 새로운 상상력을 펼치게 되는데, 예언자들은 잘못된 삶에서 나오는 풍요와 만사형통이 아닌 바른 삶을 살려는 아픔과 죽음을 제공했다. 예언자의 언어는 비통과 비탄과 아픔의 형태를 지닌다. 그들의 언어는 당혹적인 것으로 단순히 인간의 풍요만을 이야기하는 것이 아니라 인간을 억압하는 것에서 떠나라고 하는 바른 삶을 제시하는 것이었다. 예로, 자기 백성의 종말을 내다보며 비통해 했다. 예레미야도 평화를 열망하는 사람이었지만 비통해 했다. 그 이유는 인간이 풍요만을 추구하는 가운데 이웃을 멸시하고, 억압을 행하는 가운데 가난한 자를 억누르고, 왜곡된 종교로 인간의 자유를 박탈했기 때문에, 그것으로는 희망이 보이지 않으니 그 잘못된 것에서 벗어나려는 애통이 있어야 한다는 것이다. "지금은 울 때다. 지금은 죽음의 때다. 그러나 백성들은 이런 때가 오지 않을 것이라고 상상한다."210)

그런데 예언자들은 비판과 동시에 동력화(energizing)에도 관여한다. 그들의 희망은 단순한 낙관주의가 아니라 "근원적으로 신학적인 성격을 지닌 것으로, 그 언어는 한 인격적인 하나님과 한 공동체 사이의 계약의 언어라는 성격을 띠고 있다."211)

> 희망은 하나님이 이스라엘을 그리로 초대하는 결단이고, 절망에 맞서는 결단이고, 혼돈에 영구적으로 내맡기지 않겠다는 결단이고(사 45:18), 억압과 황폐, 추방을 거부하는 결단이다.212)

이것은 당혹의 언어이다. 희망이 고통을 없애주는 것이 아니라 고통을 경험하라는 것이기 때문이다. 예언자의 동력화는 고통 가운데 노래를 부르도록 하는 것에 있다. 고통하는 사람들만이 새 노래를 부르리라는 것이 분명하다.

> 단 하나의 중대한 동력화의 요소는 하나님에게서 그가 지니신 모든 자유를, 허덕이게(weariness) 하는 구조의 가면을 벗기시는 것을, 지치게 하는 권력의 왕권을 박탈하시는 것을 인식하는 것이다(마 11:28-30에 나오는 예수는 제2 이사야의 전승에 충실하다.).213)

구약성서는 하나님의 선교로 이스라엘뿐만 아니라 모든 민족과 계약 관계에 있음을 보여 준다. 하나님은 예언자(prophet)들을 통해 인간의 바른 삶을 제공한다. 하나님은 사람들이 새로운 상상력을 가지기 바란다. 우리는 그러한 상상력이 실천되기 위해 나가야 하는 것이다.

예수의 선교도 예언자들의 상상력과 동일하다. 예언자들의 언어가 고뇌(고통)이었던 것처럼, 예수의 언어는 기존 질서의 종말을 고하고 새 시대(눅 4:18-19), 새 인간, 새로운 세상을 상상하는 것이었기 때문에 애통이 나타난다. 예수가 사람들을 하나님 나라로 초대하신 것은 애통하는 삶에로의 초대인 것이다. 예수는 "하나님 나라가 가까이 왔다."(마 3:2b)는 것을 강조한다. 예수는 하나님 나라가 사람들에게 임하였다고 선포하였다(마 12:28; 눅 11:20). 하나님 나라는 '장소' 개념 보다는 '통치' 개념이다. 예수는 하나님의 다스림이 있으니 하나님과의 관계 속으로 들어오라고 사람들에게 말하는 것이다. 하나님의 통치 세계로 들어오라는 것은 계약적 측면이 있다. 예수는 새 언약이다. "이 잔은 내 피로 세우는 새 언약이니 곧 너희를 위하여 붓는 것이라"(눅 22:20). 하나님을 따르는 사람들은 계약적 관계에 들어간다. 아브라함이 하나님과의 관계 가운데 살았던 것처럼, 인간은 예수 안에서 하나님과의 관계를 맺는 가운데 새로운 피조물로 살아가는 것이다(고후 5:17). 아브라함과 그의 후손들이 자율적으로 하나님과 계약을 맺는 가운데 살아가는 것이 구약이라면, 신약은 인간이 자율적으로 예수님과 계약을 맺는 가운데 살아가는 것을 다루고 있는 책이다.

예수의 십자가에는 인간들의 무분별한 경제적 풍요와 인간을 억압하는 정치적 폭력과 인간의 자유에 제동을 거는 종교적 구조인 왕권 의식에 대한 비판이 들어 있다. 발터 브루그만은 "예수 사역의 초점이 되는 것은 폭로하는 것이 아니라 새로운 것을 동트게 하는 것이었다.”고 주장한다.214) 예수 그리스도가 이 세상에 오신 것은 새로운 것을 동트게 하는 것에 있다. 예수가 “하나님의 나라는 너희 안에 있다.”(눅 17:21)라고 선포한 것은 “하나님 나라가 미래에 속한 것이 아니라 현재적 실존임을 선포하신”215) 것으로, 하나님 나라는 “하나님의 통치가 이루어지는 영역이 우리가 사는 세상 바로 이곳이며 인간 역사 한 가운데”있음을 의미한다.216)

예수는 인간 개개인의 실존의 변화와 관련이 있다. 예수는 미래를 바라본다. 그것은 아무도 생각조차 할 수 없는 미래이다. 이는 모세와 제2 이사야의 전통과 같이하는 동력화이다.217) 그것은 잘못된 인간 삶에 애통을 제공하는 것으로 변화된 삶을 살게 하는 것이다. 예수가 선포한 복음의 문자적 뜻은 기쁜 소식이다. 이 기쁨은 하나님의 통치를 받는 가운데 잘못된 것에서 벗어남으로부터 오는 기쁨이다. 예수는 애굽의 바로와 이스라엘의 솔로몬이 추구한 것에서 벗어나 모세와 예언자들이 추구한 것으로 우리를 인도한다. 예수의 선교는 철저한 폭로에 이르는 비판이다.218) 발터 브루그만은 예수의 근본적 비판이 율법의 의(righteousness)에 대한 것이라고 본다. 그 당시 율법은 사회를 정치적으로가 아닌 종교적으로 관리하는 시스템이었다. 종교는 도덕은 물론이거니와 정치, 경제의 가치평가를 통제했다. 그 결과 인간은 종교에 얽매이게 되었다. 먼저, 예수가 죄를 용서한 것(막 2:1-11)은 기존의 종교적 권위에 대한 도전이었고, 안식일에 병을 고친 것(막 3:1-9)은 사람을 노예화시키는 수단으로 전락한 안식일에 대한 변호였으며, 사회에서 소외된 사람들과 식사한 것(막 2:15-17)은 어느 것이 깨끗하고 부정한 것인지 정해 놓은 기존의 법적 질서에 대한 반동이었으며, 성전 청결을 시도한 것(막 11:

15-19; 요 2:18-22)은 선택교리의 중심부를 비판한 것이다. 그러므로 예수에게서 구속사는 찾아볼 수 없다. 예수는 어떻게 하나님의 다스림을 받을 것인지 그 길(the way)을 제시해 준다. 그것은 진리(truth)가 될 것이고, 생명(life)이 될 것이다. 그러므로 선교는 종말을 향해 나가는 역사가 아닌 인간 개별성에서 하나님을 만나는 개별적 사건이 되어야 한다.

제4장

원심력적 프라퍼겐더 선교

지금까지의 논의를 통해 가톨릭과 프로테스탄트 선교가 구심력적 요소가 많음을 알게 되었다. 그렇다면 선교는 구심력 요소만 있는 것인가? 현재 우리가 행하고 있는 구심력적 선교 개념은 절대적인 것이 아니다. 선교는 역사적으로 구심력인 것과 더불어 원심력적인 것도 있었다. 세계기독교가 형성된 것은 선교의 구심력과 더불어 원심력도 있었기 때문에 가능한 일이었다.

오늘날 구심력 선교는 새로운 전환을 요구받고 있다. 동방정교회의 원심력 선교는 구심력 선교와 달리 주체 확장이 아니라 타자가 주체를 보고 다가오게 하는 것이다. 그것은 타자를 나에게 끌어 들이는 것이 아니라 타자가 나의 행위를 보고 자발적으로 찾아와 변화되었다.

기독교는 4세기에 로마제국을 중심으로 동방과 서방으로 구분된다. 이러한 구분은 콘스탄티누스(Flavius Valerius Constantinus I, 274-337) 황제가 330년 로마제국의 수도를 로마에서 비잔티움(Byzantium)으로 옮긴 것에 연유한다. 콘스탄티누스는 제국의 정치적 안정을 위해 수도를 비잔티움으로 이전하면서 자신의 이름을 따 콘스탄티노플(Constantinople)로 명명했다. 콘스탄티누스가 광대한 로마제국을 양분해 서로마(로마)와 동로마(비잔티움)로 통치한 것과 관련해, 기독교도 이에 따라 편리하게 동로마 지역 기독교(정교회)와 서로마 지역 기독교(가톨릭)로 구분해서 설명할 수 있다.

기독교는 2세기에 동로마 지역에서 번성했다. 이 시기만 해도 서방지역(유럽의 서쪽 지역)에 있는 가톨릭은 극소수에 불과했다.[219] 2세기의 기독교는 지중해의 중요한 중심지인 시리아의 안디옥(Antioch of Syria)과 이집트의 알렉산드리아(Alexandria of Egypt), 그리고 태양이 떠오르는 곳으로 불린 소아시아(Anatolia) 지역에 정교회들이 자리를 잡았다. 그리고 4세기에 제국의 수도 콘스탄티노플도 정교회 지역이 되었다.[220] 로마제국의 동방지역(유럽의 동쪽지역)에 있는 교회들은 헬레니즘(Hellenism) 사상의 영향을 받아 희랍어를 사용했다.[221]

제4장에서는 원심력 선교를 살펴봄으로 선교의 새로운 형태가 있음을 살펴보고자 한다. 본 장에서는 동방정교회의 선교 모습을 통해 제3장에 논의된 구심력적 프라퍼겐더 선교의 한계를 극복해 보고자 한다. 구심력 선교는 기독교왕국이라는 중심적인 것에 있기 때문에 탈 중심적인 것이 되도록 하기 위해 원심력적 프라퍼겐더 선교가 나오게 된 배경인 동방정교회 신학을 먼저 논하고자 한한다. 동방정교회의 원심력 선교를 태동시킨 이레네우스가 대표적인 신학자이고, 그의 신화(Deification)는 원심력 선교와 깊은 관련이 있다.

1. 동방정교회의 신학

이레네우스는 소아시아 해안 지방 출신이며 유년시절 서머나(Smyrna)에서 사도 요한의 제자 폴리캅(Polycarp, 69-155)으로부터 사도들에 대한 가르침을 전수받은 것으로 알려져 있다. 룹스(Friedrich Loofs, 1858-1982)는 이레네우스의 신학을 리용이 아닌 소아시아(Minor Asia) 신학으로 분류한다. 그 이유는 그가 소아시아에서 살다가 성년이 되어서야 리용으로 갔기 때문이다.[222] 그의 주요 활동은 리용이었지만 사상적 배경은 소아시아이다. 이레네우스는 기독교를 보다 넓은 의미로 전파할 목적으로 갈리아(Gaul) 지방으로 갔다가 리용의 감독인 포티누스(Pothinus, 87-177)가 순교하게 되자, 그의 후계자로 선출되어 리용에서 감독으로 활동하게 되었다.[223]

이레네우스 신학의 특징은 인간론에 있다. 그는 인간을 하나님과의 연합, 또는 하나님을 닮아가는 신화(Deification, 헬 *Theosis*)와 관련시켰다. 그는 리용 공동체가 영지주의자들로부터 위협받고 있는 상황에서 그들의 신앙의 통일성과 순수성을 지키기 위해[224] 『거짓 지식에 대한 폭로와 논박(Refutation and Overthrow of the Knowledge Falsely So Called) I-V』(약칭 *Against Haereses*, 이단논박)[225]과 『사도적 선포에 관한 해설(The Demonstration of the Apostolic Preaching)』(약칭 *Epidexis*, 해설, 증명, 제시)[226]을 저술했다. 그는 다음과 같은 주장을 했다.

(1) 인간은 하나님의 형상(imago Dei, 창 1:26; 9:6)을 가진 존재이다. 성경은 "우리(하나님)의 '형상'(image)을 따라 우리의 '모양'(likeness, 모습, 닮음) 대로 사람을 만들었다."(창 1:26)라고 기술하고 있다.[227]

인간이 '하나님의 형상'을 가졌다는 것은 형상과 모양을 가지고 있다는 것으로[228] 하나님과 완전히 동일한 것을 의미하지 않는다. 인간은 창조되었을 때 완성된 존재로서가 아니라 어린 아이로 창조되어 하나님과 교제하면서 살도록 창조되었다는 것을 의미한다. 하나님께서 아담과 하와를 창조하신 목적은 그들이 하나님의 정의와 지식 안에서 자라나서 창조주와 더욱 더 가까워지게 하는 것이었다. 인간은 '하나님 모습'을 지녔기 때문에 '하나님 닮음'이 완성되기가 요구된 것이다.[229] 이 과정은 창조부터 영원까지 지속된다. 이레네우스는 이 과정을 신화라고 했다.[230] 인간은 신화를 위해 창조된 것이다. 즉 신화는 하나님 창조의 궁극적인 목적이며, 인간 실존의 궁극적인 목적이다. 그는 인간에 대해 다음과 같이 말한다.

> 하나님께서는 처음부터 인간을 완전하게 나타낼 수는 없었는가? 만일 누군가가 이렇게 묻는다면 그는 하나님이 절대적이고 영원하며 그에 관해서는 만물이 그의 능력 안에 있다는 답을 분명히 들을 것이다.… 어머니가 어린이에게 음식을 줄 수 있지만 아이는 그 나이에 맞지 않는 음식을 아직 받아들일 수 없는 것과 마찬가지로, 하나님 스스로는 인간에게 처음에 완전함을 줄 수 있었겠지만, 인간은 아직 어린 아이와 같은 존재로 그것을 취할 수 없었다.[231]

아담은 완전하지는 않았지만 자신의 능력을 완전하게 발달시켜야 하는 신적인 과업을 부여받은 것이다. 인간이 불완전하다는 것은 어떤 상품처럼 불량품으로 만들어졌다는 의미가 아니라 하나님과의 관계 속에서 계속 발전되어 나가야 함을 의미한다. 즉 인간은 태어나면서 이미 결정된 존재가 아니라는 말이다.

하나님은 인간을 이 땅의 주인으로 만들었지만 … 그는 (아직) 작고 단지 어린아이 같은 존재였다. 그는 자라서 충분히 성숙한 데 다다라야 한다.232)

인간은 단순히 진화되어 나가는 존재가 아니라 하나님의 '모양'을 이룩하도록 발전해 나가는 존재이다.

우리는 처음부터 신들로 만들어진 것이 아니고, 처음에는 인간으로 만들어져서 결국에 신들이 된다. 하나님은 … "너희는 신들이며 다 지존자의 아들"이라고 말하지만 … 우리는 신성의 능력을 지닐 수 없기 때문에 하나님은 계속해서 "너희는 범인처럼 죽을 것"이라고 말한다. 이렇게 하나님은 그의 선물의 관대성과 우리의 약함, 그리고 우리가 자유의지를 소유하고 있다는 사실을 표현한다.… 인간이 선과 악에 대한 지식을 받아 하나님의 형상과 모습으로 변화되는 것은 필연적이다.233) 이제 하나님에게 복종하고 그를 믿고 그의 계명들을 지키는 것이 선이고, 이것이 또한 인간의 삶이다.234)

곤잘레스(Justo L. Gonzalez)는 이레네우스 신학의 중심 주제를 '역사'라고 보았다. 그것은 과거의 사건들에 대한 서술로서가 아니라, 시간 안에서 하나님의 창조가 이루어져 나가는 것으로서의 역사이다.235) 인간의 구원은 역사 안에서, 시간 안에서 이루어진다. 이러한 이레네우스의 역사 이해는 '역사주의'와 다른 것으로, 인간이 창조 시 완성된 것이 아니라 계속 발전해 나가는 존재로 만들어진 것임을 말한다.236) 이것은 1

세기 말에 이르러 구체화되었다. 1세기 말에 기독교 공동체 안에 유대인보다 비유대인이 더 많아진 가운데 윤리적 삶을 사는 새로운 신앙 규정을 만들었다. 교부들(the Apostolic Fathers)은 이교도들의 생활 습관을 기독교적인 규범과 관습들로 바꾸어 나갔다.[237] 교부들은 비유대인들이 무엇보다 새로운 율법에 복종하는 것이 중요하다고 생각했기 때문에, 예수는 인간에게 의(righteousness)를 행할 수 있는 권능을 주신 분으로, 또한 그 의를 행할 수 있는 능력은 그리스도에 대한 순종의 결과로 주어진 것이라고 가르쳤다. 주님의 은혜는 인간에게 새로운 삶을 살수 있는 능력을 주신 것이었다.[238] 이것은 바울이 강조한 믿음에 의한 칭의(justification)와 다른 차원이다.

(2) 그러나 인간은 타락으로 인해 하나님의 형상을 상실하게 되었다. 이레네우스는 "하나님과의 사귐은 생명이고 빛이며 그에게 있는 선한 것을 누리는 것이지만, 하나님을 배반하는 것은 하나님에게서 떨어짐이며 그것은 곧 죽음이다."라고 했다.[239] 인간이 타락 후 가져 온 가장 큰 상실은 하나님과의 교제가 끊어진 것이다. 그 결과 인간의 신화는 불가능하게 되었다.

정교회, 가톨릭, 프로테스탄트는 하나님의 '형상'과 '모양'에 대해 각기 다른 견해를 보이고 있다. 정교회는 이레네우스의 영향을 받아 인간의 '형상'과 '모양'을 구별한 가운데, 인간의 타락으로 '모양'은 상실되었으나[240] '형상'은 보존되었다고 본다. 인간은 하나님의 모습은 상실했지만, 생각하고 행동하는 형상의 능력은 남아 있다는 것이다. 인간의 자유의지에 의한 선택은 그 책임이 인간에게 있다. 가톨릭도 '형상'과 '모양'을 구별하여 형상은 유지하나 모양은 상실했다고 본다. '형상'은 이성과 자유와 같은 인간의 자연적 은사로서 타락 후에도 유지되고 있다. 그러나 '모양'은 타락 후 빼앗긴 초자연적인 은사이다. 반면에 프로테스탄트는 '형상'과 '모양'을 구분하지 않는 가운데, 인간이 타락 후 형상과 모양 전체를 상실한 것이라고 본다. 하나님과의 관계의 상실이 인간의 전 존재의 왜곡을 가져왔다고 보는 것이다. 인간은 전적인 타락으로 인해 선을 행할 능력도 상실한 것이다.[241]

기독교 신앙은 지역과 문화에 따라 새롭게 해석되었다. 라민 싸네는 기독교의 성서가 원심력으로 작용한 것이라면 이슬람의 코란은 구심력으로 작용한 것이라고 보았다.[242] 월스도 "우리는 사실상 특정한 때와 장소에 의하여, 우리의 가족과 집단과 사회에 의하여, 문화에 의해 조건 지어진다."라고 말했다.[243] 그리스도인의 삶은 빈 공간에서 시작하는 것이 아니라 자신의 문화와 역사에 의해 형성된다. 만약 신앙의 형태가 달라질 수 없다면 중심을 가진다는 것을 의미한다. 중심은 구심력으로 작용하게 된다. 월스는 기독교의 중심축의 이동을 말한다. 기독교 역사는 유대시대, 그리스-로마시대, 이민족 게르만시대(국가), 서유럽 종교 개혁시대(개인), 유럽의 팽창 및 기독교의 쇠퇴 시대, 탈 중심 타문화 전달 시대로 여섯 단계를 거쳐 왔다. 이슬람이 경전을 아랍어로 고집할 때, 기독교는 성경을 각 지역 언어로 번역하였고, 힌두교가 같은 신앙과 같은 장소에 매여 있을 때, 기독교는 새로운 지역에 자리를 잡았다.[244] 이와 같이 신학은 지역 이동에 따라 토착화되었다. 예루살렘 회의에서 이방인들이 그리스도인이 되는 과정에 대해 유대인 율법 규정에 따라 할례를 받게 하기 보다는, "우상의 제물과 피와 목매어 죽인 것과 음행을 멀리"(행 15:28-29)하는 것으로 간략하게 대체한 것은 새로운 신학을 예견한 것이다.

(3) 그러면 인간은 어떻게 하나님과의 교제를 가질 수 있을까? 동방 정교회에서 이 말의 의미는 "인간이 어떻게 신화될 수 있도록 만들 수 있는가?"이다.

예수 그리스도는 기독교의 종파들인 정교회, 가톨릭, 프로테스탄트의 첫 출발선이다. 모든 기독교가 그릇에 담고 있는 내용은 예수 그리스도다.[245] 앤드류 월스는 기독교의 예수 중심성을 말한다. 그는 기독교의 다양성 속에서도 기독교가 어느 문화에 있건 공통적인 요소가 있다고 보았다. "첫째, 이스라엘의 하나님을 예배한다. 둘째, 나사렛 예수의 절대적 중요성이다. 셋째, 성도들이 있는 곳에 하나님이 행동하신다. 넷째, 성도들은 시간과 공간을 초월하여 하나님의 백성을 이룬다."[246] 그는 모든 기독교가 예수 그리스도의 절대적 중요성을 지니고 있다고 보았다. 인간의 회복은 예수 그리스도와 관련되어 진다. 그리스도의 중요성은 기독교 신앙생활의 출발선이 된다. 이레네우스는 다음과 같이 말한다.

> 예수는 (성육신을 통해) 인간을 하나님과 결합시켰다.… 그리고 만일 인간이 하나님에게 결합되지 않는다면 영생에의 참여자가 될 수 없었을 것이다.… 만일 아들을 통해 우리가 아버지와의 교제를 갖지 않았다면 … 어떤 방법으로 우리는 하나님의 양자됨을 공유할 수 있을 것인가?[247]

이레네우스는 그리스도가 육체로 오신 것의 중요한 이유를 말한다. 그는 영원한 하나님의 로고스이신 그리스도가 육체를 입고 인간이 되셔서 인간을 하나님과 결합시켰다고 본다. 그리스도의 성육신으로 인하여 하나님과 인간이 아버지의 기쁘신 뜻에 따라 섞이고 결합되었다. 하나님의 로고스는 사랑으로 인하여 곤궁에 처한 인간들을 구원하기 위해 내려오셨고, 인간과 함께 하셨고, 인간과 함께 살며 대화하셨다. 결국 하나님은 인간과 같이 되셔서 인간을 하나님과 같도록 신화하시는 것이다.[248]

> 하나님의 무한한 사랑이신 우리 주 예수 그리스도, 곧 하나님의 말씀은 우리로 하여금 그 자신과 같이 되게 하시려고 우리와 같은 존재가 되셨다.[249]

이레네우스는 인간이 그리스도 안에서 새 창조를 만들어 나갈 수 있다고 본 것이다. 인간은 자신의 지식으로 보이지 않는 하나님을 알 수 없는데, 하나님의 실체이신 그리스도가 육체로 오심으로써 보이지 않는 하나님의 실체를 보여 주셨으며, 하나님과 인간 사이의 구원을 이루는 연합은 그리스도 안에 있는 하나님과 인간이 하나로 연합된 실체에 달려 있다. 하나님이 사람이 되심은 사람이 하나님이 되게 하려는 것이다. 이것이 그가 본 그리스도의 은혜이다. 그는 인간이 생명이 없이 존재할 수는 없는데 이 생명은 하나님에게 참여함으로부터 온다. 하나님에게 참여한다는 것은 하나님을 바라보며 그분의 자비하심을 기뻐하는 것이다. 그는 하나님을 보는 것을 구원의 아주 중요한 내용으로 보았다. 구약의 예언자들은 보이지 않는 하나님을 보여 주지는 못했다. 그러나 예수 그리스도가 이 세상에 오심을 통해 보이지 않는 하나님을 보여 주었다.[250] 따라서 하나님을 바라보는 사람들은 이제 살게 될 것이고 영원히 죽지 않게 될 것이다. 그리고 심지어 하나님께 도달하게 될 것이

다.251)

성 그레고리우스는 말씀의 육화로 하나님과 인류의 두 번째 친교가 실현되었다고 말했다.252) 그리스도가 인간으로 오신 것은 인간에게 하나님의 형상을 회복하기 위한 것이었다. 그는 "만일 말씀이 인간이 되었다면, 인간은 신들이 될 수 있을 것"이라고 보았다.253) 아타나시우스는 성육신을 "사람을 신으로 만들기 위해 하나님이 인간이 되신 것"이라고 했다.254) 그는 하나님께서 인간성을 입고 "육신 속에 들어오셨을" 때 인간이 그분께 상승하여 신성을 입고 "신성 안에 들어"오게 되었다고 본다.255) 이렇게 인간의 신화는 하나님 말씀인 예수 그리스도의 육화로 가능해졌다고 보는 것이다. 그 근거로 성육신은 하나님과 사람의 연합을 의미하는 것으로, 하나님이 사람이 되셨으니 이제 사람이 하나님이 될 수 있는 통로가 만들어졌다는 것이다.

이레네우스는 예수를 통한 하나님의 구원 행위가 폭력이나 강제적 힘으로가 아니라 속량의 대가로 자신을 희생하는 설득을 통하여 이루어졌다고 본다.256) 그가 말하는 그리스도의 속량은 속죄론이라는 합리주의적인 교리가 아니다. 서방교회 속죄론에서는 죄와 구원의 교리가 법적·사법적·법정적 범주에 의해 지배되어 왔다.257) 그러나 진정한 속죄론은 그리스도가 사람에게 불멸의 은사인 생명을 주신 것에 있다. 그리스도의 성육신은 인간을 하나님에게 높이는 것이고, 또 한편 그의 오심은 우리에게 불멸을 주시고자 하신 것이다. 예수가 하늘에서 내려오신 목적은 무엇인가? 그것은 "죄를 진멸하고 죽음을 극복하고 사람에게 생명을 주기 위해서였다."258) 예수는 죄와 죽음의 조건 아래 들어오셔서 승리하심으로 인간에게 생명을 주신 것이다.259)

주님께서는 그분 자신의 피에 의해 우리를 구속하셨고, 우리의 영혼을 위해 그분의 영혼을, 우리의 몸을 위해 그분의 육체를 주셨으며, 하나님과 인간의 연합과 교제를 이루기 위해 아버지의 성령을 부어 주셨고, 성령의 오심에 의해 그리고 우리가 갖는 하나님과의 교제에 의해 확고하게 그리고 진실로 우리에게 부패하지 않음을 주셨다.[260]

하르낙(A. von Harnack, 1851-1930)은 이레네우스가 말한 구속이 신성 곧 죽지 않음을 인간 본성 안에 받는 것이기 때문에, 죄에서의 해방은 이차적으로 취급된다고 말했다.[261] 아울렌도 이레네우스가 죄에 대해서는 강조하지 않았다고 본다. 그는 이레네우스가 용서보다 생명을 주는 것에, 죄를 극복하는 것 보다는 죽음을 이기는 것에 중요성을 두고 있다고 보았다.[262] 이레네우스의 속죄론은 사탄에게 지불된 몸값이라는 것으로 해석하지 않는다. 그는 하나님의 아들이 적과의 싸움에서 승리했고, 그 결과 인간을 노예의 신세로부터 구속한 것은 그리스도의 삶과 순종으로 인한 인간의 하나님과의 교제 회복을 말했다. 인간은 그리스도를 통해서 하나님과의 교제가 회복(Recapitulation)되었다.

주님은 그의 성육신, 하나님과 인간 사이의 중보자가 되는 것을 통해 우리에게 교제를 회복시켰다. 하나님에게 죄를 지은 우리를 대신하여 그가 사죄하였고, 그의 순종으로 우리의 불순종을 상쇄시켰으며, 우리의 조성자와 교제하고 그에게 복종하도록 우리를 회복시켰다.[263]

(4) 인간은 그리스도 안에서 새로운 창조의 삶을 살아간다. 인간은 순종하신 그리스도 안에서 새로운 사람이 된 것이다. 우리가 그리스도와 연합하는 것이 초자연적 목적에 이르는 유일한 수단이 된다.[264] 새로운 삶은 하나님에 대한 올바른 정보로 이루어지는 것이 아니라, 그리스도 안에서 새로운 창조가 이루어짐으로써 가능해졌다.[265] 인간은 예수 그리스도 없이는 하나님과의 연합을 이룰 수 없다. 이레네우스는 그리스도를 통해 창조의 본래성을 살 수 있게 되었다고 말한다. 이제 인간 삶의 궁극적인 목표는 "하나님을 닮아가는 것", "하나님과 닮은 존재가 되는 것"에 있다.[266]

그러나 가톨릭의 인간관은 타락 이전의 인간과 타락 이후의 인간이라는 이중성을 보여 준다. 먼저, 인간은 타락으로 인해 힘을 잃어 버렸으며 그의 이성과 의지는 그릇된 길로 빠져 들어갔다. 그 결과 인간은 수동적 존재가 되었다. 어거스틴은 『고백록』에서 인간의 개혁은 오직 그리스도의 신비, 신적 은혜의 힘에 의해서 가능하다고 말했다. 여기에는 인간의 능동적 행위나 독립적 모습은 상실된다.[267] 어거스틴의 신학을 공유한 프로테스탄트도 인간의 전적인 타락을 말하기 때문에 구원 이후에도 오직 은혜를 강조함으로 인간을 수동적 존재로 만들었다.

그러나 조르다 부르노는 '무한'에 대해 부정적 이미지 보다는 긍정적 이미지로 보았다. 인간에게 능동적 모습과 무한을 적용할 수 있는 것이다. 그에게 무한이란 인간 예지의 끝없는 힘이다. 그는 무한한 우주가 인간 자신의 무한을 상기시켜 주는 것으로 이해했다.[268] 이레네우스도 그리스도를 통한 인간의 갱신을 말한다. 예수 그리스도는 인간에게 다가 오셔서 그들의 억압에서 풀어 주심으로 새로운 존재로 살아가게 한다. 예수가 말한 "진리가 너희를 자유하게 하리라."라는 말씀에서 진리는 개념이 아니라 변화의 근원이다. 성령은 진리의 영으로 "우리를 해방시키고 용기 있게 하며, 아름답고 선하고 온유하고 겸손하게 하고, 모든 것을 잘 인내하게 만들어 주신다."[269] 이레네우스는 "우리는 성령을 통해서 아들로 올라가고, 아들을 통해서 아버지에게로 올라간다."라고 했다.[270] 인간은 단순히 수동적 존재가 아니라 그리스도가 주신 생명을 통해 능동적으로 살아가는 존재인 것이다.

교부들의 시대에 신학의 중심 주제는 기독론과 삼위일체의 교리에 관한 것이었다. 그러나 이레네우스 신학의 중심 주제에 하나님께서 아들을 통해 인간 갱신의 역사를 이루는 속죄론에 두었다.[271] 그는 인간의 변화에 대해, 터툴리안(Tertulian, 160-220)처럼 법적 서술이나 오리겐(Origen, 185-254)처럼 철학적 방식으로 접근하지 않았다. 그는 속죄론이라는 사도적 전통(paradosis, 상속)에 근거해서 기독교 신앙을 해석했다.[272] 그는 "우리가 '사람의 아들'을 통하여 자녀가 될 수 있도록 '하나님의 사람'이 사람의 아들이 되었습니다."[273]라고 말함으로 인간의 변화를 강조한다. 그의 속죄론에는, 인간이 단순히 옛 것으로의 복귀(return)하는 것이 아니라 갱신(renewal)의 의미가 들어있다. 갱신이란 예수 그리스도를 통해 인간이 제2의 창조(새 창조)를 만들어 나가는 것이다. 인간이 창조 시 하나님의 형상과 모양을 더욱 발전시켜 나가야 했던 것처럼, 이제는 예수 그리스도 안에서 새 창조를 만들어 나간다.

> 우리의 성장은 무엇보다도 하나님의 사역이다. 그리고 그것은 그분의 계속적인 창조행위이기도 하다 그러나 우리의 성장은 또한 우리의 일이기도 하다. 우리는 선택할 수 있는 능력을 부여받았기 때문이다.[274]

이레네우스는 구원을 성장(growth)의 개념으로 이해하였다. 인간의 갱신은 구체적으로 신화를 향한 여정이다. 구원은 단지 추상적인 사상이 될 수 없다. 구원은 성령의 인도를 따라 계속적으로 하나님께로 나아가는 전 과정을 포함하는 것이다.[275]

동방정교회의 신화는 인간이 신이 된다는 것이 아니라 신성에 참여하는 거룩한 변모를 의미한다. 신화가 의미하는 바는, 인간이 하나님의 영역으로 고양되는 것, 창조주를 닮아 가는 것이다.[276] 즉 하나님의 '모양'의 회복이다. 하르낙은 이레네우스가 본 그리스도의 업적을 그리스도의 인격이 신·인으로 형성되었다는 점에 두었다.[277] 그리스도가 인간이 되심으로써 인간은 신적인 존재가 될 수 있게 된 것이다. 인간은 썩지 않고 죽지 않는 존재와 연합되었기 때문이다.[278] 인간의 구속은 신성 곧 죽지 않음을 인간 본성 안에 받는 것이다. 그러므로 죄에서의 해방이 우선적인 것이 아니다.[279]

이레네우스는 그리스도가 이 땅에 오신 목적이 죄를 진멸하기 위한 것이지만, 죽음을 극복하는 것과 생명을 주기 위한 것에 더 중요성을 두었다.[280] 그리스도는 인간에게 생명을 주심으로, 즉 하나님께서 인간으로 하여금 잃어버린 하나님의 '모양'을 다시 회복시킴으로써 하나님을 닮아가는 창조 목적을 성취시키려고 했다.[281] 인간은 하나님이신 그리스도를 모형으로 새 창조를 만들어 나갈 수 있게 되었다. 이제 그리스도인은 예수님의 생활을 본받도록 노력해야 한다. 그러한 훈련의 실천을 통하여 하나님에 대한 지식을 습득할 수 있으며, 하나님의 섭리를 더 잘 이해할 수 있게 된다.[282]

2. 동방정교회 탈 중심 선교

1) 인간의 개별성

신화는 인간이 하나님의 '형상'과 '모양'을 가진 존재일 뿐만 아니라 '형상'과 '모양'을 이루기 위해 지속적인 변화를 만들어 나가는 존재로 창조(create)되었다고 봄으로, 인간은 예수 그리스도 안에서 갱신, 성장될 것을 말한다. 이것은 인간을 개별성으로 본 것이다. 신화는 인간을 이미 결정된 존재로 보지 않는다는 특징이 있다.

발렌티누스(Valentinus)는 2세기경 기독교 그노시스파의 대표적 철학자로, 영적인 사람들만 구원을 받는다는 것을 강조했다. 그것은 인간이 본질적으로 태어날 때부터 영적인 존재들이었기 때문이라는 것이다.[283] 그러나 이레네우스는 영지주의자들의 결정론적 인간관에 반대하여 하나님은 언제든지 인간의 자유의지를 존중하신다고 했다. 하나님은 인간을 자유롭게 선택할 수 있는 존재로 만들었고, 태초부터 하나님 편에서 강요로서가 아니라 그들의 자유로운 의사로서 하나님의 섭리에 따르는 것을 스스로 결정할 수 있도록 자율권을 부여하셨다.[284] 인간은 자신의 도덕적 선택에 대해서 자유롭고 책임적인 존재이다.[285] 결정론적 인간론은 인간의 실존, 생성, 신화를 부정한다. 그러나 신화는 인간이 자유의지를 지니고 창조되었으며 스스로를 만들어 나가는 존재라고 본다. 또한 신화는 영지주의자들과 달리 이 세상에서 이루어 나가는 것이라고 본다.

철학과 과학, 그리고 사회학도 생성과 시간을 배제하는 방향으로 진행되어 왔다. 철학은 이미 생성된 개체를 모범으로 하는 개체화를 상상했다. 파르메니데스(Parmenides, BC 515-445)의 불변과 부동의 일자(一者)와 플라톤(Plato, BC 427-347)의 이데아(idea)는 영원성을 희구한다. 과학은 고정적 법칙의 세계에 몰두하는 가운데 시간과 생성을 무시한다.[286) 만약 실재론자들이 과학적 법칙이 적용되는 세계만을 인정한다면 기계적 신을 가정해야 할 것이고, 관념론자들이 특권적 중심에서 출발하게 된다면 자연의 질서와 과학을 설명하기 위해서 예정조화나 신을 불러내야 할 것이다.[287) 사회학자 스펜서(Herbert Spencer, 1820-1903)는 인간 사회와 자연을 동질적으로 생각하는 사회 유기체설을 받아들여 사회다윈주의의 입장을 취했다. 그는 모든 사상(event, 事象, 발생하는 어떤 것)에 대해 기계적 운동으로 환원해서 설명하려는 기계론과 인간의 행위뿐만 아니라 세계 안에서 일어나는 모든 사건과 자연의 현상이 목적에 규정되어 있다는 목적론(teleology)으로 '행동'의 관점을 제시해 주고 있다.

이에 반해 실존주의는 보편성이 아닌 인간의 개별성을 강조한다. 사르트르는 인간의 우연성을 말하면서 인간의 개별적 존재를 주장한다. 그는 인간 존재를 '즉자(卽自)', '대자(對自)', '대타(對他)'로 규정했다. 인간은 즉자, 그 자체일 뿐이다. "존재는 그것이 있는 것 그것이다." 그는 후설의 현상학을 통해 '즉자' 존재를 발견했다. 산, 물, 책상 등이 그냥 우연히 존재하듯이 인간은 그대로 존재하고 있는 것이다. "존재는 그 자체로 있는"[288) 것으로, 중요한 것은 오직 전면적인 현실뿐이다.[289) 여기에는 의식의 대상이 없다. 그는 『구토』에서 즉자는 그냥 그대로 아무 의미 없이 우연적으로 존재하고 있음을 말한다. 칼 야스퍼스(Karl Theodor Jaspers, 1883-1969)도 새로운 근원으로부터의 변경은 없고, 오직 재건과 반복이 있을 따름이라고 말한다. 반복은 니체가 말하는 '영원한 회귀'와는 다른 의미이다. 야스퍼스는 영원히 남을 수 있는 성공은 있을 수 없다고 보았다. 실존철학이 반복을 말할 때 외적인 어떤 변화가 일어나는 것을 배격하지는 않지만 철저히 현재 안에 있다. 그래서 실존철학은 인간에게 이미 주어진 어떤 역사적 현실을 주목한다. 실존은 인간의 경제적, 정치적인 것 보다는 있는 그대로의 사실이라는 계기(opportunity, 契機)를 중요시 여긴다. 그래서 실존주의는 과거가 무거운 짐으로 다가온다. 현재 물려받은 유산 속에서 그것과 대결하지 않으면 안 된다. 그가 받은 유산에서 그것을 증가시키고 변화시킬 수 있는 것은 아무 것도 없다. 그 유산 안에서 최선을 다해 살아갈 뿐이다.

그러나 실존주의도 인간을 단순히 세계에 던져진 존재로 봄으로 인간의 유산(heritage)을 등한시한다.[290] 실존주의는 유산을 변화시킬 수 없다는 점에서 그 한계를 드러낸다.[291] 실존주의는 역설(paradox)을 말한다. 인간은 현존재에서 벗어날 도리가 없다. 인간은 스스로 선택한 것이 아니라 어떤 상황 속에 놓여 있다. 인간은 있는 그대로의 사실을 받아들일 뿐이다. 그저 자신에게 주어진 현재 상황을 인식하고 살아갈 뿐이다.

그러나 인간은 변화를 추구한다. 실존주의가 역사를 거부한 가운데 유산을 더 발전시키는 것에 대해 부정적 견해를 드러내고 있지만, 인간은 고정된 것이 아니라 생성, 발전하기 때문에 실존주의를 뛰어 넘어야 한다. 인간은 유산의 굴레를 그대로 수용만 할 수 없다. 그래서 데리다는 인간이 상속자로 살아갈 때 상속은 주어진 것이 아니라 과제라고 보았다. 우리는 상속에 대한 연속성과 더불어 새롭게 전환시키는 불연속성도 만들어 내야 한다. 왜냐하면 유산 가운데 새롭게 변화되어야 할 것도 있기 때문이다. 그동안 유지해 오던 존재 방식이 더 이상 적절성을 지니지 못한 것에 대한 대응이 필요하다.

베르그송(Henri Bergson 1859-1941)은 존재가 시간의 경과 속에서 끊임없는 생성과 사건으로 가득 찬 지속(continue)을 말한다. 지속은 외면적인 변화와 달리 내적으로 연속하는 생성 상태이다. 그것은 마치 음악의 소절에서 마지막 음표이지만, 그것이 이미 지난 음표들과 관계되는 것과 같다. 지난 음표들은 그쳤지만 마지막 음표와 관련을 맺고 있다. 지속은 펼침으로써 과거, 현재, 미래를 잠재적으로 포함시킨다.[292] 지속은 그대로 있는 것이 아니라 변화하는 것이다. 주의(ism)는 변하지 않는 자아를 상상하는 것임으로 지속하지 못한다. 지속은 협약, 전통, 인위성을 백지로 만든다. 또한 지속은 과거의 연장이나 진화가 아닌 오직 현재적인 것으로 과거의 연속적 진행이며, 그 진행은 미래를 갉아먹고 부풀어져 간다. 베르그송은 "지속은 현재하는 그대로 연속적인 창조와 새로움의 중단 없는 솟아남과 같이 스스로를 드러낸다."라고 했다.[293]

베르그송은 지속의 견지에서 생명체의 생성을 말한다. 전개체적 상태는 안정상태도 아니고 불안정한 상태도 아닌 불안정한 에너지들이 그럭저럭 평형을 이루고 있는 준 안정적인 것이다.[294] 그는 생성되는 개체를 상상했다. 그는 화가가 초상화를 그릴 때 예측은 하지만 그 초상화가 어떻게 전개될지를 정확하게 예측할 수 없다는 것을 말한다. 예측한다는 것은 초상화가 그려지지 이전에 그것을 그려낸다는 것을 의미한다. 우리의 삶도 마찬가지다.

> 우리는 우리 삶의 제작자들이다. 우리 삶의 각 순간들은 일
> 종의 창조이다.⋯ 덧붙여 우리는 어느 정도까지는 우리가

만드는 것이며, 우리는 끊임없이 우리 자신을 창조하고 있다고 말해야 한다. 게다가 이러한 자기에 의한 자기 창조는 사람들이 하고 있는 것을 잘 따져 볼수록 그만큼 더 완벽해진다. 왜냐하면 이성(reason)은 기하학(geometry)처럼 진행되지 않기 때문이다.295)

그는 "생명체는 변화하고 진화하는 존재자이기 때문에 처음부터 완벽한 개체로서 주어지는 것이 아니라 언제나 개체화를 향하는 도상에 있다."라고 말한다.296) 그래서 그는 존재론(ontology)이 아니라 개체발생(ontogeny)을 말한다. 존재자는 다상(polyphase)의 모습이다.297) 인간은 의식적 존재로 변화하고 있으며, 그것은 성숙으로의 변화이고, 성숙한다는 것은 자신을 무한히 창조하는 것을 의미한다.298)

우리는 지금까지 직선적 시간만 생각했다. 그러나 "진화는 단지 전진운동만 있는 것이 아니다. 실제로 멈추는 종들도 있고, 지나온 길을 되돌아가는 종들도 있다. 많은 경우 제자리걸음하고 있으며 어떤 것은 이탈이나 퇴행이 더 자주 눈에 띈다."299) 생명의 진화는 끝없이 계속되는 창조다. 베르그송은 '생성과 형태'에서 생성의 무한한 다양함을 말한다.

또한 우리는 영화기법처럼 생성을 인위적으로 재구성한다. 영화는 장면(scene)들의 집합으로 다양한 사진들이 차례로 상호 연속되어 나타난다. 우리의 인식도 영화처럼 생성을 인위적으로 재구성한다. 그러나 우리의 행동은 불연속적이다. 예로, 우리는 '어린아이'와 '성인'에 대해 상상적 정지들만을 가지고 있지만 "어린아이가 성인이 된다."라는 명제를 말할 수 없다.300) 즉 베르그송은 제논(Xenon, BC 490-430)의 논증에 따라 화살이 궤도의 모든 지점에 있는 것처럼 "어린아이에서 성인으로 가는 생성에 있다."라고 했다. 마치 탄알의 파편들 속에서 조각들 그 자체가 탄알이 되어 나가는 분화하는 진화를 보게 된다. 우리는 산산조각 난 파편들로 흩어진 운동들만을 지각하지만, 파편들의 운동에서 출발하여 근원적 운동에까지 점진적으로 거슬러 올라갈 수 있다. 생명 도약은 불가사의한 생명 원리가 아니라 단지 분화하는 진화의 모습을 그린다.[301] 인간은 아담의 파편들로 생성을 통해 새롭게 변화되어 나가고 있다.

> 베르그송주의는 창조의 철학이고 신학적이고 초월적 수준에서가 아니라 내재성의 도식에 근거한다. 완전히 이루어진 것은 실재적인 것이 아니며, 공작인과 지성인의 인공 산물이다. 이루어지고 있는 것은 항상 새롭고, 유일하고, 운동자이며, 실재적인 것의 실체이다.[302]

베르그송의 창조적 진화는 완전히 정립된 심리학이나 스펜서의 우주 발생론이나 완성된 체계로 이루어진 형이상학과 다르다. 베르그송은 시간을 초월하는 영원의 이미지가 아닌 실재적 시간의 흐름의 이미지에 관심을 가졌다. 창조적 진화는 시간 개념의 분석 속에 인간이 시간 속에서 행동하는 가운데 각 개체로서 새로운 존재로 변화되어 나가고 있음을 말한다. 유심론(spiritualism, 唯心論)이 물질 현상과 생명 현상을 구분하고 생명의 고유한 원리를 말하고 있지만, 베르그송은 생명체 내의 생리적 현상을 뛰어넘어 운동과 시간, 진화, 지속으로 표현되는 우주적 차원에서의 생명을 논한다.[303] 생기론(vitalism, 生氣論)이 생명체를 기계로 취급하는 것을 반대했던 것처럼 생명은 독립적 실체이다. 인간은 플라톤의 이데아라는 영원성에서 지속을 끌어내는 것이 아니라 스스로

자라고, 스스로 풍부해지고, 스스로 창조하는 지속이다.[304]

베르그송의 창조적 진화는 이원론이 아니다. 그가 인간과 자연을 구분하고 있지만 인간과 자연은 연속선성에 있다. 또한 그의 창조적 진화는 물활론이 아니다. 그가 지속이라는 개념을 통해 물질과 생명의 통일을 시도하고 있지만 범 생명주의와는 다른 것이다.[305] 베르그송은 인간이 우주와 생명을 정복의 대상이 아닌 그 자체의 가치를 갖는 본래의 모습으로 돌려놓기를 바랐다.[306]

베르그송은 존재가 생성과 사건으로 지속되어 나가는 사상(event)을 피력했다. 그의 사상은 초기부터 말기까지 연속성이라는 특징을 보여준다. 그의 저서인 『의식에 직접 주어진 것에 관한 시론』(1889), 『물질과 기억』(1896), 『창조적 진화』(1097), 『도덕과 종교의 두 원천』(1392)은 지속성을 가지고 마치 그가 이미 구상된 것을 가지고 전개해 나간 것처럼 주제와 방법이 일치하고 있다.[307]

들뢰즈(Gilles Deleuze)는 『차이와 반복』에서 개체들의 고유성을 담보하는 '차이'를 말한다. 그는 개체 내부 안에서 일어나고 있는 변화의 과정, 즉 개체화하는 차이를 말한다. 이전의 개체화는 동일성, 유비, 대립, 유사성과 관련되어 사유되어 왔다.[308] 그것은 생산적이기는 해도 '개념' 속에 있는 차이에 불과했기 때문에 한계가 들어있다. 예로, 아리스토텔레스, 플라톤, 라이프니츠, 헤겔, 스콜라 철학은 개념 속에서 차이를 만들어 낸 것이다. 이러한 사상은 동일한 인물, 동일한 나, 한 사람의 인간 안에 갇혀 있게 된다. 그래서 들뢰즈는 차이를 "사물들 간의 차이가 아닌 차이" 개념을 발전시켰다. 그는 "똑같은 궤적을 그리는 탄환은 없다."라는 것으로 만족하지 않고 그 차이를 만들어내는 장(place)에도 관심을 가졌다. 우리가 피부색, 문화, 정상인과 장애인의 차이를 말할 때는 양자의 다름을 넘어서 그 차이들이 어디에서 출현하는지를 알아야 한다. 차이는 변증법을 통해서가 아니라 차이의 규정적인 산 경험을 통해 발견된다. 또한 종국적으로 그 차이는 존재 그 자체와 구별이 불가능하게 된다.309) 들뢰즈가 생성을 말하면서 존재론을 발할 수 있는 것은 인간의 개체화에 있다. 그는 인간을 사육하는 이상적인 사육자는 신(神)이나 소피스트가 아니라 생물 개체가 태어나려고 하는 것 자체에 있다고 보았다. 그는 차이를 산출하는 구조를 생명체 자체에서 읽어 내고자 했다.310) 이것은 '자기' 개념을 파기하는 것이다. 또한 그가 차이를 강조하는 것은 늘 새롭게 만들어지기 때문이다. 인간에게 주어진 이름은 노인이 되어서도 그 이름으로 불리지만, 그 인간은 동일한 인격이 아니다. 이름으로 불린 인간은 생명체로서의 인간이 아니다. 인간은 지속적으로 자기 자신과 다른 것이 되기 때문에 차이를 지닌다.311)

동일성의 철학은 '나'에게 정립되어 있지만, 차이의 철학은 '생사'의 차이를 발생시키는 무엇과 관련이 있다. 그래서 우리에게 중요한 것은 역사 속의 어떤 순간, 정신 속의 어떤 범주가 아니라 끊임없이 건립되고 파산하는 모델, 끊임없이 확장되고 파괴되고 재건되는 과정이다.312) 수학적으로 차이를 산출하는 장은 미분(differential)적이다. 예로, 기억은 여러 층들로 이루어져 있는데 매순간의 변화를 있는 그대로 담지하며 이전의 상태를 보존하면서 질적인 변화를 겪는다. 비록 차이들은 있지만 공존하는 것이다.313) 그래서 인간 이해에 있어서 중요한 것은 결정된 존재가 아니라 개별적 존재이며 또한 계속 생성되어 나간다는 점이다.

바흐친도 도스토예프스키의 소설을 분석하면서 인간의 이데아(idea)314)와 개별적 존재를 드러낸다. 도스토예프스키는 인간이 신비하기 때문에 그 신비를 풀고 싶었다. 그에게 인간 문제 해결은 곧 신의 문제 해결이기도 했다.[315] 그는 인간의 신비를 풀기 위해 평생을 바친다 해도 시간 낭비가 아니라고 보았다.[316] 그는 인간의 심리와 영혼을 구별했다. 심리는 부분적인 것이지만 영혼은 본질적이다. 본질(essential)은 라틴어 동사 '엣세'(esse, 영어의 be동사)에서 온 것으로 '있음'을 뜻한다. 즉 영혼이 본질적이라는 말은 가변적인 것이 아니라 항상 '그것'으로 있다는 뜻이다. 반면에 심리(psychology)는 '마음의 작용과 의식의 상태'로서 개인적, 사회적 환경에 따라 변할 수 있다. 바흐친은 이런 심리와 달리 영혼(soul)은 '육체 속에 깃들어 생명을 부여하고 마음을 움직이는 무형의 실체'로 인간을 움직이게 한다고 보았다. 그가 강조하는 영혼은 플라톤이 말하는 이데아와 유사하다. 그는 인간의 순수한 형상, 즉 이데아의 신비를 풀고 싶었다. 그러나 그가 생각한 영혼은 초월이 아닌 현재였다. 그는 "인간이 살아가는 이곳은 시간과 공간으로 짜여 있으며 생성과 소멸, 변화와 운동이 끊이지 않기 때문에 완전한 존재는 있을 수 없다."[317]라고 봄으로 각양의 크로노토프를 소설로 그려냈다.

동방 정교회의 신화가 인간의 개별성을 드러낸다는 점에서 실존주의처럼 보이지만,[318] 실존주의는 유산을 변화시킬 수 없는 점에서 한계를 드러낸다. 반면에 베르그송, 들뢰즈, 바흐친은 동일성, 연속성, 초월이 아닌 지속성과 생성, 차이, 시공간에 주어진 유산을 변화시켜 나간다는 점에서 신화와 일치한다.

2) 신화와 선교

그러면 동방정교회는 인간의 개별성 속에서 선교가 어떤 모습을 지니게 되었을까? 신화는 그리스도가 인간의 몸을 입으심으로서 영과 육을 소유했던 것처럼, 인간도 그리스도 안에서 자신의 몸에 영을 소유하게 됨으로써 신적 존재로의 발돋움이 이루어졌다고 말한다. 이제 인간 각자는 책임적 존재로 성령 안에서 '새 창조'를 만들어 나가야 한다.[319] 신화의 이러한 이해는 선교에 새로운 관점을 제공해 주었다. 선교는 그리스도인이 신화되는 과정에서 세상의 빛과 소금으로 드러나게 했다.

본래 기독교는 종말론(Eschatology)적 형태를 지녔었다. 초대 교회 선교는 은사적인 치유자, 이적을 행하는 자, 순회 설교자들을 통해 이루어졌다. 그러나 기독교가 헬라시기에 이르러 신학이 헬라적으로 성육신되어 순회 설교자들과 사도들의 직분이 사라졌다. 사도적 전통을 이어가려는 움직임이 있을 뿐이었다. 헬라의 신들의 도덕에 대한 무관심과 로마제국의 혼란 속에서 운명주의와 마술과 점성술이 사람들을 위로하지 못한 가운데, 기독교는 그 진공을 채울 수 있는 종교가 되었다. 이 시기에 선교는 그리스도인들의 모범적인 삶과 사랑의 언어로 대체되었다. 이것은 복음의 번역에 따른 것으로 기독교의 중심축 이동에 따른 토착화라는 특징을 보여 준다. 그 결과 초기의 종말의 열정과 독특함을 상당히 상실했고 임박한 재림의 소망을 포기한 가운데 이 세상에 안주했다.

또한 기독교는 종말론이라는 역사적 사고에서 형이상학적 사고로 옮겨갔다. 기독교는 헬라 철학을 거부(예로, Tertulian, 155-240)하기도 했지만, 동시에 수용(예로, Clemens, 150-215)도 했다. 헬라철학의 수용은 기독교에 지성적 언어를 만들어내게 했다. 알렉산드리아의 클레멘스와 오리겐(Origen, 185-254)은 헬라철학으로 기독교를 설명했다. 그리스도는 하나님의 존재 상태와 양성을 지닌 한 인격으로 설명되었다. 그리스도는 '왜' 오셨는가 보다는 '어디에서' 오셨는가를 질문했다. 이제 종말론적 주제는 개인의 영혼이란 주제에 초점이 맞추어졌다. 기독교의 메시지는 하나님의 임박한 통치에 대한 선언이 아닌 인류의 참되고 보편적인 유일 종교에 대한 선포로 변화되었으며, 묵시적인 해석이 아닌 도덕적인 명령들의 관점으로 해석되었다.

이와 같은 분위기에서 수도원 운동이 4세기에 동방정교회 지역에서 융성하기 시작했다. 수도원은 개인의 영적 성장에 관심을 두었다. 4세기 이후로 발전하는 동방정교회의 역사는 수도원 운동의 역사이다. 종말론 폐기는 이 세상에서 선을 행하고 인내하는 가운데 하늘에서 얻게 될 상급들로 강조점이 바뀌었다. 지옥의 영원한 위협을 피하기 위해 선행들이 실행되어야 했고 성인들의 중보기도가 효력을 발휘한다고 믿었으며, 특히 순교는 불멸에 이르는 확실한 문으로 받아들여졌다. 또한 이 시기에 교회는 성도들의 신앙생활의 중심지로 자리 잡아 나갔다. 성령의 사역은 전적으로 교회를 거룩하게 하는 분으로 인식됨으로 인해 과거에 복음을 전하기 위해 파송하는 성령에 대한 인식이 사라졌다. 이제 종말론과 성령론은 교회론 밑에 흡수되었다.[320]

이제 살펴 볼 동방정교회의 신화를 통한 선교는 우리에게 새로운 개념이다. 우리가 선교의 형태를 찾는데 동방정교회를 주목하는 것은 2세기 기독교 공동체가 이집트, 소아시아, 시리아에서 주류였기 때문이다.[321] 특히 안디옥, 알렉산드리아, 에베소에 기독교인이 많았다.[322] 이곳의 선교의 모습을 추적해 보는 것은 의미 있는 일이다.[323]

(1) 우선 동방정교회 선교는 이레네우스의 신화에 기초한다.[324]

신화는 하나님을 닮음으로의 움직임에 관심을 가졌다. 신화는 다볼산(Mt. Tabor)에서 변화(마 17:2; 막 9:2-8; 눅 9:28-36)된 예수 그리스도의 신적인 광채와 연관되어 있다. 인간은 신·인이신 그리스도로 말미암아 변형될 수 있게 되었다. 동방에서는 서방의 어거스틴 전통처럼 모든 사람이 아담의 죄를 상속받은 것으로 보지 않는다. 인간은 아담의 불순종 때문이 아니라, 인간 각자 죄를 범했기 때문에 죄에 대한 책임을 져야 하는 것이다. 인간은 아담 안에서 상속 받은 것은 '죄'가 아라 '죽음', '필멸성', 그리고 '타락'이다. 고로 죄는 '상속'이 아닌 '개인적'인 문제이다. 우리 각자는 자신의 죄를 최초로 실행한 자들이다. 그래서 인간이 되신 하나님이 우선적으로 하신 일이 인간을 신의 아들로 변화시켜 주시는 것이다.325)

아타나시우스(Athanasius, 295-373)는 성육신하신 예수 그리스도 안에서 신화를 발견하였다. 말씀이 인간이 된 것은 우리로 하여금 볼 수 없는 하나님을 보게 함이요 우리로 하여금 하나님의 영원불멸과 썩지 않음, 즉 신적 생명을 누리게 하려는 것이었다. 예수의 육신이 부활함으로써 신화된 육신 된 것이며, 죄로 인해 사망의 지배하에 있는 인간을 다시 살리시고, 인간에게 하나님의 형상을 회복하는 영생과 불멸의 선물을 준 것이다.326) 바질(Basil of Caesarea, 330-379)은 "우리를 부르신 목적은 우리로 하여금 하나님처럼 되도록 하는 것"이라고 했다.327) 나지안주스의 그레고리(Gregory of Nazianzus, 329-389)도 "인간은 하나님이 되도록 명령받았다."라고 했다.328)

이와 같이 동방정교회의 교부들은 신화를 신을 닮음으로의 움직임으로 정의 내렸다. 하나님 닮음은 예수 그리스도의 은혜와 인간의 협동과 자의적 결정을 통해 성취된다. 인간의 자유의지의 협력은 하나님의 은혜로 말미암아 힘을 얻어 점점 선행과 덕행을 증가시켜 나가는 것이다. 오리겐은 창세기의 인간창조 기사가 "우리의 형상과 모양"을 말한 후에 이어서 모양은 빠지고 "하나님께서 자기 형상대로 사람을 지으셨다."라고 했기 때문에, 인간의 하나님 모양은 최후 완성 단계에 가서야 이루어질 것이며, 완성은 하나님을 모방하기 위해 노력하는 사람이 이룰 수 있는 것이라고 보았다.329) 마카리우스((St. Macarius of Egypt, 300-391)는 신화가 긴 일생에 걸친 영적 수도적 금욕 실천에 의해 죄와 은혜 사이에서 투쟁함으로써, 무정욕 또는 잘못된 정욕으로부터의 완전한 자유로 인하여 온전하고 순결하며 충만한 사람에 도달하는 것이라고 보았다.330) 고백자 막시무스(Maximus the Confessor, 580-662)는 인간이 상승의 길을 걸어갈 때 하나님은 은혜로 거룩하게 하신다고 말한다. 그는 각 사람이 신화되려면 하나님을 의지하고, 받아들이고, 악한 정욕들을 부인해야 한다고 말했다. 인간의 마음은 의의 작업장이 되기도 하고, 불의의 작업장이기도 하다. 인간은 신화에 이르는 삶의 길을 여행하는 동안에 끊임없이 잠들지 말고 깨어 있어야 한다.331)

인간은 그리스도의 은혜로 인해 동시에 그분의 덕들(virtues)을 모방함으로써 신화된다(벧후 1:4). 그러므로 구원은 그리스도의 은혜를 입은 자의 신화 속에서 완성된다.332)

(2) 신화는 은둔 수도자들을 배출하게 되었고 그에 따른 선교가 나타났다.

교회사가 라토렛은 수도원 제도를 개인의 구원을 위한 체제라고 보았다. 물론 은둔 수도자들이 개인 구원을 추구한 이들인 것은 사실이다. 그러나 그가 말한 것처럼 그들이 단지 구원을 위해 정진한 이들은 아니었다. 그들이 추구한 구원은 예수 그리스도의 생명을 지닌 자로서 더욱 하나님의 형상을 닮기 위한 신화의 작업이었지 구원에 이르기 위한 것이 아니었다.

또한 라토렛은 초기 수도자들이 선교적이 아니라고 말했다.333) 즉 개인 구원을 위해 노력하는 가운데 비기독교인들을 구원할 노력을 하지 않았다고 본 것이다. 라토렛의 선교 이해는 타자를 향해 나가는 것에 있었기 때문에 그러한 결론에 도달한 것이다. 그는 그러면서도 수도원 운동에 선교적 요소가 있다고 보았다. 그는 동방정교회 은둔자들은 세상에서 떠날 때 자신들의 재산을 가난한 자들에게 나누어 준 일이 선교적 행위가 되었다고 본다.334) 그러나 라토렛이 이해한 선교와 정교회가 이해한 선교 개념은 다르다. 라토렛은 복음 전도에 관심이 있었기 때문에 구심력으로 복음전파의 수단으로 선교를 이해한 것이고, 동방정교회는 신화를 통한 선교를 이해했다.

신화를 통한 선교는, 베르그송이 『도덕과 종교의 두 원천』에서335) 종교에 대해 정적 종교(관조 신비주의)와 동적 종교(행동으로 나가는 신비주의)를 대조336)한 가운데 신화는 동적 종교와 관련 된다. 베르그송은 인간의 존재 이유를 생존과 더불어 생명의 도약과 진보 차원에서 바라본다. 열린도덕은 생존의 차원을 뛰어넘는 것으로서 국가를 초월한 성인들에게서 찾아볼 수 있다. 성인들은 그리스의 현인들, 불교의 아라한들, 기독교의 성자들로서 국가적 또는 사회적 도덕률에 머물지 않고 '인류애'로 향한다. 그 결과 사람들은 이들의 모범을 보고 배우며 모방하게 됨으로써 헌신, 희생, 자비가 자발적으로 실현된다. 인류에게 모범이 된 성인들의 인격적 매력(attraction)에 의해 우리를 자발적으로 따르도록 했기 때문이다.337) 그것은 무한한 어떤 것에 대한 열망으로 인해 자신의 내부를 개방하는 것으로 열망(desire)의 도덕이라고 표현된다. 열망의 도덕은 지성적(intelligent) 판단이 아니라 감동(emotion)에서 나온다.338) 성인들은 인간의 동등한 권리와 인격의 침해 불가능성을 표출하는 열린 윤리를 만들어 낼 수 있다. 이와 같이 베르그송의 윤리는 종교와 깊은 관련을 맺고 있다.339)

베르그송이 말하는 종교는 신비주의(mysticism)에 따른 인간의 행동에 대한 것이었다. 신비주의는 고대 그리스의 디오니소스(Dionysos), 오르페우스(Orpheus), 피타고라스학파(Pythagorean school), 소크라테스(Socrates), 플라톤(Plato)에게서 나타난다. 플로티누스(Plotinus, 204-270)는 신의 현존을 느끼는 황홀경을 말한다.340) 신비주의는 영혼 속에서 진리를 관조한다. 동양의 종교인 불교는 고통의 원인을 제거하는 가운데 신비적인 세계에 도달하고자 한다.341) 그러나 베르그송은 정적 신비주의가 아니라 동적 신비주의를 지향한다.342) 정적 신비주의는 광인(madman)에게도 나타나는 것으로, 중요한 것은 환상 자체나 황홀경이 목적이 아니라는 사실이다. 우리는 그 황홀경 속에서 신을 접촉한 것이 무한한 에너지로 작용하는 촉매 역할을 하는 데에 관심이 있다. 예로, 기독교 신비주의자들의 환상 자체는 이차적인 중요성 밖에 없다. 황홀경은 전진을 위한 경험일 뿐이다. 그들은 잠깐 동안 눈부신 빛을 경험한 후에 현실로 돌아온다. 이제 그들은 더 이상 관조에 머무르지 않고 그 경험을 토대로 의지적으로 행동하게 된다. 이들의 행위는 인류에 대한 사랑으로 나타난다. 신적인 전능함이란 창조하고 사랑하는 능력이다.343)

기독교 신비주의자들은 신비주의를 시작으로 해서 사랑의 행동으로 완성시키려 한다. 인류의 근본적 변화는 신비주의자들의 모범에서 시작되는 것이다. 우리는 동방정교회의 안토니(St. Antony, 251-356) 수도자(Monachus, 隱修, 혼자서 사는 사람)에게서 동적 신비주의를 만나게 된다. 그는 예수 그리스도가 젊은 청년에게 "네가 온전하고자 할진대 가서 네 소유를 팔아 가난한 자들을 주라. 그리하면 하늘에서 보화가 네게 있으리라."(마 19:21)라는 말씀에 근거해서 자신의 모든 소유를 가난한 자들에게 나누어 주고 은둔생활을 택했다. 그는 이후에 그보다 먼저 은둔자의 삶을 택한 스승들을 만나 품위, 사랑, 친절, 인내, 온유, 노여움에서의 자유 및 기도의 방법을 배웠다. 그 후 20년간 광야에서 홀로 머물러 유혹과 싸우며 금욕생활을 한 결과 많은 사람들이 그의 명성을 듣고 찾아왔다. 안토니는 그들에게 천국으로 가져갈 수 있는 사려 깊음, 정의, 절제, 용기, 이해, 사랑, 가난한 자들에 대한 관심, 그리스도를 향한 믿음, 성내지 않음, 친절 등의 덕을 소유할 것을 권면했다.[344] 그는 인간 영혼 속에 하나님의 영이 거함으로써 하나님과 교통이 가능하기 때문에 덕(virtue)을 소유하라고 권면했던 것이다. 덕은 하나님의 형상으로 변모되는 인격적 차원이다. 사람은 하나님의 형상의 왜곡에서 비롯된 죄 되고 악한 정욕들로부터 정화되어야 하며, 그것들을 대신하여 예수 그리스도의 성품들을 취하여 그의 형상으로 변모되어야 하는 것이다.[345]

안토니 수도자는 원심력으로 사람들을 만났으며, 그의 가르침은 변화된 삶에 대한 것이었다. 여기서 선교의 본래 형태를 만나게 된다. 그는 광야에서 은둔 생활을 한 후에 자신을 찾아온 사람들을 만남으로 인해 선교 행위를 하게 된 것이다.[346] 그는 자신의 암자에 혼자 머물며 고된 훈련을 했지만 그를 찾아오는 사람들을 만났으며, 또한 세상에서 요청할 때 광야에서 나와 사람들을 만났다.[347] 은둔자가 사는 공간은 열려 있었다. 은둔자들은 그의 명성을 듣고 찾아온 사람들을 만나 주었으며 또한 세상과 소통했다. 세상과 단절된 삶을 사는 엄격한 금욕으로 유명한 시리아 수도원도 세상과 완전히 단절된 삶을 산 것이 아니었다. 기둥 위에서 38년간 생활을 한 시므온(St. Simeon, 390-459)도 자신을 찾아온 아랍 사람을 만나기 위해 기둥에서 내려온 적이 있었다.[348] 안토니는 은둔자였지만 세상과 담을 쌓지 않았고 그들과 교제했다. 은둔자의 삶은 고립된 생활이 목적이 아니기 때문에 광야에서 새로운 삶을 배워 그를 찾아오는 사람을 상담으로 도와주었다. 안토니는 "만일 당신이 이전에 세상에서 사람들과 올바른 관계를 맺지 못했다면, 당신은 홀로 사는 은둔의 삶 역시 제대로 하지 못할 것이다."[349]라고 했다.

사막 교부들(The Desert Fathers)도 세상에서 물러나 고독한 광야에 들어가 영적 아버지를 찾아 지도를 받았으며, 그 후 기도에 전념했다. 그들이 추구한 것은 영혼상승이다. 그러나 그들은 금욕생활 자체를 목적에 두지 않았다. 그들의 이상은 단순한 고행이 아니라 거룩한 삶이었다.[350] 사막 교부들은 금식, 철야기도, 침묵, 고독 등이 목적이 아니라 자기를 부정한 내면세계와 하나님을 향한 자유의 마음에 있었다.[351] 그들의 삶의 목표는 하나님 자체였으며, 하나님께 이르는 길은 사랑이었다.[352] 그래서 사막 교부들의 금언집은 복음과 그리스도 모방에 바친 이들의 기도 생활, 관상, 형제애, 이웃 환대, 겸손과 순종의 사랑 등 구체적인 삶의 이야기를 보여 준다. 또한 사막 교부들의 금언집에서 중요한 것은 스승과 제자의 관계이다. 영적 지도자들인 아버지(Abba)는 제자들을 상담하고 삶의 모범을 보여 주었다.[353]

은둔자들의 영성은 개인의 신화를 추구하는 것이었다. 신화는 개체화된 인간 이해에서 가능하다. 이집트의 안토니에서 시작되어 이집트의 파코미우스(Pachomius, 283-346)), 가이사랴의 바질(Basilius of Casarea, 328-379)) 그리고 위(僞) 디오니시우스(Pseudo Dionysius)와 고백자 막시무스(Maximus the Confessor, 580-622)에 이르기까지의 공통된 모습은 개인적인 경향이 강하다는 것이다. 서방 가톨릭 수도원이 집단 제도였다면 동방정교회 수도원은 개별적 수행이었다. 안토니는 개인적 삶을 통해 다른 사람에게 영향을 주었다. 파코미우스는 공동생활을 주도했지만 은수적 형태를 연합시키는 느슨한 조직이었기 때문에 개인적인 경향이 그대로 나타난다. 바질에게 와서 규칙을 만들어냈지만 자유롭게 수도생활과 사회봉사를 했기 때문에 조직적인 것은 아니었다.

우리 인간은 하나님 앞에 개별적 존재이며 동시에 하나님도 인간을 개별적으로 만나신다고 보아야 한다. 인간이 하나님 앞에 개별적으로 서 있는 존재이며 하나님 또한 인간을 개별적으로 관계하시는 분이시라면, 선교는 새로운 형태를 띠게 될 것이다.

동방정교회의 개별적 성향은 종말론적 관심에서 신비주의로 대치되는 결과에 따른 것이다. 종말론적 관심은 미래적인 것이었지만, 신비주의는 하나님과의 합일에 따른 현재적 관심이다. 그들의 영적 생활은 다양한 단계들을 거쳐 영혼이 하나님과의 완전한 연합에 이르게 된다고 보았다. 개인의 신화가 영성생활의 중요한 목표였다.354) 영혼이 점차적으로 그리고 다양한 단계들을 통하여 불멸과 부패하지 않는 상태에 이른다는 개념은, 초대 그리스도교의 종말론 폐기로 역사적인 사고에서 신비주의적 사고로 자리를 내주게 되는 계기가 되었다.

(3) 동방정교회의 신화를 통해 나타난 선교란 무엇인가? 신화에 따른 선교는 개별 은둔자들의 신화를 향한 투쟁에서 세상에서 살아가는 사람들에게 긍정적인 효력을 미침으로 나타난 것이었다.355)

신화는 타자를 자아로 끌어들이지 않고 오히려 자아의 모습을 타자가 보고 따라오도록 만든다. 이것은 마치 부모가 신화의 삶을 살아갈 때 자연스럽게 자녀들이 따르는 것과 같다. 우리가 신화를 향한 것을 목적으로 삼게 될 때 자신을 존경하게 됨과 동시에 서로를 미래의 신으로 바라봄으로써 우리가 이웃을 존경심으로 바라보는 태도를 취하게 된다.[356]

신화는 개체화의 모습을 지닌다. 그러나 그 개체는 타자에게 영향을 준다. 동방정교회는 선교라는 단어가 없지만 개인의 변화에 따라 타자에게 영향을 주었다. 예수 사건은 진리나 증거라기보다 영향이다.[357] 선교는 예수 그리스도에게 생명을 받은 사람들의 개인 실존에 근거한 신화를 통한 자연스러운 증거이다. 신화에 따른 선교 이해는 조직적이거나 구심력 선교가 아닌 유기적이거나 원심력 선교라는 새로운 관점을 제공해 준다. 선교는 예수 그리스도에게 생명을 받은 이들이 새 창조를 만들어 나가는 가운데 나타나는 영향력인 것이다.

구원은 사람들이 전달해서 얻을 수 있는 것이 아니다. 구원은 예수 그리스도가 주시는 것이요, 그리스도를 만난 사람들이 변화되어 그리스도의 모습을 보여 줌으로서 선교 행위가 되어 그들을 구원의 길로 인도하는 것이다. 동방정교회 은둔 수도자들이 신·인이신 그리스도와의 연합을 추구하는 가운데 신화를 이루어 나가면서, 그들 주위로 사람들 주위로 사람들이 모여 들었고, 그들은 영적 스승으로 일반인들의 신앙 상담자가 되었다. 동방정교회는 개별적인 신화를 통해 선교가 이루어졌다. 즉 원심력 선교이다.

동방정교회의 선교가 원심력인 것은 그들의 예전을 통해서도 잘 드러난다. 그들에게 교회는 구원의 빛의 분배자이고 생명을 산출하는 갱신의 능력의 중개자이다. 그들은 성례전을 통해 신화되는 것을 믿으며, 그 결과 세상에 나가 그리스도의 빛을 자연스럽게 비추는 것이기 때문에 선교라는 단어가 없는 것이다. 예로, 성찬 의식 안에는 두 가지 보완적인 운동 즉 '상승'과 '복귀'가 있다. 상승은 성찬을 통해 이루어지는데, 성찬은 우리를 하나님의 보좌, 하나님 나라를 향하게 한다. 성찬은 교회의 제사장적 기능의 성취다. 그리스도는 신·인으로 새로운 창조의 제사장으로 모든 피조물을 하나님과 화해시키고, 희생제사로 온 세상을 하나님께 바치고 하나님 앞에서 온 세상을 위해 중보 하신다. 성찬은 나를 신화시키는 물질이다. 나는 그리스도의 몸과 피로 섞이며 그분의 몸이 내 안에 거하게 된다. 이레네우스는 빵과 포도주의 변화를 말한다. 그것은 단순한 물질이 아니라 변화된 물질이며 또한 나를 변화시키게 된다. 성찬을 통해 상승을 경험한 후에 하강 즉 세상으로의 복귀가 이루어진다. 집례자는 회중들이 세상으로 평화로이 떠나도록 인도한다. 성찬은 이미 선교 행위가 된다. 성찬식을 통해 참 빛을 받고 성령을 받음으로써 세상을 향해 나갈 준비를 해 주기 때문이다. 그리스도가 주신 빛과 성령은, 우리로 하여금 이 세상에서 그리스도의 증인들이 되게 하도록 주어지는 것이다. 성찬 안에서 교회는 본연의 교회가 되며, 그리스도 및 그의 나라의 임재와 전달의 기능을 성취한다.358) 동방정교회 교회론은 그리스도인이 메시지의 일부분이 된다. 정교회는 교회를 개종자들의 종교적인 모임이나 종교적 욕구를 채워주는 조직체로 보지 않는다. 또한 선교의 수단이나 도구도 아니다. 교회 자체가 복음의 목표이고 성취를 이루는 곳이다. 그리스도인은 교회에서 행하는 성례전을 통해 새로운 삶을 살게 되며 자신의 존재를 대속한다. 정교회에는 선교라는 단어는 없지만, 성령의 빛을 받은 이들이 세상에 나가 사는 것을 통해 선교를 이루게 된다. 선교는 한 사람 한 사람이 하나님의 은사에 응답하며 살아갈 때마다 이 세상이 구원되는 것이다.359)

선교는 구원받게 하는 것이 아니라 구원 받은 자의 '드러냄'이다. 선교는 영지주의처럼 지식을 전달하는 것이나 또는 복음적 지식을 전달해 주는 것이 아니다. 더군다나 죄의 문제를 해결하기 위해 구심력으로 그리스도를 소개하는 것도 아니다. 선교는 그리스도에게 생명을 받은 이들이 신화된 모습을 통해 그리스도를 드러내는 것이요, 그리스도를 따르고 싶어 하는 이들에게 그리스도와 연합시켜 그들의 갱신(renewal)을 돕는 일이다.

동방정교회 선교는 변화된 이들로 나타난 것임을 알 수 있다. 선교는 인간이 계획한 구심력으로가 아니라 그리스도인의 변화로 인한 원심력으로 나타난 것이다. 선교 역사에서 서방에서도 수도사들을 통해 상당 부분 선교가 이루어진 것은 우연이 아니다. 예수는 제자들에게 "너희는 가서 모든 민족을 제자로 삼아 아버지와 아들과 성령의 이름으로 세례를 베풀고 내가 너희에게 분부한 모든 것을 가르쳐 지키게 하라."(마 28:19-20a, 개역개정)라고 했다. 예수는 선교 명령을 제자들에게 했다. 제자들은 예수님과 3년 동안 함께 생활했다. 사도 바울도 다메섹에서 변화된 후에 아라비아에서 시간을 보낸 것으로 나타난다(갈 1:17-18). 또한 제자의 사명은 또 다른 사람을 제자로 삼아 가르쳐 지키게 하는 것이다. 기독교는 예수 그리스도와 관련이 있다.[360] 제자들은 세상의 빛과 소금으로 묘사된다(마 5:13-16). 그리스도인이 제자를 만드는 것은 '정복'이나 '판매'가 아니라 가난과 무력감과 핍박 속에서 빛과 소금의 역할을 수행할 때 일어난다. 그리스도인의 아가페 실천을 통해 사람들이 예수의 제자인 것을 알게 된다. 스탠리 존스가 원탁회의(round table dialogue) 후에 한 힌두교 귀족으로부터 "당신은 그리스도를 본 것이 확실하오. 그리스도의 인격이 당신에게 살아 있으니까 말이요."[361]라는 말을 들었다.

그런데 또 다른 제자들 세우려면 가야 한다. 여기서 가라는 것은 '제자 된 자'들이 세상으로 나가는 것을 의미한다. 동방정교회의 은둔 수도사들은 신화된 모습 가운데 세상과 관련을 지었고, 로마 가톨릭의 프란시스 수도회도 청빈을 통해 세상 안에서 활동하였으며, 아일랜드의 순례 수도사들도 순례자의 삶으로 수도원을 세상으로 가지고 들어갔다. 그들의 선교는 침략(invasion)과 신앙 강요(imposition)가 아닌 침윤(infiltration)과 배어들게 하는(osmosis) 것이었다.[362] 세상으로 가라는 것은 구원의 지식을 전달하기 위해 가는 것이 아니라 제자 된 이들이 세상에서 살아가는 것이지 단순히 기독교 세력을 넓혀 나가는 것이 아니다.

그러므로 선교는 특별한 행위로 보아야 한다. 선교는 완전히 헌신된 이들의 사랑의 행동으로 나오는 것이다. 즉 선교는 변화된 이들과 온전한 이들의 삶이 드러남의 결과이다. 선교는 한 사람의 변화에 따른 다른 사람의 변화를 만들어 내는 것이다. 그래서 선교는 사람들을 교회 안으로 끌어들여 세례를 주는 것이거나, 전 천년설에 근거한 종말을 지향하는 것이나, 문명화 같은 것이 아니다. 선교가 예수 그리스도 이름으로 구속사 신학이나, 식민지 권력과 더불어 집단세례와 같은 '어떤 비전'이나 '신학'으로 예수 그리스도를 전하는 것이 되면 문제가 발생한다. 그러한 선교는 예수 그리스도의 이름이라는 명분으로 비인격적인 행위를 저지르게 된다. 선교가 '어떤 신학', '목적 달성', '구속사', '미래적 종말론' 중심 등이 되면 문제가 발생한다. 선교는 제자들과 수도자들 같은 변화된 이들의 활동이고, 또한 그들이 세상과 교류하는 가운데 나타난 결과물들이다. 선교는, 내가 타자를 향해 나가기보다는 타자가 나를 향해 오게 하는 것이다. 선교는 그들이 질문할 때 나는 대답하는 것이고, 그들을 구원받게 하는 것이 아니라 그들이 그리스도를 만남으로 나타나는 구체적인 성품 변화이다. 마이클 그린(Michael Green)은 초대 교인들은 수가 적었고 학식이 뛰어나지 못했으며, 조직이 없었고, 유대인과 로마인에게 미움을 받았기 때문에 전도에 어려움이 있었을 것이라고 말한다.363) 그러나 그는 그들의 삶의 완전한 변화로 인해 전도가 성공했다고 보았다. 그는 초대교회 교인들의 전도에 있어서 순종, 기쁨, 사랑, 인내, 관심, 기도, 성령이 중요한 요소였다고 말하면서, 우선적으로 그들이 '새 사람'으로 변화된 것을 지적하고 있다. 그들은 대중들에게 감동을 주었다. "그들의 삶의 새로운 품성은 계속 유지되었고, 그것은 고대세계를 감동시키기에 충분하였다."364)

선교는 내가 주도적으로 타자를 변화시키는 것이 아니다. 타자를 변화시키는데 있어서 나의 역할은 수동적이다. 그들은 나를 보며 나를 본받는다. 바울은 "내가 그리스도를 본받는 자 된 것같이 너희는 나를 본받는 자 되라."(고전 11:1a)라고 했다. 선교는 예수 그리스도를 만난 사람들이 세상과 소통하는 것이다. 선교는 교리나 보편을 믿게 하는 것이 아니라365) 교회 밖에 있는 사람을 만나는 것이다. 오늘날 교회에서 선교가 없는 것은 자신들만을 위한 공간으로 사용하고 있기 때문이다. 우리는 선교를 어떤 개념이나 원리로 붙잡아 두기 보다는 새로운 공간을 창출하는 것으로 이해해야 한다. 하나님 나라는 미래에 가는 곳이 아니라 예수 그리스도를 만나 현재 하나님과 함께 살아가는 것으로 재정립되어야 한다.

하르낙은 예수 그리스도가 '하나님 나라', '인간 영혼', '의와 사랑'366)과 관련된 일을 했다고 보았다. 예수는 아버지의 자비하심 같이 우리도

자비하라고 가르치셨다(눅 6:36). 초기 기독교 세례는 하나님의 백성의 가치를 공유하고 실천하는 것이었다. 그들에게 신앙은 그리스도의 사랑을 표현하는 것이었다. 그래서 초기 그리스도인의 영성에서 중요한 것은 예수와의 친교 안에서 사랑하는 것이었다.[367] 기독교 영성 생활은 예수의 생명을 가진 자들의 삶으로 나타났다.[368] 그리스도인은 열매로 자신을 드러냈다(눅 6:44). 하나님 나라는 그리스도인들 가운데 있는 것이다(눅 17:21). 사랑의 실천에 있어서 하나님 사랑과 이웃 사랑은 분리될 수 없는 것으로 서로를 보완한다(요일 4:20). 한 율법학자가 예수께 "모든 계명 가운데 가장 으뜸 되는 것은 무엇이냐?"라고 질문했을 때, 예수는 마음과 목숨과 뜻과 힘을 다해 하나님을 사랑하는 것과 이웃을 자신의 몸처럼 사랑하는 것이라고 했다(막 12:28-34; 마 22:34-40; 눅 10:25-37). 사랑은 총체적인 것으로 하나님과 인간 모두를 사랑하는 것이다.

제5장

새로운 선교 구축 : 포스트 프라퍼겐디즘

제3장에서 논의된 가톨릭 선교와 프로테스탄트 선교는 타자 실존에 근거한 구심력 선교였다. 선교는 인간을 거대담론에 가두어 실존적 차원의 인간이 상실되었으며,. 또한 인간을 역사 틀 안에 가둠으로 객관적이며 시간 속에서 흐르고 있는 사건의 연속에 함몰시켰다.

16세기 이후 가톨릭과 18세기 이후 개신교 선교는 '중심성'을 가짐으로서 어떤 목적을 성취하는 구심력 프라퍼겐더였다. 선교가 언어와 역사로 설명되는 구심력 행위가 주류를 이룬 것이다. 그것은 어떤 중심으로 모든 것을 끌어당기는 행위였다. 구심력 선교는 인간을 언어와 역사로 제한시킴으로 말미암아 다양한 인간의 모습이 사라지게 만들었다. 역사가 객관적이라는 것은 인간 개인 실존 보다 보편적 이야기를 토대로 인간 전체를 규명하게 된다는 것을 의미한다. 그 결과 개인이라는 독특성이 사라지고 거대담론이나 역사관의 한 부속품으로 전락하게 된다. 만약 언어와 역사가 인간을 규정하고 통제한다면 인간은 언어와 역사에 의해 함몰되고 만다.

오늘날 '세계기독교' 상황에서 구심력 선교는 힘을 잃어가고 있다. 세계기독교는 유럽이라는 하나의 중심성이 아프리카, 라틴아메리카, 아시

아라는 다양한 기독교 중심들이 생겨남으로 나타난 현상으로 '다양성'
이라는 특징을 지니고 있다. 세계기독교 현상은 1950년 이후에 생겨난
것으로 그리스도인의 수는 전 세계에 골고루 분포되어 있고, 기독교 신
학은 지역에 따른 새로운 주제들이 생겨나고 있으며, 아프리카 기독교
가 자발적 선교를 이루는 가운데 선교 활동에서 보내는 나라와 보냄을
받는 나라라는 도식적 구분이 무의미해지고 있다.[369]

　기독교가 아프리카에서 활발하게 이루어진 것은, 유럽이 아프리카
노예무역을 폐지하면서 시에라리온(Sierra Leone)을 노예들의 정착지
로 만들면서 시작되었다. 이 때 개신교 선교는 서아프리카의 시에라리
온에서 1804년 이후 연안을 따라 라이베리아(Liberia), 가나(Ghana),
나이지리아(Nigeria)로 확대되어 나갔다.[370] 영국이 1821년 영국령 골
드코스트(Gold Coast)[371]를 설립해 인접한 다른 지역의 식민지들을 편
입시킴으로써 또 다른 선교사들도 들어오게 되었다. 1840년 영국성공
회 CMS[372]의 기록에 의하면 시에라리온의 예배 공동체는 1,500여개에
이른다.[373]

　그런데 이 시기 아프리카인들에 의한 선교활동이 활기를 띠었다. 서
구 선교사들이 열이나 질병으로 어려움을 겪는 가운데 선교활동에 한계
를 경험하고 있을 때,[374] 아프리카인들이 자유의 몸으로 시에라리온으
로 돌아온 이후에 자신의 언어를 사용하는 지역으로 이주해 나가 선교
를 했다. 아프리카 교회의 부흥은 아프리카 사람들에 의해 이루어진 것
이라고 볼 수 있다.[375]

　아프리카인에 의한 아프리카 선교(전도)는 종교와 정치를 분리하지
않는 가운데 이루어진 것이다. 그것은 에티오피아 교회 운동으로 식민
통치의 억압에서의 해방과 관련된다.[376] 아프리카 교회는 식민지 이후

'정치적' 독립을 추구했다. 이탈리아는 1884/85년 베를린-콩고 회담 이후 아프리카라는 파이를 한 조각 먹기 위해 에티오피아를 보호령으로 이루어 보려고 출전하였다가 에티오피아의 메넬릭(Menelik) 왕에게 전멸 당했다. 아프리카는 이 사건을 떠올리며 에티오피아주의(Äthiopismus)를 만들었다. 아프리카인들은 아프리카 기독교의 문화적, 정치적 정체성의 기초를 설정할 때 에티오피아주의를 말했다. 그것은 아프리카교회를 상징하는 것이 되었고, 교회들이 선교회 교회들로부터 분리하여 독립할 때도 이 용어는 사용되었다. 교회적인 자립을 위한 당시의 많은 노력들이 에티오피아주의라는 개념 범주로 표현되었다.[377) 아프리카는 식민통치 경험 이후에 '정치적'인 독립이 필요했다. 해리스(William Wade Harris, 1860-1929) 예언자는 종교와 정치를 분리하지 않았다. 그는 라이베리아 내란으로 감옥에 들어갔는데, 그 안에서 가브리엘 천사를 만난 이후 라이베리아에서 가나까지 전도할 때 십만 명이 그에게 세례를 받았다.[378)

아프리카 교회의 생동력을 감지한 조셉 처치(Joseph Church)는 초기부터 아프리카인과 협력하는 선교를 구상해 나갔다. 그는 CMS의 헨리 벤의 모범을 따라 아프리카인들에게 그들 스스로 설교하고 가르치는 일을 격려했다. 조셉 처치는 캄팔라 방문 중 우간다인 시므온 은시밤비(Simeon Nshibambi)를 만난 이후 회개, 성결, 자기 포기, 성령의 능력을 추구하게 되면서 은시밤비, 요시야 카누카 등과 1935년 모임을 가지게 되었다. 그 이후 아바카(불붙은 사람들)와 발로콜레(구원받은 사람들)의 수가 급격히 늘어나기 시작했다. 이 부흥은 우간다 북부, 케냐, 르완다, 부룬디, 탕가니로 확산되었다. 그 이후 조셉 처치와 아프리카인 동료들은 남아프리카와 아프리카 대륙 바깥의 여러 지역에 부흥의 메시지를 전했다. 이 선교활동의 특징은 처치가 사역자 팀을 백인과 흑인으로 팀을 이루거나 순수한 아프리카인으로 팀을 이루게 했다는 점이다. 1940년대 말에 이르러 아프리카인들이 집회를 계획하고 조직하며 실행하는 가운데 대규모 집회가 이루어졌으며, 1950년대에는 발로콜레가 더 광범위한 영향력을 행사했다.379) 아프리카 부흥집회에서 제2차 세계대전 이전에 선교사들이 주 강사였다면, 오늘날에는 아프리카인들이 부흥회를 주도하면서 고향을 떠나온 사람들과 다른 지역에서 복음을 전달하기 때문에 서양 선교사의 수가 줄어들고 있다.380)

제3장이 가톨릭과 프로테스탄트의 구심력 선교에 대한 논의였다면, 제4장에서는 동방정교회의 원심력 선교를 논함으로, 오늘날 개신교가 내리고 있는 선교에 대한 정의가 절대적인 것이 아님을 알게 되었다. 그 결과 선교란 예수 그리스도의 이름으로 각양의 크로노토프 안에서 행하는 것임을 알 수 있다.

이제 5장에서 미하일 바흐친의 문화이론을 가지고 세계기독교 시대의 선교 대안을 제시해 보고자 한다. 바흐친이 스탈린 시절에 중심성에서 벗어나 다양성을 찾았기 때문에 그의 문화이론은 선교 논의에 중요한 관점을 제시해 줄 것이다.

세계기독교는 단순히 구심력과 원심력의 변증법으로 풀 수 없는 것으로 전개되고 있다. 마치 도스토예프스키의 소설에 무수하게 등장하는 갑자기, 느닷없이, 예기치 못하게, 돌발적이라는 단어처럼, 선교에 있어서 예측할 수 없는 일이 세계기독교 현상에 나타나고 있다. 도스토예프스키는 좁게는 당대의 대가들인 톨스토이나 투르게네프와 같은 유려한 문장을 쓰지 않았으며, 넓게는 서사적으로 완벽하게 닫힌 형식의 소설을 쓰지 않았다. 연대기 작가는 도스토예프스키 소설에 나오는 사건들의 뒤를 쫓아가 따라가 보지만 갑작스러운 모습과 급격한 전환으로 인해 미종결성(non-telicity)을 발견하게 된다. 사건들은 우선 기록되고 나중에 가서야 의미가 부여되곤 했다.381) 세계기독교는 선교가 원심력과 구심력이라는 종결된 것으로 이해될 수 없는 사건으로 나타나고 있다. 그것은 '하나님의 선교'(Missio Dei)라는 말 외에 달리 표현할 길이 없다.382) 그것은 인간의 프라퍼겐더 이상의 것이다.

　하나님의 선교는 계속적으로 경계선을 넘어가 세계기독교가 되게 했다. 바울 사도가 예수를 강조한 이유는, 예수가 모든 사람들에게 하나님께 이르는 길을 보여주기 때문이었다. 바울이 보기에 구약의 율법은 이스라엘 사람들에게 이해될 수 있는 내용이었지만, 이스라엘 이외의 사람들은 예수와의 계약을 통해 하나님과 관계를 맺을 수 있었다. 예수는 유대인뿐만 아니라 모든 사람들과 관련을 맺게 되는 우주적 그리스도였다. 바울의 선교는 유대인과 이방인의 경계가 없는 것으로 탈 중심적인 것이었다. 그는 갈라디아서에서 유대인의 율법주의와 새 계약의 은혜를 대조시켰다(갈 2:14-16; 3:1; 4:31-5:2). 그는 하나님이 유대인의 하나님이시면서 동시에 이방인의 하나님도 되신다는 것을 알게 되었다. 바울은 유대주의라는 경계383)를 넘어가 예수 그리스도 안에서 모든 것을 포용하는 가운데, 유대인이나 그리스인이나, 종이나 자유인이나, 남자와 여자의 구별을 없앴다(갈 3:28) 바디우(Alain Badiou)는 이것을 '특수성'과 단절한 '보편적 개별성'이라고 보았다.384) 그는 "바울이 보여준 전대미문의 몸짓은 민족, 도시, 제국, 지역 또는 사회 계급이 장악하고 있던 진리를 그로부터 벗어나도록 한 데 있다."라고 보았으며, 이것이 오늘날 필요하다고 했다.385) 바울은 보편성, 중심성, 획일성에 메이지 않았다. 그는 예루살렘을 떠나 14년 동안 오늘날 터키와 그리스 지역 선교 여행을 하면서 복음을 전하기 위해 유대인 경계를 넘어 이방 세계로 들어갔을 때 문화적 교리를 전달하는 것이 공허함을 알게 되었다. 그는 예루살렘 중심성에서 벗어났다. 그는 그리스도 안에서 모든 것을 허용했다. 그래서 그는 유대 문화를 넘어 이방 문화에 따른 하나님 이해를 시도했나. 그는 이방교회의 경험을 통해 유대인과 이방인 사이의 구분이 없다는 것을 배웠다.386) 그 결과 복음은 경계를 넘어서게 된 것이다. 이런 의미에서 바울서신은 절대 기준이 될 수 없다. 우리는 바울서신에서 신학을 찾곤 한다. 그러나 바울서신은 바울이 설립한 교회들이 질문한 것을 답변한 것으로 상황적 글이다. 바울서신은 바울 자신이 전달하고자 하는 내용을 일방적으로 전달하고자 쓴 것이 아니라, 자신이 세운 교회들의 상황과 질문에 대한 대답으로 나온 것이다. 바울서신을 문자적으로 신앙생활의 절대적 기준으로 삼으려한다면 큰 혼란이 생기게 된다. 바울서신은 각 지역의 상황과 그 당시의 사회와 문화를 담고 있는 글이다.

월스는 『세계기독교와 선교 운동』에서 중심축 이동에 의한 토착화 원리와 순례자 원리에 의해 예루살렘교회, 니케아공의회, 아일랜드교회, 19세기 영국의 개신교 선교, 20세기 아프리카의 나이지리아에 있는 라고스교회를 비교하며 다양한 교회들이 있음을 말한다.387) 선교에서 하나님은 우리를 있는 그대로 받아 주시는 분으로 그리스도인으로 살 때 자신이 속한 사회의 일원으로 살게 하신다. 도스토예프스키는 민족들이 명령하고 지배하는 어떤 힘에 의하여 대열을 정비해서 움직이지만, 그것의 기원은 알려지지도, 설명되지도 않았음을 말한다. 그는 아직까지 모든 민족, 혹은 많은 민족에게 있어서 하나의 공통 신이 있었던 적은 없었고, 언제가 각각의 민족마다 개별적인 신이 있어 왔음을 말한다. 만약 여러 신들이 단일한 공통의 신으로 통합되면 신들과 그들에 대한 믿음은 바로 그 민족과 함께 죽어 간다고 보았다.[388] 기독교는 그가 속한 문화와 역사에 의해 빚어진 토착화(indigenize)가 이루어졌으며, 동시에 그리스도인은 하나님이 원하는 존재로 살면서 문화를 해방하는 순례자(pilgrim) 원리에 의해 새로운 신학이 만들어졌음을 알 수 있다.[389] 이러한 사실은 기독교 무게가 남반부로 이동하면서 그에 따른 제3의 신학이 나올 수 있음을 예견하게 된다.

세계기독교는 새로운 중심축들로, 바흐친의 크로노토프 문화이론을 통해 설명해 볼 수 있다. 크로노토프는 시공성 속에서 계속 생성되는 것을 보여 주는 것으로, 예루살렘 교회 이후 다른 지역 교회들의 새로운 모습의 도래는 자연스러운 모습이다. 그것은 새로운 시공성, 새로운 지역에서 구심력과 원심력과 혼종성과 제3의 모습으로 나타났다. 20세기 중반 이후 선교는 구심력과 더불어 원심력이 함께 작용하는 가운데 오늘날 기독교 중심이 북에서 남으로 옮겨졌다. 16세기 이후 가톨릭과 18세기 이후 개신교의 구심력 선교가 있었지만 의도하지 않게 원심력이 작용한 것이다. 라민 사네는 성경 번역에서 아프리카, 라틴 아메리카, 아시아 등에서 원심력 선교가 있었음을 보았다. 그 결과 그 지역들이 기독교의 중심들이 되었으며 각 지역에서 다양한 신학들이 나오게 되었다. 그것은 지금도 생성되고 있다. 기독교는 중심축 이동에 따라 신학이 태동했으며, 또한 오늘날에는 여러 중심들이 생겨나게 되었다. 그래서 신학이라는 것은 각 지역에 따라 새로운 주제들이 생겨나고 있기 때문에 서구 중심의 글로벌 신학이라는 것은 존재할 수 없는 것이다.

이제 서구신학은 남반부라는 새로운 중심들의 신학을 인정해야 하며 대화해야 한다. 세계기독교 시대에 신학의 핵심요소는 각자의 신학을 배려하는 대화이다. 알타이저(Thomas J. J. Altizer)가 기독교와 기성교회의 동일시를 거부한 이유는 신앙고백이라는 것이 고대나 과거의 어떤 역사적인 표현에 이미 다 결정된 것이 아니라 세상과 대화하는 가운데 나오는 것이므로, 신학이 영원불변한 말씀을 이어 받아 설명하는 것이 아니라고 보았기 때문이다. 우리에게 영원불변한 것은 예수 그리스도의 복음 밖에 없다. 알타이저는 그의 시대의 교회가 예수를 초월자로만 인식하는 가운데 '그랬었다'(it was)에 머물러 있다는 사실을 니체를 통해 설명했다. 그는 블레이크가 "나는 하나님이 멀리 떨어져가 있는 분이 아니다. 나는 형제요, 친구다."라고 말한 것처럼, 신앙은 "내가 이렇게 하여야 한다"(thus I will it)는 의지로 변형되어야 한다고 했다.390) 오늘날 기독교를 이해함에 있어서 기독교와 기성교회의 차이에서 더 나아가 서구 중심적인 기독교와 비서구 기독교의 차이를 인정해야 한다. 다나 로버트(Dana L. Robert)는 "자신들을 그리스도인들이라 부르는 '범세계적'인 민중들의 공동체와 기독교가 특정한 문화의 신적인 실재의 본질과의 씨름을 나타내는 다양한 '국지적' 운동들 사이의 긴장"이 있음을 말한다.391) 즉 기독교 역사를 서구의 교리와 제도들의 발전으로만 설명하기에는 무리가 있다는 말이다.

오늘날 구심력 선교는 한계에 도달했다. 구심력 선교의 토대를 제공해준 신학은 시대적 산물이며, 각 지역에서 파생되어 나온 것으로 영구불변한 기준이 될 수 없다. 과연 우리 시대에 영구불변하는 신학(진리와 텍스트)을 주장할 수 있을까?392) 포스트모던 시대를 살고 있는 사람들은 신조를 이해할 수 없을 뿐만 아니라 단순히 어떤 진리에 동의한다는 것만으로는 의미를 찾을 수 없다. 이제는 새로운 토대를 만들어야 할 시점이 되었다.393) 새로운 토대는 옛 것에 대한 해체를 필요로 한다.394) 보쉬는 『변화하고 있는 선교』에서 다양한 패러다임에 대해 논한다. 선교는 시대에 따른 다양한 패러다임들로 이루어져 있기 때문에 한 가지 패러다임이 모든 것을 대표할 수는 없다. 언제나 새로운 패러다임의 등장으로 인한 옛 패러다임의 해체는 자연스러운 것이다. 방연상은 세계기독교로 전환된 상황에서 전통적 사고에 대한 도전이 필요하다고 말한다. 오늘날 세계기독교인의 다양한 신앙의 모습은 서양의 전통적인 신학적 사고와 위치에 대한 인식론적인 변화와 더불어 포스트모더니즘, 포스트구조주의(post-structualism), 포스트식민주의, 해체(de-construction)등의 논의를 통해 전통적인 사고에 대한 새로운 도전과 이해가 필요하다.395)

본 논문에서 말하는 'post'는 'beyond'의 의미다. 철학사가 비트겐슈타인은 죽은 전통이 "무의미에 가까운 묘한 웅얼거림"이라면 새로운 논의가 필요하다고 했다. 우리는 기존의 체계가 무의미한 것이 되었다면 그것을 뛰어넘는 대안을 구상해 내야 한다. 바흐친은 당시의 닫힌 세계를 회복하기 위해 라블레(Francois Rabelais, 1494-1553)의 전략을 가졌다. 그는 스탈린의 굳어진 체제를 해체하고 생성(becoming)을 추구해 나갔다.396) 생성은 재구성을 위한 도입의 열쇠이다. 라블레는 카니발과 하위 텍스트를 가지고 사회 전복을 추구했다.397) 카니발 에토스는 지배 이데올로기의 인식론적 과대망상증을 파괴한다. 라블레는 새로운 사용법이나 예기치 못했던 병치법으로 낡은 대상들의 갱신, 사물에 대한 낡은 이미지들의 파괴, 모든 옛 말들과 사물들과 개념들을 일시적으로 해방시켜 자유롭게 그것들을 재창조함으로써 새로운 감각을 얻으려고 했다. 라블레의 '그로테스크'(grotesque, 기괴한)한 방법은 현실 속에서 찾아보기 어려운, 비자연적인 표현이다. 그래서 근대인들은 "그로테스크의 대칭의 파괴, 비율의 왜곡, 어둡고 섬뜩한 배경, 사물과 식물 및 동물,

그리고 인간과의 구별이 소멸하고 역학적 질서와 비례 관계가 완전히 무시되기 때문에 ⋯ 그로테스크를 천박한, 우스꽝스러운, 기괴한 등의 형용사를 부여함으로써 거부"398) 반응을 일으킨다. 근대의 미적 질서는 균형과 절제에 근거한 조화이기 때문에 기괴한 표현과 모양은 수용하기 어려운 것이다. 왜 그러한 방법을 사용했는가? 우리가 해체를 말할 때는 평범한 것으로 논할 수 없기에 그로테스크한 방법을 사용할 수밖에 없었던 것이다.

그렇다면 포스트모던 시대에서 구심력적 프라퍼겐더 선교 '해체'에 따른 '대안'은 무엇일까? 바흐친의 문화이론 가운데 시공성과 대화주의는 중심성에서 벗어난 다양성을 제공해 준다.

1. 크로노토프 차원의 신학과 선교 : 역사에서 시공간으로

구심력은 보편적인 것을 가지고 있기 때문에 중심의 역할을 한다. 예로, 유럽은 '기독교국가'로서 자신들의 교리와 형태를 강요한다. 그래서 선교가 구심력이 되면 국지적(local)인 특정한 것을 용납하지 않는다. 구심력 선교는 보편적(universal), 지구적 논의이기 때문이다. 과거에 기독교 역사를 서술할 때 서구의 교리와 제도들은 보편적인 것으로 자리매김했다면, 이제는 세계 내에서의 국지적인 인식이 필요하게 되었다.399) '세계기독교'는 지역적인 것으로 토착화 신학이 태동된다. 신학이 시공성에서 만들어지는 것이기 때문이다. 오늘날까지 기독교는 순례자로 새로운 중심축들이 생겨나게 했으며, 여러 중심들로 존재하고 있다. 기독교는 하나의 중심축에서 모든 것을 제어하지 않았다. 이제 선교는 특별한 시공간에서 이루어지는 것으로 세계기독교 차원에서 논의되어야 한다.

1) 바흐친과 크로노토프[400]

바흐친은 문학에서 시간과 공간의 '불가분성'을 말한다. 그는 사건이 시간과 공간을 분리한 시간관이나 공간관에 의해서 파악할 수 없다고 본다. 문학에서 일어나는 사건 속에서의 시간과 공간은 따로 분리해서 사유할 수 없는 하나의 특별한 집합체로 나타나기 때문이다. 시간과 공간은 서로 분리될 수 없을 뿐만 아니라 어떻게 결합되느냐에 따라 '세계관'이 드러나게 된다. 즉 시간과 공간의 차이는 세계관의 차이를 가져오게 한다.[401]

바흐친은 소설 장르가 가장 풍부한 시·공성을 소유하고 있다고 본다. 그는 그리스 로망에서부터 라블레에 이르는 소설들은 시공성의 차원이 달랐음을 말한다. 우리가 어느 특별한 시공간적 상황 속에 있다는 것은 물리학적인 사실이다. '이 나'는 공통적인 지리적 특징으로 다른 누구의 조건이 될 수 없으며 내가 있는 이 자리를 떠나 다른 자리에 있을 수 없다.[402] 우리에게 일어나는 사건은 그 시간과 공간에 관여하는 모든 요소들의 총합, 그 요소들의 계열화의 효과로서 발생한 것이다. 그래서 바흐친은 소설이 사건의 한 유형으로서 삶의 범례이기 때문에 기계적으로 분류 가능한 이야기이거나 임의적으로 만들어낼 수 있는 허구적 구성물이 아니라고 말한다. 그에게 소설은 단순히 허구적 유형으로가 아닌 삶-창조의 한 사례로서 유형화될 수 없는 유형으로서의 삶-사건이었다.[403] 소설은 다양한 시공간을 펼쳐 보이고 있다.

먼저 '시련의 모험 소설'의 시간은 기원후 2세기에서 6세기의 희랍이며, 공간은 광활하고 다양한 지리적 배경이 나타나고 있지만 구체성은 결여되어 있다. 소년과 소녀가 만나고 헤어진 후에 다시 만나 결혼한다. 그들의 모험과 시련은 실제적 삶과는 아무 관련이 없다. 모든 사건은 시간적으로 우연과 우발성이 작용하는 가운데 운명이나 신 혹은 악한과 같은 초월적 존재가 많이 등장한다. 사건들은 비인간적인 힘에 의해 통제된다.

'일상생활의 모험 소설'의 시공성은 주인공이 위기의 순간에 직면한 삶의 과정과 관련이 있다. 예로, 아플레이우스(Apuleius, 124-170) 『황금당나귀』에서 주인공은 동물 당나귀로 변형되어 세계를 여기저기 방황한다. 시간적으로는 갑작스럽고 극적인 변화가 나타난다. 그러나 역사적 시간 속에서 일어나는 사건은 아니다. 주인공은 능동적으로 활동하지만 우연성에 지배를 받는다. 공간적으로는 주인공이 배회하는 길 위에서 실제적 공간과 사회적 계급과 같은 유형의 공간이다.

'전기적 소설'의 시공성은 삶의 여정과 관련이 있다. 예로, 플라톤의 『아폴로지』와 『파이돈』에서 참다운 지식을 추구하는 사람을 다룰 때 주인공의 '무지—회의—자기 인식—지식'의 과정을 다룬다. 그 외에 장례식과 추도 연설에서 한 인간의 삶을 광장(agora)에서 공개하고 칭송한다. 전기적 시간에는 '풍자-반어적', '서간체적' 시간과 더불어 키케로와 아우렐리우스, 그리고 어거스틴의 '금욕주의적-자서전적' 시간이 내포된다.

'기사도적 로맨스 소설'의 시공간은 유럽 중세이다.[404) 기사도 로맨스는 희랍 로맨스처럼 우연성이 작용하는 가운데 기적적이고 신비스런 특징을 지니고 있다. 시간은 왜곡되어 꿈속의 경우처럼 한 시간이 며칠 동안의 시간으로 지연되거나 반대로 며칠 동안의 시간이 한 시간으로 단축되기도 한다. 특히 시간은 수직적이며 공시적 관점이다. 공간도 일반적인 상식의 범위를 벗어나 환상적으로 사용된다. 중세기말에 단테(Alighieri Dante, 1265-1321)의 『신곡』은 비현세적, 상징적, 비유적인 내용을 담고 있다.

'하층민의 문학'의 시공성은 유럽 중세이고, 이 소설은 기사도적 로맨스와 달리 민속에 기반을 두며 풍자와 패러디를 사용한다. 이 소설은 사람들이 많이 모이는 광장이라는 공간에 '악한'(rogue), '광대'(clown), '바보'(fool)를 등장시킨다. 그들의 모든 모습이나 언행은 비유적으로 드러난다. 그들은 일상에서 벗어나 일종의 가면을 쓴 채 현존하는 사회의 모든 규범과 종교의 권력을 공격했다.

'르네상스 시대의 소설'은 지리상의 발견과 탐험 시대에 중세기의 낡은 세계관을 버리고 새로운 세계관을 건설하던 시기에 만들어졌다. 주요한 작가들로는 셰익스피어(William Shakespeare, 1564-1616)와 세르반테스(Miguel de Cervantes, 1547-1616) 그리고 라블레(Francois Rabelais, 1494-1553) 등이다.[405] 라블레의 작품에서는 낡은 세계관을 파괴할 때 '웃음', '민속'을 무기로 삼는다. 라블레의 공간은 보다 구체적이고 실제적인 것이었다. 라블레는 중세의 역사관이 인간의 구체적인 역사적 시간에 대해 평가절하 한 것에 대응해 인간 신체의 모든 부분을 찬양한다. 그는 중세 시간이 현세의 삶을 부정하고 등한시했기 때문에 삶을 긍정하는 의미로 '해부학적-생리학적 인간 신체', '의복', '음식', '음주', '섹스', '죽음', '배설'등을 등장시켜 삶을 창조하는 생성적 기능으로 사용한다. 바흐친은 라블레의 작품을 '라블레적 시간'이라고 명명했다.

'전원시'는 계곡이나 들판을 공간으로 가지고 있다. 이 공간은 기나긴 시간을 걸쳐 대대로 내려온 장소이다. 인간의 삶은 자연의 삶과 긴밀한 관계를 맺고 있다. 모든 삶과 사건은 이 공간에서 일어난다. 여기에서의 시간은 출생·성장·사랑·결혼·노동·먹고 마시기·죽음 등과 같은 삶의 기본적인 실재이다. 전원시에는 애정, 농업, 공예, 가족의 유형이 있다.406) 전원시는 19세기 낭만주의 작가들에 의해 더욱 발전했다.

이와 같이 소설은 다양한 시공성을 배경으로 하고 있다. 문학은 시공성의 다중성을 제공한다. 문학 작품을 이해하려면 그 작품의 공간과 시간을 이해해야 한다. 예로, 이반 투르게네프(I. S. Turgenev, 1818-1883)의 소설은 지리적으로 러시아이기 때문에 영국으로 옮겨 놓을 수 없다. 또한 시간도 역사적이지만 보편적 역사로 분류될 수 없다.

문학에서의 시공성은 단순히 중립적인 수학적 체계이거나 초월적인 것이 아니라 가장 가까운 현실의 형태이다. 서로 다른 시간과 공간은 질에 있어서 다르다. 즉 서로 다른 개인과 사회적 행위는 다른 종류의 시간과 공간을 지니고 있는 것이다. 더 나아가 작품 안에서도 각각의 장면은 서로 다른 시·공간을 가지고 있기 때문에 다양한 크로노토프들이 작품 안에 위치하고 있다. 문학에서 시공성의 다양함으로 인해 각 시공성의 세계관은 차이를 드러낸다. 그러므로 서로 다른 시공성들은 대화적일 수밖에 없다.

> 소설에 의거하면 세상에서는 인간의 이미지가 시간의 경과에 따라 변하게 되어 있다. 소설에서 주요 등장인물은 달라질 수 있고 또 달라진다. 그리고 그들은 그들이 될 수 있고 될 수 있었던 가능성들을 결코 고갈시키지 않는다. 매순간 옛날의 잠재력은 사라지게 되며 여전히 또 새로운 것이 나타난다.407)

소설의 세계는 "태초의 이상적인 말이 없었고 마지막 말도 아직 말해지지 않은 그런 세상이다."[408] 소설의 미결론성(non-conclusion)에 나타난 인간은 마치 신화(deification)처럼 시·공간에서 변화되어 나가는 존재와 같다. 현재는 결코 전체적일 수 없고 항상 뒤죽박죽이며, 이러한 혼돈은 본질적인 것이다. 이 현재의 미결론성이 미래적이게 한다.

소설은 과거를 또 다른 하나의 현재로 이해하게 만드는 힘이 있다.[409] 텍스트는 양피지나 종이 위에 단순히 씌어 있는 것이 아니라 하나의 발화이다. 우리는 단순히 텍스트를 보고 인식할 뿐만 아니라 그 속에서 항상 목소리를 듣는다. 즉 텍스트 안의 그 사람과 만나는 것이다.[410] 작가와 독자들은 소설이 묘사하는 세계와 동일한 종류의 시간 속에 존재함을 가정하고 읽는다. 텍스트는 단순히 죽어 있는 것이 아니라 작가와 독자가 대화하는 것이다. 작가와 독자 사이에는 명백한 경계가 있지만 그 차이에도 불구하고 상호작용을 한다. 우리는 소설 속에 들어가 『백야』의 주인공과 같은 시간에 살며 그럼으로써 나와 소설의 두 세상은 상호 교환된다. 이것은 복음서가 예수의 상황에 들어가면서도 각각 자신들의 공동체에 맞게 적용함으로 두 세계가 상호 교환되는 것과 같다. 복음서 저자들은 자신들의 공동체에 맞게 예수 이야기를 적용하였다.[411]

우리는 전통과 대화할 때, 그 전통에 대해 동의할 수도 있고 거부할 수도 있다. 전통은 중요한 것이지만 시대적인 변화 속에서 뛰어 넘어야 하는 것이 생겨난다. 앤드류 월스는 전통을 복음과 문화가 만들어 낸 특정 시기의 작품이라고 본다. 복음이 유대교의 부대에 담겨졌을 때와 헬레니즘의 부대에 담겨졌을 때, 또 아프리카 토속 신앙에 담겨졌을 때 각각 다른 향취를 내고 있다.[412] 그렇다면 선교는 선교지의 과거와 절연

된 백지상태(thin air)에서 이루어지는 것이 아니라 옛 부대를 수선하여
새 술을 담을 수 있게 하는 것이어야 한다. 그것은 선교가 대화적 관계
여야 함을 보여 준다.

소설에서 대화성은 형식적 종말을 필요하지 않는 것으로, 소설의 전
체 구조가 마치 영화의 각 부분들처럼 완성되어 있으면서도 순환적이
다. 소설은 열린 구조이며 비결론적이다.[413] 미종결성은 항상 새로운
가능성을 지니고 있다. 그런데 바흐친이 보기에 러시아 형식주의는 닫
힌 체계였다. 그는 형식주의[414]의 '시학'이 사회와 격리된 가운데 문자
로서만 작용하는 것에 대해 비판했다.[415] 형식주의의 문학성은 문학을
사회적 공간과 역사적 시간을 분리하였으며 구체적인 삶을 등한시했
다.[416] 이것은 마치 선교에 있어서 현재성을 무시하며 영혼구원만을 강
조하는 것과 같다. 초대 교회는 영과 물질을 구분하는 영지주의의 이원
론을 극복하기 위해 애썼는데, 선교에서 영과 물질을 구분한다면 초월
에 더 관심을 두고 있는 것이다. 만약 선교가 영혼구원에만 치중하게 되
면 이 세상에서의 삶을 무시하도록 만든다.[417] 그렇게 되면 선교는 시
공간 안에서의 삶과 관련 없는 일을 하는 것이다. 선교가 형식주의처럼
시학에 닫혀 있으면 복음을 전달하려는 것에만 급급하게 되고 사회와
관계없는 것이 되고 만다. 특히 종말론적 선교관은 시간의 미래 차원만
을 지니고 있으며 보편적 역사 속에서 인간의 위치는 제한을 받게 된다.

한국 개신교 선교는 보편적 역사관과 더불어 영혼구원만을 강조하는
가운데 시·공간에서의 삶을 상실하고 있다. 또한 일방적으로 진리를
전달하는 것에만 관심을 가짐으로 영지주의자들처럼 이원론적 경향을
드러낸다. 선교는 진리 전달이라는 명목으로 영적인 세계만을 추구하는
가운데 현재적 삶이 포기되고 있는 것이다. 1973년 로잔의 세계복음화

국제대회는 아직 복음을 듣지 못한 20억의 '복음화'는 개인전도 차원을 넘어서 교회가 그리스도의 대위임령(마 28:19)을 완성해야 할 것을 강조함으로 개인 실존을 무시하고 구원의 미래성에 더 관심을 두어 시·공성 차원이 결여되어 있다.[418] 앤드류 월스는 대위임령을 단순히 복음을 전달하는 해외선교를 위한 것이 아닌 제자도와 관련시켰다. 제자화는 여러 세대를 걸쳐 이루어지는 고된 작업으로,[419] 선교는 제자를 만들어 나가는 작업이 되어야 한다.

인간의 시간은 하나님처럼 '영원한 현재'는 아니지만 '현재' 안에서 과거와 미래를 담는 것으로, 선교는 시·공간의 차원에서 이루어져야 한다.[420] 예로, 하나님은 유대인들이 바벨론 포로로 끌려갈 때 현재에서 삶을 살아가라고 하셨다. 우리도 세상을 초월하는 삶을 산다 할지라도 시공성내에서 살아가야 사람들이 되어야 한다.

2) 시·공성 차원의 선교

우리는 시간과 공간에 대한 선교의 차원을 어디에 두어야 할 것인가? 케네스 라토렛은 선교의 확장사에서 선교사의 문화를 변하지 않는 진리로 인식하는 가운데 그대로 다른 문화에 이식하는 것으로 보았다.[421] 그러나 앤드류 월스는 기독교 역사를 한 지역을 중심으로 주변으로 확대되어 나가는 직선적 확장사가 아니라 새로운 중심 지역으로 기독교의 중심축이 바뀌는 연속적(serial)인 이동의 역사라고 보았다. 예로, 이슬람은 메카라는 중심에서 주변부로 확장되어 나가는 모습을 보여 준다. 그리고 언제나 중심(고향)으로 돌아온다. 그러나 기독교는 고향인 예루살렘으로 돌아오기 보다는 순례의 길을 계속 걸어 갔다. 그 순례 여정은

팔레스타인 지역에서 지중해로, 그리고 유럽으로 갔으며 20세기 후반부터는 적도 이남의 남반부에서 순례를 하고 있다. 이것은 선교가 공간보다는 시간의 우위성이 있음을 보여 주는 것이다. 우리의 공간은 그대로이지만 시간은 흘러 변화된다. 우리는 공간의 변화보다는 시간의 변화에 주목해야 한다. 그것은 바로 오늘 우리가 살고 있는 시간이다. 예로, 아프리카인들은 시간(時間) 관념에 있어서 서구와 달랐다. 그들의 시간관에서 독특한 것은 아주 가까운 미래는 있지만 먼 미래를 설명하는 동사 시제가 없다는 점이다.[422] 그들에게는 서구의 직선적 시간인 과거와 현재와 미래로 구성된 시간 이해가 낯설다. 아프리카인의 시간 개념은 현재로부터 몇 달 앞에 대해서 말하지 않는다. 시간은 스와힐리어로 사사(Sasa)와 자마니(Zamani)로 구성되어 있는데, 사사는 즉각성, 근접성과 지금을 의미하며, 자마니는 사사보다 큰 것으로 과거, 현재, 미래를 포함하지만 모든 현상과 사건이 머무는 영역이다.[423] 아프리카인들에게는 진보에 대한 신념이나 먼 미래 종말론적 사건이 이해될 수 없다.

중심축 이동에 따른 기독교의 순례 과정은 토착화를 따른다. 기독교는 각 문화에 따른 자신들의 시공간에서 예수를 해석했다.[424] 먼저 37년의 예루살렘 지역에서는 유대인의 입장에서 예수를 해석했다. 이 초기 공동체는 매우 유대교적이었다. 그들은 유대교적 실천을 하는 사람들로 성전에서 모였고 기도에 열심이었다. 유대 기독교인들은 예수를 '사람의 아들'로 이해했으며, 율법을 존중했으며, 성전을 아버지의 집으로 기억했다. 세례 요한은 구약의 계약을 세례의식을 통해 회개와 마음의 변화를 요구했다. 유대 기독교인들은 로마 압제 하에서 이스라엘의 회복에 관심을 가지고 있었기 때문에 전 세계로 나가 제자 삼는 일을 시도하지 않았다. 그래서 그들의 구원은 정치적인 것과 관련되었다.

유대 기독교인들이 예수를 '메시아'로 이해한 것은 유대교의 입장에서 본 것이다. 그런데 그들이 예수를 메시아뿐만 아니라 고난의 종으로서 제물을 드린 것으로 이해한 것은 모순으로 보인다. 예수가 하나님의 아들로서의 왕(시 2:7)과 고난 받는 종(사 53:1-8)의 모습에서, 신분은 메시아인데 사역은 고난 받는 종이기 때문이다. 그러나 본래 제사장은 라틴어로 *Pontifax*인데 다리(*fax*)를 놓는 사람(*Ponti*), 즉 하나님과 사람 사이의 연결자라는 뜻이다. 제사장은 통치자이되 섬기는 사람인 것이다. 예수를 메시아요 고난의 종으로 이해한 것은 유대교의 제사에 대한 재해석인 셈이다.

다음으로 325년의 니케아공의회는 예수의 인성과 신성에 대한 논의를 전개했다. 기독교 신앙이 유대인들로부터 안디옥의 이방인에게로 전달되면서 예수를 당시의 종교의 신들에게 주어진 단어인 '주'로 이해되었다.[425] 만약 로마-헬라문화에 사는 사람들이 메시아를 이해하기 위해서는 구약과목을 1년 이상 들어야 했을 것이다. 설상 이들이 구약과목을 공부한다고 해도 이해되기 어려웠을 것이다. 헬라인 기독교인들은 형이상학과 신학에 관심을 보이며 예수를 '신의 아들'로 이해했고 또한 제사의 대체로 '성찬'(빵과 포도주)을 거행했다. 또한 기독교 신앙은 논리화되었을 뿐만 아니라 법제화되고 조직화되었다.[426]

600년의 아일랜드교회는 로마교회와 다른 모습을 보여 준다.[427] 아일랜드 교회는 로마의 간섭을 받지 않았다. 아일랜드교회는 4세기에 로마가 게르만족의 침입을 방어할 목적으로 영국에서 철수한 이후로 초기 기독교의 공의회들의 영향력에서 벗어나 독특한 성격을 띤 토착 기독교로 발전했다.[428] 그들은 교구보다는 수도원 중심이었으며, 고난주간 보다는 부활의 축제를 더 기념하였다. 아일랜드인은 5세기에 수도원을 중심으로 발전하였는데,[429] 켈트 수도사들의 순례적 선교는 그들의 감성적 열정과 관계된 것으로 하나님께서 아브라함에게 하신 명령(창 12:1)과 예수님께서 복음서에서 자신을 따르기 위해서는 가족과 고향을 버리라는 말씀에 근거하고 있다. 본래 순례는 뚜렷한 목적과 방향 의식이 있지만, 그들은 방향이 없는 순례를 행했다. 이것이 다른 대륙의 그리스도인들과 다른 점이다. 그들의 순례는 성서적 모티브에 근거한 것으로 종교적 포기와 버림을 상징한다.[430] 그들이 고향을 떠나는 것은 극한 고통을 수반한 자발적 신앙적 표현이었다.[431]

아일랜드인들은 인간의 감성을 폭넓게 경험하고 표현하는 열정적인 사람들이었기 때문에 조직보다는 열정, 지성보다는 상상력, 개념보다 이미지, 이성 보다는 느낌을 따랐다. 그들은 꿈과 환상, 징조를 강조했다. 그래서 로마의 단어, 명제, 개념과 같은 관념적 신학과 달랐다. 로마인은 켈트의 감성적인 강렬함을 야만인의 변덕스러움으로 간주했다. 그러나 아일랜드인들은 강렬한 감성을 위한 시, 영웅적인 음주에 나타난 것처럼, 그들의 삶은 고정되어 있지 않은 것이 특징이다.[432]

게르만족은 옛 것과 새 것 사이의 선택을 중요하게 생각했다. 왕들의 회심은 왕권에 대한 복종으로 모든 백성들의 회심으로 이끌었다. 유럽에서의 기독교는 일치된, 단 하나의 교회, 단 하나의 거룩한 언어, 단 하나의 전통, 단 하나의 읽음이라는 왕과 백성들의 화합과 관련되었다. 이것은 기독교인이 된다는 것은 특별한 영토에 속하는 것임을 시사한다. 로마제국의 북방이민족들인 게르만족들은 상호교섭하고 차용하고 재구성해 나가는 가운데 기독교국가(Christendom)라는 개념을 탄생시켰다.[433] 그들에게 개별적인 것은 없었으며 자신들의 보편적 원리를 따르는 것이 중요했다.

그 결과 선교는 이방 민족들도 자신들의 신앙 안으로 들어오게 하는 것이 되었다. 1492년 콜럼버스의 신대륙 발견과 더불어 스페인과 포르투갈의 해상 무역로를 따라 아시아와 라틴 아메리카에 교회가 세워지게 되었다. 이것은 기독교국가로서 행한 선교로 타자를 자신들의 중심으로 끌어당기는 것이었다. 그들에게 타자의 특별성은 무시되었으며 자신들이 생각하는 보편적 원리에 합류시켰다. 선교는 서구의 기독교를 비서구 문화에 적응시키는 것이 되었다.[434] 또한 19세기에 유럽과 미국이 기독교의 중심축으로 활동했다. 영국은 기독교, 상업 그리고 아프리카의 문명을 촉진시키기 위해 선교사를 보냈다. 그들은 성경과 그리스도교 신앙의 확장을 중요시했다. 프랑스는 문명화 사명을 복음에 접목시켰다. 기독교는 자신을 변화시키는 것이 아니라 오직 타자를 변화시키는 것에 관심을 가졌다. 유럽의 기독교국가 원리가 계속 이어지고 있었던 것이다.

그러나 20세기 중반부터 기독교는 남반부에서 활력을 띠고 있다. 역사적으로 북아프리카는 초기 기독교의 교리 형성에 이바지했다. 터툴리안(Tertullian, 160-220)은 카르타고 출신의 법률가로 삼위일체 및 기독론의 정식들에 사용되는 용어를 주조한 라틴 기독교의 아버지로 불리운다. 2세기의 클레멘트(Clement)와 오리겐(Origen)은 알렉산드리아에서 철학적 용어로 신학적 사고를 정교하게 만든 토착 신학을 전개했다.[435] 아프리카의 이집트, 에디오피아, 안디옥의 시리아, 소아시아의 아르메니아, 그리고 에리트레아 교회들은 451년 칼케돈공의회의 양성론(two-nature)을 부정하는 가운데 단성론(one-nature) 기독론 신앙을 고백한다. 이집트의 콥트 기독교인들은 그리스도 안에 있던 인성은 신성에 녹아들어간 것으로 본다.[436] 3세기에 이집트에서 수도원 운동이 일어난 것은 단성론 신앙과 무관하지 않다. 그들은 예수의 인성보다는 신성에 주목하여 사막에서 기도하며 노동하고 신에게 몰입하는 삶을 살았다.

이러한 전통을 가진 아프리카교회가 오늘날 성령을 강조하는 오순절 (Pentecostal) 운동이 활발하게 진행되고 있다. 아프리카 기독교는 오순절 신앙인 치유와 예언, 그리고 환상과 관련되어 나타난다. 아프리카의 초기 예언자들인 은치카나(Ntsikana)와 은제레(Nxele)가 황홀경을 체험하고 난 후 사람들을 신앙으로 인도한 것과 해리스(W. W. Harris)가 가브리엘 천사장을 통해 부름을 받은 모습은 아프리카인의 종교성에 기인하는 것으로 아프리카적인 특징을 드러낸다.[437]

오순절주의[438]는 성경을 절대적 하나님 말씀으로 믿기 때문에 예언과 치유 등 은사를 중요시한다. 또한 그들은 회심을 강조하며, 십자가를 강조한다. 그리고 전도에 열정적이다.[439] 예로, 아프리카가의 오순절주 모습으로 나타난 것은, 새로운 그리스도인은 그의 삶의 빈 공간에서 시작하기보다 자신의 문화와 역사에 의해 형성된다는 것을 보여 준다.[440] 이것은 기독교가 각 지역에 따라 토착화된 것으로 특수성을 보여 준다. 특수성이 나타난 것은 그들이 속한 문화적 정황이 달랐기 때문이다.

이제 세계기독교는 전통적인 신학의 권위 혹은 권위 체계에 도전하고 있다. 그것은 진리에 대한 도전이라기보다 진리를 말하는 권위에 대한 도전인 것이다. 그것은 푸코가 말한 지식과 권력을 통해 주체가 만들어진 것에 대한 도전인 것이다. 포스트모더니즘이 모더니즘의 도덕성과 전통적인 권위에 대해 불신하는 이유이기도 하다.[441] 칸트와 뉴턴 이래 시간과 공간을 각기 분리된 중성적 개념으로 사물의 외관을 측정하는 도구로 인식해왔다. 그러나 데리다는 언어가 시간적으로 의미가 자유롭게 이해되고 전혀 다른 각도에서도 이해되기도 한다고 보았다. 데리다는 라틴어 동사 'Differre'에서 파생된 프랑스어 'Différer'는 동사에서 '차별되다'와 '연기되다'는 두 가지 의미를 보존하고 있지만, 명사에서는 '차별'만 보존된 것을 주목한다. 동사의 의미가 명사화되면서 한 의미는 상실된 것이다. 한 문화권에서 특수 내재적 의미를 가지고 있는 특정 단어인 X가 다른 문화권의 유사용어인 Y를 번역하는 과정에서 이런 차연(차별과 연기라는 이중적 의미)의 현상이 나타나게 된다.[442] 그렇다면 신학도 한 문화권에서 특수 내재적 의미를 가진 것이라 할지라도 다른 문화권에서는 유사용어로 번역되는 차연(差延)이 존재할 수 있는 것이다. 그리스도가 다른 시간과 장소에서 받아들여질 때 그 시간과 지역의 상황 속에서 예수가 표현되는 것은 당연한 일이다. 하나님은 우리가 특별한 시간과 공간에 의해, 그리고 가족과 사회와 문화에 의해 조건 지워진 존재인 것을 인정하신다. 오리겐은 북아프리카의 비기독교적 문화가 기독교의 본질과 대립되는 관계가 아닌 것임을 보았다.[443] 그는 헬라철학을 도구로 기독교를 재해석했다. 월스는 *The Philocalia of Origen*에서 토착문화와 기독교와의 관계에 대해, 오리겐은 제자 그레고리에게 "이스라엘 자손들이 이집트의 금, 은, 옷가지 등의 물건들을 통해 거룩한 법궤를 만든 것"(출 11:2, 12:35)을 회상시킨다.[444] 오리겐은 북아프리카의 알렉산드리아 사람으로 살면서 기독교인이 된 것이다. 월스는 오리겐이 전통 유산을 재 개념화하고 또한 재형성하는 작업을 한 것이라고 평가한다.[445]

우리는 하나님께서 모든 세기 동안 이방인들에게 무엇을 하셨는지 질문하게 된다. 하나님은 유대의 과거에만 활동하시고 헬라의 과거에는 활동하시지 않으셨는가? 여기에 대해 순교자 저스틴(Justin Martyr)과 알렉산드리아의 클레멘트(Clement of Alexandria)는 율법이 유대인을

위해 한 것같이 철학은 헬라인들을 그리스도에게로 인도하는 몽학선생
이라고 보았다.446) 다드(C. H. Dodd)는 바울을 해석함에 있어서, 바울
이 "창세로부터 그의 보이지 아니하는 것들 곧 그의 영원하신 능력과 신
성이 그가 만드신 만물에 분명히 부여 알려졌나니"(롬 1:20)라고 말한
것은, 바울이 선교를 하면서 이방인에 대한 하나님의 자비로우심을 발
견했기 때문이라고 본다.447) 이방인들 역시 하나님의 구원 계획안에서
한 장소를 차지하고 있는 것이다. 바울은 이방교회의 눈으로 볼 때 유대
적 문화가 모든 것을 대표할 수 없는 것으로, 유대인에게는 모세의 법이
절대적인 것처럼, 이방에게는 선과 악이 모세의 법과 동일한 것으로 작
용하는 것임을 알았다. 베드로도 이방의 변방에서 "하나님께서는 사람
을 차별대우하지 않으시고, 당신을 두려워하며 올바르게 사는 사람이면
어느 나라 사람이든지 다 받아주신다."(행 10:34-35)라고 했다. 그러므
로 선교는 문화적 이방 혐오증에 대한 용해제 역할을 하게 된다.

기독교 선교학은 중심성의 상실을 강조하는 학문이다. 복음은 '번
역'448)을 통해 특수성(개별성)을 가지게 되기 때문에, 선교 결과 기독교
신학과 역사는 재해석된다. 가다머(Hans Georg Gadamer 1900-2002)
는 '지평의 융합'으로서 의미 있는 행위의 시간-공간적 조건에 대해 설정
했다.449) 각 지역의 교회는 그들의 문화를 바탕으로 복음이 해석된 것
으로, 어떤 기독교도 다른 시간과 공간에 의해 결정된 기독교의 모습에
대해 자신의 모습을 강요할 권리는 없다. 기독교의 토착적이고 순례적
인 모습은 서구의 전통에만 의존했던 기독교 문화의 이해에 수정을 요
구한다. 이렇게 선교는 기독교가 서양종교라는 인식의 허구성을 드러낸
다.450)

특히 오늘날 유럽, 라틴 아메리카, 아프리카, 아시아에서의 기독교의

편만함은 보편성이 아닌 개별성을 보이는 것으로 구심력 선교에서 탈피되어야 할 것이 요구된다. 이제 유럽 중심의 신학은 전개될 수 없으며, 그 어떤 신학도 시대를 불변(초월)하는 신학으로 존재할 수 없다. 그런데 오늘날 오순절주의 선교도 구심력적 모습을 보이고 있다. 아프리카교회 가운데 오순절주의는 구심력적 선교를 지향하고 있다. 오순절주의는 인터내셔널(International), 채플(Chapel)이라는 용어를 사용하며 해외로 나가 교회를 세우고 있다. 나이지리아의 RCCG[451](구원받은 크리스천들의 세계적인 하나님의 교회)는 전 세계에 자신들의 교회를 세운다. 또한 가나의 LCI[452](라이트하우스 채플 인터내셔널)은 다른 나라에 교회를 세우는 것이 선교임을 강조한다. 이들은 150개 나라에 25,000개 교회 설립을 목표로 삼고 있다. 그들은 세계 사도라는 정체성을 가지고 각 나라마다 자신들의 교회 '지부'를 설립하고 있는 것이다. 이것은 그들이 본의 아니게 제국주의적 용어를 사용한 셈이다.[453] 아프리카 오순절주의는 아프리카교회의 또 다른 구심력 선교를 보여 준다. 그들은 서구 기독교와 같은 또 다른 확장사를 쓰고 있다는 것이다. 그래서 우리는 기독교가 중심축 이동에 따른 토착화 원리와 토착화에 머물지 않고 새로운 교회를 만들어 나가는 순례자 원리에 따라 움직이는 것임을 다시 기억해야 한다. 아프리카 오순절교회들은 지부들을 통해 아프리카 기독교가 세계의 중심이 되기를 희망하겠지만 그것은 순례자 원리에 맞지 않는다.

신학은 계시(revelation)인가? 신학은 시대적 산물로 각 시대와 각 지역의 상황인 세계관이나 문화와 관련되어 나온 것이다. 서양의 문화가 어느 특정한 시대의 학문 분야나 지식을 대상으로 하여 추출할 수 있는 '담론의 질서' 또는 사상사나 과학사의 선험적 여건이라는 에피스테메

(épistéme)454)인 것처럼, 신학도 바울 이후에 교부들(the Apostolic Fathers), 변증가들(the Apologists), 공의회(the Council)라는 시대적 상황에서 만들어진 것이다. 라민 싸네는 기독교가 번역되어 왔음을 말한다.455) 기독교는 계속 번역되어 동방 정교회, 중세 로마 가톨릭, 개신교 종교개혁, 계몽주의를 거쳐 포스트모던에 이르고 있다.456) 싸네는 지난 2000년 동안 유일한 선교신학이 존재하지 않았음을 말한다. 신학은 고정 불변될 수 없는 것으로, 오늘날 서구신학은 세계 신학을 대변할 수 없다. 신학은 항상 탈 중심주의를 지향한다. 앤드류 월스는 기독교의 역사가 정기 간행물의 연재물이나 드라마와 영화의 연속물처럼 연장된 역사였다고 주장한다.457) 그것은 들뢰즈와 가타리의 공저 『천 개의 고원』에서 말한 줄기가 뿌리와 비슷하게 땅속으로 뻗어 나가는 땅속줄기 식물인 리좀(Rhizome)과 비슷한 것이다.

신학은 특히 교회의 학문으로 각 지역에 따라 우리가 믿는 것에 대한 논의였다. 예로, 종교개혁신학은 교회 갱신을 위한 것이지 세상 갱신을 위한 것이 아니었다. 마르틴 루터와 잔 칼뱅과 같은 종교 개혁가들에게 선교가 없는 것은 교회를 개혁하려는 사람들로 세상을 개혁하려는 사람들이 아니었기 때문이다. 종교 개혁자들의 신학은 신앙의 왜곡에 따른 대안이거나 개신교인들의 신앙을 독려하기 위해 나온 것이다. 이것은 교회 안의 신학이지 교회 밖의 신학은 아닌 것임을 알 수 있다. 예로, 칼뱅은 그 당시 개신교인들이 가톨릭의 박해를 받는 것을 보고 그들의 신앙을 격려하는 중에 예정론을 성경에서 찾아내어 그 당시 순례자로 살아가는 개신교인들에게 확실한 신앙을 심어주었다. 이렇게 신학은 세상이 아닌 교회 공동체를 유지해 나가는 학문인 것이다. 그런데도 루터와 칼뱅의 글에서 선교를 찾으려고 시도한다는 것은 그 신학을 절대성, 중심성에 놓으려 하기 때문이다. 신학은 중심축 이동에 따라 새롭게 만들어지곤 했다. 그렇다면 교부철학은 그리스철학의 토착화 신학이며, 서구 기독교는 서양에 토착화한 기독교 신학인 것이다. 바흐친의 용어를 빌리면, 신학은 미종결성이다.

방연상은 서구신학이 근대 계몽주의적 이성의 빛 아래서 신에 대한 인식론적 논의로 축소되어 왔음을 지적한다. 신학은 대학의 제도화된 분과학문의 체계 안에 자리 잡은 가운데 신의 존재에 대한 과학적 논증을 시도한다. 그 결과 신학자의 권위는 지식의 전문성에 있기 때문에 그의 삶의 윤리적 태도는 전문 지식 이후의 추가적인 요청에 불과한 것이 되었다. 본래 신학은 예수 그리스도의 삶에 동참하는 것으로서의 윤리적인 태도에 있는 것이지 인식론적 증명에 있는 것이 아니다.[458] 중국의 宋泉盛(송천성)은 서구신학의 로고스(Logos) 개념을 합리주의적 언어로 규정한다. 송천성은 서구가 인식론적 엄밀성에 중요성을 두고 있다면 아시아는 직관적인 깨달음(覺)으로 초월적 실재를 포착하고 있다고 보았다. 그래서 아시아 신학은 타락, 죄, 십자가, 용서 등을 합리성이 아닌 깨달음으로 접근할 것을 제안했다.[459] 특히 요한복음 3장 16절의 '하나님 사랑'에 대해 말할 때 중국에서는 사랑을 통애(痛愛)로 번역했다. 그것은 사랑과 아픔을 한마디로 표현한 것으로 엄마의 아기에 대한 사랑은 너무 크고 진해서 아픔을 느낄 지경인 것처럼 하나님의 사랑을 통애로 표현한 것이다.[460] 서양의 사고법이 추상적, 논리적, 분석적, 비판적, 자연 극복적인 것이라면, 동양의 사고는 구상적, 경험적, 종합적, 상관적, 유비적, 자연 친화적이기 때문에 신학의 차이가 생기게 된다.[461]

신학은 유럽 신학과 더불어 아프리카, 라틴아메리카, 아시아에서도 독자적인 신학을 생성하게 된다.462) 남반부 기독교의 부흥의 원인은 교회가 현지 전통과 사고양식에 적응한 결과이다.463) 그들은 예언, 꿈, 치유를 담고 있다. 이것은 서구 기독교에 낯선 것이다. 그러나 기독교는 번역의 역사로 서구 기독교의 내용만 참된 복음의 본질을 대변한다고 말할 수 없는 것이다. 존 음비티(John Mbiti)는 아프리카인의 실존자체가 종교현상이라고 했다.464) 아프리카인들은 니케아 신조는 받아들이지만, 이들은 힘 숭배적인 신앙에 더 관심을 가진다. 이들은 하나님의 능력은 치유에서 증명될 수 있다고 주장한다. 그래서 예배에서 치유사역이 행해진다. 또한 그들은 정해진 목적을 위해서 금식한다. 그리고 그들은 성경 가운데 레위기를 중요한 책으로 여긴다. 서구인은 레위기를 그냥 지나쳐 가지만 아프리카 교회들은 중요한 책으로 여기는 것이다. 이렇게 신학이 각 지역의 문화에 의해 규정되는 것임을 아프리카 신학에서 발견할 수 있다.

라민 싸네는 아프리카의 기독교 부흥을 전통 신의 이름을 하나님의 이름으로 사용한 성서 번역에 있다고 본다.465) 그는 선교사가 복음을 들고 아프리카에 도착했을 때 그들에게 무언가 가르치러 왔다고 생각했지만, 하나님 개념이 토착어로 번역되면서 주체적 자리를 아프리카 사람들에게 넘겨주게 되었다고 말한다. 성경 번역은 선교사들의 의도와는 달리 지역민들에 의해 새로운 시공간에서 해석되었다. 서구 선교사들의 정복주의적 의도와는 상관없이 아프리카인이 자신들의 문화들로 복음을 번역하여 새로운 형태의 기독교를 만든 것이다. 아프리카인들은 자신의 언어로 쓰인 성경을 읽으며 아프리카적 기독교를 생성해 냈다. 서아프리카의 싼코파(Sankofa)466)는 아프리카 전통종교와 기독교를 연결시킨 종파이다. 산코파는 전통적으로 부르던 신의 이름에서 하나님을 찾았다. 아도가메(Afe Adogame)는, 싼코파가 1982년 콰베나 다무아 (Kwabena Damuah)에 의해 시작된 것으로 아프리카 전통종교의 부활과 관련되어 있다고 보았다.[467] 과거에 다무아는 기독교와 이슬람이 아프리카에 정확한 답을 줄 수 없었기에 아프리카 전통종교에서 해답을 찾으려고 시도 했었다. 아프리카인들은 자신들의 방식대로 하나님을 이해했다.

신학은 시대와 지역에 따라 생성된 것이기 때문에, 신학에서 인간을 어떤 존재로 규정해서 결정해 버리면 안 된다. 만약 신학이 인간을 어떤 존재라고 정의해 버리면 다양한 인간의 모습을 획일화시키게 되는 것이다. 인간 실존은 신학이라는 언어에 모든 것을 담을 수 없다. 인간은 언어라는 담론에 의해 모두 설명될 수 없다. 또한 인간은 존재론으로도 설명될 수 없다. 존재에 대한 물음은 하나의 존재론이 아니라 여러 존재론이 되어야 한다. 즉 각자의 현존재로서 설명될 뿐이다.[468] 만약 성서와 신학이 그 시대와 상황에서 나온 것이라면, 그것을 기초해서 모든 것을 해석하는 전체주의로 설명하게 될 때 인간 개개인은 그 신학에 함몰되고 된다. 그것은 죽은 학문으로 어떤 문자에 모든 사람을 편입시키는 위험을 가져오게 된다.

우리 시대에 전 세계의 기독교의 편만함은 "글로벌(보편)한 것과 국지적(특수)인 것 사이의 긴장"[469]이 생기기 된다. 우리는 서로의 특수성을 인정하는 가운데 다양한 기독교의 모습에 대한 상호간의 이해가 요구된다. 1910년 에딘버러 선교대회가 서구의 종교로 비기독교 국가들에 대한 선교를 실행하기 위해 종족적, 문화적, 지리적 포괄성을 가지고 지역적인 안배에 신경을 썼다면, 오늘날에는 세계기독교의 다양성을 인정하면서 각 지역에 대한 이해가 필요하다.[470] 서구 기독교가 오순절적 신앙 형태를 매우 부정적인 서술어로 비난하지만, 오늘날 성장하는 교회 대다수가 오순절 형태인 것을 보면 이들에 의해 표출되는 신학은 무시될 수 없다.[471]

3) 선교사의 시 · 공성

예수의 성육신은 하나님이 인간의 시공성 안으로 들어온 사건이다.[472] 성육신은 하나님의 자기 번역이었다. 하나님은 인류 구원을 위한 활동의 양식으로서 번역을 선택하셨다. 말씀이 육신이 되어 우리 가운데 거하신 것이다. 또한 성육신의 특징은 하나님이 특수한 환경과 문화 가운데 존재하는 특수한 종족 중의 한 사람이 되었다는 점이다. 예수는 1세기 유대 팔레스타인 환경에서 완전한 인간의 삶을 살았다. 예수는 유대문화와 종교에 들어오신 것이다. 그는 그 문화 속에서 사고하고 행동하셨다. 예수는 인간의 모든 제한을 그대로 수용하였으며, 세상의 시 · 공성을 인정함으로 세계 안에 있는 모든 것들을 하나님과 연결시켰다. 예수는 피안적 세계와 더불어 꽃과 아이들, 들의 백합화, 공중의 새와 지붕 위의 참새들이 하나님의 보호 안에 있는 것을 보았다. 즉 피안적 세계 때문에 이 세계를 파괴하지 않았다.[473]

모든 선교는 번역의 작업으로 이루어지는데, 하나님조차 자신을 인간의 모습으로 번역하심으로서 선교의 모범을 보여주셨다면, 선교사도 선교지의 시 · 공성 안으로 들어가야 한다. 선교는 선교지의 시공간과 관련되어 있다. 선교에서 성육신은 바로 번역이다.

그리스도가 수용자에게 이해되려면 수용자 측의 언어와 관습 체계 안에 있는 기존의 것들을 가지고 새롭게 도입된 원어의 의미를 설명해야 한다. 성육신은 옛 개념과 새 개념이 단순히 대체되는 것이 아니라 수용자의 옛 개념이 새 개념을 만나 변형되고 개정됨으로 의미의 지평이 확장된다.[474]

그래서 선교사는 선교지에 들어갈 때 자신의 시공간을 가지고 들어가면 안 된다. 나의 시·공성을 포기하고 그들의 시·공성을 받아들여야 한다. 만약 선교사가 자신의 시공간을 토착인에게 강요한다면 구심력 행위가 된다.

선교사는 시간의 현재성에 대한 이해가 필요하다. 우리는 과거와 미래가 아닌 현재 속에서 살아간다. 어거스틴(St. Augustine, 354-430)은 시간의 현재성을 말한다. 그는 『고백록』에서 영원과 시간을 구분했다. 하나님의 형이상학적 시간과 인간의 실존적인 시간을 구분한 것이다. 하나님은 영원성이다. 영원은 초시간적인 것으로 항상 머물러 있는 현재이다. 성서는 하나님이 "전에도 계셨고 현재도 계시며 미래에도 계실 분"(계 1:8)이라고 말한다. 하나님은 영원한 현재 안에 모든 시간과 모든 존재를 담고 있다.[475] 반면에 인간은 시간 안에서 살고 있다. 그리고 그 '시간'은 항상 지나간다.

당신의 세월은 흘러 지나가지 않아서 오는 시간이 가는 시간을 밀쳐냄이 없습니다. 그러나 우리의 세월은 그것이 다 지나가 없어지면 그것으로 모두 끝이 납니다.[476]

그런데 인간에게 현재는 있는가? 인간의 시간은 지나가기 때문에 이해하기 어렵다. 인간의 시간은 한 순간이 지나가게 되면 과거가 되고 만다. 우리가 이 순간을 진정한 현재라고 말한다 할지라도 계속 지나가고 있기 때문에 이미 과거가 되어 버리는 것이다. 시간을 공간적으로 파악하려고 하면 과거는 '이미 없는 것'이 되고, 미래는 '아직 없는 것이 되며', 현재는 '머물러 있지 않는 것'이 된다. 이렇듯 시간은 비존재이고 계속 흘러가고 있다.477) 새들의 날개 짓은 초고속 카메라로 새들의 날개 짓을 보아야만 현재를 알 수 있을 것이다. 그러나 시간을 쪼개어 파편에까지 이르게 한다면 현재는 사라지게 된다.478)

어거스틴은 인간의 시간성을 하나님의 영원성과 비교했지만 인간도 현재를 살고 있다고 보았다.479)

> 그러나 이제 나에게 명확히 드러나 밝혀진 것은 미래의 시간이나 과거의 시간이란 없다는 것입니다. 그러므로 우리가 과거, 현재, 미래라는 세 가지의 시간이 있다고 말하는 것은 적당하지 않습니다. 아마 '과거 일의 현재', '현재 일의 현재', '미래 일의 현재'라는 세 가지의 시간이 있다고 말하는 것이 옳을 것입니다. … 즉 과거 일은 현재의 기억이요, 현재 일의 현재는 직관이며, 미래 일의 현재는 기대입니다.480)

인간의 시간은 과거, 현재, 미래라는 세 가지의 시간이 따로 있는 것이 아니라 현재라는 시간에 세 가지 모습이 있을 뿐이다.481) 즉 시간은 현재성을 기점으로 하여 과거는 현재 속으로 넘어와서 현 실재를 구성하면서 육화하며, 미래는 기대와 가능성으로서 또한 현재 속에서 예견하며 현존한다.482) 시간에 있어서 과거와 미래는 한 연속체의 일부이

다. 우리가 현재를 진심으로 받아들이면 과거와 미래는 효과적으로 접근하게 된다. [483)

어거스틴은 시간의 현재성과 더불어, 시간을 재는 주체가 인간의 마음, 영혼이라고 했다. [484) 그가 시간의 본질을 파악하는데 있어서 '인간의 내면' 안에서 체험된 시간현상을 말한 것은 시간을 역사나 천체의 운동으로 보지 않았다는 점이다. [485) 인간의 시간은 단순히 과거, 현재, 미래로 표현하기에는 무리가 있기 때문에 역사성에 대입시켜서는 안 된다. 과거에 폴리비오스(Polybios, BC 205-125)가 로마 역사를 모델로 정치체계를 왕정, 참주정, 귀족정, 과두정, 민주정, 중우정이라는 순환론적 역사관은 개별적 인간에게 적용될 수 없다. [486)

어거스틴이 시간의 세 가지 모습을 내면의 인간 속에서 현재적인 것으로 파악한 것은 인간도 하나님처럼 현재를 살고 있음을 보여 준다. 인간의 마음은 직선적 시간이 아닌 현재로서 과거와 미래를 담고 있는 것이다. 이것은 어거스틴이 실존적 사고를 하는 사람이었고 지금이라고 하는 현재의 중요성을 강조한 사람이었음을 알 수 있다.

선교사는 현재라는 시간 속에서 선교해야 한다. 우리는 현재를 살아가면서 공간과 관련되어 있다. 인간은 시간과 공간에 같이 배치되어 있다. 바흐친은 시간과 공간의 분리 불가능성을 말했다. 그것은 시간을 자연(피조세계)보다 앞선 것이 아니라 창조와 함께 시작한 것으로 봄으로 시간 안에 창조의 생성, 소멸, 변화, 승화, 성숙과 함께 있음을 말한 것이다. [487) 즉 공간은 시간과 함께 있는 것이다. 만약 '세계 속의 나'가 의미가 없을 때 '시간 속의 나'는 실제로 존재하는 현실이 될 수 없다. [488)

하나님께서 인간의 시ㆍ공성을 중요하게 생각한 부분이 구약성서의 예언서에 나타나고 있다. 예언자들은 하나님의 말씀을 그대로 대언하는 자들이었다. 그렇다고 하나님께서 그들의 시공간을 무시한 것이 아니다. 하나님은 예언자들이 처한 상황을 그대로 유지하면서 말씀을 그들의 입에 넣어 주셨다. 하나님은 종교를 인간의 시공간과 관련시키셨다. 기원전 8세기 문서 예언자들은 종교적 행위인 성전, 제의 보다는 정치, 경제, 법률을 다루면서 이스라엘 사람들이 하나님께로 돌아오는 길을 제시했다. 예언자들은 이스라엘이 하나님께로 돌아오는 길을 잘못된 사회적 상황에서 전환하는 것이라고 선포했다. 예언자들이 보기에 종교적 행위는 곧 사회적 행위와 밀접히 관련되어 있는 것이었다. 아모스는 이스라엘이 제사 보다는 공의를 행할 때 진정한 종교적 행위가 된다고 말했다(암 6:21-22). "내가 너희 절기들을 미워하여 멸시하며 너희 성회들을 기뻐하지 아니하나니 너희가 내게 번제나 소제를 드릴지라도 내가 받지 아니할 것이요 너희의 살진 희생의 화목제도 내가 돌아보지 아니하리라"(암 6:21-22). 아모스는 이스라엘이 형제와 화평하지 않았고, 사리사욕에 사로잡혔으며, 타자를 얕보고, 한 켤레의 신발 때문에 노예로, 만든 것을 지적했다(암 2:6). 미가 예언자도 사람들의 부패가 윤리적인 부패를 가져오게 되었고, 그 결과 성소에서도 부정을 행하게 되었다고 말한다.[489] 앤드류 월스가 토착화 원리와 순례자 원리의 긴장을 말한 것은 하나님이 원하는 방식으로 사는 변화가 필요했기 때문이다. 토착화 신학을 뛰어넘는 순례자 신학은 단순한 문화적 동화가 아닌 우리들 자신의 진정한 모습을 하나님의 형상으로 전환시킨다는 것에 관심이 있다. 선교에서 번역은 문화적 이데올로기가 아닌 문화적 다원주의를 말하는 것으로 궁극적으로 인간의 참 변화와 관련되어야 한다.

2. 대화주의 선교 : 언어에서 '말'로

기독교는 유대 그리스도인, 그리스-로마의 기독교, 켈트의 수도자, 유럽 게르만족들의 기독교 국가 현상, 라틴 아메리카, 아시아, 아프리카 등에서 다양한 모습들을 보여 주고 있다. 앤드류 월스는 남반부[490] 기독교의 등장으로 세계기독교 현상이 구체화 되었다고 본다. 기독교는 확장이 아닌 연속으로 각 지역과 문화에 맞게 토착화되어 왔던 것이다. 기독교는 20세기 초까지만 해도 지구의 북부와 서부에 집중되었다. 그러나 20세기 초에 이르러 유럽의 기독교국가라는 구심력에서 벗어나기 시작하여, 20세기 중반 이후에는 세계기독교라는 원심력으로 전환되었다. 기독교는 유럽뿐만 아니라 아프리카, 아시아, 라틴 아메리카 등에 다양한 형태로 편만한 가운데 각각 독특성을 유지하고 있다.

20세기 중반 이후 지구의 남부와 동부에서 기독교인 수가 급격히 증가한 결과이다. 남반부 기독교의 성장은 이 지역의 기독교가 토착화된 것에 있다.[491] 라민 싸네의 표현으로 기독교의 번역이 이루어진 것에 따른다. 이러한 결과는 유럽이 기독교의 중심이라는 구심력을 상실시켰다. 이제 유럽 기독교는 그들의 신학으로 타 지역의 교회들을 끌어당기는 구심력이 아니라, 세계기독교의 다양성을 인정하는 것이어야 하며, 선교에서도 보내는 나라와 보냄을 받는 나라라는 도식을 버려야 한다. 남반부 기독교인들의 자발적 선교가 이루어지고 있기 때문이다. 아프리카의 부흥은 부흥 집회에서 영향을 받은 아프리카인들이 다른 나라에 가서 복음을 전하는 일에 헌신한 결과로 나타났다.[492] 세계기독교는 중심이 없는 가운데 원심력으로 작용하고 있다. 오늘날 기독교가 유럽, 아시아, 아프리카, 라틴아메리카에 토착화된 시점에서 선교는 각각의 시·공성에 따른 대화를 필요로 한다.

1) 바흐친의 대화주의

기독교 다원주의(평행주의)가 말하는 대화는 중심성을 가지고 있다. 그 이유는 그들의 종교간의 대화는 구원론이라는 전제가 깔려 있기 때문이다. 다원주의자들은 종교학적 입장에서 모든 종교들의 차이가 없음을 말하며 구원에 이르는 길이 다양함을 제시한다. 이들은 구원에 이르는 더 개방적인 길을 따르고자 한다. 이러한 입장에는 끝에 가서 만날 것이라는 희망과 함께 종말이 올 때까지 기다려야 하는 한계가 있다.[493] 포괄주의(포용주의) 입장을 가진 가톨릭의 종교 간의 대화도 중심성을 지니고 있다. 그들은 자신들에게 특별계시가 있다는 우월감을 지니는 가운데 타종교에도 일반계시가 있음을 말한다. 그런데 이들 스스로는 관대하다고 보겠지만 타종교의 입장에서는 자신들의 종교를 낮추어보기 때문에 불편함을 느낀다.[494] 다원주의는 종교의 평등성을 말하고 포괄주의는 가톨릭의 우월성 속에서 타종교를 수용하는 것으로, 이들이 말하는 대화는 인간 삶에 대한 대화가 아니라 구원에 이르는 길을 제시하는 종교적 논의인 것을 알 수 있다. 다원주의자들이 비록 호교론에서 자유로운 입장을 취하고 있지만 비교종교학 측면을 지님으로 학문적 논쟁인 것임을 알 수 있다.

그러나 바흐친의 대화주의 특징은 인간의 변화에 초점을 맞추고 있다. 이것은 선교가 인간을 위한 것임을 볼 때 같은 노선이다. 바흐친의 대화는 인간의 변화에 초점을 맞추고 있다. 다원주의와 포괄주의가 말하는 종교적 논쟁으로서 다루는 대화와 다른 차원을 가지고 있다.

바흐친은 인간을 결정된 존재나 완결된 존재로 보지 않는다. 그는 인간을 생성하는 존재로 본다. 바흐친은 "인간은 자기 자신과 일치하는 법이 결코 없다. 인간에게는 'A는 A이다'라는 등식이 적용될 수 없다."[495]라고 했다. 인간에게는 보편적으로 적용할 수 있는 원리가 존재하지 않는다. 살아있는 인간에게는 최종적으로 판정되는 어떤 규정, 고정된 어떤 양적 실체로 만들어 내서는 안 된다. 바흐친은 인간이 자의식을 가지고 있고 그에 입각해서 끊임없이 어떤 말인가를 하며 자신의 행위를 전개하는 자라고 보았다. 인간의 다양한 삶은 다양한 해답을 필요로 한다. 인간은 그 어떤 외부적 규정으로 완전히 이해될 수 없다. 인간이 살아있는 동안에 결코 완결되지 않으며 자신에 대해 그 어떤 최종적인 말도 거부된다.[496]

바흐친은 도스토예프스키의 소설이 인간의 '미종결성'을 가장 잘 구현하고 있다고 보았다. 도스토예프스키는 "이 세상에서 최종적인 일은 아직 한 번도 일어나지 않았으며, 세계에 대한 최후의 말과 세상의 마지막 말은 지금까지 발설된 적이 없었다."[497]라고 한다. 도스토예프스키의 작품에는 한번 결정되면 최후까지 영원히 변치 않는 결정적이고 최종화시키는 말이 존재하지 않는다.[498] 도스토예프스키는 『수기』에서 지하인을 통해 인간에 대한 새로운 인식의 지평을 넓힐 뿐만 아니라 새로운 인간의 탄생을 알리려고 했다.[499] 즉 인간의 신비를 풀고 싶었다. 도스토예프스키는, 인간들이 대화에서 자신을 드러내며 현재 모습보다 더 나은 모습으로 변형시켜 나가는 것을 보았다. 그의 『수기』는 일인칭 화자의 주관적인 독백 형식을 취한다. 이 수기는 지하인의 자의식을 독백처럼 써내려간 아포리즘(aphorism)[500]이다. 그러나 한편으로는 '말없는 상대방(숨어 있는 타자나 독자)과 나누는 대화'이기도 한다. 수기의 주인공은 자신의 독백으로 독자의 호기심을 유발하고, 기대감을 조성하고, 긴장감을 높이며 말을 걸어온다.501) 『수기』는 비록 독백이지만 대화의 책인 것은, 지하인이 "당신들이 내게 주의를 기울이길 원치 않으니 나도 애걸하지는 않겠다."라고 말함으로써 독자에게 말을 걸어오기 때문이다.

어떻게 인간을 변화시켜 나가는가? 바흐친은 인간을 변화시키는 방법이 폴리포니에 있음을 알았다. 바흐친은 도스토예프스키의 작품에서 폴리포니(polyphony)를 발견했다.502) 바흐친은 도스토예프스키 소설 속에서 대화가 인간을 변화시키는 것을 보았다.

> 도스토예프스키는 소설 전체를 마치 거대한 대화처럼 축조한다. 그 대화의 내부에서 형식적으로 형성된 대화들이 소설을 풍부하게 한다. 대화는 단어를 이중의 목소리로 만들면서 그리고 인물의 각각의 몸짓, 움직임에 깊은 불일치와 균열을 내보여주면서 그들 속에 침투한다.503)

폴리포니는 음악용어로 하나의 소리가 아닌 다양한 소리(多聲性)들의 연합을 말한다. 폴리포니라는 음악적 은유는 동일한 말을 서로 다르게 표현하는 다양한 목소리들이 동시에 들리는 것을 의미한다. 그것은 동시에 들리며 각자의 독립성이 유지된다. '다성성'은 여러 목소리들의 병렬이나 단순히 반대되는 목소리와 관념들이 병치되는 것이 아니다.504) 그것은 독립적이며 융합하지 않는 다수의 목소리들과 이데아들, 그리고 각기 동등한 권리를 지닌 목소리들이 공존하는 것을 의미한다.505)

바흐친은 대화를 두 단자들의 상호작용으로 단순화 시킬 수 없다고 보았다. 대화가 단순한 상호작용이라면 이미 결정된 것이기 때문에 더 이상 대화가 될 수 없기 때문이다. 말(slovo)은 대화하는 가운데 새로운 것을 생성시킨다. 우리는 결론을 가지고 대화를 시도한다. 그것은 대화가 구심력으로 나에게 끌어당기려 하기 때문이다. 그러나 대화에서는 결론이 나지 않아도 좋다. 진정한 대화는 결론이 없는 것이다. 그래서 대화주의는 변증법이 아니다. 대화는 목적에 구애됨 없이 주고받는 것이다.

> 대화주의의 기능은 종합이나 해결의 목적론을 지향하기는
> 커녕 소설가 자신의 목소리를 포함하여 다른 목소리에 관해
> 한 목소리의 급진적인 외부성이나 이질성을 유지하고 그것
> 을 통해 생각하는 데 있다.[506]

도스토예프스키 소설은 진리를 인간에게 일방적으로 전달하려는 것이 아닌 대화를 통해 만들어졌다. 그것은 '작가'와 작중인물들의 관계를 통해 잘 드러난다. 도스토예프스키는 작가와 주인공의 말만 들려주려고 한 것이 아니라 작품 안에 나오는 다양한 인물들이 각자의 말(slovo)을 가지고 있으며, 그 말들은 자신과 서로를 생성하는 것임을 보여 주고자 했다. 도스토예프스키는 『죄와 벌』에서도 대화를 시도한다. 주인공 라스콜리니코프는 허무주의 사상을 가지고 있었다. 그는 나폴레옹을 어떤 짓이라도 다 한 자로 본다. 그는 나폴레옹이 프랑스 동남 해안의 툴롱(Toulon)을 파괴했고, 파리(Paris)의 대학살을 저질렀으며 자신의 군대를 이집트(Egypt)에서 방치한 것과 러시아 원정에서 50만의 생명을 소

모시킨 것을 비유로 들어, 그렇다면 사람들이 그런 그를 위해 기념비를 세워줬으니 결국 인간에게는 아무 짓이라도 허용된다는 것이다.[507] 그러나 라스콜리니코프는 창녀 소냐(Sonia)를 통해 새로운 인간으로 거듭난다. 그는 고리대금업을 하는 한 늙은 여인과 그녀의 여동생을 살인하고 나서 "아무 쓸모없는 더럽고 해로울 뿐인 '이'(louse) 한 마리를 죽였을 뿐"이라고 말한 것에 대해, 소냐는 "한 인간을 이로 볼 수 없다."라고 말한다. 라스콜리니코프는 이 한 마디에 그의 허무주의가 무너져 버린다.[508]

이와 같이 인간은 대화 속에서 새롭게 생성된다. 바흐친은 도스토예프스키 소설에서 "독립적이며 융합하지 않는 다수의 목소리들과 의식들, 그리고 각기 동등한 권리를 지닌 목소리들의 진정한 '다성음악'을 발견했다."[509] 도스토예프스키의 『죄와 벌』에 나오는 인간들은 결정된 존재가 아니라 늘 변화해 나가는 모습을 보여 준다. 문학작품은 창조물이지만, 바흐친이 볼 때 다성적 창조자는 의도적인 계획 없이 작품을 창조됨을 보았다.[510]

> 도스토예프스키에게는 어떤 것도 완성된 것처럼 보이지 않는다. 모든 문제들은 결정적인 해결에 대한 조금의 암시도 없이 열린 채 남아 있다.[511]

그러나 톨스토이(L. N. Tolstoy), 투르게네프(I. S. Turgenev), 괴테(J. W. von Goethe) 등은 그들의 작품에서 작가의 단일한 의식이나 목소리만을 낸다. 작중인물들은 작가의 사상을 전달하는 노예에 불과하다. 그들에게 작가의 말은 진리로서 구심력으로 작용한다. 작가는 작중인물들의 원심적인 목소리를 인정하지 않고 통제한다. 그리고 작가는 말을 종결한다.512) 작품의 모든 것을 작가의 것으로 간주하고 또 독자는 오직 그것만을 받아들이는 것으로 상정하며, 예술이란 일정한 가치와 내용을 전달하는 기계장치에 지나지 않는다.513) 이미 작가에 의해 작중인물들이 창조되는 것 속에서 어떻게 경이로운 것이 나올 수 있겠는가? 그것은 교리문답이 인간의 실존을 포괄하지 못한 가운데 규칙성을 따르게 됨으로 인간의 삶과 관계없는 것이 되고 마는 것과 같다.

바흐친이 보기에 도스토예프스키의 다성성은 문학에 있어서 일종의 코페르니쿠스적 혁명이었다. 도스토예프스키의 주인공은 작가의 독자적 사상을 대변하지 않는다. 주인공 의식은 항상 타인의 의식으로 나타난다.514) 또한 작가는 소설의 대화에서 단순히 또 다른 참여자에 지나지 않는다. 폴리포니 소설은 작가의 통제하는 의식이나 목소리가 없다. 소설 안에 다양한 여러 목소리들이 존재하지만 그 중의 어느 한 목소리도 작가 자신의 권위적인 통제를 받지 않는다. '작가'와 '주인공' 그리고 '작중인물'들 가운데 아무도 다른 사람의 사상이나 말을 간섭하지 않는다. 작가는 작품의 결말을 미리 계획하지 않고 작중인물들도 작가로부터 자유롭게 행동한다. 즉 작가는 작중인물에게서 일찍이 추측하지 못한 것을 말하고 행동하는 능력이 있음을 인정한다. 이것은 장 폴 사르트르가 『구토』에서 '삶'과 '말하기'를 구분한 것과 흡사하다.515)

폴리포니 작가는 작가적 잉여가 아닌 작중 인물들의 잉여적 지식을 인정한다. 소설은 잉여성을 지니고 있다. 각 개인들이 잠재력을 지니고 있는 것이다. 폴리포니 소설에서는 모든 인간적인 가능성과 필요성을 한꺼번에 구체화해버리고 영원히 남는 그런 형식은 존재하지 않는다. 바흐친은 폴리포니 소설이 한 인간을 진정으로 인간답게 만들어 주는 그 무엇으로 인간의 미래를 요구하는 '인간다움의 과잉'이 들어 있는 것을 보았다.516) 폴리포니 소설에서 언어의 원심력이 극대화된다. 언어는 언제나 탈 중심화로 기울고, 하나의 담론은 다른 담론을 침범하고 전복하고, 인용하고, 패러디하고, 희화화하고, 와해시킨다.517)

폴리포니 소설의 작가상에서, 우리는 하나님이 인간에게 자유 의지를 부여해 줌으로 최초의 다성적 창조자였음을 생각할 수 있다. 하나님은 창세기에서 명령하지 않고 그의 피조물과 대화를 나누었다.518) 바흐친은 만년에 "나는 진리로서의 그리스도에게 질문을 던진다."라고 노트에 적고 있다. 인간은 하나님에게 말을 걸고 하나님도 인간에게 말을 걸어 오신다. 그리고 인간은 하나님과 대화 중에 자신을 새로운 존재로 만들어 나간다.519)

2) 성서와 대화주의

인간은 각자 상황이 다르기 때문에 하나님께 접근하는 방향이 다르다. 존 레벤슨은 죄와 영생에 대한 개념을 원시 기독교에 편만했던 묵시 사상에서 나온 것이라고 본다. "이스라엘이 구원 받은 대상은 '죄'가 아니다. 영생을 위해 구원받는 것도 지옥에 떨어질 수밖에 없는 운명에서 구원받는 것도 아니다."520)

성서에서 모세오경이 이스라엘과 하나님과의 대화로서 나온 글이라면, 사복음서가 예수 그리스도에 대한 각자의 상황에 따라 나온 글이요, 바울서신은 각 지역 상황에 따라 나온 글이다.

예수 그리스도는 이스라엘 역사 중심에서가 아니라 각 개인을 향하여 말씀하셨다. 예수의 선포는 "회개하라."(마 3:2a)라는 것에서 출발한다.

회개(repentance)는 돌아서는 것이다. 돌아서라는 것은 인간의 삶이 잘못된 것이 있음을 의미한다. 마태의 문맥에서 '회개하라'는 것은 이제까지의 삶의 방식에서 돌이켜 그의 나라에 참여하여야 한다는 뜻이다.521) 예수는 이스라엘 사람들 중심이 아닌 종족을 초월하여 모든 사람들을 만나시고 대화하셨다. 예수는 사람들과 대화할 때 이미 '말해진 것'이 아닌 그들의 상황에 맞추어 주셨다.522) 니고데모(요 3:1-21)와의 대화에서, 예수는 그의 관심사에 초점을 맞췄다. 니고데모는 진리를 추구하는 유대인이었으며, 그에게는 새로운 존재가 되고 싶은 갈망이 있었다. 예수가 부자 청년과 대화(young, 마 19:16-26)할 때는 그가 생명에 대한 관심이 있었기 때문에 그가 소유한 것보다 생명이 더 중요한 것임을 말했다. 사마리아 여인(woman, 요 4:1-42)과의 대화에서, 예수는 사회에서 소외된 자의 위치에서 말씀하셨다. 예수는 간음한 여인(요 8장)에 대해서는 궁휼과 배려 속에서 만나셨다. 예수는 그녀에게 종교적 진리에 대한 질문을 하지 않았다.523) 삭개오(눅 19:1-10)와의 만남에서 예수는 말보다 사회적으로 비판받는 자와 식사하심으로서 그와 대화하셨다. 이렇게 예수의 대화는 정보 전달이나 일방적 모습이 없다. 그의 대화는 각 사람들의 관심사와 관련되어 있다. 즉 예수는 닫힌 언어가 아닌 열린 언어를 사용하신 것이다.524)

바울은 선교에서 '변론'과 '연설'과 '강론'을 병행했다. 그는 아덴에서 회당과 시장에서 만나는 사람들과 변론하였다(행 17:16). 바울이 회당과 시장에서 부활에 관한 설교를 했을 때 몇몇 에피쿠로스주의(Epicur-ianism) 자들과 스토아주의(Stoicism) 자들과 논쟁이 생겨난 가운데 그들은 바울을 아레오바고로 초대했다. 바울은 아레오바고 연설에서 그들의 종교성을 칭찬하면서도 그들의 신앙을 우상으로 폄하하였다. 즉 그들의 신앙에 대한 비판과 반박이었다. 그 결과 바울의 연설은 큰 호응을 얻지 못했다. 이것에 대해 니센(Johannes Nissen)은 바울의 아레오바고 연설이 실패한 것이 아니라고 했다. 그는 비록 몇 사람이지만 "아베오바고 관원 디오누시오와 다마라라 하는 여자와 또 다른 사람들"(행 17:34)이 믿었고, 누가가 이교 지식인들에 대한 기독교적 접근의 한 모델로 특별히 기록했다는 점을 지적한다.525) 그러나 바울의 선교 방법을 살펴볼 때 회당과 시장에서 했던 '변론'(dialegomai, 행 17:17)과 비교해 볼 때 아레오바고에서 행한 '연설'(speech, 행 17:16-21)은 실패한 것이라고 보아야 한다. 바울의 아레오바고에서의 연설이 일방적 형태였기 때문이다. 아레오바고 연설과 비교해, 바울이 에베소의 두란노서원에서 2년 3개월 동안 행한 '강론'(dialegomai, 행 19:8-10)이 있다. 서원은 헬라어 '스콜레'에서 온 말로 영어의 'school'을 말한다. 바울은 에베소에서 헬라 철학자들의 스콜레라는 물리적 환경을 가져와 '강론'을 했다. 그것은 혼자 말하는 것이 아니라 토론(dialogue) 형태였으며 질문과 대답이었다. 에베소는 대화의 도시로 그의 강론이 2년 동안 지속되는 동안 "아시아에 사는 유대인이나 헬라인이나 다 주의 말씀을 들었다."라고 한다. 바울은 새로운 공간에서 생성을 도출했다. 이것은 결론이 없는 대화였다. 토론은 서로에 대한 도전 속에 새로운 것을 만들어 나가는 그리고 자율적 선택을 만들어 내게 된다.

바흐친은 성서를 권위적인 말로 보았기 때문에 거부했다. 그는 '권위적인 말'은 거리가 있고, 서열상 더 높은 곳에 있기 때문에 우리로 하여금 그 말을 인지하고 또한 우리 자신의 것으로 만들기 원하기 때문이었다.526) 그래서 그는 "권위적인 말은 재현될 수 없으며 오직 전승될 뿐이다."527)라고 했다. 그가 말한 대로 성서는 권위적인 책이다.

그러나 성서는 내용적으로 대화의 책이다. 하나님은 각 개인과 '대화' 하신다. 로버트 폴진(R. M. Polzin)이 모세법전(신 12-28장)에서 하나님 말씀 보다는 하나님과 모세 간의 심오한 대화적 내용이 나온다고 말한다. 모세는 하나님의 말씀을 회고할 때 하나님의 권위적인 말씀과 자신의 말 사이의 경계를 존중하고 있지만, 신명기에서 모세는 어느 부분이 보고된 하나님의 말씀이며 또 어느 부분이 모세의 말인지 구별할 수 없는 방식으로 백성들에게 전한다.[528]「신명기」는 전승될 수 있는 하나님의 독백적인 권위의 말씀을 취하여 모세의 내적으로 대화화한 말로 대체한 것이라고 볼 수 있다.[529] 모세는 단순히 문자적 전달자가 아닌 내적으로 소화시켜 말한 것이다. 바흐친도 "내적으로 설득력 있는 말은 반은 우리 자신의 것이고 반은 다른 사람의 말에서 온다."라고 한 것으로 보아 성서가 대화의 책인 것을 인정해야 할 것이다.[530] 성서는 담론이면서도 내적으로 설득된 하나님의 말씀과 인간의 말이 섞여 있는 책이다.[531] 성서는 하늘에서 들리는 음성에 따라 기록된 글이 아니라 저자들의 처한 상황에서 기록된 말씀이다.

대화는 두 사람 간에 일어나는 것이다. 그래서 대화하는 가운데 새로운 맥락과 상생의 관계로 들어가게 된다. 하나님은 사람들과 대화하시는 가운데 새로운 사람을 만들어 가신다. 하나님이 아브라함에게 말씀하실 때 아브라함은 스스로 결정했다. 하나님은 아브라함을 개인으로 불렀다. "내가 그를 개인으로 불렀다. 내가 그에게 축복하고 그를 창성하게 하였다"(사 51:2b). 그리고 "네 고향 땅에서 떠나, 네 친척들에게서 떠나, 네 아버지의 집에서 떠나 내가 네게 지시할 땅으로 가거라."(창 12:1)라고 했을 때 아브라함의 결단이 있었기 때문에 가능한 일이었다.

3) 닫힌 언어에서 열린 언어로

언어는 사람들 사이의 경계선상에 위치해 있기 때문에 확정성(중심성)을 가지면 안 된다. 이미 '말해진 것'(said, 눅 11:42-46)으로 모든 것을 규정시키는 것은 무리이다. 언어는 늘 경계선상에서 대화를 통해 생성되어 나가는 것이어야 한다. 언어는 고정되어 있는 것이 아니라 경계선을 넘어서는 것이다.532)

폴 히버트(Paul Hiebert 1952-2008)는 그리스도인이 되는 기준을 설정할 때 칸토르(Georg Cantor)의 '본질적 확정(경계) 집합'(intrinsic well-formed sets), 자데(Lofti Asker Zadeh)의 '본질적 불확정 집합'(intrinsic fuzzy sets)에 더하여 자신의 '관계적 확정(중심) 집합'(extrinsic centered sets)과 '관계적 불확정 집합'(extrinsic fuzzy sets)으로 규정해서 설명했다.533) 이 가운데 '본질적 확정 집합'은 경계가 분명한 것을 강조하는 서구문화와 헬라 세계관에 기초한다.

서구의 사고는 '추상적', '논리적', '분석적', '귀납적', '비판적', '환원적'이라는 특징을 지니고 있다. 이것은 서구가 고대 희랍어의 영향을 받았기 때문에 나타난 현상이다. 칼 야스퍼스(Karl Jaspers 1883-1969)가 기원전 5-6세기 전후를 세계 정신사의 주축 시대라고 평했을 때,534) 서구 정신의 기초는 플라톤(Plato, BC 427-347), 아리스토텔레스(Aristoteles, BC 384-322)등의 희랍철학에 있다는 것에 많은 학자들이 동의하고 있다.535)

서구의 사고는 고대 희랍어 문장을 통해 확인해 볼 수 있다. 고대 희랍어 문장은 주어와 술어로 구성되어 있다. 희랍어 '에이나이(einai) 동사'는 영어의 비(be) 동사처럼 계사(copula, 연결어)로서 주부와 술부를 이

어준다. 고전학자 칸(C. Kahn)은 에이나이 동사가 주부와 술부를 연결하는 계사적 의미와 더불어 존재사(infix)적 의미가 혼용되어 있다고 주장했다. 왜냐하면 에이나이는 절대적 구문에서 '사실이 그러하다'는 의미를 지니며, 술어적 구문에서는 '진리이다', '사실이다'의 의미를 지니기 때문이다.[536] 칸은 고대 희랍인들이 에이나이 동사를 사용할 때 단지 주어와 술어를 연결할 뿐만 아니라 언명된 사태가 진리라는 것을 보여 주려고 했다고 본다.[537] 희랍어는 존재하는 것을 주어로 명시한 가운데 그것을 술어적 문장으로 객관화했다. 즉 존재를 언어적으로 기술한 것이다. 희랍어에서 술어 구문이란 주어에 의해 지칭 또는 기술되는 것에 귀속시키는 언어활동이다.[538] 희랍어에서 문장 구문이 함의하는 바는 일이 되어 가는 형편이나 상황에서 화자 자신의 밖을 언어적으로 객관화한 것이었다.

이러한 해석이 사실이라면 에이나이 동사는 세계를 보는 태도를 담은 언어임을 알 수 있다. 희랍인들의 언어는 우리가 사는 세계 너머의 형이상(metaphysical)의 세계나 본질에 관심을 둔 가운데 사고를 전개해 나간 것이다. 그래서 희랍인들은 언어를 '진리'를 발견하여 전달하는 일, 생성과 변화하는 세계를 넘어 영원히 지속하는 것을 탐구하고 서술하고자 했다. 희랍인들 언어의 일차적인 기능은 존재적이고 진리 전달적인 것이었다.[539]

문자의 도입은 존재와 의미를 구분했을 뿐만 아니라 추상적 체계를 더 심도 있게 만드는 결과를 가져왔다. 이전의 구술문화 시대에는 말 자체가 행동이고 영향력으로 작용했지만 문자문화 시대에 들어와 존재와 세계가 분리되었다.

희랍어는 소리를 분석하여 시각화한 음성문자(phonetic alphabet)이다. 음성문자는 상형문자와 달리 문자의 자의성 또는 존재나 의미와의 무관성을 지니고 있으므로 문자와 의미의 관계가 일치하지 않는다. 음성문자는 존재나 세계와 무관한 기표로서 세계에 대해 자의적이다. 예로, '나무'라는 글자를 아무리 들여다보아도 나무 자체의 모습을 알 수 없다.540) 이러한 불일치성은 인간의 사고를 언어의 체계에 가두는 결과를 가져왔다.

또한 희랍어에는 경험 세계를 넘어서 보편자, 추상체의 세계가 존재한다는 믿음이 들어있다. 그것은 희랍어가 정관사를 사용함으로 생겨났다. 정관사 사용은 다른 대상과 구별시키는 특정의 개별적 대상을 만들어 주며 모든 것을 포괄하는 추상적 개념을 만들어 준다. 플라톤은 관사를 사용해서 보이지 않는 세계를 실체화하고 학문적 탐구의 대상을 설정했다. 그는 의미론적 존재를 다양한 경험적 사물들에 하나의 동일한 속성을 부여하는 존재론적 원인을 부여했을 때, 그것은 경험적이고 다수적인 특수자들에게 일정한 속성 내지는 규정성을 부여하려는 것이었다. 정관사는 그 대상을 특정의 개별적 대상으로 만들어 다른 대상과 구별시키고, 보통명사와 형용사에 정관사를 붙여 그 대상들을 모두 포괄하는 유적 집단의 개념을 형성하며, 형용사나 분사 등의 앞에 붙어 명사화하거나 심지어 추상화했다.541) 예로, '경건성'과 '경건한 것'을 비교해 보면, 전자는 윤리적 덕목이고 정신적 특성으로 정의, 절제 등과 연관이 되어 있다. 반면에 후자는 제우스 신전, 신전에 바치는 제물 등과 연관된다. 그러나 이 둘은 전혀 관계가 없는 것으로 다른 의미를 지니는 독립적인 것이다.542)

이와 같은 희랍어의 진리적 개념 전달, 음성문자로서 존재와 의미의 무관성, 추상적 체계는 서구에 영향을 주어 그들이 세계를 인식하는 도

구가 되었다. 서구 정신은 근본적으로 닫힌 언어 체계를 가지고 사고한 것이라고 볼 수 있다.[543]

서구는 중세 이후 존재(exist) 개념이 변했다.[544] 유럽에서는 참으로 존재하는 것은 개개 사물의 배후에 그것들에 공통되는 명사로서 붙여진 일반적인 기호나 이름에 불과한 것이라는 유명론(nominalism)과 물질이 실제로 참된 모습을 파악하고 있다는 실재론(realism) 사이의 보편(universal) 논쟁이 생겨나면서, '실재론자'들이 보편언어를 주장했다. 그 가운데 문법학자 랑슬로(Claude Lancelot, 1615-1695)와 철학자인 아르노(Antoine Arnauld, 1612-1694)는 1660년에 『일반이성문법』을 출판했다. 그들은 그때까지의 라틴어 중심의 문법서와는 달리 모든 언어에 공통된 언어 일반의 문법을 지향해 나갔다. 이것은 단순히 언어의 여러 규칙을 설명한 '개별문법'이 아니라, 프랑스어 이외에 라틴어, 그리스어, 히브리어, 이탈리아어, 스페인어, 영어와 독일어 등이 겉으로는 다르게 보이지만 소수의 보편적 원칙에 근거하고 있다는 '보편문법'(universal grammar)을 말하고자 한 것이다. 중세 유럽에서 언어는 어떤 '보편성'을 담고 있는 것으로 이해되었으며, 훔볼트(Wilhelm von Humboldt 1767-1835)가 모든 언어 자료들을 보아 비교하면서 보편문법에 속하는 보편성(universality)에 관심을 가졌다.[545]

언어는 보편성으로 설명될 수 있는가? 언어는 기원성을 지니고 있는 것인가? 자크 데리다는 언어의 보편성, 기원성을 말하는 것은 '형이상학적 입장'이라고 보았다. 언어에서 기원성을 찾는 것은 인간을 언어에다 귀속시킴으로 지배 받는 것이다.

소쉬르는 문자문법이나 체계를 중요시한다. 그는 언어를 '기표'(시니피앙)와 '기의'(시니피에)의 결합이라고 보았다. 그에게 기표와 기의의 관계는 필연성이 없는 것이기 때문에 기호와 의미는 일치하지 않는다고 봄으로 언어체계를 강조하게 되었다.546) 음성 음운론(phonology)은 기표와 상응하기 때문에, 언어에서 음성의 존재는 언어구조의 요소로 불합리한 것으로, 그가 볼 때 언어의 본질은 의미가 아니라 언어체계(형태론적 체계, morphology system)를 구성하고 있는 가치(valoir)라고 보았다. 그가 보기에 문자 문법(grammar)이야말로 오랫동안의 훈련을 통해 인위적으로 사전에 구성된 인식이나 지각의 체계로 소리를 유의미하게 만든다. 그래서 소쉬르는 공시언어학(Synchronic Linguistics)을 선호한다.547)

데리다는 이러한 소쉬르의 언어학 연구를 형이상학적 틀이라고 했다.548) 왜 데리다는 언어의 기원성을 찾는 것에 대해 형이상학이라고 말했을까? 그것은 화이트헤드(Alfred North Whitehead)가 말한 대로 서양철학사가 플라톤(Plato) 철학의 긴 주석에 불과했던 것처럼, 언어 속에 우리의 의식이나 사유가 갇혀 있기 때문에 형이상학이라고 말한 것이다.549) 인간이 언어에 귀속된 것이다.

인간이 언어를 사용하는데 있어서 단순히 진리를 전달하는 도구나 문자로만 작용하게 되면 닫힌 언어가 된다. 닫힌 언어는 구심력으로 형식주의, 구조주의, 시학, 전달의 모습으로 나타난다. 그래서 바흐친은 언어를 중심이 아닌 경계로서 그의 언어철학을 시도했다. 그는 객관적인 구조로서의 '언어'(language) 보다는 주체적인 힘으로서의 '말'(discus)이 인간의 삶과 현장 속에서 갖는 역할에 관심을 가졌다.

선교에서, 훔볼트와 소쉬르처럼 '닫힌 언어'와 그리스도인이 되는 기준을 정할 때 '본질적 확정 집합'의 입장을 취하게 되면 타자를 내 안으로 끌어당기는 역할을 하게 된다. 그것은 내가 기준으로 삼고 있는 것에서 경계를 넘어가는 것을 허용하지 않을 것이며, 기독교 중심적 사고로 기독교 문화와의 일치를 원하고 타종교에 비관용적이 될 것이다. 구심력 선교는 개인 실존을 상실할 가운데 목표, 성취, 계획, 업적, 비현실, 주체성으로서 '나' 중심 안으로 '타자'를 끌어당긴다. 비록 구심력 선교가 성취를 이루었다 해도 그 이후에 나타난 현상은 파괴와 무너짐이 될 것이다. 그것은 외적 형식이라는 모래 위에 집을 세운 것이기 때문이다.

그러나 바흐친은 일반언어학이 아닌 메타언어학을 말했다. 여기서 메타(meta)는 초(超)의 뜻이 아니라 '2차'(secondary)라는 의미이다. 일반언어학이 언어 그 자체에서 일어나는 현상을 연구하거나 언어의 독립적인 추상 체계를 연구하는 것이라면, 메타언어학은 말의 삶을 여러 측면에서 연구한다. 바흐친은 언어철학자로서 사유했다.550) 언어에 철학을 붙이는 것은 매우 생소한 경우이다. 서구 철학은 보편, 실재, 이성, 합리주의, 형이상학에 근거한 것이므로 현상으로서의 언어는 연구 대상이 될 수 없었다. 서구 철학은 보편적인 사유를 해 왔기 때문에 언어에 적대적인 태도를 취했다. 그러나 바흐친은 언어의 경계선에 서 있었기 때문에 언어학자들의 언어학을 비판할 수 있었다.551)

> 언어활동의 현실은 언어형태들의 추상적 체계도 고립된 독백적인 말도 그것을 수행하는 심리-생리적인 행위도 아니다. 그것은 하나의 말 혹은 여러 말들 속에서 수행되는 언어적 상호작용의 사회적 사건이다.552)

인간은 말하는 존재로 말을 통해 사회활동을 한다.553) 행위는 육체적 행위일 뿐만 아니라 말도 포함된다. 말은 곧 존재이고 행위이며, 사건이다. 바흐친은 언어를 '랑그'인 구심력과 개인의 의식적 목소리인 '파롤'이라는 원심력이 늘 공존하는 것으로 보았다.

바흐친은 마르크스주의의 굳어 있는 언어의 구심력을 원심력으로 전환하려고 시도했다.554) 우리의 말과 행동 사이에 외적인 관계만 있는 것이 아니라 내적인 관계도 있다. 언어는 의사소통으로 끝나지 않고 잉여 작용을 한다. 부정적 잉여로는 신문과 뉴스에서 정보 전달이나, 의사소통을 위한 것이 아니라 명령어의 전달이다.555)

> 명령어를 한 언표에서 다른 언표로 전달하건 각 언표의 내부에서 전달하건, 언표가 행위를 달성하고 행위가 언표 속에서 달성된다는 점에서 언어는 명령어의 전달인 것이다.556)

엄밀히 말하면, 우리의 언어 행위는 개인적 언표행위가 없으며 심지어 언표행위의 주체도 없다. 우리의 말은 여러 목소리들이 배치물에 불과하다. 항상 중요하게 작동하는 것은 언표행위라는 집단적 배치물이다.557)

언어는 구심력과 원심력 사이에서 끊임없는 갈등과 긴장 속에서 일종의 계급투쟁의 장으로 작용하게 된다.558) 언어의 원심력은 언어를 단일화시키려는 모든 시도를 패러디하고 비판하고 파괴시키며, 모든 것을 분리하여 다양화, 다층화 시킨다. 원심력 언어는 권위적 담론이 아닌 내적으로 나와 타자의 말들과의 투쟁으로 나타났다.559)

20세기 초의 러시아 문학비평은 사회주의 리얼리즘에 의한 정치적 사회적 고찰이 지배적이었다. 사회주의는 예술 작품을 정치적 사회적 전

언에 의해 평가했기 때문에 작품들의 형식적 분석을 하지 않았다. 그들이 문학을 정치적 선전 도구로 보게 됨으로 형식의 문제는 도외시 되었다. 이미 19세기 중반의 피사레프(Dmitrii Ivanovich Pisarev, 1840-1868)는 문학 작품들의 형식적인 분석을 별로 하지 않았으며, 19세기 말의 피핀(A. M. Pypin)도 문학에 표현된 사회적 사상을 우선적으로 연구하였다. 19세기 러시아 상황은 문학자들로 하여금 이데올로기 주석에 관심을 갖게 만들었다.560)

이에 반해 러시아 미래파(Futurist Movement)는 예술에 대한 보헤미안적 태도를 가지고 답답한 과거와의 단절을 시도했다.561) 그들은 작가의 영혼보다 언어를 더 중요시했다. 그들에게 시적 언어는 합리적 사고를 전달 수단이나 피안의 세계를 밝혀 주는 것이 아니었다. 미래파는 작품을 사상과 감정의 전달 수단이라기보다는 시적 담론 그 자체를 중요하게 여겼다.

러시아 형식주의562)는 미래파 운동과 생각이 같았기 때문에 그들의 관점을 많이 취했다. 러시아 형식주의는 모스크바와 페테르부르그의 두 중심지에서 생겨났다. 그들은 연구 대상을 작품 그 자체에 두고 형식 분석, 시의 구조, 문체, 리듬, 운, 기법에 관심을 가졌다. 그들은 후설의 반심리주의 입장을 취했으며 형식을 중요시 하였다. 페테르부르그의 '시적언어연구회'는 전문적인 '언어학자들'(Lev Jakubinskij, E. D. Polivanov)과 현대 언어학을 이용해 그들 학문의 근본적 문제를 해결하고자 하는 '문학 이론가들'(Viktor Borisovich Shklovskij, Boris M. Eikhenbaum, S. I. Bernstein) 사이의 연합집단이었다. 모스크바의 '언어학연구회'는 '시학'을 탐구하는 언어학자들(Roman Jakobson, Pëtr Buslaev, Pëtr Bogatyrëv, G. O. Vinokur)의 집단이었다.563) 모스크바의 '언어학

연구회'의 시학의 대상은 오직 텍스트 구조에 있었다. 형식주의자들인 로만 야콥슨(Roman Jakobson, 1896-1982)과 쉬끌로프스끼(Viktor Borisovich Shklovskij, 1893-1984)는 시어를 문학작품에서 사용되는 언어로 규정하는 가운데 시어만을 연구 대상으로 삼았다. 쉬끌로프스키와 에이헨바움(Boris Mikhailovich Eikhenbaum, 1886-1959)은 시어의 중요성을 강조했기 때문에 산문과 구별시켰다. 그러나 언어의 기본적 성격을 고려하면 시어와 일상어 사이에는 아무런 차이가 없음을 발견할 수 있다. 언어를 구분한다면 언어 안에 상존하는 구심력과 원심력이 있을 뿐이다. 시어는 다양한 언어의 유형 가운데 하나일 뿐이지 유일한 것이 아니다.564) '시학'은 서사시처럼 닫힌 언어 체계를 가지고 언어와 형식에 관심을 기울인다. 바흐친은 형식주의 시학에서 소쉬르의 추상적 객관주의 언어학이 갖는 한계성을 발견했다.

모스크바 언어학연구회는 상징주의와 역사주의를 탈피했지만 시학이라는 언어에 갇혀 이론체계에 관심을 기울이는 가운데 사회에 대해서 무관심했다.565) 그들은 문학을 이데올로기적 삶과 사회 경제적 삶의 영역으로부터 고립시켰다. 형식주의는 시와 본문 형식에만 관심을 기울이는 가운데 인간의 사회적 상황을 무시함으로써 비현실적인 문학이 되고 말았다. 그들은 문학을 사회적 공간과 역사적 시간 속에서 진행되는 구체적인 삶과 무관한 것으로 보았다. 그 결과 문학은 비사회적 학문이 되었다. 형식주의자들의 이론은 프레드린 제임슨이 말한 이른바 '언어의 감옥' 속에 그들 스스로를 감금시킨 채 지극히 관념적이고 추상적이며 현학적인 비평의 유희로 전락시켰다.566) 형식주의가 '시'에 대한 전문적 능력으로 자신과 직접 관련된 분야 밖의 어떤 것을 보는 시각을 잃어버리게 된다면 그러한 능력이 아무리 커도 가치가 없는 것이 된다.

그래서 바흐친은 러시아 형식주의가 상수들(음운론, 형태론, 통사론)만을 추출해 낸다면 완전한 언표행위를 이해할 수 없다고 보았다. 그는 형식주의 문학에서 말하는 '의미를 초월한 언어'(zaum), '낯설게 하기'(ostranenie), '기법', '소재'라는 기본 개념들은 부정적이고 허무주의적인 경향으로 일관되어 있다고 보았다.[567] 바흐친은 러시아 형식주의가 '문학성'으로 빠졌다고 보았다.[568] 문학성은 문학적인 것과 비문학적인 것을 구분한다. 그 결과 문학은 시어(詩語)와 일상어(散文)로 구분된다.[569] 바흐친은 형식주의자들과 달리 언어(기호)를 사회적 현상으로 보았다. 언어는 이데올로기적 현상으로서 살아 움직이는 것이다. 문학은 형식적인 시스템이 아니라 말로 구성되어 있으며, 말은 본질적으로 사회적 상호 작용의 산물인 것이다. 바흐친은 형식주의의 두 가지 오류를 문학 재료의 형식과 내용을 분리한 것과 문학을 철학, 사회학, 윤리학, 역사에서 격리시킨 것이라고 했다.

바흐친은 「행위 철학」에서 문학과 삶의 분열을 지적했다. 막스주의자들이 자신의 세계에서 문학적 통일성을 지향하지만, 삶도 유일성을 드러낸다. '통일성'과 '유일성'은 어원적으로 '하나의' '단일한'이라는 특성을 가지고 있지만, 문학에서 통일성은 합리성과 완결성을 최상의 가치로 삼아 사물들을 논리정연하게 배열함으로 인간의 유일성을 희석시키게 된다. 문학의 단편들이 하나의 일관된 체계를 구축하고 그것들 전체가 다시 거대한 통일성을 이룸으로 통일성의 원리가 완결된 전체를 형성하고 만다. 하지만 문학과 달리 인간의 삶은 일상과 순간으로 가득 채워져 있다.

4) 대화로서 선교

바흐친의 언어철학은 원심력적인 것으로 메타 언어학, 즉 대화로서의 언어학이다. 이것은 선교가 개인 실존의 변화에 따른 원심력적인 것이라면 대화적 관계를 가져야 함을 알 수 있다. 그것은 닫힌 언어가 아닌 열린 언어로 작동해야 한다. 열린 언어는 탈형식주의, 탈구조주의, 탈역사주의, 산문의 모습이다.

레비나스(Lévinas)는 『존재와 다르게』에서 '말해진 것'(said)과 '말하는 것'(saying)을 구별했다.570) '말해진 것'은 이미 말한 것으로 타자를 말해진 것으로 끌어 들인다. 동일화된 언어는 사람들을 지배하게 된다. 철학은 전통적으로 오직 말해진 것에만 관계해 왔다. 말해진 것은 '세계', '진리', '존재'에 관한 진술들과 명제들이다. 이렇게 말해진 것에 우위를 두게 되면 '말하는 것'은 힘을 상실하게 된다. 레비나스는 말해진 것에서 의미화를 찾기 보다는 말하는 것에서 만들어지는 의미생성에 관심을 가졌다. 말하는 것은 이미 말해진 것 안에 귀속될 필요가 없다.571) 우리는 말을 함으로 타자에 대해 책임(責任)을 진다.572) 즉 말하는 것은 책임과 관련된다. 말하는 것은 나와 타자의 상황적 구조인 노출로써 의사소통이기 때문이다.

바흐친은 레비나스의 '말하는 것'에서 '함께 말하는 것'(with saying)으로 더 확장시킨다. 바흐친은 말하는 것에서 한 단계 더 나아가 '대화'(dialogue)를 추구한 것이다. 대화(dialogue)는 어원적으로 '둘'과 '진리'의 합성어이다. 즉 대화는 둘의 진리를 나누는 것이다. 대화는 함께 풀어내는 중요한 작업이다. 대화는 남들보다 뛰어난 화술에 의해 이루어지는 것이 아니다. 만약 대화가 남보다 뛰어나게 하는 것이라면 오직 한 사람의 의견에만 귀를 기울여야 한다. 예로, 한 학급에서 학생들을 남보다 뛰어나게 하는 것에 둔다면 남들처럼 하도록 시킬 것이며, 뛰어난 한 사람만 존중하는 서열이 생기게 될 것이다. 그러나 남과 다름을 지향한다면 학급 전원이 각자의 우월성을 가질 수 있게 될 것이다.[573) 대화의 출발은 서로 다름에 있다. 남과 다름은 대화로 인도한다. 그 이유는 대화가 서로의 다름 속에서 서로를 필요로 하기 때문이다. 진정한 대화는 서로를 존중한다. 대화는 획일적인 해답보다는 서로 다른 시각을 제공받는 것이다.[574) 그래서 대화에서는 서로 다른 답은 있어도 틀린 답이 없다. 유대인은 똑같은 대답보다, 100명이 모이면 100개의 다른 생각, 다른 답안이 만들어져야 한다고 본다.[575) 선교에서의 대화는 서로 각자 다름을 인정함으로 시작한다.

대화는 어떤 내용을 일방적 전달로 이루어지는 것이 아니라 '너'와 '나' 사이에 서로 교류하는 것이다. 대화는 다른 사람과 '함께 말하는 것'이다. 횔더린(Friedrich Hölderlin)은 "대화가 있으면서부터 우리는 존재한다."라고 했다. 인간의 존재 의미는 나와 타자의 대화적 삶을 통해 이루어진다. 인간이 존재한다는 것은 의사소통 속에서이다.[576) 인간이 산다는 것은 대화에 참여한다는 것이다. 그렇다면 의사소통의 단절은 죽음을 의미한다. 바흐친에게 "인간이 존재한다는 것은 하나의 깊은 의사소통을 의미하는"[577)것이다.

> 남의 일에 전혀 상관하지 않은 채 자신의 방식대로 살아가는 '상대주의' 혹은 단정적인 결정을 내려 버리는 '권위주의'와는 달리, 도전적이면서도 개방적인 '대화주의'는 타인의 목소리에 빠져들지 않으면서 그들과 유사성을 발견하고 그

들의 차별성을 해부하지 않으면서도 그들과 이질성을 명확
히 인식하기 위해 스스로에게 그리고 서로서로에게 마음을
개방하는 대화를 계속하도록 해준다.[578]

바흐친은 대화를 통해 나타나는 '의미'는 "말속에나 화자의 영혼 속에나 청자의 영혼 속에 존재하는 것이 아니라, 주어진 음성복합을 매체로 해서 화자와 청자 사이에서 이루어지는 상호작용의 결과로 나타난다고 한다."[579] 비트겐슈타인(Ludwig Wittgenstein 1889-1951)은 "하나의 말이 이야기 속에서 쓰이는 길, 그것이 그 말의 의미다."라고 했다.[580] 그리고 할러(R. Haller)도 "말은 무슨 뜻인지를 발견하는 것이 아니라 그 말이 쓰이는 길을 관찰하고 묘사함으로써 그 의미를 찾아낼 수 있다."고 했다.[581] 오토 디트리히(Otto Dietrich)도 언어의 기본적인 작용은 표현이 아니고 화자와 청자 간의 '의사소통'(communication)이라고 했다. 또한 언어가 생명을 얻기 위해서는 추상적 언어학적인 체계나 화자와의 개인적인 심리 속에서가 아니라 구체적인 의사소통 속에서 이루어져야 한다고 했다. 따라서 언어 현상은 기계적인 구조로 관찰될 것이 아니라, 말이 사용되는 상황과 말을 하는 사람의 삶의 전체 맥락과 관련하여 이해되어야 한다. 말이 쓰이는 인간의 삶은 늘 변하고 넓혀진다.

바흐친은 인간의 대화적 관계는 슬라바의 영역에 있으며, 슬라바는 결국 존재이며 행위이고 사건으로 작용하는 것이라고 보았다. 히브리어 다바르(dabar)는 일종의 말(word)이지만, 복수형인 데바림(debarim)은 말들로 사건을 만들어 낸다. 인간은 대화를 통해서 존재한다. 내가 타자를 만나기 전에는 존재하지 않는 것이다. 인간은 말하는 존재로서 나와 타자의 매개체는 '말'이다. 슬라바는 대화로 말이 엮이는 가운데 사

건이 생겨나게 된다. 러시아어에서 '언어'로 표기되는 단어들은 '이지끄'(Jazyk), '레치'(Rech'), '슬라바'(Slovo)이다. 조주관은 이 단어들의 미묘한 차이로 인해 '이지끄'를 영어의 'language', 프랑스어의 'langue', 한국어의 '언어'로 번역했고, '레치'는 영어의 'speech', 프랑스어의 'parole', 한국어 '발화'로 구별했다. 그리고 '슬라바'는 영어의 'discourse', 러시아어의 'slovo', 한국어는 '말', '담론'으로 번역했다.582) 바흐친의 '함께 말하는 것'은 슬라바와 관련이 있다. 슬라바는 구체적으로 살아 있는 총체로서의 말이다. 슬로보는 사고나 이성을 가리키는 추상적 의미보다는 '영혼'이나 '생명'과 같은 살아 있는 구체적인 실체를 가리킨다.583) 슬라바는 생명체처럼 역동적으로 움직인다. 슬라바는 외적 상황과 더불어 내적 이유와 관련이 있다.

바흐친은 물리학 용어인 원심력과 구심력을 사용하여 '말'의 랑그(구심력)와 파롤(원심력) 사이의 역동성을 보았다. 바흐친은 "말이란 대상을 향해 가는 다양한 모든 길, 어느 방향에서건 낯선 말을 만나게 마련이며 또한 이러한 만남은 생생하고 긴장된 상호작용 속에서 이루어진다."라고 보았다.584) 바흐친은 말의 원심력과 구심력 관계를 대화주의와 연결시켰다.585) 그는 '랑그'와 '파롤'의 구별이 아니라 '말'의 대화적 작용을 중요하게 생각했다. 그는 '자아'(ja)와 '타자'(drugoi)의 말을 융합시켰다. 바흐친은 언어에서 '랑그'인 구심력과 '파롤'인 원심력이 늘 공존하는 것으로 보았다. 그는 '말해진 것'(랑그)이라는 구심력과 '말하는 것'(파롤)이라는 원심력의 대화를 추구했다. 그러나 그는 '말함'(saying)에 우위성을 두었다. 그러면서도 말하는 것을 뛰어 넘었다.

언어의 구심력은 다른 언어들을 "지배하고 예속시키고 통일

시키는 것"을 좋아하는데 "언어의 다양성으로부터 단일한
원래 언어로 주의"를 환기시킨다. 이 힘은 그 자체가 언어를
통일된 것 즉 공식적인 언어로 만든다. 반대로 원심력은 언
어의 통일성을 해체하며 언어적 권위를 인정하지 않는다.
즉 원심적인 힘은 예속과 통일을 거부하며 이에 대항하여
싸운다.[586]

언어의 구심력은 단일 언어를 이루려고 한다. "단일 언어란 언어의 통
일과 집중이라는 역사적 과정의 추상화된 표현 즉 언어에 존재하는 구
심적 힘들의 표현이다."[587] 여기서 바흐친은 지배계층의 언어의 구심력
화를 본다. 지배계층은 자신의 기득권과 현상 유지를 위해 언어를 획일
화시키고 중앙집권화 한다. "단일 언어는 사회, 정치, 문화의 집중화와
관련하여, 구체적인 언어와 이념이 하나의 방향으로 집중되고 통합되려
는 힘을 갖는다."[588]

그래서 바흐친은 언어의 원심력을 추구한다. 구심력은 타자를 나의
주장에 끌어들이려고 하지만, 대화는 원심력적인 것으로 대화 자체에서
서로에게 도움을 주며 바른 방향으로 나가도록 한다. 타자는 곧 그들의
실재이기 때문에 나의 실재와 다르다. 나의 실재는 타자의 실재를 강요
할 수 없다. 내가 타자의 실재를 나에게 강요한다고 해서 내 실재가 될
수 없다.

설령 타자의 실재가 억압을 통해 나의 동일성 안으로 오게 만들었다
고 할지라도 타자의 실재는 타자성으로 남게 되기 때문에 무의미한 행
위가 될 뿐이다. 이것이 선교에서 대화주의가 필요한 이유이다. 선교를
행할 때 타자를 강제적으로 내 안에 끌어 들인다면 외형적인 변화에 불

과하다. 그래서 선교는 대화를 통한 결과로 나타나야 한다. 인간은 말하는 존재일 뿐만 아니라 '대화적' 존재자로서 서로간의 대화를 통해 완성되어 나간다. 말하는 것은 말해진 것의 가능성의 조건을 구성하게 된다.589)

바흐친에 대한 비평가들인 토도로브(Tzvetan Todorov, 1939-2017)와 홀퀴스트(Michael Holquist)는 그들의 저술에서 바흐친의 이론을 '대화성'이라고 했다.590) 바흐친은 '소리'가 말이고 목소리이되 언제나 '행위'이고 '행동'이며, 전통적으로 이해해온 사유나 의식이 아니라 행위, 행동과 분리되지 않는 사유, 현실세계 안의 구체적이고, 존재 안에서 책임 있는 사유를 말했다. 그래서 바흐친에게 존재는 생(life)을 의미하는 것으로, '자신에게 나', '나에게 타자', '타자에게 나'와 엮이는 관계이다.591)

선교에서 왜 둘의 대화가 필요한가? 인간의 삶에는 정답이 없기 때문이다. 삶에 대한 해답은 미리 정해진 답이나 다수의 지지를 받은 답이더라도 나의 답이 될 수 없을 때가 많다.592) 우리는 대화 중에 자신의 길을 선택하게 된다. 바흐친은 대화에서 인간의 잉여성을 보았다.593) 이것은 잉여의 긍정적 측면으로 그는 "말은 그것을 사용하는 대화적 교류 속에 살아 있다. 대화적 교류야말로 언어의 삶의 진정한 영역이다."라고 했다.594) 인간은 대화를 통해 서로 성장한다. 대화는 그 둘 이상의 파트너가 함께 하는 것이다. 대화는 서로 다른 생각들이 결합됨으로 새로운 창조가 생겨나게 만든다. 우리가 신을 이해하는 능력이나 현실을 이해하는 능력도 대화를 통해 만들어 낸다.

그러면 우리는 선교에서 대화를 어떻게 할 것인가? 첫째로, 선교는 '말한 것'이 아닌 '말하는 것'(말함)이어야 한다.595) 훔볼트와 소쉬르가 말해진 언어 체계에 관심을 가졌던 것처럼, 선교도 말해진 것에서 출발하면 일방적으로 내 주장 안으로 끌어 들이는 행위가 된다. 구심력적 프라퍼겐더 선교는 타자를 나에게 끌어당기는 것이기 때문에 언어 사용에 있어서 보편적, 추상적, 독백적, 기호학적이게 된다. 구심력 선교의 언어는 닫혀 있다. '닫힌 언어'는 일방적이고 전달하는 것에 집중한다. 그 결과 언어가 사람들을 지배하게 된다. 그런데 개신교 선교는 일방적 전달에 치중해 왔다. 이것은 오늘에 와서 공허한 울림이 되고 있다. 선교는 대화를 통해 스스로 결정하는 과정이 되어야 한다. 선교 행위가 독백이 아닌 대화가 되어야 하는 이유는 전달이나 강압에 의해 이루어진 변화가 진정한 변화로 생각될 수 없기 때문이다. 선교는 과거에 말했던 것인 구심력에만 머물지 말고 말하는 것인 원심력도 있어야 하며, 또한 하나님의 선교라는 자리도 만들어 놓아야 한다.

둘째로, 선교에서 대화는 두 단자들의 상호작용으로 단순화 시킬 수 없다. 그 이유는 대화가 단순한 상호작용이라면 이미 결정된 것으로서 더 이상 대화가 될 수 없기 때문이다. 대화는 인간들이 서로 정보를 주고받는 단순한 수단이 아니라 서로의 말을 듣는 것이어야 한다. 또한 대화에서 '말해진 것'만을 가지고 한다면 닫힌 언어가 된다. 선교가 내가 말한 것만 전달한다면 인공지능(AI)의 역할에 불과하다. 그것은 단지 지식 전달만 있을 것이다. 그래서 선교는 '나'와 '너'의 삶의 현장에서 '말하는 것'으로 이루어져야 한다. 또한 그 말하는 것은 함께 말하는 것이어야 한다.

셋째로, 선교에서 대화는 변증법적인 것이 아니다.[596] 선교는 어떤 목표와 결론을 얻기 위한 것이 아닌 대화하는 중에 각자의 변화와 발전을 이루는 것에 초점을 맞추어야 한다. 그래서 대화에서 어떤 결론을 얻지 못했다는 것은 결함이기보다는 참다운 형태의 대화의 표현으로 보아야 한다. 열린 대화가 되기 위해서는 먼저 '나'의 이론과 주장이 불가피하게 주관적인 제약 아래 있다는 것을 알고 나서 '너'의 이론과 주장을 검토하는 것이어야 한다.

넷째로, 선교에서 대화는 타자를 나의 중심으로 끌어들이기 보다는 서로에게 매력을 느끼는 가운데 상대방에게 감동되는 것이어야 한다. 예로, 스탠리 존스(E. Stanley Jones 1884-1972)는 인도에서 선교할 때 토착인과 대화하는 방법을 사용했다. 그는 대화 내용을 지식이 아닌 체험에 초점을 두었다. 그는 대화에서 "종교를 통해 무엇을 체험하고 있는가? 삶에서 종교의 가치는 무엇인가?"[597)]를 질문했다. 왜냐하면 종교는 사상에 대한 토론이 아닌 실제 삶에 작용하고 있는 것이기 때문이다. 존스가 대화의 방법을 사용하기 전에 신약성경의 구절을 통해 하나님을 발견시키려고 했을 때, 힌두교인 한 의학도는 지식이 아닌 "당신이 체험으로 배운 하나님을 발견하는 법이 무엇인지 알려 달라"고 요구했다.[598)] 존스는 인도인들이 원하는 것이 복음을 선포할 사람이 아니라 복음을 보여 줄 사람임을 알게 되었다.[599)] 그래서 그는 인도 지식층들을 원탁회의에 초대해 대화를 시도했다. 그는 그들로 하여금 종교가 자신에게 어떤 의미가 있는지 허심탄회하게 말하도록 했다. 그의 대화는 한 종교가 다른 종교보다 우월하다는 것을 드러내려는 것이 아니라 종교의 의미에 토론하게 했다. 존스는 대화의 원칙을 세워 그들 각자의 종교를 말할 때 사실대로 말해야 하고, 그것을 듣는 사람들은 그들이 무슨 말을 하든지 존중하고 경청해야 하며, 종교를 논함에 있어서 피상적이 아니라 좀 더 현실적이야 할 것을 말했다. 그는 초점을 각 종교들의 체계 차이에 두지 않았다. 또한 동양이냐 서양이냐에 두지 않았다. 오직 인간의 문제, 물질주의, 탐욕, 부도덕, 영적 갈망과 같은 인간의 욕망에 두었다. 그리고 기독교를 다른 종교의 관점과 비기독교인의 관점에서 생각했다. 대화는 논쟁, 비교, 교리 주장, 토론이 아닌, 삶의 기쁨, 슬픔, 불안, 고통, 일의 압박, 죄악과의 싸움, 상류생활의 유혹, 동료애, 출세에 대한 욕망 등 온갖 삶에 부딪힐 때마다 나의 종교에서 무엇을 얻었는지, 개인과 사회에 빛을 비추고, 도덕성을 높이고, 마음의 평화와 조화를 유지하고, 세상의 압박에서 해방되는 것에 있어서 종교가 어떤 구실을 해 왔는지를 가지고 진행되었다.[600] 그들의 대화는 말이나 사상의 싸움이 아니라 삶을 정면으로 마주보게 하는 것이었다.

이와 같이 대화주의 선교는 타자를 전달자 중심으로 끌어들이거나 설득하는 것이 아니라, 그들 스스로 가장 좋은 것을 찾도록 도와주는 것이다. 대화는 창조적 행위로 서로를 돕는 것이며, 서로의 성장을 가져오게 한다. 성경의 창조기사는 하나님께서 인간에게 말을 걸어오시고 인간은 그에 대해 응답한다. 하나님께서 인간과 대화하셨듯이, 선교사도 사람들과 대화하는 중에 선교가 이루어지는 것이다.

3. 선교적 행위 : 존재에서 존재사건으로

개신교의 거대담론과 종말론에 근거한 선교적 행위는 주체가 타자를 자신에게 끌어들이게 된다. 선교가 구심력이라는 것은 우월성을 드러내는 것이고, 그 결과 선교는 개념을 언어나 역사로 전환해 사용하게 된다.

선교에서 선교사의 행위는 아무 의미가 없는 것일까? 바흐친은 인간 행위가 단지 존재에 의한 것이라면 하지 않는 것이 좋다고 보았다. 예로, 도스토예프스키가 『지하로부터의 수기』에서 무위(無爲, doing nothing)를 말한 것은 욕망에 따른 행위였기 때문이다. 이 책에서 '지하인'은 "나는 이제 현명한 인간은 진정 아무것도 될 수 없고 뭔가가 된다는 건 바보에게나 해당되는 일이라는…. 19세기의 현명한 인간은 반드시 정신적으로 우선 주관 없는 존재가 되어야만 한다. 주관을 가진 사람, 즉 행동가는 대개 편협한 존재"601)라고 말한다. 그는 "오, 내가 오직 게을러서 아무것도 하지 않은 것이라면 세상에, 내가 얼마나 자신을 존경했을까?… 조용히 살다가 장엄하게 죽는다는 것, 이건 정말 매혹적"이라고 말한다.602) "여러분, 결국 아무것도 하지 않는 편이 낫다! 의식적인 부동의 관성이 더 낫다! 그러니 지하 만세!"603) 그의 무위는 인간 이성과 과학이 창조한 세상의 유토피아, 수학공식으로 만든 사이비 유토피아에 대한 것이다.604) 조주관은 『수기』의 제1장에서 많이 반복되는 단어 가운데 13회나 반복되는 엘로이(злой)는 '악한', '못된', '사악한', '심술궂은', '나쁜'이라는 의미라고 말한다.605) 인간은 잘못된 욕망을 가지고 행동하고 있는 것이다. 인간 두뇌의 양쪽 반구가 같이 작동해야 하지만, 세계를 효율적으로 활용하는 좌반구와 세계를 넓고 관대하게 이해하는 우반구 사이의 치열한 권력 투쟁에서 좌반구의 지배력이 갈수록 커지게 되어 관료적이고 비인간적인 사회가 형성되어 인류와 세계의 행복이 사라졌기 때문에 차라리 무위하는 것이 낫다는 의미이다.606) 지하인은 "당신들은 통계 수치와 경제학 공식으로부터 얻은 평균치를 가지고 인간 이득의 총 장부를 만들었다. 실상 당신들의 이득이란 안락, 부유함, 자유, 평온, 뭐 기타 등등일 테죠."라고 말하며, 그들이 한 가지 빠뜨린 이득이 있는데 오성, 명예, 평온, 안락이라는 것이다. 그들은 유용한 것들을 거슬러 행동하게 만드는 이득을 위해서만 행위하고 있는 것이다.607) 그래서 지하인은 "적어도 문명 때문에 인간이 더 피에 굶주리게 된 것이 아니라 해도 예전보다 분명히 더 흉악하고 더러운 방식으로 이미 피에 굶주리게 되었다. 지금 우리는 유혈을 더러운 짓으로 여기고 있지만, 하여튼 이 더러운 짓에 종사하고 있다."608) 라고 말한다. 즉 도스토예프스키는 인간이 오성이 명령한 대로가 아니라 자기가 원하는 대로 행동하기를 좋아했기 때문에 문제가 생겨난 것임을 지적한 것이다.609) 인간은 $2 \times 2 = 4$를 찾아 대양을 건너고 이 탐색에 바치는 삶을 살다가 막상 발견하고 나면 거기에서 의미를 찾지 못한다.610) 인간은 자기를 주장하고 싶을 땐 수단과 방법을 가리지 않고 자아를 주장하지만, 장기를 두는 사람이 목적에 이르는 과정을 사랑할 뿐 목적 자체에는 관심이 없는 것처럼 자신의 목적을 이루고 나면 끝이다.611) 인간의 욕망(желание)은 삶의 수학공식을 어긋나게 만들고 있다. 그래서 '지하인'은 '$2 \times 2 = 4$'라는 수학공식 세계의 불필요성 속에서 무위를 주장한 것이다.

그래서 우리는 행동이 생성되기 위해 존재사건에 참여하는 것이 되어야 한다. 인간의 '존재'란 '자신에게 나', '나에게 타자', '타자에게 나'로 엮이는 관계에서 벌어지는 현실의 행위와 관련이 있다. 바흐친은 존재에다 사건을 연결하여 '존재사건'이라고 했다. 존재사건이란 '자신에게 나', '나에게 타자', '타자에게 나'가 서로 어우러지는 것을 말한다. 이 존재사건에 참여하는 행동만이 살아 있는 것이다. 행동이란 결국 존재사건에 참여하는 것이다.

그런데 바흐친은 존재사건 참여가 행동의 '내용의미' 차원까지 미치지 못함을 보았다. 그가 말한 내용의미는 콘텍스트적인 것이다. 언어는 사전 속의 단어 설명이 아닌, 한 단어가 문맥, 시대, 배경, 계층에 따라 계속 새로운 뜻으로 읽힘으로써 같은 단어가 새로운 시공간에서 새로운 의미를 생성하는 것이 되어야 한다. 존재사건이 내용의미를 포함하기 위해서는 '생의 세계'와 '문화의 세계'가 통일되어야 한다.

그럼에도 우리의 행동이 객관적인 형태인 문화의 세계와 일회적으로 실제 진행되고 수행되는 생의 세계가 각기 다른 방향을 향해 나가고 있기 때문에, 이 두 세계는 이론적 용어가 아닌 다른 용어로 정의될 필요가 있다. 바흐친은 그 대안으로 나의 '책임 있는 행위'를 말한다. 여기에 '책임 있는'이라는 말은 본래 '책임을 지는'이라는 뜻이지만, 바흐친은 '응답 가능한', '대답 가능한'이라는 뜻으로 사용했다. 즉 책임 있는 행위란 응답하는 행위이다. 그것은 어떤 당위, 심리적인 것, 단지 참이라는 것, 초월론적인 것, 사상(捨象, 일반화)에서 나오는 것이 아니다. 그것은 윤리적인 것이다.

> 우리는 오직 구체적인 책임 안에서만 생을 제대로 의식할
> 수 있다. 생의 철학은 오직 도덕철학으로만 존재할 수 있다.
> 생을 의식화하는 것은 존재-소여가 아니라 오직 존재-사건
> 으로만 가능하다. 책임에서 떨어져 나온 생은 철학을 가질
> 수 없다.[612]

바흐친은 『행위철학』에서 인간의 행동이 '추상적 의의'와 '역사적 현실성' 사이에 분열이 생기는 것을 보았다. 추상과 역사의 분열은 행동에서 생명력을 잃게 한다. 그는 개인의 '미적 활동'은 구체적으로 자신이 행하는 행동을 통해 이루어진다고 했다.[613] 인간의 행동은 사건성이 되어야 한다. 인간의 행동은 추상성이 되어서는 안 된다. 우리가 반드시 해야 한다고 규정해 놓은 당위(duty)를 최고의 형식적 범주로 생각하면

오류를 범하게 된다.[614] 판단이 갖는 추상성은 나의 사건성과 전혀 관계가 없는 것이기 때문이다. 우리에게 미적, 학문적, 그리고 윤리적인 의무란 존재하지 않는다. 이론적 의무에 의한 행위는 도덕적 가치의 문제를 해결하기에 부족하다. 의무가 의의를 갖는 것은 우리의 현실 행동과 서로 관계하는 것에 의해서이다. 단지 참이라는 것만으로는 충분하지 않고 주체 내부에 생기는 응답의 행동이 필요하다. 인간이 사건성(존재사건, 생 - 사건)에 참여하는 행동만이 생성되고 실현되는 것이다. 알랭 바디우(Alain Badiou)도 인간을 '존재로서의 존재'가 아닌 것으로 사유했다.[615] 만약 존재로서의 존재가 성립되면 진리의 생산만 있게 되므로 인간은 언어의 제한에 묶이게 된다. 즉 인간은 어떤 것으로 규정된 것에 의해 이해되고 만다. 그래서 바디우는 인간을 '사건(event)으로서의 존재'로 보았다. 인간은 사상가에 의해 설명될 수 없을 뿐만 아니라 일반적인 어떤 것으로 규정될 수 없다. 그는 인간을 '존재-로서의-존재가 아닌 것'이 되기 위해 다수성의 사건으로 이해하려 했다.[616]

바흐친은 『예술과 책임』에서 '예술'과 '생활' 사이의 상호관계를 말한다. 이 책은 삶과 예술의 분열 속에 나타난 절망감에 대하여 러시아 지식인의 시대 진단과 문제의식, 해결에 관한 성찰을 담고 있다.[617] 예술과 책임은 자신 안에서 하나가 되어야 한다. 만약 그것들이 상호 침투되지 않는다면 무의미한 것이 되고 만다. 바흐친이 본 세계는 삶과 문화의 각 요소들이 통일성을 이루지 못하고 분립해 있었다. 그가 보기에 '예술'은 일상의 현실에 스며들지 못했고 '일상'은 예술을 거부하고 있었다. 그 결과 정신의 깊이를 담보하지 못한 삶, 그리고 일상을 몰각해 버린 예술 사이의 간격이 생기게 되었다. 그는 "예술과 생활은 같은 것이 아닐지라도 내 안에서 하나가 되지 않으면 안 된다."[618]라고 했다. 그는 예술로서의 삶, 삶으로서의 예술의 통일을 지향했다. 그에게 예술과 삶은 분리될 수 없는 것이었다. 바흐친은 예술가가 창작에만 몰두하는 가운데 생활에 대하여 어떤 책임도 가지지 않는 것을 지적한다. 예술가의 예술과 생활의 분리는 인격의 통일이나 내적인 상호침투가 존재하지 않는다. 예술가의 열정(pathos)이 예술도 생활도 서로 스스로의 과제를 덜어내고 자신의 책임을 회피하려는 것에 문제가 있다. 예술가와 인간(생활인)은 하나의 인격 안에 결합되어야 한다. 예술과 생활은 인간 자신 안에서 하나가 되어야 한다.[619] 바흐친의 '행위철학'은 책임 있는 행위를 강조한다.[620]

그렇다면 선교적 행위는 어떤가? 선교는 어떤 이념, 추상, 이상을 실현하는 것이 되어서는 안 된다. 선교가 당위, 즉 반드시 해야 할 일이 되면 잘못된 출발선에 서 있는 것이다. 선교 행위가 거대담론이라는 언어와 종말론에 의한 역사로 시행된다면, 그것은 나의 책임과 관계없는 어떤 내용을 전달하는 것에 불과하게 된다. 이론적 참에 근거한 이념적 선교 행위는 진정한 행위가 될 수 없다. 우리가 행동하는데 있어서 단지 참이라는 것만으로 충분하지 않다. 만약 우리의 행동이 추상으로 이루어지는 것이라면, 그 관념에 따라 움직일 뿐이다. 그래서 방연상은 근대 계몽주의적 이성의 빛 아래서 신학이 신에 대한 인식론적 논의로 축소되었다고 보았다. 신학이 신의 존재에 관한 과학적인 논증의 결과의 산물이라면, 신학자의 권위는 지식의 전문성에 기인하게 되기 때문에 그의 삶의 윤리적 태도는 차후로 밀려나게 된다.[621]

그러므로 선교적 행위는 사전적 정의인 '의의'가 아닌 콘텍스트에서 이루어지는 '의미'가 되어야 한다. 앤드류 월스가 토착화 원리 이후에 '순례자 원리'를 말했던 것도, 성육신된 토착화 원리라 할지라도 영원한 중심성이 될 수 없기 때문이었다. 비록 중심축 이동에 따른 토착화를 만들어 냈다고 하더라도 새로운 것과 만나면서 변화될 수 있다는 것이다. 우리에게 영원한 중심성은 예수 그리스도 외에 이 세상에 아무것도 없다. 우리의 행동은 새로운 상황을 만났을 때 본래의 원칙은 적용될 수 없다. 그래서 신학은 인식론적인 엄밀성을 추구하는 증명의 문제가 아니라, 예수 그리스도의 삶에 동참하는 것으로서의 윤리적 태도와 관련되어야 한다. 하나님은 앎의 대상이 아니라 윤리적 행위를 통한 사귐의 거리에서 만나는 분이다.[622] 레비나스가 타자와 만나는 관계를 '어려운 자유'(difficult freedom)[623]라고 말한 것은, 인간 행동이 단 한 번의 행위를 통해 소산을 만들어내기 때문이다. 그만큼 인간의 행위는 중요한 위치를 차지한다.

1) 개인 윤리로서의 책임과 응답

바흐친은 윤리의 출발을 '개성'이라는 개별적이고 구체적인 현실의 차원에서 시작한다. 인간의 개성은 지금 '나'의 구체적인 것일 뿐만 아니라 인격적이며, '여기'의 구체적인 시간과 장소와 관련되어 있다. 그가 말하는 인간의 개성은 재능, 인격, 능력이라는 타고난 자질을 말하려는 것이 아니라, 자신의 삶에 응답을 행함으로서 만들어지는 것을 의미한다. 인간은 삶과 세계에 대한 주체의 응답적 행위가 개성을 만들고 그것이 곧 책임이 된다. 매 순간 세계 속에서 삶을 일관되게 통일하는 것은 지금 그리고 여기서 행동하는 개성적 자아인 '이 나'에 다름 아니다. 인간에게 필요한 것은 지금, 여기에 존재하고 살아가고 있는 각각의 '이 나'가 자기 삶에 책임을 갖고 응답하며 행동하는 것이다.[624] 바흐친에게 윤리라는 단어는 '삶'이라는 단어와 동일하다.

사르트르는 『존재와 무』에서 인간만이 가지고 있는 의식을 말한다.. "나의 신념은 신념에 관한 의식이다."[625] 인간은 대자로 존재하면서 자신에게 주어진 제한된 조건에서 무엇을 선택할 자유가 있다. 인간은 자신을 만들어 나가는 자유로운 존재이다. 자기가 한 모든 일에 책임을 지면서 스스로 결단해야 한다. 나의 결단에 따른 책임은 막중하다. 그것이 인류 전체와 관련될 수도 있기 때문이다.

그런데 칸트는 초월적 이념으로서 윤리를 부여했다. 그에게는 '보편적 윤리', '당위'가 중요했다. 그는 이 세계를 건설할 수 있는 토대로 이성을 제공했다. 그러나 이것은 삶과 윤리의 불일치를 보여 준다. 초월적 윤리는 보편적 윤리로 각 개인의 삶과 맞지 않기 때문이다. 도덕법칙이 절대적인 것이기에 무조건 복종하라는 메타적 권위는 이제 주장될 수 없다. 도덕법칙의 문제점은 일상생활에 적용될 수 없다는 점에 있다. 의무는 구체적인 삶의 굴곡들을 무시하는 형식적 원리가 되고 강제의 족쇄로 우리를 구속하게 된다.[626] 윤리는 바로 지금 이 세계로부터 생생하고 구체적인 삶의 연관으로부터 길어 올려야 한다.[627]

신칸트주의는 자연과학을 모델로 하는 실증주의에 대한 반동으로 나타났다. 신칸트주의는 문화적 규범에 윤리를 부여했다. 이제 철학은 개별적인 문화적 가치를 탐구하는 것이 되었다. 그러나 전통과 관습, 제도가 아무리 실제적이고 현실적이어도 그것이 사고와 행동을 지배하는 척도가 되면, 문화가 형이상학의 자리에 올라서게 된다. 만약 문화만이 절대 끈이 된다면 그것이 삶과 윤리를 이어주지는 못한다.[628]

그래서 바흐친은 윤리를 인간 각자에게 주어진 지금, 여기에서 '이 나'가 자기 삶에 책임을 갖고 응답하며 행동하는 것이라고 했다. 그에게 도덕규범이나 문화규범과 같은 이념들은 윤리의 출발이 될 수 없다. 그것이 주체의 결단이라 할지라도 '이 나'에게 강제되는 것이라면 책임 있는 응답하는 행위는 나올 수 없기 때문이다. 더불어 인간의 행위의 모든 출발점은 지금, 여기에 발 딛고 선 '이 세계'에서 이루어진다.[629]

구약성서의 계약이 늘 갱신된 것은 새로운 삶의 터전에 의한 것이다. 하나님은 자신의 뜻을 따르는 이들과 계약(covenant)을 맺어 나가셨다. 하나님과 이스라엘의 관계를 규정하는 조약체결로는 출애굽기 19-24장, 여호수아 24장, 그리고 신명기서 등이 있다. 레벤슨(Jon Douglas Levenson)은 계약이 자연히 이어지는 것이 아니라고 말한다. 그는 이스라엘 사람들이 각 세대 각 사람의 마음속에 계약의 불꽃을 되살려 언제나 새롭게 해야 한다고 본다. 계약은 단지 주어지는 것이 아니라 당사자가 적극적으로 받아들여야 하는 것이기 때문이다.[630] 계약은 한 번 맺은 것으로 지속되는 것이 아니다. 새로운 시대에 새로운 사람은 그 계약을 음미하고 자발적으로 계약을 맺어야 한다. "이 언약은 여호와께서 우리 조상들과 세우신 것이 아니요, 오늘 여기 살아 있는 우리 곧 우리와 세우신 것이다"(신 5:3). 그러므로 계약은 한 번 맺음으로서 자동적이거나 영구적으로 작용되는 것이 아니라, 시대가 바뀐 후에 후세들은 스스로 다시 계약을 해야 한다.

> 신명기서는 법률적인 규정들과 벌칙의 확정을 목적으로 하는 '법전'이 아니며, 옛 규정들과 새 규정들이 나란히 적혀 있는 단순한 율법 모음집도 아니고, 전체에 걸쳐 권면의 어조를 띠고 있는 '율법적인 교훈서'다. 이 저작의 언어는 법률이 아니라 가슴과 양심의 언어이다.[631]

포로기를 경험한 예레미야는 각자의 책임을 강조한다. "그 때에 그들이 말하기를 다시는 아버지가 신 포도를 먹었으므로 아들들의 이가 시다 하지 아니하겠고, 신 포도를 먹는 자마다 그의 이가 신 것 같이 누구나 자기의 죄악으로 말미암아 죽으리라.… 보라 날이 이르리니 내가 이스라엘 집과 유다 집에 새 언약을 맺으리라"(렘 31:29-31). 에스겔은 각 사람의 책임적 행동을 강조한다. "나는 너희 각 사람을 그의 행동에 따라서 심판하겠다. 야웨가 말씀하셨다"(겔 18:30). 포로기 이후 랍비들은 시내산 계약에서 "여호와께서 명령하신 대로 우리가 다 행하리이다."(출 19:8)라고 했던 응답을 오늘날 되살리는 방법으로 '쉐마'(the Shema, 신 6:4; 신 6:5-9; 신 11:13-21; 민 15:37-41)를 사용하였다.[632] 이제 이스라엘은 자연적 요인들인 혈연과 지연으로부터 생겨난 것이 아니라 계약에 의한 정신적 통합체가 되었다. 그들이 하나님과 계약을 맺었다고 기계적으로 계약이 연장되는 것은 아니었다. 기원전 8세기 예언자들(아모스, 호세아, 이사야, 미가)이 종교 관습에서의 생명력 없는 형식주의와 종교적 사고에 기계적인 무사안일에 대항한 것은 계약의 갱신을 요구하는 것이었다. 아모스는 사회적 불의를 범하는 가운데 행해지는 성소 순례와 사치스런 예배를 규탄하였고(암 4:4 f.; 5:5 f., 21 ff.; 8:10, 14), 호세아는 백성들을 이용해 봉헌물로 자신을 살찌우는 제사장들을 혹평했다(호 4:8 f.; 4:14 f.; 5:1 f.; 7:14; 8:11 ff.; 9:1 ff.). 이사야는 성전에서 드리는 웅장한 기도를 비난하는 가운데 하나님과의 인격적 관계를 강조했다(사 1:11 ff.; 29:13).

하나님과 인간 사이의 계약으로 노아의 무지개 계약(창 9장), 하나님과 아브라함 사이의 계약(창 15, 17장), 시내산 계약(출 19-24장), 세겜 계약(수 24장), 다윗 왕조와 맺은 계약(삼하 7장; 시 89편), 새 언약(렘

31:31ff) 등도 있다.[633] 하나님은 각 시대마다 말을 걸어오시고 인간은 그에 대한 응답으로 계약을 맺는다.

> 인간론에 대하여 성서가 공헌한 것은 … 인간은 혼자 남은 단독자가 될 때에, 비할 수 없는 음성에 부름을 받아 이제까지 살아오던 모든 연대성에서 떠나고 새로운 계약을 맺도록 소명을 받아 단독자가 될 때에야 비로소 인간이 자기 자신을 이해하게 된다.[634]

계약의 의미에 대해 다양한 설명이 있다. 히브리어 계약(berith)을 '선택하다', 계약 체결 시 '식사하다', '사이에'의 의미를 지니는 것으로 해석하는 학자들은 이를 '합의' 혹은 '약속'으로 본다. 이러한 해석은 계약 당사자 사이의 합의 보다는 '의무'의 부과에 더 중점을 둔 것이다.[635] 그래서 쿳쉬(E. Kutsch)는 '책임', '결속'이라고 보며, 팔머 로벗슨(O. Palmer Robertson)은 '약정', '관계'의 뜻이 있다고 본다.[636] 그런데 더 중요한 것은 계약 체결이 쌍방적이라는 점이다.[637] 이것은 어느 한 쪽에 일방적으로 종속되지 않고 쌍방 간의 책임을 요구한다. 고대 근동에서 계약은 불평등조약(편무조약 혹은 종주권 조약)과 평등조약(쌍무조약)으로 이루어졌는데, 앗수르가 영토를 점령하여 확장할 때 그 지역 왕과 백성들에게 충성조약을 강요한다. 그것은 반란을 방지하기 위한 것으로 불평등조약이었다.[638] 그러나 하나님과 이스라엘이 맺은 조약은 평등조약으로 하나님만 의무를 다하는 것이 아니라 이스라엘도 의무를 다해야 한다.

김광식은 하나님의 언행일치를 말한다. 그는 '성'(誠)을 언행일치로 해석한다. 하나님은 공약만을 일삼는 신기루의 하나님이 아니라 언행일치를 행하신다. 구약에 있어서 하나님은 이스라엘 민족과 계약을 맺으시고 언행일치를 행하신다.[639] 그렇다면 이스라엘도 언행일치를 이루어야 한다. 만약 성(誠)을 하나님의 인격으로 표시할 수 있다면, 인간의 인격도 성(誠)으로 표시될 수 있다. 하나님은 시내산에서 모세를 통해 이스라엘 백성들에게 "너희가 내 말을 잘 듣고 내 언약을 지키면 너희는 모든 민족 중에서 내 소유가 되겠고"(출 19:5)라고 말씀하신다. 모세가 이스라엘 백성들에게 하나님께서 이스라엘과 계약을 맺기 원하신다는 말을 전달했을 때, 그들은 "일제히 응답하여 이르되 여호와께서 명령하신 대로 우리가 다 행하리이다."(출 19:8)라고 응답했다. 여기서 계약은 불평등 계약이 아니라 평등, 동등계약임을 알 수 있다. 신앙은 결단이다. 신앙은 성서에 대한 지식이나 신학과 교리에 대한 지식이 아니다. 신앙은 그것에 대한 결단이다. 신앙은 믿음과 삶이 일치될 때 완성되는 것이다.[640] 여호수아는 가나안 땅에 들어간 후 하나님 앞에서 스스로 계약을 맺는다. 그리고 그는 이스라엘 백성들로 하여금 그들도 하나님과 계약을 맺을 것인지 묻는다. 여호수아는 그들의 자율적 선택을 원했다.

인간 각 개인은 하나님과 계약을 맺으며 살아가고 있다. 인류는 예수 안에서 하나님과 교제하게 된다. 바디우는, 바울이 로마교회에 "당을 지어 진리를 따르지 아니하고 불의를 따르는 자에게는 진노와 분노로 하시리라."(롬 2:8)라고 한 것과 데살로니가 교회에 "진리를 믿지 않고 불의를 좋아하는 모든 자들로 하여금 심판을 받게 하려 하심이라."(살후 2:12)에서 '진리'와 '의'가 구분되지 않았음을 말한다. 즉 불의를 행하는 자는 진리를 거스르는 자인 셈이다. 그 결과 종말을 내다보는 자는 '진리'

와 '의'를 따르는 투사적 삶이 요구된다.[641] 인간의 선함이란 진리를 따라 사는 충실한 삶이다. 진리는 구조적인 것이나 공리적인 것이 아니라 사건적인 것이며, 또한 인종이나 사회 계급이 아니라 주체적인 것이다.[642] 바울은 부활을 증명이 아닌 개인적 사건으로 보았다. 바울은 그리스도를 사건으로 만남으로써 부활의 삶을 살았다. 그 결과 그는 '또 다른 바울들'을 양산할 수 있었다. 그리스도의 사건은 단순한 지식이 아니라 주체들의 계속적인 부활로 나타난다. 그리스도는 어떤 것으로 규정되는 분이 아니라 우리를 변화시키는 분이다. 진리란, 내재화해서 다른 사람들을 내게로 끌어 들이는 것이 아니라 사건화 해서 변화시키는 것이다. 만약 인간이 비주체적으로 살면 테러와 같은 악(惡)이 생성된다.[643]

그렇다면 선교 행위는 개념에 따른 것이 아닌 나의 진정한 변화에 따른 행위로 나타나야 한다. 개신교 선교는 '자아/나'에게서 출발하지 않고 '타자/남'를 향한다. 그 결과 '나'를 상실시키고 있다. "우리 세대에 주님이 오게 하자!"라는 종말론에 초점을 맞추는 역사주의와 그 결과로 미래와만 관련을 짓는 가운데 시간 개념에서 현재의 삶을 등한히 하는 영혼구원이라는 언어주의에 초점이 맞추어져 자신의 변화를 등한시한 채 타자를 변화시키는 것에만 관심을 두게 되어 나의 모습이 상실된다. '나'의 모습은 중요하지 않고 어떤 '개념'을 전달하는 것에 더 치중한 결과 '나'와 '복음'의 불일치가 생겨났다. 선교사는 자신을 상실한 채 어떤 이념에 사로잡혀 행동하게 된다. 그러면 내가 어떤 비전, 이념, 목표를 향해 움직이는 사람이라면 진정한 나는 누구인가?

그것은 자아와 타자의 분열로도 이어진다. 나와 타자의 불일치가 생겨나게 된 것이다. 선교 행위가 어떤 관념, 진리, 절대라는 이름으로 타자를 내 속으로 끌어들이는 것에만 집중하게 된다. 즉 선교를 '종말론'이나 '영혼구원'이라는 전체성으로 끌어 들이기 됨으로 타자를 비인격적으로 취급하게 된다.

그러나 선교는 '나'의 변화라는 개인 실존에서 출발해야 한다. 선교는 행하는 자의 모습을 통해 드러나기 때문에 타자는 선교를 행하는 자의 변화로 인해 새로워지게 된다. 선교사는 사랑의 실천을 통해 예수 그리스도를 증거 하기 위해 보냄 받은 사람들이다. 예수는 "너희가 서로 사랑하면, 모든 사람이 그것을 보고 너희가 내 제자라는 것을 알게 될 것"(요 31:34)이라고 했다. 선교의 출발은 개인 실존의 변화에서 시작되는 것이다. 선교는 '이 나'의 책임 있는 / 응답에서 시작된다. 선교는 신학의 변화로 새로워지는 것이 아니라 그것을 행하는 사람이 새로워질 때 가능해 지는 것이다.

오늘날 한국의 '민중 신학'이 공허한 울림이 되고 있는 것은 실천(praxis)이 없는 이론(theory)이 되었기 때문이다. 민중 신학을 그릇에 담는 사람이 민중과 함께 살게 될 때 활성화 될 수 있는 것이다.[644] 민중 신학자는 교수라는 직분에 의해 그 신학을 할 수 있는 자격이 부여되는 것이 아니라, 그가 어떤 직업을 가지고 있다 할지라도 민중과 함께 하는 사람이라면 민중 신학자라고 말할 수 있을 것이다. 누가 민중 신학자냐고 할 때, 정치, 경제, 사회, 문화적 측면에서 정의 내릴 것이 아니라, 민중과 함께 울고 웃는 민중과 관련된 사람이라는 것으로 정의 내려야 할 것이다. 이것은 선교사에 대해서도 마찬가지다.

2) 타자의 미학적 이해

자아와 타자의 관계에서, '이 나'는 주체 행위를 통해 타자들의 행위와 관련되어 나타난다. 바흐친은 '이 나'가 행위의 세계를 구성하는 기본적인 요인으로 '나 자신에 대한 나', '나에 대한 타자', '타자에 대한 나'로 규명했다.[645] 그가 볼 때 내가 타자를 대할 때 '나에 대한 타자'와 '타자에 대한 나'는 동일하지 않았다. 나는 나의 안쪽에서 자신을 의식하지만, 자아는 타자를 그의 바깥쪽을 통해 지각할 뿐이다. 나의 자기성은 내적 직관에 의존하며, 자아의 타자성은 그의 신체성에 의존한다. 이렇게 해서 나의 내면과 외면을 이어주는 것은 타자가 된다. 자아 / 나와 타자 / 남, 우리는 서로에게 타자이지만, '나에 대한 나'와 '나에 대한 타자', '타자에 대한 나'는 가치론에 있어서 차이가 난다.[646] 자아 / 나와 타자 / 남은 동일한 생각, 동일한 존재가 아니다. 자아와 타자는 구분된 존재이지 서로 동일성이 될 수 없다. 그래서 타자를 자아 / 나의 생각으로 일방적으로 끌어들이는 것은 무리한 일이다. 우리는 서로 다른 존재이기 때문에 각자의 상황과 위치를 재고해야 한다. 타자 또한 나 / 자아를 정의 내릴 수 없다.

바흐친은 '자아'와 '타자'를 구별해서 보았다. 그는 자아인 '나에 대한 나'에 대해서는 '책임 / 응답'의 삶을 부과했다.[647] 자아는 자신에 대해서 책임 / 응답적 삶을 살아가는 존재자이다. 자아와 타자의 비동일성에서 '나에 대한 나'의 관계의 윤리는 내가 응답하고 책임지는 나의 행위를 통해 성립하는 나에게 부과된 과제이다. 나 자신에 대한 윤리는 '응답 / 책임'이다.

그런데 '타자'에 대해서는 새로운 이해를 필요로 한다. 바흐친은 '나에 대한 나'에 대해서는 '책임 / 응답'의 삶을 부과시킨 것에 비해 '타자에 대한 나'의 관계는 '미적'(aesthetic)[648]인 것으로 접근해 나갔다. 미적이라함은 타자에 대해서 윤리적 판단 없이 그의 삶 전체를 조망하는 것을 말한다.[649] 바흐친이 자아를 책임 / 응답적 존재자로 보고 타자는 미적 존재자로 본 것은 이 둘이 전적으로 구별된 존재자였기 때문이다. 그러므로 자아와 타자는 동일성이 아닌 차이성을 지니고 있으므로 나를 타자의 의도에 맡길 수 없고 또한 타자를 내 안으로 끌어들일 수 없는 것이다. 바흐친은 소설의 '작가'와 '주인공'의 관계에서 타자성을 발견한다. '작가'는 작품 속에 펼쳐지는 주인공에 대해 전적인 타자의 지위를 가진다. '작가'는 주인공의 탄생이라는 경이를 지켜보고, 다사다난한 인생의 역정을 더불어 체험하며, 죽음의 고독한 순간을 마지막까지 함께 한다.[650] 작가는 타자로서 주인공을 본다. 작가는 주인공을 바깥에서 바라본다. 주인공은 능동적 행동을 하며 작가는 수동적 행위를 한다. 작가에게 능동성이 있다면 미적 행위로서 주인공에 대한 윤리적 판단 없이 그의 삶 전체를 조망하고 종결짓는 것이다.

 '주인공'은 작품 안에서 자기 삶의 귀결을 알 수 없기에 윤리적으로 행동하려고 노력한다. 주인공의 현재는 열려 있으며 자신을 시험하는 무대가 되는 셈이다. 이러한 주인공은 작가에 의해 조명된다. '나'에게 있어서 출생과 사망은 생물학적 현상일 뿐임으로, 나는 태어날 때 부모형제와 이웃, 공동체에 의해 인지되므로 탄생이 경험되고, 내가 죽었을 때는 가족의 슬픔과 애도 및 의사의 사망 증명으로 나의 존재 종말을 확정하는 것처럼, '나'는 '타자'에 의해 조명되는 것이다.[651] '타자'는 내가 볼 수 없는 나를 본다. 이렇게 자아와 타자는 서로 동일시 될 수 없으며, 서로를 보완하며 경계를 드나든다. 나는 타자와의 운동에 의해 다른 경계들과 뒤섞이고 사건적 변환에 참여하게 된다.[652]

 작가와 주인공의 관계에서처럼 '선교사'는 '토착인'을 감성으로 대해야 한다. 선교사 자신에 대해서는 책임 / 응답적 관계이지만 토착인에 대해서는 미적으로 작용해야 한다. 선교사는 주인공을 지켜볼 뿐이며, 그에 대한 일방적 판단 없이 그의 성장 과정에 함께 해야 한다. 개인 실존의 변화에 따른 선교에 있어서 선교를 행하는 나는 수동적이 되고 타자는 능동적으로 나에게 다가온다. 나는 타자에게 능동적으로 나가갈 수 없다. 왜냐하면 타자는 나-주체가 아닌 자, 나의 한계 '너머'의 존재이자 절대적인 외부 자체이기 때문이다. 나와 타자의 '다름', 타자의 타자성이야말로 타자의 정의인 것이다.653) 타자는 나를 깨우치는 자로 타자를 나와 동일시해서는 안 된다. 타자는 앎, 지식, 이해가 아닌 관계성이다. 선교에서 타자를 나에게 동화시키려고 하기 보다는 나는 수동적인 자로 그들을 만나야 한다. 그것은 바흐친이 말한 대로 미적 작업이 되어야 한다.

나는 나의 삶에 윤리적으로 응답하고 책임지는 반면, 타자의 삶에 대해서는 미적으로 응답하고 책임진다. 자기 자신에 대한 내적인 가치론적 태도를 타자에게 전이하는 것은 있을 수 없는 일이다.654) 왜냐하면 타자에 대한 사랑과 자기에 대한 사랑은 완전히 상이한 관계 맺음이기 때문이다. 그리고 타자가 내 윤리의 근거가 아니듯이 나 또한 타자의 윤리가 될 수 없다. 그러므로 나와 타자는 결코 동일한 윤리를 구성하지 않으며, 각자의 삶을 통해 윤리를 구축해 나간다. 그것은 윤리적 응답과 책임의 대상이 다르기 때문이다. 자기에 대한 사랑은 자기 이익으로 설정되기 때문에 사랑이라는 말은 타자에 대한 관계에서만 나타날 수 있는 감정적-의지적 태도이다.655)

그런데 서구철학은 일원론적 전통 속에서 나와 타자를 동일시했다. 헤겔은 변증법적으로 모든 것을 통합하려 했으며, 하이데거는 자아중심으로 타자를 자기화했다. 자아의 자기 동일시는 필연적으로 전체화로 나가기 때문에 자기 밖에 있는 존재를 자신에게 포괄하려 하며 어떤 다른 것의 존재를 인정하지 않는다. 이러한 사유는 타자를 제외시키게 된다. 세계의 경계는 계속적인 변이 과정 속에 놓여 있으며 타자성에 의해 침해받을 수 있는데, 개인에 있어서 '나', '자기', '의식' 등이나 집단에 있어서 '우리', '민족', '국가', '문화'는 잠정적으로 완결된 세계를 구성해 준다.656) 서구철학은 세계를 전체성으로 파악하는 가운데 경계이월을 허용하지 않았다. 일원론적 사고 속에는 자신이 가지고 있는 것이 우월하다고 생각하면 타자를 자신에게 따라오도록 작동하게 만든다.

그래서 레비나스는 이러한 전체성에 대해 반대했다. 그는 하나님을 사유함에 있어서 서양 철학의 합리성, 동일성, 전체성에 근거한 존재라는 전통적인 신이 아닌 우리가 처한 윤리적 상황에의 하나님을 말했다. 그는 하이데거와 달리 전체성 보다는 타자에 대한 무한한 사랑을 말했으며, 틸리히와 달리 존재 문제를 타자와의 관련성 속에서 다루었다.657) 와이스코그로드(Edith Wyschogrod)는 윤리가 옳고 그른 것이라는 'is'의 진술이 아니라 타자를 향한 'ought'로 나가는 것이어야 한다고 보았다. 윤리는 종합이 아니라 사람끼리 서로 마주하는 가운데 있으며 사귐 가운데 있는 것이다. 윤리라는 것은 전체성이나 전체성의 위험에 대해 이리저리 추상화된 생각을 한 후에 뒤따라오는 그런 것이 아니다. 윤리는 그보다 먼저 그리고 독립된 차원이다.658) 그래서 레비나스는 타자에게서 무한한 신을 논했다.659) 그는 타자를 내 안에 끌어들일 수 없는 존재임을 알았기 때문이다. 그는 타자에게서 하나님을 발견했다. 타자는 독립된 존재로 고귀한 모습을 담고 있다. 레비나스가 생각하는 하나님은 고통 받는 타자에 대해 내가 무한한 책임을 가질 때 계시되는 분이었다. 하나님께서 사람의 얼굴에 하나님의 형상을 새겨 놓으셨는데 타자는 눈에 보이는 하나님인 것이다. 얼굴은 위협 앞에 노출되어 있어 폭력이 행사될 수 있으나 동시에 그 얼굴은 고귀한 것으로 우리의 살인을 금지하고 있다.[660] 레비나스는 타자의 얼굴에 현현하는 "살인하지 말라."(출 20:13)라는 명령은 나의 자유를 저지해 준다고 말한다.[661] 인간의 얼굴에 계시된 신의 현현은 무한성의 계시이다. 그것은 인식론이 아닌 관계적인 것으로 나에게 다가온다.

사르트르가 '대타' 존재를 말할 때, 인간은 타자와의 관련성 속에 보면 자신을 상실하게 된다고 말했다. 타자는 독립적인 존재로 그의 자유가 내 자유에 치명적인 장애가 된다.[662] 이것은 상대에게도 마찬가지다. 그래서 서로의 자유를 소유해서는 안 된다. 그러나 레비나스는 하나님이 이 세상에 존재하지 않지만 인간의 얼굴에 하나님의 형상을 새겨 두었다고 말한다. 즉 타자는 하나님의 형상을 지니고 있다. 유신론적 신의 부재는 우리로 하여금 타자에 새겨진 하나님의 형상을 보며 신을 대신해서 해야 할 일이 생겨나게 된다. 인간의 개별적 관점에서 보면 모든 인간이 하나님의 형상이 깃들어 있는 귀한 개별적 존재자들인 것을 발견하게 된다. 그래서 레비나스는 전체성을 거부한 것이다.[663] 인간의 전체적인 사고는 타자를 포함한 모든 사물을 포괄적으로 인식하기 때문이다. 근대 주체철학은 다른 것을 다르게 놔두지 못하고 같은 것의 틀 속에 집어넣음으로 폭력을 행사했다. 그래서 레비나스는 '통합', '전체성'에 저항하는 이념으로 '무한'이라는 개념을 말했다.[664] 레비나스는 『전체와 무한』에서 인간을 '무한성'의 시각으로 보았다.[665] 레비나스가 볼 때 자아와 타자의 올바른 관계는 타자를 자아 안으로 동화하거나 통합하는 것이 아니라, 타자의 절대적 다름인 타자성을 보존하는 것이었다. 타자는 내 머리 안에 넣어서 이해할 수 있는 대상이 아니라 영원히 이해될 수 없는 무한이다. 우리는 타자들과 함께 존재하고 있다.[666] 타자는 낯선 것으로 나의 전체성 안에 끌어 들일 수 없다. 타자는 나에 대한 환원불가능성으로서 무한이다. 레비나스는 무한성에 대한 사유에 근거함으로서 주체성을 깨달았다.[667] 자아는 홀로 존재하는 것이 아니라 타자를 만남으로 존재한다고 했다. 그리고 그 만남은 나에게 귀속시키는 전체성으로서가 아니라 타자들과의 관계 속에서 성립된다. 주체는 자신을 노출시키며 진실됨과 내면의 부서짐과 모든 피난처의 포기와 상처받기 쉬움 안에서 타자에게 접근한다.[668]

선교는 '자아'와 '타자'가 상호 연결되어 나타난다. 자아와 타자는 상호 연결되는 것으로 영향을 주게 된다. 동방정교회 선교는 우선적으로 자아의 변화에 있지 타자를 변화시키는 것에 있지 않음을 보았다. 선교는 자아의 변화라는 우선성 속에서 타자와 관련된다.

또한 개인의 변화에 따른 선교는 타자에 대한 미학적 관계 속에서 예수의 실천을 하는 것이다. 바울은 "너희가 흠이 없고 순전하여 어그러지고 거스르는 세대 가운데서 하나님의 흠 없는 자녀로 세상에서 그들 가운데 빛들로 나타"(빌 2:15)나기를 바랐다. 그리스도인은 예수를 이어서 이 세상에서 빛들로 나타내는 자들인 것이다. 마더 테레사((Mother Teresa, 1910-1997)는 소외된 자들 안에 계신 그리스도를 논했다. 그녀는 소외된 자들에게 있는 그리스도의 현현을 본다. 그리스도는 말씀했다. "내가 굶주렸을 때 너희는 내게 먹을 것을 주었다. 내가 나그네였을 때 나를 맞아 주었다. 내가 문맹자였을 때 너희는 나를 가르쳐 주었다. 내가 혼자였을 때 너희는 내게 친구가 되어 주었다. 너희는 나를 이해해 주었으며 사랑해 주었다"(마 25:35-36). 그래서 그리스도가 생명의 빵이 되었듯이 우리도 생명의 빵이 되어야 하는 것이다.[669] 선교에서 나의 위치는 타자의 본질적 결핍에 응답하는 것이다.[670] 선교는 형제를 사랑하는 것으로 타자에 대한 무한한 사랑 가운데 완성된다. 사도 요한은 "보는 바 그 형제를 사랑하지 아니하는 자는 보지 못하는바 하나님을 사랑할 수 없느니라."(요일 4:20)라고 했다. 눈에 보이는 형제를 사랑하지 않으면서 눈에 보이는 하나님을 사랑하는 것은 불가능한 것이다.

선교는 어떤 이론이나 진리를 전달하는 것이 아니라 나의 '책임 있는' 행위이다. 선교는 변증이 아니라 실천을 통해 전달되는 것이다. 선교의 궁극적 목적은 하늘에서의 '하나님 나라'의 모습을 '이 땅에 실현'시키려면 책임 있는 행위, 타자의 고통에 응답하는 행위를 하는 것이다.[671] 인간은 자기 자신의 생애 전체를 행위하고 있다. 그것은 책임적 존재로 살아가고 있음을 의미한다. 그것은 선교보다 선교사의 윤리적 삶이 우선인 것을 알 수 있다. 예수의 대위임령에서 가서 세례를 주라고 한 것은 그리스도와 함께 죽고 그리스도와 함께 사는 전환점이 있어야 함을 말한 것이다. 복음을 듣는 자가 세례를 통해 삶의 새로운 전환점을 가지게 된다면, 복음을 전하는 자가 이미 그런 상태에 있어야 한다는 것은 자명한 일이다.

선교사의 책임적 행위는 선교의 자세와 관련되어 있다. 우리는 지금까지 선교 행위를 타자를 돌보는(care for the other) 것이라고 생각했다. 이 일은 타자를 위한 희생이라는 큰 노력과 수고의 의미가 들어있다. 선교뿐만 아니라 하나님의 일을 하는 모든 일들이 타자를 돌보는 것에 초점을 맞추고 있다. 그러나 결과적으로 타자를 위한 희생이 나를 위한 일이 되는 경우가 많다. 선교사나 목사가 교회를 개척한 이후에 수많은 희생을 통해 교회가 성장하지 않음으로써 자괴감에 빠지거나, 교회가 성장했지만 결국에 자신의 영광으로 돌아가게 되는 것은 선교가 자기애의 주체 중심적 확장으로 귀결되었기 때문이다. 여기에 선교의 탈주체중심성이 요구된다. 성육신적 선교란 타자를 사랑과 자비의 대상으로 설정하는 것이 아니라 그 고통당하는 현실에 동참해서 하나가 되는 것에 있다.[672] 즉 진정한 선교적 행위는 존재사건에 책임적으로 참여하는 것이라고 말할 수 있다. 그래서 선교는 타자를 돌보는 행위가 아닌, 바흐친의 용어를 빌리면 타자와 함께 성장하는 것이어야 한다. "'나'는 '너'를 통해서만 존재할 수 있고, '너'는 '나'를 통해서만 존재할 수 있다는 타자의 타자성과의 공존과 연대의식"이 필요하다.[673] 선교는 주체가 의지를 가지고 결단함으로 넘어서는 것이 아니라, 주체가 타자에 의해 넘어선다. 이것은 수동적인 것으로 자신이 아닌 타자의 사건적 침입에 의한 결과로 나타난 것이다.[674]

3) 선교사의 죽음

롤랑 바르트(Roland Barthes)는 『저자의 죽음』에서 극단적으로 저자가 사망했을 때 비로소 글쓰기가 시작된다고 했다. 그가 이렇게 말한 것은 전통적으로 저자의 위치를 텍스트의 기원으로서 신과 동일한 위상에서 파악하고 있기 때문이다. 이러한 사고는 본질적으로 서구 휴머니즘과 부르주아지의 가치관 그리고 자본주의의 전통에 기초하고 있기 때문이다.[675] 폴리포니의 '다성성'은 작가의 죽음을 의미한다. 전통적 의미에서 보면 작가가 작중인물과 평등한 위치에 있기 때문에 작가가 존재하지 않는 것이다. 도스토예프스키 소설에서 작중인물은 단순히 작가의 의도에 의해 수동적으로 움직이는 존재가 아니라 작가와 대등한 위치에 있는 능동적 주체이다. 그의 작품에서 전개되는 것은 단일한 작가적 의식이나 단일한 객관적 세계에서 전개되는 운명적 사건들이 아니다.[676] 작가는 작중인물을 자신의 계획이나 선택의 대상으로 삼지 못하며 결과적으로 작가에 고유한 권리를 행사하지 못하게 되는 것이다.[677]

선교사는 작가의 죽음과 같은 존재여야 한다. 선교사는 토착인들과의 만남에서 주체가 되면 안 된다. 바흐친이 '소설'이라는 것이 한 인간을 진정으로 인간답게 만들어 주는 그 무엇과 관련이 있다고 본 것처럼, 선교사는 한 인간을 조명하고 발전되기를 희망하는 사람이 되어야 한다. 선교사는 자신의 지경(boundary)을 넓히기 위해 선교하는 것이 아니라 토착인의 지경을 넓혀 주기 위해 존재하는 것이다. 선교사는 타자를 세워주기 위해 자신의 존재를 소멸시켜야 한다. 선교사의 결국은 한 알의 밀로써 땅에 떨어져 썩는 것(요 12:24)이다.

대화주의 선교는 선교사를 소멸시킨다. 왜냐하면 대화는 인간의 생성과 의미를 찾아주기 위해 하는 것으로 선교사의 주권을 주장하지 않기 때문이다. 19세기 선교행정가 헨리 벤(Henry Venn)은 토착 아프리카 교회의 건립을 위한 이상으로 선교의 안락사(euthanasia of mission)를 설정했다. 그는 아프리카 교회가 스스로 통제하고 유지하고 확장하는 독립된 교회를 희망했다. 그것은 유럽 주도의 선교활동을 불필요하게 만들기 위한 것이었다. 이런 면에서 요루바 땅에서 태어난 크로우더(Samuel Ajayi Crowther)는 기대되는 인물이었다. 그는 영국인 사제가 되었고 1864년 성공회 니제르(Niger, 아프리카 서부의 사하라 사막 남쪽에 있는 공화국) 선교부의 책임자(주교)로 임명되었다. 성공회는 니제르 선교회를 통해 아프리카 사람에 의해 아프리카 선교를 시도한 것이다. 그에게 선교부 책임을 맡긴 것은 영국의 식민지 속령 너머에 있는 서아프리카 국가들에 대한 사법권이 주어진 것이다. 그러나 개신교의 구심력 선교는 토착민 지도력을 인정하지 않았다. 요루바 땅의 백인 선교사들이 그를 인정하기를 거부했다.[678] 그 결과 크로우더의 선교는 제약되었으며, 토착인에 의한 선교는 실패했다.

바흐친이 『행동철학』에서 이론과 삶의 세계를 화해시키는 열쇠로 인간 개인의 책임 있는 행동을 우선적으로 말한 것은 자발적 행위의 중요성 때문이었다. 선교사의 죽음은 예수의 성육신처럼 자발적 행위이다. 예수의 성육신은 그리스도의 낮아짐(niskhozhdenie)이다. 그리스도의 성육신은 자기를 비운 것(kenosis)[679]으로 자발적[680]인 자기굴욕이다. 바흐친은 예수에다 사건(성)을 연결했다. 바흐친이 보기에 예수는 어떤 것으로 규정되는 분이 아니라 사건성이다. 그것은 예수사건으로 영향력이다. 예수는 진리나 증거가 아니다. 진리란, 내재화해서 다른 사람들을 내게로 끌어 들이는 것이 아니라 사건화 해서 변화시키는 것이다.

예수 사건은 단순한 지식이 아니라 선교사를 변화시킨다. 선교사는 예수에게 영향을 받은 자로 자기희생을 살아간다. 나 자신의 책임 있는 중심성은 자기를 희생하는 중심성이 된다. 그리스도의 자발적 죽음이 세상에 영향을 미칠 수 있었던 것처럼, 마찬가지로 선교사도 자발적 죽음을 통해 세상에 영향을 미치게 된다. 이러한 모습은 자기의 책임적 행위에서 나오는 것이다. 우리가 사는 세계에서 이론의 공허함이 구체적인 존재의 사건과 화해시킬 수 있는 것은 바로 개인들의 행동을 통해서인데 그것은 예수 사건에 영향 받은 이들을 통해서 나타난다.[681] 선교사는 예수 사건으로 살아가는 사람들로 이론 전달자가 아닌 성육신을 살아가는 자들이다. 그 결과로 나타난 선교사의 자발적 죽음을 통해 선교는 꽃을 피우게 된다.

제6장

결 론

1. 요 약

본 논문은 '세계기독교' 상황에서 어떻게 선교해야 할지에 대한 선교의 본래적 질문에 대한 것이었다. 오늘날 '선교'라는 용어가 부정적 이미지를 담고 있으며 폐쇄적이며 정복과 관련된 용어가 된 가운데 '선교가 무엇'인지에 대한 물음이 필요한 시점이 되었다. 선교에 대한 정의는 지역과 시대별로 다양한 정의가 내려졌음을 알 수 있다.

그런데 우리는 하나의 정의를 가지고 선교행위가 이루어지고 있으며, 그것이 절대적인 것처럼 숭배하고 있다. 가톨릭은 발견의 시대에 타자를 자신들의 중심으로 끌어들이는 거대 담론이라는 언어 중심적 선교를 했다. 그들은 16세기 이후 선교가 '무엇'(what)인지 묻지 않고 실천적으로 '어떻게'(how)할 것인지에 치중해 왔다. 프로테스탄트 선교는 가톨릭의 프라퍼겐더를 전수받아 진리를 소유한 자로 대위임령, 그리고 천년설에 기초한 종말론이라는 역사 중심적 토대 위에서 선교했다.

이와 같은 가톨릭과 개신교 선교의 특징은 구심력이라는 공통점을 담고 있다. 선교는 '타자'를 '나'의 주장에 끌어 들이는 행위가 되었다. '나'

는 이미 완성된 존재요 '타자'는 무(nothing)로 구원받아야할 존재라는 전제가 깔려 있다. 그 결과 선교는 비전이 되었고, 수단이 되었으며, 목적을 추구하는 것이 되었고, 통계학이 되었으며, 교세 확장사가 되었다.

이와 달리 동방정교회는 새로운 선교 형태를 띠고 있다. 동방정교회는 로마 가톨릭 이전에 고유한 선교 개념을 가지고 있었다. 그들은 선교를 위한 전략이나 목적이 없었다. 그들은 선교가 신화를 통한 자연스러운 활동의 결과로 나타난 것이었기 때문에 '선교'라는 용어조차 없었다. 그들은 선교를 하려고 의도적으로 시도하지 않았다. 사람들은 그들의 신화된 모습을 보고 찾아와 영적 상담(counsel)을 하는 가운데 나타난 원심력적인 것이었다. 선교에 있어서 동방과 서방에서 수도자들의 역할이 특별했다는 점은 시사하는 바가 크다. 더군다나 서방기독교 수도원의 기원이 동방기독교에 있었음은 원심력 선교의 중요성을 보여 준다.

동방정교회의 그리스도인의 변화에 따른 선교를 볼 때, 선교는 설득이 아닌 행위 또는 실천(praxis)인 것을 알 수 있다. 선교는 구원에 이르는 길을 제시하는 차원이 아니라 구원받은 자의 삶이라는 특별한 차원을 다루는 것이다. 즉 선교는 신호등처럼 하나님을 지시해 주는 손가락이 아니라 성육신으로 하나님의 삶을 살아간다는데 그 특징이 있다.

동방정교회의 수동적, 원심적 선교는 '신론'이나 '구원론'이 아닌 '인간론'에서 파생되었다. 동방에서 인간은 계속 성장해야 하는 존재였다. 이레네우스는 인간이 창조될 당시 완성된 존재가 아니라 어린아이처럼 계속 성장되어 나가는 존재로 보았다. 반면에 서방은 창조 때 인간은 이미 완성된 존재로 타락에 초점을 맞추고 있다. 서방이 인간의 구원(salvation)에 전력을 다할 때, 동방은 구원 받은 자의 신화(deification)에 전력을 기울였다. 이레네우스에게 인간은 창조된 후 하나님과 교제하며 계속 성장해 나갈 존재였다. 여기에서 동방정교회의 독특한 하나님의 '형상'과 '모양'에 대한 구분이 나온다. 동방정교회는 인간의 타락 이후에도 하나님의 '형상'은 존속하고 있으며, 예수 그리스도에게 생명을 받은 이후에 하나님의 '모양'이 회복되어 인간 변화의 가능성을 바라본 것이다. 그들이 변화산(Mt. Tabor)에서의 변모 사건(마 17:2)을 중요하게 다루는 이유도 여기에 있다.

선교의 출발은 나와 타자의 만남으로서 우선적인 변화는 나에게서 시작되는 것이다. 선교에 있어서 '나'는 수동적이 되고 '타자'는 능동적으로 나에게 다가오는 것이다. 선교란 나의 변화에 따른 타자의 변화라고 말할 수 있다. 선교는 이렇게 자연스러운 행위이지 전달의 행위가 아니다. 이것이 선교라면 선교의 방법은 '대화'로 하는 것이다. 그리고 그 대화는 '시·공간' 안에서 이루어지는 것이어야 한다.

본 논문을 전개할 때 우선 인간의 개별성에 초점을 두었다. 인간은 개별적 존재자로 각 사람마다 특별하고 다양한 실존을 가지고 살아가고 있다. 또한 인간은 자신의 삶을 선택하고 결정하는 자유로운 존재자이다. 그리고 인간은 세계 내 존재이다. 이와 같이 인간을 개별적, 자유적, 세계 내 존재로 본다면 인간은 역사와 언어로 설명될 수 없음을 알 수 있다. 인간은 그들 '각자'의 현존에서 하나님 앞에 개별적으로 서 있는 책임적 존재자이다.[682]

그런데 르네상스로 불리는 16세기와 17세기에 언어가 인간을 지배함으로 보편적 인간상을 만들어 냈다. 아감벤은 언어로 인해 인간이 자신의 존재근거를 잃어버렸다고 말한다. 종교와 법으로 규정된 언어는 인간을 억압한다. 즉 사물이 언어에 함몰된다. 16세기 이후 가톨릭의 선교가 거대담론을 가지고 라틴 아메리카 지역을 정복한 것은 그 시대와 관련이 있다. 언어학자 소쉬르는 랑그와 파롤을 구별한 가운데 인간의 언어활동을 설명했다. 그에게 언어는 말의 개별적 발화인 파롤이 아니라 체계적으로 변하지 않는 랑그뿐이었다. 소쉬르의 이런 주장은 언어를 문법 체계라는 닫힌 언어에 가두고 된다. 그러나 언어는 담론으로 작용하되 닫힌 체계가 되면 안 된다. 바울이 율법을 폐기한 것은 바리새인들의 곡해에 대한 것이다. 러시아 형식주의가 인간의 사회적 상황을 무시한 가운데 시와 본문 형식이라는 비현실적인 문학을 만들었다. 담론은 인간을 형이상학으로 규정해서는 안 되며 또한 어떤 목적을 달성하기 위한 것이어서도 안 된다. 그런데 근대는 거대담론을 만들어 타자를 억압해 나갔다. 사이드는 오리엔탈리즘이 유럽과 백인 중심의 사고로 서양 사람들이 만든 서양 사람을 위한 동양에 대한 이야기라고 했다. 식수는 대문자 H의 역사는 타자를 관용할 수 없는 것이며, 데리다는 타자를 외부에서 만들어진 지식으로 보게 되면 왜곡하게 된다고 말했다. 거대담론은 근세와 근대에 만들어진 것으로 콜럼버스의 신대륙 발견과 관련이 있다. 그들은 종교적, 정치적, 문화적, 경제적 측면에서 타자를 억압했다. 신학은 어떤가? 신학은 각 시대와 지역의 상황과 관련되어 나온 것이기 때문에 보편적 신학은 존재하지 않는다. 라민 싸네는 기독교가 중심성이 없이 번역되어 왔음을 말한다. 기독교 복음은 계속 번역되어 동방정교회, 로마가톨릭, 프로테스탄트, 계몽주의를 거쳐 포스트모던에 이르고 있다. 들뢰즈가 말한 '리좀'처럼 신학은 다양하게 만들어졌다.

18세기에는 역사주의의 등장으로 인간을 보편적 존재로 규정했다. 랑케는 역사를 사실들의 수집으로 보았으며, 그리스 로마 시대의 투키디데스는 과거를 되돌아보는 것으로 역사를 이해했고, 슐레겔은 과거의 역사를 현재와 연결시켰다. 이러한 과정에서 역사는 과거의 사건들을 통해 원형을 제공하는 것이 되었다. 19세기 후반에 이르러 똑같은 상황 아래서는 똑같은 결과를 낳는다는 추론에 의해 역사는 통계학이 되었고 전형적 요소를 찾으려 했다. 18세기 이후 프로테스탄트 선교는 종말론이라는 역사와 만났다. 아브라함 카이저와 존 스토트는 창세기 12장부터 요한계시록까지 아브라함을 통해 자손, 땅, 축복이 성취되어 나가는 과정이라고 말했다.

그러나 구약성서가 '인간의 선교'가 아닌 '하나님의 선교'이기 때문에, 모든 인간은 아브라함의 개인적 결단처럼 개별적 결단을 통해 하나님을 만나고 있는 것이다. 특히 창조신학을 통해 인간은 하나님 앞에 책임적 존재로 살고 있음을 알게 된다. 레벤슨은 히브리 성서의 구원은 주로 집단적이고 역사적인 개념이기 때문에 구원사와 관련이 없다고 말한다. 인간이 하나님 앞에 개별적 존재라는 것은, 이스라엘이 하나님과 계약을 맺을 때 잘 나타난다. 그 계약은 쌍방적이며 평등적 관계로 이루어진다. 또한 이 계약은 조상들이 한 번 맺음으로 영구적으로 존속하는 것이 아니라 각 세대 각 사람의 마음속에 늘 새롭게 해야 하는 것이었다. 기원전 8세기 예언자들인 아모스, 호세아, 이사야, 미가는 계약의 갱신을 요구한다. 발터 브르그만은 모세가 자유의 종교와 정의의 정치를 펼친 반면에 솔로몬이 접근성의 종교와 억압의 정치를 펼쳤기 때문에 예언자들은 새로운 상상력을 부여했다고 말한다. 예언자의 상상력은 잘못된 삶에서의 풍요와 만사형통이 아니라 바른 삶으로 인해 아픔과 죽음을 제공하는 것이었다. 예언자들에게 희망은 단순한 낙관주의가 아니라 계약 언어처럼 책임을 지고 살아가는 것이었다. 예레미야는 각자의 책임을 강조했다. 이스라엘은 포로기를 경험하고 나서야 이 사실을 깨닫는다. 구약성서에 나타난 하나님은 인간을 개별적으로 만나시는 가운데 쌍무계약을 맺고 계시는 분으로 이해되어야 한다.

신약성서는 어떤가? 예수 그리스도는 이스라엘 중심이 아닌 모든 종족을 초월하여 만나시고 대화하셨다. 예수가 인간을 회개에로 초대하신 것은 각 개인을 향하여 하신 말씀이다. 예수는 사람들을 하나님의 다스림 안으로 초대했다. 인간은 예수 안에서 계약적 관계로 들어간다. 하나님 나라는 우리 안에 있기 때문에 미래가 아닌 현재적 실존을 살아야 한다. 그러므로 예수에게서도 구속사는 찾아볼 수 없다. 하나님은 이스라엘뿐만 아니라 모든 인간들과 관계를 맺고 계신 분이시다. 바울에게 유대인과 이방인의 경계는 없었다. 하나님은 유대인의 하나님이 되시면서 또한 이방인의 하나님도 되신 것이다.[683] 바울은 그리스도를 지식이 아니라 사건으로 만남으로 부활의 삶을 살았다. 그는 유대주의라는 경계를 넘어가 예수 그리스도 안에서 모든 것을 포용하는 가운데 유대인이나 그리스인이나 종이나 자유인이나 남자와 여자의 구별을 없앴다.

그런데 16세기 이후 가톨릭과 18세기 이후 프로테스탄트는 오랫동안 인간을 거대담론과 종말론에 가두어 두었다. 인간은 개인 실존이 아니라 보편적 역사관과 거대 담론으로 작동하게 되어 어떤 교리에 이해 구원받아야 할 존재가 되었다. 인간은 개인 실존과 관계없이 거대한 이론에 정의되어 설명되었다. 그것은 선교에 있어서 구심력 형태를 띠게 되었다. 구심력적 프라퍼겐더 선교는 역사주의와 언어주의에 의해 만들어져 인간을 억압했다.

가톨릭 선교는 16세기에 인간을 보편적으로 규정한 가운데 교황은 포르투갈과 스페인에게 'padroado 체계'를 허락했다. 그것은 무역 독점권과 발견된 지역들에 있는 비그리스도인들을 노예 제도에 포함시킬 권리와 교회에 대한 포괄적인 행정적 통제권을 허락한 것을 말한다. 교황 니콜라오 5세와 교황 갈릭투스 3세가 포르투갈에게 서해안 일대의 발견된 땅에 대한 점유권을 인정해 주었고, 교황 알렉산더 6세는 스페인 왕실에게 대서양 연안에 발견될 땅에 대한 점유권을 인정해 주었다. 그들은 선교에 있어서 십자가와 칼(정복)을 결합시킨 가운데 문화를 정복했으며, 또한 언어는 라틴어를 고집했기 때문에 성서를 번역하지 않았다. 그 것은 정교회가 슬라브 민족들에게 들어갈 때 선교지 언어를 사용한 것과 대조를 이룬다. 가톨릭교회는 필리핀에서 1873년에 이르러서야 팡가시난 방언으로 누가복음만 번역할 뿐이었다. 그리고 토착인을 미개하다고 보았기 때문에 토착인 사제를 양성하지 않았다.

교황 그레고리우스 15세는 17세기에 포교성성을 창설해 사제들로 하여금 세계 도처에 흩어진 선교 관리를 주도해 나가도록 했다. 포교성성이 세워진 시기는 스페인과 포르투갈이 항로를 개척해 나갈 때 교회가 활발하게 선교를 전개해 나가고 있을 때이다. 포교성성은 로마가 스페인과 포르투갈에 대한 견제로 만들어진 것이었으며 또한 종교개혁 확장을 저지하기 위해 만들어진 것으로 선교는 세력을 유지하기 위한 것이었음을 알 수 있다. 그 가운데 각 수도회들의 청빈과 사랑의 선교와 예수회의 적응주의 선교가 원심력으로 작용한 것은 긍정적 요소이다.

프로테스탄트 선교도 18세기 이후 프라퍼겐더 요소를 숨길 수 없다. 유럽은 종교개혁 이후 개신교 세력이 자리를 잡았다. 특히 네덜란드와 영국이 인도로 향하는 해상무역에 뛰어 들면서 프로테스탄트 선교는 활력을 띠게 되었다. 이 시기에 네덜란드는 가톨릭의 포교성성을 본받아 선교했으며, 그 외에 영국, 덴마크, 미국에서의 식민지 세력 확장과 더불어 선교가 나타났다. 미국은 특이하게 영국의 식민지이면서도 이민 온 유럽인들이 그리스도의 재림에 대한 신앙을 가지게 됨으로서 일찍 선교에 열정을 품게 되었다.

프로테스탄트 선교는 식민지 확장과 더불어 십자가와 비전(vision)을 결합시켰다. 그것은 윌리엄 캐리의 대위임령과 미국의 재림신앙이 연결되어 절정에 이르렀다. 선교는 대위임령이라는 언어주의와 종말론이라는 역사주의로 추진되었다. 그것은 1910년 에딘버러에서 열린 세계선교대회(WMC)에서 "이 세대 안에 세계를 복음화 하자"는 것으로 구체화되었다. 이제 선교는 복음을 듣지 못한 사람들에게 가는 것으로 정의되었다. 선교는 진리라는 정보를 전달하는 것이 되었다. 즉 복음을 전달하는 것이 선교의 목적이 되었다. 그 결과 선교는 설득(propaganda)이 되었다. 또한 선교는 종말을 앞당기는 것이 되었다. 랄프 윈터의 미전도 종족 선교에는 복음이 모든 종족에게 전파되면 세상 끝이 올 것이라는 전제가 깔려 있다.[684] 그러나 종말론적 선교는 인간의 현재 삶을 망각시킴으로 인해 후유증을 드러내고 있다.

이제 기독교는 20세기 중반에 이르러 '세계기독교' 상황이 되어 아프리카, 라틴 아메리카, 아시아에서도 신학을 생성할 수 있게 되었다. 언어 구조가 서양과 동양이 서로 다르기 때문에 이제 유럽 이외의 지역 언어로 신학은 생성되어야 한다.

선교를 새롭게 할 수 있는 형태로 동방정교회 신화가 있다. 동방정교회가 인간이 개인 실존의 토대 위에서 신화되어 나가는 존재라고 보았다. 실존철학도 인간의 개별적 존재를 강조한다. 그 가운데 들뢰즈는 리좀을 통해 개체성을 말했다. 이러한 실존주의는 인간을 객관적 역사주의에서 벗어나게 해 준다. 레비나스도 전체성을 거부하며 타자의 무한성을 말했다.

그러나 실존철학이 인간을 단순히 세계에 던져진 존재라고 본 것에 한계를 지니고 있기 때문에 인간의 변화를 말하는 생성이 필요하다. 들뢰즈는 이전의 개체화는 개념 속의 차이였기 때문에 동일성에 갇혀 있다고 보았다. 그는 아리스토텔레스, 플라톤, 라이프니츠, 헤겔이 단순한 차이를 말했던 것을 지적하면서 사물들 간의 차이가 아닌 그 차이를 만들어 내는 장(場)을 보아야 한다고 했다. 들뢰즈 이전의 베르그송은 인간 존재가 생성과 사건으로 가득 찬 지속적인 것이라고 말했다. 그가 말하는 지속은 과거의 연장이나 진화가 아닌 오직 현재적인 것으로 그것은 안정 상태나 불안정한 상태가 아니라 준 안정적 상태이다. 생명체는 언제나 개체화를 위한 도상에 있는 것이다. 인간의 생성은 단순히 어린이가 성인이 된다는 것이 아니라 어린아이에서 성인으로 가는 생성에 있는 것이다. 인간은 시간 속에서 각 객체로서 새로운 존재로 변화되어 간다. 이것은 바흐친이 예술과 생활의 일치를 말하는 것과 같다. 또한 도스토예프스키 소설의 다수의 목소리들을 통해 그 말들은 서로가 서로를 생성하는 것과 같다. 인간은 개별적 실존에만 머물지 않고 생성의 단계로 나아갈 수 있다.

그런데 선교에 있어서 타자와 관련된 것으로 실존과 생성은 개별적 차원에 머물기 때문에 또 다른 차원이 있어야 한다. 여기에 신화는 개별적이면서 타자와 관련된 부분이 있다. 이레네우스는 인간이 창조되었을 때 하나님과 교제하는 가운데 더욱 자라나 창조주와 가까워지는 것에 있다고 보았다. 인간은 결정된 존재가 아니라 하나님과의 관계 속에서 계속 발전되어 나가는 존재인 것이다. 곤잘레스가 이레네우스 신학의 중심 주제를 역사라고 말한 것은 인간이 시간 안에서 하나님의 창조가 이루어져 나가는 것으로서의 역사라는 것이다. 신화는 인간의 개체성을 말하는 것이고, 이 세상에서 살아갈 방향이 되었다. 이것이 본의 아니게 선교가 되었다. 예로, 이집트의 안토니 은둔 수도자는 그리스도가 말씀하신 온전(perfection)을 추구하는 가운데 신화되었을 때 사람들이 그를 찾아옴으로서 영적 상담을 하게 되었다. 안토니는 원심력으로 사람들을 만났다. 수도자들이 추구한 것은 영적 상승이었다. 그들은 그리스도를 통해 생명을 회복한 이후 더욱 하나님의 형상을 닮아 나가도록 노력했다. 수도자들은 하나님의 인간이 되심은 인간으로 하여금 하나님이 될 수 있도록 하려는 것이라고 믿었기 때문에 신화를 추구하며 더욱 변화를 향해 나갔다. 그러나 그들의 이상은 단순한 고행이 아니라 거룩한 삶에 있었다. 베르그송이 정적 신비주의가 아닌 동적 신비주의가 인류애를 실천할 수 있다고 했던 것처럼, 수도자들이 하나님 자체에 목적을 두었지만 하나님께 이르는 길이 사랑임을 발견함으로써 하강이 이루어졌다. 광야는 새로운 삶을 배우는 장소였던 것이다. 수도자들은 상승과 하강을 살았다. 그들은 변화산 위에만 있는 것이 아니라 변화산 밑으로 내려왔다. 이것이 결과적으로 선교를 이끌어 낸 것이다. 그 결과 동방정교회 선교는 개인 실존 변화에 따른 타자의 실존에 영향을 주는 것임을 알 수 있게 되었다.

동방정교회의 이러한 성향은 죄에서의 구원이 아닌 현재 갱신되어 나가는 새 창조였다. 또한 동방정교회는 종말론을 신비주의로 대체시켰다. 종말론이 미래적인 관심이라면 신비주의는 현재적인 관심이다. 그들은 구심력으로가 아닌 원심력으로 선교 용어 없이도 선교를 성취했다. 동방정교회 지역인 이집트, 소아시아, 시리아 또한 그 이후 안디옥, 알렉산드리아, 에베소가 2-3세기 기독교의 주류를 이루었던 것을 감안하면 그 의미는 더 크다고 하겠다.

이와 같은 새로운 선교 형태는 오늘날 선교 용어의 부정적 이해에서 새로운 시도를 할 수 있게 해 준다. 구심력 선교는 실천의 왜곡을 가져왔기 때문에 해체되어야 한다. 그것은 단순한 해체가 아니라 'post'로서 뛰어 넘어가는 것이다. 해체는 기존의 것을 새롭게 하는 것이다. 바흐친은 사회주의 리얼리즘에 반대해 라블레의 카니발과 하위 텍스트를 통한 부분적 해체와 재정립을 말한다. 그로테스크한 표현은 사람들에게 거부 반응을 일으키지만 고대로부터 근대에 이르기까지 지속된 양식으로 해체에 유용한 도구가 되었다. 해체에 따른 대안은 무엇인가?

이제 선교는 종말론이나 영혼구원이라는 전체성 안으로 끌어 들이는 것이 아니라 '이 나'의 개인의 변화라는 개인 실존에서 출발해야 한다. 바흐친은 인간이 지금 '나'의 구체적이며 인격적일뿐만 아니라 '여기'의 구체적인 시간과 장소와 관련되어 있는 것으로 자기 삶에 책임을 갖고 응답해야 한다고 말했다. 우리의 행위의 출발점은 지금, 여기라는 이 세계이다. 선교는 개인 실존 변화에서 출발해야 한다.

또한 선교는 타자와 관련되어 있는 것으로 '나'와 '타자'가 동일하지 않는 것이어야 한다. 내가 타자를 대할 때 '나에 대한 타자'와 '타자에 대한 나'는 동일하지 않다. 나와 타자는 동일한 존재가 아니며 동일한 생각을 갖고 있지 않으며 동일한 공간이 아니다. '나에 대한 나'는 내가 응답하고 책임지는 것이다. 그러나 '타자에 대한 나'는 윤리적 판단 없이 타자의 삶 전체를 조명하는 '미적'(aesthetic)인 것이 되어야 한다. 도스토예프스키 작품 중 작가와 주인공의 관계에서 작가가 주인공에게 전적인 타자의 지위를 가지는 것과 같다. 타자는 항상 열려 있으며 나는 타자를 미적 행위로서 그의 전체를 조망할 뿐이다. 나는 나의 삶에 대해 윤리적으로 응답 / 책임의 관계이지만 타자의 삶에 대해서는 미적인 것이다. 나는 타자의 윤리가 될 수 없으며 타자 또한 나의 윤리의 근거가 될 수 없다. 선교는 이와 같이 '나'의 책임 / 응답과 '타자'에 대한 미적인 태도 속에서 이루어져야 한다.

이러한 토대 위에, 인간이 언어와 역사라는 구심력에 함몰된 가운데 나타난 선교에 대한 대안으로 세 가지를 제시하고자 한다.

첫째로, 선교는 '나'와 '타자'의 다름에 근거해 각자의 '시·공간'을 존중하는 가운데 변화를 추구해 나가야 한다. 선교는 크로노토프 차원을 가져야 한다. 형식주의가 시학을 중심으로 나갔을 때 형식만을 다루게 됨으로서 이데올로기적 삶과 사회 경제적 삶을 등한시하게 되었다. 그러나 화행이론이 문장에서 말한 환경이나 그 말의 문맥상의 위치를 고려했던 것처럼, 선교도 시공성 차원에서 다루어져야 한다. 선교가 역사성으로 이루어지면 상상력, 사변적인 것이 되고 또한 신중심적으로 작용하게 되면 어떤 목적을 향해 나가게 되기 때문에 인간 실존과 멀어지게 된다. 그리고 18세기 계몽주의도 세속적인 인간의 이성을 발전시키면서 보편사에 근거한 역사체계를 가지게 됨으로서 인간실존을 무시하게 되었다. 기독교의 종말론도 오직 천년기설에 초점을 맞추어 영원한 형벌에 관심을 가짐으로서 인간의 시공성과 거리를 멀게 만들었다. 바흐친은 문학성이 시학과 산문을 구별하는 가운데 시공성을 떠나게 한 것이라고 지적했던 것처럼, 선교가 시·공간 차원을 떠나게 되면 비현실적인 종교로 전락하게 된다. 소설 안에 수많은 시공성이 있는 것처럼 선교지에서 만나는 시공성은 매우 다양하다. 선교지 시공성을 떠난 선교는 비현실적인 이상주의에 불과하다. 예수 그리스도가 "지극히 작은 자에게 한 것"(마 25:40)의 중요성을 말씀하신 것은 선교의 시공성을 잘 보여준 것이다. 선교는 변화산 위에 머물 것이 아니라 변화산 밑 즉 시·공간 차원에서 이루어져야 한다. 톨스토이의 「사랑이 있는 곳에 하나님도 계신다」는 글에 아들을 잃은 구두수선공 마르틴이 성경을 읽으며 하나님의 뜻을 찾아 가던 중 꿈속에서 "내일 너를 찾아가리라."라는 음성을 듣고 기다렸을 때 그에게 나타난 것은 주님이 아니라 가난하고 헐벗은 사람들이었다. 이제 선교는 시간과 공간을 함께 고려하는 가운데, 선교의 시간적 차원은 과거, 현재, 미래라는 시간 개념으로서가 아니라 어거스틴이 말한 '과거 일의 현재', '현재 일의 현재', '미래 일의 현재'라는 것으로 늘 현재라는 시공성 안에서 이루어져야 할 것이다.

둘째로, 선교는 신화 중에 이루어진 수동적 선교처럼, 일방적 전달이 아닌 '대화'를 통한 변화를 시도해야 한다. 대화주의 선교는 보편적 언어가 아닌 '말'(slovo)을 사용한다. 만약 우리의 사유가 언어 속에 갇혀있게 되면 데리다가 말한 형이상학이 되고 만다. 사회주의 리얼리즘은 언어를 단일화시킴으로써 사람들을 구속했다. 그러나 바흐친이 언어를 구심력으로 단일화하려는 모든 시도를 비판하고 파괴해서 원심력으로 다양화를 추구했던 것처럼, 선교는 중심적 언어를 가지고 시도하면 안 된다. 언어는 사람들 사이의 경계선에 위치해 있는 것으로 선교는 거리와 관계없이 사람들과 대화해 나가야 한다. 바흐친은 말이 인간 삶과 현장 속에서 가지는 역할에 주목했다. 말은 잉여 작용을 하게 되는데 부정적 잉여로는 신문과 뉴스가 명령어 역할을 하는 가운데 사람들을 구속한다. 때로 사법적 배치물로 작용하기도 한다. 그러나 긍정적 잉여도 있는데 대화적 교류 속에서 만들어진다. 왜 대화인가? 인간은 "A는 A다"는 등식이 성립될 수 없기 때문이다. 인간의 삶은 다양하기 때문에 살아있는 동안에는 결코 완결되지 않는다. 데리다는 차이에 대해 동일화하지 않는 것이라고 말했다. 도스토예프스키 작품에 한번 결정되면 최후까지 영원히 변치 않는 결정적인 말이 존재하지 않는 것처럼 사람은 늘 변화가능한 존재인 것이다. 선교는 인간에게 늘 새로운 가능성을 드러내는 것으로 어떤 개인이나, 어떤 사회적 존재도 선교사나 자신의 경계 내에 갇혀 있어서는 안 된다. 인간이 미종결적 존재라면 대화도 미종결성으로 이루어져야 한다. 그래서 대화는 결론이 나지 않아도 좋다. 진정한 대화는 결론이 없다. 대화에서 어떤 결론을 얻지 못했다는 것은 결함이라기보다는 참다운 형태의 대화이다. 왜냐하면 인간에게 일방적 선포를 통해 그를 포섭한다 할지라도 그것은 그 사람을 온전히 변화시킨 것이 아닌 것이기 때문이다. 그것은 의미 없는 행위이다. 스페인과 포르투갈이 제국주의 선교를 통해 라틴 아메리카 사람들을 교회 안으로 들어오게 했지만 진정한 인간 변화를 만들어 내지 못했다. 소설이 다양한 대화로 이루어진 가운데 사람들의 성장을 도와주었듯이 대화는 말하는 가운데 서로의 성장을 가져온다. 예수는 사람들과 대화할 때 어떤 주어진 중심을 가지고 한 것이 아니라 그들의 상황에 맞추어 말하는 것이었다. 예수는 니고데모, 부자 청년, 사마리아 여인, 간음한 여인, 삭개오, 심지어 바리새인과 대화할 때 그들의 상황에 맞추어 대화하셨다. 우리는 레비나스가 말한 '말해진 것'이 아닌 '말하는 것'에서 대화해 나가야 한다. 바흐친은 여기에서 더 나아가 '함께 말하는 것'으로 발전시켰다. 말은 사유와 의식이 아니라 존재이고 행위이고 사건이기 때문이다. 말은 추상적 의미가 아닌 영혼이나 생명과 같은 것이다. 인간은 말을 할 때 살아있게 된다. 말은 나의 말과 타자의 말을 융합시킨다. 그것은 변증법으로가 아니라 폴리포니로 각자의 독립성을 유지하며 서로 말하며 돕는다. 도스토예프스키 소설에서 작가는 작중 인물들의 사상(idea)이나 말을 간섭하지 않는다. 작중 인물들 또한 작가가 모든 것을 결정하는 것에서 나와 자유롭게 행동한다. 여기에는 작중 인물들의 폴리포니가 잉여를 가져오게 한다. 폴리포니에서 우리는 하나님이 인간에게 자유의지를 부여한 것과 일치함을 볼 수 있다. 하나님은 창세기에서 명령하지 않았다. 오히려 하나님은 그의 피조물과 대화를 나누셨다. 바울은 선교에서 연설과 변론을 사용했다. 그런데 아테네의 아레오바고 연설에서 그는 실패했다. 왜냐하면 그것은 일방적 선포였기 때문이다. 그러나 에베소의 두란노에서 변론한 것은 성공을 가져왔다. 그는 변론 즉 질문과 토론이라는 헬라 철학자들의 물리적 환경을 가져와 2년 3개월 동안 사용한 결과이다. 결국 선교에 있어서 선교사는 토착인과 대화하는 것으로 나아가야 한다.

셋째로, 선교적 행위는 존재가 아닌 존재사건이 되어야 한다. 선교가 언어와 역사에 의해 오염되었다면 선교적 행위에 문제가 있는 것은 아닌가? 지금까지 선교가 어떤 이념과 사상에 의해 이루어졌기 때문에 당위성을 가지고 행동했다. 여기에 선교사는 제외되고 오직 타자만이 변화될 사람이라는 전제가 깔린다. 그래서 선교적 행위는 고정된 것으로 주체 중심적 행위가 되었다. 이러한 배경에는 새로워질 가능성이 배제된다. 인간의 활동은 구체적인 행위를 통해 결과를 얻을 수 있는데, 참이라는 것으로 규정된 선교는 선교사의 윤리적 태도를 제외시킨다. 그 결과 선교사의 행동은 추상적인 것과 현실성 사이에 분열이 생기게 되었다. 그래서 존재가 아닌 존재사건으로서의 행동이 요구된다. 선교는 '자신에게 나', '나에게 타자', '타자에게 나'가 서로 어우러져 행동하는 것이어야 한다. 문화의 세계와 생의 세계가 조화를 이루는 것은 책임 있는 행위를 통해서만 가능해진다. 선교사의 책임 있는 행위란 응답하는 행위를 말한다. 그것은 타자에게 응답하는 행위이다. 선교는 타자를 돌보는 행위가 아니라 타자와 함께 하는 행위이다. 자아 / 나와 타자/남은 함께 존재하는 것이다. 자아가 타자를 돕는 것이 아니라 함께 성장하는 것이다. 여기에서 탈주체중심적 선교가 이루어질 수 있다.

지금까지 살펴본 바에 따르면, 선교는 보편적 인간관을 가진 '역사주의'에서 개별적 인간의 현재라는 '시공성 차원'이 되어야 하며, 구심력으로 작용하는 '언어주의'에서 원심력인 '대화주의'가 되어야 하며, 선교적 행위는 '존재'에서 '존재사건'으로 나타나야 한다. 선교는 중심으로 작용하는 언어는 해체되고 경계를 드나드는 말로 시행되어야 하며, 개인적 실존을 무시한 보편적 역사주의에서 탈피하여 인간의 다양한 시 · 공간 안으로 들어가야 하며, 선교적 행위는 책임 있는 존재사건으로 나타나야 한다. 이제 선교는 능동적으로 작용했던 구심력 선교와 수동성으로 작용되었던 원심력 차원을 뛰어 넘어야 한다. 왜냐하면 선교는 하나님의 선교로 이루어졌기 있기 때문이다.

2. 전망

우리는 왜 탈 형식을 말해야 하는가? 유동식은 한국 종교를 연구한 결과 기성 종교가 부패하고 역할을 하지 못했을 때 한국인은 가차 없이 등을 돌렸다는 것을 말한다. 한국에서 기독교가 처한 상황에서 우리는 새로운 환경을 만들어야 한다. 이제 신화에 따른 개인의 '책임 / 응답'적 삶은 '타자'가 아닌 '나'에게서 출발하여 수동적 선교가 되어 자연스럽게 '타자'에게 영향을 주는 것이 되어야 할 것이다. 방연상은 근대성의 영향에서 벗어나 탈근대성, 탈식민성으로 나갔던 것처럼, 선교신학도 '탈근대 / 탈식민적'인 맥락에서 선교도 혼종적 정체성, 증명이 아닌 윤리적 태도, 타자를 돌보는 주체중심의 해체로서 그 고통에 동참하는 우정과 환대의 선교, 그리고 개인의 자유를 넘어 하나님 나라의 자유로 나갈 것을 제안했다. 예수 그리스도의 '새 술'과 '새 부대'는 '세계기독교' 시대에 기독교의 '새로운 틀'을 제시해야 함을 보여 준다.

　오늘의 선교는 구심력으로 작용하고 있다. 바흐친은 스탈린주의 시대의 문예학이 공식적인 수사학과 신화들의 단순한 하위기능만 떠맡고 있는 것을 보면서 해체를 시도했다. 그 시대는 통일적인 언어, 중앙화, 공식장르, 이데올로기적인 체계와 규범화, 정확한 언어를 추구했다. 그러나 바흐친은 언어가 자동화되고 기계적이고 권위적이 되는 것을 반대하며 미종결성을 말했다. 권위적인 담론은 어떤 역할도 수행할 수 없는 것이다. 반면에 내적으로 설득적인 담론은 전적으로 우리의 것이 아닌 절반은 나의 것이고 절반은 남의 것이 된다. 나의 담론은 타자의 말에서부터 점진적으로 서서히 만들어지는 것이다. 무엇보다 그 담론은 결코 죽어있는 것이 아니며 종결된 것도 아니다. 담론은 자유롭게 발전하며, 새로운 재료, 새로운 조건에 적용된다. 이런 면에서 도스토예프스키 소설은 작중 인물들이 종결 불가능한 타자로서 마주하는 방법과 진정으로 열린 채 끝난 대화를 나누고 있는 것을 보여주고 있다.

　인간은 열린 존재자이다. 인간은 닫혀 있거나 완결되어 있지 않다. 이 세상의 어떤 인간도 어떤 것으로 규정될 수 없다. 모든 인간은 새로운 가능성을 안고 있다. 인간의 미종결성은 늘 새로운 존재자로 발돋움할 가능성을 안고 있는 것이다. 그래서 어떤 한 인간도 소중한 존재로 남는다. 그런데 지금까지 선교는 인간을 전체성, 통일성, 일치성으로 대했다. 이 세상에 어떤 것도 종결성을 지니고 있는 것은 없는데 인간을 미적인 존재자로 보지 않고 보편성에 근거한 존재로 보았기 때문이다. 그러나 선교는 열려져 있는 인간을 만나는 것이어야 한다. 우리는 선교할 때 사람의 미종결성으로 인해 사람을 만나는 일에서 생명·기대·감동을 경험한다. 선교는 순수하게 한 인간의 개별성을 존중하며 그들의 변화를 지켜보는 것에 있다. 작가가 작중인물을 미적으로 바라보는 것처럼 선교는 사람들을 미적으로 잉여를 만들어 내는 것이어야 한다.

본 논문이 공헌할 수 있는 점은 포스트모던 시대 선교의 방향을 제시한다는 측면에 있다. 첫째로, 세계기독교에 맞는 선교 대안을 제시한다는 점이다. 아울러 세계기독교학 부상에 따른 논문이라는 점도 공헌의 한 요소로 볼 수 있을 것이다. 둘째로, 선교에 구심력 선교만이 있는 것이 아니라 원심력 선교도 있음을 통해 오늘날 사람들이 선교 용어를 경멸적인 시선으로 바라보는 것을 경감시키게 해 줄 것이다. 셋째로, 포스트모던의 시대에 탈 형식을 제공함으로 구심력과 원심력 사고를 뛰어넘어가게 할 것이다. 넷째로, 한국 교회의 윤리적 부재에 대한 개인의 책임/응답이라는 신앙생활의 바른 방향을 교인들에게 제공해 줄 것이다. 다섯째로, 구심력으로 성서를 해석하는 이단(異端)이 교회와 사회에 악을 제공하는 문제점들을 볼 수 있게 해 줄 것이다. 여섯째로, 한국 교회의 세속주의와 구조주의 틀에 갇혀 있는 모습에 실망한 사람들에게 교회의 본래 모습을 제공할 것이다.

본서에서의 한계는 필자의 시공성과 포스트모던의 산물이라는 점이다. 그러나 이 세상의 어느 것도 종결된 것이 없으며 최후의 말이 던져지지 않았다고 하는 종결불가능성(nezavershennost)[685]이라고 바흐친이 말한 것처럼, 구심력 선교의 한계 속에서 선교에 대한 대안을 찾아나간 이 작업이 완성된 것은 아니지만 선교 논의를 새롭게 하는데 기여할 수 있기를 기대해 본다.

참고 문헌

1. 국내 단행본

공임순. 『식민지 시기 야담의 오락성과 프로파간다』. 서울: 앨피, 2013.

구덕관. 『지혜와 율법』. 서울: 대한기독교출판사, 1982.

김광식. 『언행일치의 신학』. 서울: 종로서적성서출판, 2000.

______. 『현대의 신학사상』. 서울: 대한기독교서회, 1983.

김광식 편저. 『기독교 사상』. 서울: 종로서적, 1989.

김광채. 『교부열전 상권』. 서울: 정은문화사, 2002.

김경묵. 『이야기 러시아사』. 서울: 청아출판사, 2004.

김상근. 『선교학의 구성 요건과 인접 학문』. 서울: 연세대학교 출판부, 2006.

______. 『인물로 읽는 교회사』. 서울: 평단, 2007.

김선영 편역. 『초기 기독교 교부들』. 서울: 두란노아카데미, 2011.

김성태. 『현대 선교학 총론』. 서울: 이레서원, 2000.

김성환 외 8인 공저. 『주변의 보편과 문화의 복수성』. 서울: 역락, 2017.

김영진. 『조약과 언약』. 서울: 한들출판사, 2005.

김욱동. 『대화적 상상력 : 바흐찐의 문학이론』. 서울: 문학과지성사, 1988.

김욱동 편역. 『바흐친과 대화주의』. 서울: 나남, 1990.

김은수. 『현대 선교의 흐름과 주제』. 서울: 대한기독교서회, 2001.

김원모 · 이경훈 편역. 『죽은 후의 명예』. 서울: 철학과 현실사, 1997.

김혜경. 『예수회의 적응주의 선교 : 역사와 의미』. 서울: 서강대학교 출판부, 2012.

나일선. 아시아 선교 핸드북』. 서울: 보이스사, 1994.

남경희. 서구 정신의 원형 : 서구 보편주의를 넘어서』. 파주: 아카넷, 2016.

노봉린 편저. 『미전도 종족 선교정보 제1집』. 서울: 도서출판횃불, 1995.

노정선. 『동북아평화를 위한 패러다임의 전환』. 서울: 동연, 2008.

류기종. 『예수의 영성』. 서울: KMC, 2009.

방연상. 『타자를 향한, 타자와 함께하는 선교신학』. 서울: 동연, 2016.

_____. 『타자와 책임 : 종교적 성찰을 위하여』. 서울: 한들출판사, 2013.

병곡행인(炳谷行人). 조영일 옮김. 『제국의 구조 : 중심 · 주변 · 아주변』. 서울: 도서출판, 2016.

부산대학교인문한국 편. 『유럽중심주의 비판과 주변의 재인식』. 서울: 미다스북스, 2010.

서중석. 『복음서해석』. 서울: 대한기독교서회, 2007.

_____. 『복음서의 예수와 공동체의 형태』. 서울: 이레서원, 2007.

선한용. 『시간과 영원 : 성어거스틴에 있어서』. 서울: 대한기독교서회,

　　　　1998.

설혜심. 『역사, 어떻게 볼 것인가』. 서울: 도서출판길, 2011.

소천의지(小泉義之). 『들뢰즈의 生命哲學』. 이정우 옮김. 서울: 동녘,
　　　　2003.

송천성(宋泉盛). 『아시아人의 心性과 神學』. 성염 옮김. 왜관: 분도출
　　　　판사, 1990.

심상태. 『인간 : 신학적 인간학 입문』. 서울: 서광사, 1989.

안건훈. 『역사와 역사관』. 파주: 서광사, 1977.

안　신. 『세계 기독교의 이해(1) : 다양성과 독특성』. 대전: 배재대학교
　　　　학술정보원, 2013.

양명수 외. 『오늘의 어거스틴』. 서울: 대한기독교서회, 1997.

여홍상 엮음. 『바흐친과 문학 이론』. 서울: 문학과지성사, 1997.

유상현. 『바울의 제2차 선교여행』. 서울: 대한기독교서회, 2008.

＿＿＿＿. 『사도행전연구』. 서울: 대한기독교서회, 2005.

이강은. 『미하일 바흐친과 폴리포니아』. 서울: 역락, 2011.

이경재. 『현대문예 비평과 신학』. 서울: 도서출판호산, 1996.

이규호. 『말의 힘』. 서울: 좋은날, 1998.

이계준 엮음. 『현대선교신학 : 한국적 성찰』. 서울: 전망사, 1994.

이덕형. 『러시아 문화예술의 천년』. 서울: 생각의나무, 2009.

이대희. 『인간이란 무엇인가』. 대구: 정림사, 2009.

이득재. 『바흐찐 읽기: 바흐찐의 사상·언어·문학』. 서울: 문화과학사,
　　　　2003.

이병훈. 『아름다움이 세상을 구원할 것이다』. 파주: 문학동네, 2012.

이성준. 『훔볼트의 언어철학』. 서울: 고려대학교출판부, 1999.

이장식. 『교부 오리게네스』. 서울: 대한기독교출판사, 1977.

이정용. 『역과 기독교 사상』. 정진홍 옮김. 서울: 한국신학연구소, 1980.

이재근. 『세계 복음주의 지형도』. 서울: 복 있는 사람, 2015.

정재현. 『신학은 인간학이다』. 왜관: 분도출판사, 2003.

_____. 『자유가 너희를 진리하게 하리라』. 파주: 한울, 2006.

조종남. 『요한 웨슬레의 신학』. 서울: 대한기독교출판사, 1987.

조주관. 『도스토옙스키의 메타지식』. 서울: 우물이 있는 집, 2017.

주재용. 『역사와 신학적 증언』. 서울: 대한기독교서회, 1981.

진원숙. 『십자군, 성전과 약탈의 역사』. 파주: 살림, 2006.

차인석. 『근대성과 자아의식』. 파주: 아카넷, 2016.

최진석. 『민중과 그로테스크의 문화정치학』. 서울: 그린비, 2017.

최현무. 『바흐찐과 대화주의』. 서울: 나남, 1990.

황수영. 『베르그손 : 지속과 생명의 형이상학』. 서울: 이룸, 2003.

_____. 『베르그손, 생성으로 생명을 사유하기』. 서울: 갈무리, 2014.

_____. 『시몽동, 개체화 이론의 이해』. 서울: 그린비, 2017.

2. 외국 단행본

A Monk of the Eastern Church. *Orthodox Spirituality : An Outline of the Orthodox Ascetical and Mystical Tradition*; 최대형 옮김. 『정교회 영성』. 서울: 은성, 2004.

Adogame, Afe., Gerloff, Roswith. and Hock, Klaus. eds., *Christianity in Africa and the African Diaspora : The Appropriation of a*

Scattered Heritage. London: Continuum International Publishing Group, 2008.

Adogame, Afe. ed., *The Public Face of African New Religious Movements in Diaspora.* Burlington: Ashagate Publishing Company, 2014.

Agamben, Giorgio. *Inganzia e Storia ditruzione dell'dsperitnza e origine della storia.* Torino: Giulio Einaudi, 2001; 조효원 옮김. 『유아기와 역사』. 서울: 새물결, 2010.

__________. *(Il) sacramento del linguaggio :archeologia del giuramento;* 정문영 옮김. 『언어의 성사 : 맹세의 고고학』. 서울: 새물결, 2012.

Aland, Kurt. *Saint and Sinners : Men and Ideas in the Early Church.* trans. by Wilhelm C. Linss. Philadelphia: Fortress Press, 1970; 조성현 옮김. 『초대교회사람들』. 서울: 한국신학연구소, 2000.

Altizer, Thomas J. J. *Oriental Mysticism and Biblical Eschatology.* Philadelphia: Westminster Press, 1961.

__________. *The Gospel of Christian Atheism.* Philadelphia: Westminster Press, 1966; 이양구 옮김. 『세계기독교대사상 20』. 서울: 교육출판공사, 2007.

Améry, Jean. *Über das Altern : Revolte und Resignation;* 김희상 옮김. 『늙어감에 대하여 : 저항과 체념 사이에서』. 파주: 돌베게, 2016.

Armstrong, Karen. *The great transformation : The Beginning of Our*

Religious Traditions. New York: Anchor Books, 2006; 정영목 옮김. 『축의 시대』. 서울 : 교양인, 2010.

Athanasius. *The Life of Antony and The Letter to Marcellinus*. New York: Penguin Books, 1998; 안미란 옮김. 『안토니의 생애』. 서울: 은성, 1995.

Aulen, Gustaf. *Christus Victor*. trans. by A. G. Hebert. New York: Macmillan Company, 1961.

__________. *Christus Victor : An Historical Study of the Three Main Types of the Idea of the Atonement*. London: S.P.C.K., 1945; 전경연 옮김. 『속죄론 연구: 승리자 그리스도』. 서울: 대한기독교서회, 1965.

Aumann, Jordan. *Spiritual Theology in the Catholic Tradition*. London: Sheed & Ward, 1985; 이홍근 옮김. 『영성신학』. 왜관: 분도출판사, 1987.

__________. *Christian Spirituality in The Catholic Tradition*. London: Sheed & Ward Ltd., 1985; 이홍근 · 이영희 옮김. 『가톨릭 전통과 그리스도교 영성』. 왜관: 분도출판사, 1991.

Badiou, Alain. *Manifeste Pour La Philosophie*. Paris: Seuil, 1989; 서용순 옮김. 『철학을 위한 선언』. 서울: 길, 2014.

__________. *La Relation Enigmatique Entre Philosophie et Politique*. Meaux: Germina, 2011; 서용순 옮김. 『투사를 위한 철학』. 파주: 오월의 봄, 2013.

__________. *Saint Paul: la fondation de l'universalisme*. Paris: PUF, 2015; 현성환 옮김. 『사도바울』. 서울; 새물결플러스, 2008.

__________. *Ethics : An Essay on the Understanding of Evil*. New York: Verso, 2001; 이종영 옮김. 『윤리학 : 악에 대한 의식에 관한 에세이』. 서울: 동문선, 2001.

Bakhtin, Mikhail M. *Problemy Poetiki Dostoevskogo*. trans. and ed. Caryl Emerson. Problems of Dostoevsky's Poetics. Minneapolis: University of Minnesota Press, 1984.

__________. *Искусство и ответственность : К филосфии пост упка*; 최건영 옮김. 『예술과 책임』. 서울: 뿔, 2011.

__________. *Rabelais and His World*. Bloomington: Indiana University Press, 1984; 이덕형 · 최건영 옮김. 『프랑수아 라블레의 작품과 중세 및 르네상스의 민중문화 *Искусство и ответственность : К филосфии пост упка*. 서울: 아카넷, 2001.

__________. *Formal'nyi metod v literaturovedenii*; 이득재 옮김. 『문예학의 형식적 방법』. 서울: 문예출판사, 1992.

__________. *Estetika slovesnogo tvorchestva*; 김희숙 · 박종소 옮김. 『말의 미학』. 서울: 길, 2006.

Barrett, David., Kurian, George T. and Johnson, Todd M. *World Christian Encyclopedia*. New York: Oxford University Press, 2001.

Barsamian, David and Chomsky, Noam. *Propaganda and the Public Mind*. Cambridge: South End Press, 2001, 이성복 옮김. 『프로파 간다와 여론』. 서울: 아침이슬, 2002.

Barthelémy-Madaule, Madeleine. *Bergson*. Paris: 1977; 류종렬 옮김,

『처음 읽는 베르그송』. 파주: 동녘, 2016.

Bauckham, Richard. *Bible and Mission : Christian Witness in a Postmordern World.* OHA: Patemoster Press, 2003; 김봉재 옮김. 『성경과 선교』. 서울: 새물결플러스, 2010.

Bauman, Zygmunt., H. Jacobson, & Michael, Tester. Keith. *What Use is Sociology?* Cambridge: Polity Press; 노명우 옮김. 『사회학의 쓸모 : 지그문트 바우만과의 대화』. 파주: 서해문집, 2015.

Benenictus. *Regula Benedicti.* 이형우 옮김. 『베네딕도 수도규칙』. 왜관: 분도출판사, 2000.

Bergson, Henri. *Les deux sources de la morale et de la religion.* Paris: Presses universitaires de France, 1961; 박종원 옮김. 『도덕과 종교의 두 원천』. 서울: 아카넷, 2015.

__________. *L'évolution Créatrice.* Paris: Presses universitaires de France, 1969; 황수영 옮김. 『창조적 진화』. 서울: 아카넷, 2005.

__________. *Matière et mémoire : essai sur la relation du corps a l'esprit.* Paris: Presses universitaires de France, 1953; 박종원 옮김. 『물질과 기억』. 서울 : 아카넷, 2005.

Berdiaev, Nikolaĭ. *Dostoevsky;* 이경식 옮김. 『도스토예프스키의 세계관』. 서울: 현대사상사, 1991.

Bettenson, Henry Scowcroft. *The Early Christian Fathers : A Selection from the Writings of the Fathers from St. Clement of Rome to St. Athanasius.* Oxford: Oxford University Press, 1969; 박경수 옮김. 『초기기독교교부』. 서울: 크리스챤다이제스트,

1997.

Blanc, Charles Le. *Kierkegaard.* Paris: Société d'édition Les Belles Lettres, 1998, 이창실 옮김, 『키에르케고르 : 문예신서 282』. 서울: 동문선, 2004.

Boer, Harry R. *Pentecost and Missions.* Michigan: Grand Rapids, 1964.

Bollnow, Otto Friedrich. *Existenzphilosophie.* Stuttgart: W. Kohlhammer, 1978; 최동희 옮김. 『실존철학 입문』. 서울: 자작아카데미, 2000.

Bosch, David Jacobus. *Transforming Mission: Paradigm Shifts in Theology of Mission.* Maryknoll: Orbis Books, 1991; 김병길·장훈태 옮김. 『변화하고 있는 선교』. 서울: 기독교문서선교회, 2000.

__________. *Witness to the Word : The Christian Mission in Theological Perspecive.* Atlanta: John Knox Press, 1980; 전재옥 옮김. 『세계를 향한 증거 : 선교의 신학적 이해』. 서울: 두란노, 1993.

Bouyer, Louis. *Introduction a La via Spirituelle*; 정대식 옮김. 『영성생활입문』. 서울: 가톨릭출판사, 1992.

Brueggemann, Walter. *The Prophetic Imagination.* Philadelphia: Fortress Press, 1978; 김쾌상 옮김. 『예언자적 상상력』. 서울: 대한기독교출판사, 1981.

__________. *Sabbath as Resistance.* Louisville: Westminster John Knox Press, 2014; 박규태 역. 『안식일은 저항이다』. 서울: 복

있는 사람, 2015.

Buber, Martin. *Der Glaube der Propheten*; 남정길 역. 『예언자의 신앙』. 서울: 대한기독교출판사, 1977.

Cahill, Thomas. *How the Irish Saved Civilization : The Untold Story of Ireland's Heroic Role from the Fall of Rome to the Rise of Medieval Europe*. New York: Doubleday, 1995.

Cannon, William R. *The Theology of John Wesley*. Nashville: Abingdon, 1946; 남기철 옮김. 『웨슬레 신학』. 서울: 기독교대한감리회교육국, 1986.

Carey, William. *An Enquiry into the Obligations of Christians to Use Means for the Conversion of the Heathens. : In Which the Religious State of the Different Nations of the World, the Success of Former Undertakings, and the Practicability of Further Undertakings, Are Considered*, 변창욱 옮김. 『이교도 선교방법론』. 서울: 미션아카데미, 2008.

Carrière, Jean-Claude. *(La) Controverse de Valladolid*, 이세욱 옮김. 『바야돌리드 논쟁』. 서울: 샘터, 2007.

Cassirer, Ernst. *An Essay on Man : An Introduction to a Philosophy of Human Culture*. New Haven: Yale Univ. Press, 1944; 최명관 옮김. 『인간이란 무엇인가』. 서울: 창, 2008.

Chakrabarty, Dipesh. *Provincializing Europe : Postcolonial Thought and Historical Difference*. Princeton: Princeton University Press, 2000; 김택현 · 안준범 옮김. 『유럽을 지방화하기』. 서울: 그린비, 2014.

Chryssides, G. D. and Zeller, B. E. eds., *The Bloomsbury Companion to New Religious Movements.* London: Bloomsbury, 2014.

Clendenin, Daniel B. ed., *Eastern Orthodox Theology : A Contemporary Reader.* 주승민 옮김. 『동방정교회신학』. 서울: 은성, 1997.

Clendenin, Daniel B. *Eastern Orthodox Christianity.* 김도년 옮김. 『동방정교회개론』. 서울: 은성, 1996.

Collins, Kenneth J. *The Theology of John Wesley : Holy Love and The Shape of Grace.* Nashville: Abingdon Press, 2007; 이세형 옮김. 『존 웨슬리의 신학』. 서울: KMC, 2012.

Cox, Havey. *The Future of Faith.* New York: Harper Collins, 2009.

Cullmann, Oscar. *Salvation in History.* London: S.C.M. Press, 1967; 김광식 역. 『구원의 역사』. 서울: 대한기독교출판사, 1978.

Darnton, Robert. *The Great Cat Massacre and Other Episodes in French Cultural History.* New York : Vintage Books, 1985., 조한욱 옮김. 『고양이 대학살 : 프랑스 문화사 속의 다른 이야기들』. 서울: 문학과지성사, 1996.

Davis, Colin. *Levinas : An Introduction.* Notre Dame, Ind.: University of Notre Dame Press, 1996; 주완식 옮김. 『처음 읽는 레비나스』. 파주 : 동녘, 2014.

de Loyola, Ignacio. *The Spiritual Exercises of St. Ignatius of Loyola.* Garden City : Doubleday & Co; 1964; 윤양석 옮김. 『이냐시오의 영신수련』. 서울: 한국천주교중앙협의회, 1983.

de Saussure, Ferdinand. *Cours de linguistique générale;* 김현권 옮김.

『일반언어학강의』. 서울 : 지식을만드는지식, 2012.

__________. *Corus de Linguistique Générale*, 최승언 옮김. 『일반언어학 강의』. 서울 : 민음사, 1990.

__________. *Cours de Linguistique Générale*. Paris: 1916; 김현권·최용호 옮김. 『일반언어학 노트』. 경기도 : 인간사랑, 2007.

__________. *Troisième cours de linguistique générale : 1910-1911 : d'après les cahiers d'Emile Constantin*, 김성도 옮김. 『소쉬르의 마지막 강의: 제3차 일반언어학 강의(1910-1911), 에밀 콩트탕탱의 노트』. 서울 : 민음사, 2017.

Deleuze, Gilles. *Différence et répétition*. Paris: Presses universitaires de France, 1981; 김상환 옮김. 『차이와 반복』. 서울 : 민음사, 2004.

__________. *Félix Guattari, Mille Plateaux : capitalisme et schizophrénie 2*. Minneapolis: University of Minnesota Press, 1987; 김재인 옮김. 『천개의 고원: 자본주의와 분열증 2』. 서울 : 새물결, 2013.

Derrida, Jacques. 김보연 편역. 『해체』. 서울 : 문예출판사, 2004.

Dostoevskii, Fyodor Mikhailovich. *Dnevnik pisatelia, Zapiski iz podpol'ia*, 제윤 편역. 『도스토옙스키 고백록』. 서울 : 을유문화사, 2017.

__________. Mikhailovich. *Prestuplenie i nakazanie*. Moskva: Nauka, 1970; 유성인 옮김. 『죄와 벌』. 서울: 하서, 2008.

__________. *Besy : roman*. Leningrad: Khudozhestvennaia Literatura, 1989; 김연경 옮김. 『악령(중)』. 파주 : 열린책들, 2002.

Drobner, Hubertus R. *Lehrbuch der Patrologie.* Freiburg : Herder Press, 1994; 하성수 옮김. 『교부학』. 왜관: 분도출판사, 2003.

Dussel, Enrique Domingo. *1492. El encubriniento del otro: Hacia el origen del "mito de la moderniad".* Frankfurt: octubre de, 1992; 박병규 옮김. 『1492년 타자의 은폐 : '근대성 신화'의 기원을 찾아서』. 서울 : 그린비, 2011.

Dvornik, Francis. *Byzantine Missions Among the Slavs : SS. Constantine-Cyril and Methodius.* N. J: Rutgers University Press, 1970.

Eco, Umberto. *Il Nome Della Rpsa.* 이윤기 역. 『장미의 이름(하)』. 파주 : 열린책들, 2007.

Eichrodt, Walther. *Theology of the Old Testament I.* Philadelphia: The Westminster Press; 박문재 옮김, 『구약성서신학 I』. 서울: 크리스챤다이제스트, 1998.

Erlich, Victor. *Russian Formalism : History·Doctrine,* 박거용 옮김. 『러시아 형식주의』. 서울 : 문학과지성사, 1991.

Ermolaev, Herman. *Soviet Literary Theories, 1917-1934 : The Genesis of Social Realism.* Los Angeles: California Univ. Press, 1963; 김민인 옮김. 『소비에뜨 문학이론 : 소련 프롤레타리아 문학 조직 및 논쟁』. 서울 : 열린책들, 1989.

Felch, Susan M. Contino, Paul J. ed., *Bakhtin and Religion : A Feeling for Faith.* Evanston, Ill.: Northwestern University Press, 2001; 러시아 기독문화연구회 옮김. 『바흐찐과 기독교: 믿음의 감정』. 부산: 부산대출판부, 2009.

Foucault, Michel. *L'archéologie du Savoir.* Paris: Gallimard, 1969; 이
정우 옮김. 『지식의 고고학』. 서울: 민음사, 2004.

__________. *Les Mots et les Choses : Une Archéologie Sciences
Humaines.* Paris: Gallimard, 1966; 이규현 옮김. 『말과 사
물』. 서울 : 민음사, 2015.

Frank, Karl Suso. *Geschichte des Christlichen Mönchtums.* 최형걸 옮
김. 『기독교 수도원의 역사』. 서울 : 은성, 1997.

Gallagher, Robert L. & Hertig, Paul ed. *Landmark Essays in Mission
and World Christianity.* Maryknoll: Orbis Books, 2009; 문전
섭외 3인 공역. 『세계 기독교와 선교의 미래』. 서울 : 한국장
로교출판사, 2012.

Glasser, Arthur F. Announcing the Kingdom. Michigan: Grand
Rapids, 2003, 임윤택 옮김. 『성경에 나타난 하나님의 선교』.
서울: 생명의말씀사, 2006.

__________. *Contemporary Theologies of Mission.* Grand Rapids:
Baker, 1983.

Gifford, Paul. *Christianity, Development and Modernity in Africa.*
New York: Oxford University Press, 2016.

Gonzalez, Justo L. *Christian Thought Revisited: Three Types of
Theology.* Nashville: Abingdon Press, 1989; 이후정 옮김.
『기독교사상사』. 서울 : 컨콜디아사, 1999.

Green, Michael. *Evangelism-Now and Then.* Inter-varsity Press,
1979., 김경진 옮김. 『초대 교회의 전도』.서울 : 생명의말씀
사, 1992.

Grudin, Robert. *Time and the Art of Living*; 오은숙 옮김. 『당신의 시간을 위한 철학』. 서울 : 경당, 2015.

Hägglund, Bengt. *History of Theology*. St. Louis : Concordia Pub. House, 1968; 박희석 옮김. 『신학사』. 서울 : 성광문화사, 1991.

Hegel, Georg Wilhelm Friedrich. *Vorlesungsmanuskripte, 1, 1816-1831*. Hamburg: Felix Meiner, 1987; 최신환 옮김. 『종교철학』. 서울 : 지식산업사, 1999.

__________. *Phänomenologie des Geistes*. Hamburg: Felix Meiner, 1980; 임석진 옮김. 『정신현상학 I, II』. 파주 : 한길사, 2005.

Heidegger, Martin. *Platons Lehre von der Wahrheit, mit eidnem Brief über den 'Humanismus'*. Bern: 1949.

__________. *Sein und Zeit*. Tübingen: Max Niemeyer, 1972; 전양범 옮김. 『존재와 시간』. 서울 : 동서문화사, 2011.

Henel, Ingeberg C. ed. *A History of Christian Thought*. London: S.C.M. Press, 1968; 송기득 옮김. 『그리스도교 사상사』. 서울 : 한국신학연구소, 1985.

Hick, John H. *Philosophy of Religion*. 황필호 옮김. 『종교철학개론』. 서울 : 종로서적, 1996.

Hiebert, Paul G. *Anthropological Reflections on Missiological Issues*. Michigan: Baker Book House Company, 1994., 김영동·안영권 옮김. 『인류학적 접근을 통한 선교현장의 문화이해』. 서울 : 죠이선교회출판부, 2001.

Hildebrandt, Jonathan. *History of the Church in Africa*. Accra: African

Christian Press, 1981.

Hillgarth, J. N. *Ramon Lull and Lullism in Fourteenth-Century France*. Oxford: Clarendon Press, 1971.

Hobbes, Thomas. *Man and Citizen*, trans. by Charles T. S. K. Scott-Craig and Bernard Gett. New York: The Anchor Books, 1972; 이준호 옮김, 『인간론』. 서울 : 지식을 만드는 사람들, 2009.

Hock, Klaus. *Das Christentum in Afrika und dem Nachen Osten*. Leifzig: Evangelische Verlagsanstalt, 2005; 공성철·민관홍 옮김. 『아프리카 및 근동의 기독교』. 충남 : 호서대학교출판부, 2015.

Holquist, Michael. ed., *The Dialogic Imagination : Four Essays by M. M. Bakhtin*. trans. Emerson, Caryl and Holquest, Michael. Austin: Univ. of Texas Press, 1981.

Howard, David M. *Student Power & World Evangelism*. Downers Grove, Ill. Inter-Varsity Press, 1970; 『학생운동과 세계복음화』. 서울 : 생명의말씀사, 1994.

Hughes, Joe. *Deleuze's Difference and Repetition : A Reader's Guide*. London: Continuum, 2009; 황혜령 옮김. 『들뢰즈의 ‘차이와 반복’ 입문』. 파주 : 서광사, 1977.

Hume, David. *Dialogues Concerning Natural Religion*. New York: Hafner Pub. Co, 1948; 이태하 옮김. 『자연종교에 관한 대화』. 파주 : 나남, 2008.

Hummel, Charles E. *Galileo Connection: Resolving Conflicts between*

Science & the Bible. Downers Grove, Ill.: InterVarsity Press, 1986; 황영철 역. 『갈릴레오 사건』. 서울 : 한국기독학생회출판부, 1991.

Hunter III, George G. *The Celtic Way of Evangelism.* Nashville, TN: Abingdon Press, 2000; 황병배·윤서태 옮김. 『켈트 전도법』. 경기 : 한국교회선교연구소, 2012.

Husserl, Edmund. *Die Idee der Phänomenologie : Philosophie als Strenge Wissenschaft.* Frankfurt am Main: Vittorio Klostermann, 1965; 이종훈 옮김. 『엄밀한 학문으로서의 철학』. 서울 : 지식을 만드는 지식, 2014.

Iliffe, John. *Africans : The History of a Continent.* New York: Cambridge Univ. Press, 2007.

Irenaeus. *The Ante-Nicene Fathers, Vol. I.* Michigan: Grand Rapids, 1950.

Jenkins, Philip. *The Next Christendom: The coming of Global Christianity.* Oxford; Oxford University Press, 2002; 김신찬·최요한 옮김. 『신의 미래: 종교는 세계를 어떻게 바꾸는가?』. 서울 : 도마의길, 2009.

Jespersen, Otto. *Language : Its Nature, Development and Origin.* New York: Norton, 1964.

Johnston, Arthur P. *The Battle for World Evangelism;* 임홍빈 옮김. 『세계 복음화를 위한 투쟁』. 서울 : 성광문화사, 1983.

Jones, E. Stanley. *Christ at the Round Table.* 황병규 옮김. 『원탁의 그리스도』. 서울 : 평단문화사, 2009.

Kapsanis, Gheorghios. *ΘΕΩΣΙΣ*; 하정훈 옮김. 『신화』. 서울 : 정교회
　　　출판사, 2015.

Kierkegaard, Søren. *Fear and Trembling*. trans. by Sylvia Walsh.
　　　New York: Cambridge University Press, 2006; 임규정 옮김.
　　　『두려움과 떨림』. 서울 : 지식을만드는지식, 2014.

Kirk, J. Andrew. *What is Mission? : Theological Explorations*.
　　　London: Darton, Longman & Todd, 1999; 최동규 옮김. 『선
　　　교란 무엇인가?』. 서울 : CLC, 2009.

Klaiber, Walter & Marquardt, Manfred. *Gelebte Gnade : Grundriss
　　　einer Theologie der Evangelisch-methodistischen Kirche*.
　　　Göttingen: Ruprecht Poatfach, 2006; 조경철 옮김. 『감리교
　　　회 신학 : 하나님의 은혜를 실천하는 사람들의 신학』. 서울 :
　　　KMC, 2011.

Klein, Stefan. *Zeit : der Stoff, aus dem das Leben ist : eine
　　　Gebrauchsanleitung*; 유영미 옮김. 『시간의 놀라운 발견』. 서
　　　울 : 웅진지식하우스, 2007.

Knight, Henry H. *Wesley's Theology of Love*; 유성준 옮김. 『웨슬리의
　　　사랑의 신학』. 서울 : kmc, 2013.

Küng, Hans. *Das Christentum: Wesen und Geschichte*. München: R.
　　　Piper GmbH & Co., 1994; 이종한 옮김. 『그리스도교 : 본질
　　　과 역사』. 왜관 : 분도출판사, 2002.

　　　______. *Die Christliche Herausforderung: kurzfassung von Chrest
　　　Sein*. München: R. Piper & Co., 1980; 정한교 옮김. 『왜 그
　　　리스도인인가 : 그리스도인 실존의 축소판』. 왜관 : 분도출판

사, 1983.

Ladd, George E. *The Presence of the Future : A revised and updated version of Jesus and the Kingdom.* Grand Rapids: Eerdmans, 1974.

Latourette, Kenneth Scott. *Christianity Through the Ages.* New York: Harper & Row, 1965; 허호익 옮김. 『기독교의 역사』. 서울 : 대한기독교출판사, 1986.

________. *A History of Christianity Vol. 1.* New York: Harper & Row, 1953; 윤두혁 옮김. 『기독교사(상)』. 서울 : 생명의말씀사, 1985.

Lawson, John. *The Biblical Theology of Saint Irenaeus.* London; Epworth Press, 1948.

Levenson, Jon Douglas. *Sinai and Zion : An Entry into the Jewish Bible.* Harper Collins Publishers; 홍국평 옮김. 『시내산과 시온: 성서신학의 두 기둥』. 서울 : 대한기독교서회, 2012.

Levinas, Emmanuel. translated by Alphonso Lingis. *Totality and Infinity.* London: Kluwer Academic Publishers, 1991.

________. *Otherwise than Being or Beyond Essence.* Pittsburgh, Pa.: Duquesne University Press, 1998.

________. translated by Alphonso Lingis. *"God and Philosophy," Collected Philosophical Paper.* Pennsylvania: Duquesne University Press, 1987.

________. *De l'existence à l'existant,* 서동욱 옮김. 『존재에서 존재자로 : 본질의 저편』. 서울: 민음사, 2005.

________. *Autrement qu'être ou au-delà de l'essence*, 김연숙 · 박한표 옮김. 『존재와 다르게』. 고양: 인간사랑, 2010.

________. *Ethique et Infini*, 양명수 역. 『윤리와 무한』. 서울 : 다산글방, 2000.

Mason, Cora. *Socrates: The Man Who Dared to Ask*. Boston: The Beacon Press, 1954; 최명관 옮김. 『소크라테스 : 영원한 인간상』. 서울 : 창, 2010.

Mbiti, John. *African Religions and Philosophy*. Oxford; Heinemann, 1989; 장용규 옮김. 『아프리카 종교와 철학』. 서울 : 지식을만드는사람들, 2012.

McGavran, Donald A. *Understanding Church Growth*. Grand Rapids: Eerdmans, 1970; 이요한 · 김종일 · 전재옥 옮김. 『교회성장의 이해』. 서울 : 대한예수교장로회총회출판국, 1987.

Medvedev, P. N., Bakhtin, M. M. translated by Wehrle. Albert J. *The formal method in literary scholarship: a critical introduction to sociological poetics*. Baltimore: Johns Hopkins University Press, 1978; 이득재 옮김. 『문예학의 형식적 방법』. 서울 : 문예출판사, 1992.

Michaels, J. Ramsey. *Servant and Son: Jesus in Parable and Gospel*. Atlanta: John Knox Press, 1981.

Moltmann, Jürgen. Mensch, *Christliche Anthropologie in den Konflikten der Gegenwart : Bibliothek Themen der Theologie XI*, Stuttgart, Berlin: Kreuz-Verlag, 1971; 김고광 · 전경연 옮김, 『인간 현대의 갈등 속의 기독교 인간학 : 복음주

의 신학총서 제10권』. 서울 : 한신대학출판부, 1986.

Morson, Gary Saul and Emerson, Caryl. *Mikhail Bakhtin, Creation of a Prosaics*. Stanford: Stanford University Press, 1990; 오문석 · 차승기 · 이진형 옮김. 『바흐친의 산문학』. 서울 : 책세상, 2006.

Mott, John R. *Carrying the gospel to all the non-Christian world : Report of Commission I*. New York: Fleming H. Revell Company, 1910; 이용원 옮김, 『비기독교 국가들에 대한 선교 : 1910년 에딘버러 세계선교사대회 제1 분과위원회 보고서』. 서울 : 미션아카데미, 2010.

Neill, Stephen. A History of Christian Missions. (London: Penguin Books, 1986); 홍치모 · 오만규 옮김. 『기독교선교사』. 서울: 성광문화사, 2004.

Nelson, Marlin L. *Asian Mission Handbook*. 『아시아 선교 핸드북』. 서울 : 보이스사, 1994.

Newell, Philip. A Celtic Spirituality. New York: Paulist Press, 1999; 정미현 옮김, 『켈트 영성 이야기』. 서울: 대한기독교서회, 2001.

Niebuhr, Reinhold. *Moral Man and Immoral Society : A Study in Ethics and Politics*. Whitefish, MT: Kessinger Publishing, 2009.

Nigg, Walter. *Dostojewskij : die religiöse Uberwindung des Nihilismus*. Hamburg: Agentur des Rauhen Hauses, 1951; 임석진 옮김. 『예언자적 사상가 도스토에프스키』. 왜관 : 분도출판사, 1981.

Nissen, Johannes. *New Testament and Mission*. Peter Lang GmbH, 2002; 최동규 옮김. 『신약성경과 선교』. 서울 : 기독교문서선교회, 2005.

Noll, Mark A. *The New Shape of World Christianity : How American Experience Reflects Global Faith*. Leicester: Inter-Varsity Press, 2009; 박세혁 옮김. 『복음주의와 세계 기독교의 형성 : 미국 기독교는 어떻게 세계 종교가 되었는가?』. 서울 : IVP, 2015.

________. *From Every Tribe and Nation : A Historian's Discovery of the Global Christian Story* (Michigan: Grand Rapids, 2014); 배덕만 옮김. 『나는 왜 세계기독교인이 되었는가』. 서울 : 복 있는 사람, 2016.

________. *Turning Point : Decisive Moments in the History of Christianity*. Michigan: Baker Books, 2000; 이석우 · 강효식 옮김. 『터닝 포인트』. 서울 : CUP, 2007.

Oliver, Roland. *The African Experience*. New York: Weidenfeld & Nicolson, 1991.

Ott, Heinrich. *Das Reden vom Unsagbaren : die Frage nach Gott in unserer Zeit*; 김광식 옮김. 『살아계신 하나님』. 서울 : 대한기독교서회, 1973.

Packer, George. *All Art is Propaganda*. Orlando: Harcourt, 2008; 하윤숙 옮김. 『조지 오웰 평론집 : 모든 예술은 프로파간다다』. 서울 : 이론과실천, 2013.

Pagels, Elaine H. *Beyond belief: the secret Gospel of Thomas*. New

York: Random House, 2003; 권영주 옮김. 『믿음을 넘어서』. 서울 : 루비박스, 2006.

Panikkar, Raimundo. *The Intrareligious Dialogue*. New York: Paulist Press, 1978; 김승철 옮김. 『종교간의 대화』. 서울 : 서광사, 1992.

Pelage & Jean ed. *Apophthegmata Patrum*; 요한 실비아 옮김. 『사막 교부들의 금언집』. 왜관 : 분도출판사, 1988.

Pemberton, Cintra. *Soulfaring: Celtic Pilgrimage Then and Now*. London: Morehouse Publishing, 1999.

Pratt, Mary Louise. *Imperial Eyes : Travel Writing and Transculturation*. London: Routledge, 1992; 김남혁 옮김. 『제국의 시선 : 여행기와 문화 횡단』. 서울 : 현실문화, 2015.

Pushkin, Aleksandr Sergeevich. *Boris Godunov*. London: Bristol Classical Press, 1995; 최선 옮김. 『보리스 고두노프 : 황제 보리스와 그리슈까 오뜨레뻬예프에 대한 희극』. 서울 : 고려대학교 출판부, 2003.

Ricci, Matteo. 『천주실의』. 송영배 외 옮김. 서울: 서울대학교출판부, 1999.

Robertson, O. Palmer. *The Christ of the Covenants*. Phillipsburg: Presbyterian and Reformend Pub, 1980; 김의원 옮김. 『계약 신학과 그리스도』. 서울 : 기독교문서선교회, 1999.

Rouse, Ruth & Neil, Stephen C. *A History of the Ecumenical Movement, 1517-1948*. Philadelphia: Westminster Press, 1967.

Russel, Norman. ed. trans., *The lives of the Desert Fathers : the Historia monachorum in Aegypto*. London: Mowbray, 1981; 이후정·엄성옥 옮김. 『사막 교부들의 삶』. 서울 : 은성, 1994.

Runyon, Theodore. 김고광 옮김. 『새로운 창조』. 서울 : 기독교대한감리회홍보출판국, 2001.

Saggs, H. W. F. *The Encounter with the Divine in Mesopotamia and Israel, Jordan Lectures*. London: University London/Athlone, 1976.

Said, Edward W. *Orientalism*. London: Routledge & Kegan Paul, 1978; 박홍규 옮김. 『오리엔탈리즘』. 서울 : 교보문고, 2011.

__________. *Representations of the Intellectual : The 1993 Reith Lectures*. New York: Vintage Books, 1996; 전신욱 · 서봉섭 옮김. 『권력과 지성인』. 서울 : 창, 2011.

Sanneh, Lamin. *Whose Religion is Christianity? : The Gospel Beyond the West*. Michigan: Wm. B. Eerdmans Publishing Co., 2003.

__________. *Translating the Message : The Missionary Impact on Culture*. Maryknoll: Orbis Books, 1989; 전재옥 옮김. 『선교신학의 이해』. 서울 : 대한기독교서회, 1993.

Sartre, Jean Paul. *L'être et le néant : essai d'ontologie phénoménologique*. Paris: Gallimard, 1976; 손우성 옮김. 『존재와 무 I』. 서울 : 삼성출판사, 1994.

Schmid, P. Bernhard. *Grundlinien der Patrologie*; 정기환 옮김. 『교부학 개론』. 서울 : 컨콜디아사, 2003.

Schweiker, William. *Power, value and conviction : theological ethics in the postmodern age*, 문시영 옮김. 『포스트모던 시대의 기독교 윤리 : 힘, 가치 그리고 확신』. 서울 : 살림, 2003.

Senior, Donald & Stuhlmueller, Carroll. *The Biblical foundations for mission*. Maryknoll: Orbis Books, 1983; 최성일 옮김. 『선교의 성서적 기초』. 서울 : 다산글방, 2003.

Simondon, Gilbert. *L'individuation à la lumière des notions de forme et d'information*. Grenoble: Millon, 2013; 황수영 옮김. 『형태와 정보 개념에 비추어 본 개체화』. 서울 : 그린비, 2017.

Smith, Philip. *Cultural Theory : An Introduction*. Oxford: Blackwell, 2009; 한국문화사회학회 옮김. 『문화이론 : 사회학적 접근』. 서울: 이학사, 2015.

Sotirios. 백은영 옮김. 『정교회 교리서 : 올바른 믿음과 삶』. 서울 : 정교회출판사, 2015.

St. Augustine. *St. Augustine's Confessions I, II*, Cambridge: Harvard University Press, 1960; 선한용 옮김. 『성 어거스틴의 고백록』. 서울 : 대한기독교서회, 1990.

________. *The City of God*. England: Penguin Books, 1980; 조호연 · 김종흡 옮김. 『하나님의 도성』. 서울: 크리스챤다이제스트, 2005.

Stewart, Columba. ed. *The world of the desert fathers*, 이후정 옮김. 『사막 교부들의 세계』. 서울 : 은성, 1995.

Stott, John R. W. *Christian Mission in the Modern World*. Downers Grove, Ill.: InterVarsity Press, 1975; 서정운 옮김. 『현대의 기

독교 선교』. 서울 : 대한기독교서회, 1982.

Sundermeier, Theo. *Konvevenz und Differenz: Studien zu einer verstehenden Missionswissenschaft*. Erlangen: Verlag der Ev.-Luth. Mission, 1995; 채수일 편역. 『선교신학의 유형과 과제』. 서울 : 대한기독교서회, 1999.

Talyor, Mark C. Talyor. *Erring: A Postmodern A/theology*. Chicago: University of Chicago Press, 1984.

Teresa, Mother. 박재만 역. 『우리는 사랑을 깨달았습니다』. 서울 : 성 바오로, 1997.

Tinker, George E. *Missionary Conquest: The Gospel and Native American Cultural Genocide*. Minneapolis: Fortress Press, 1993.

Vattimo, Gianni. *After Christianity*. New York : Columbia University Press, 2002.

Verkuyl, J. *Contemporary Missiology an Introduction*. Grand Rapids: W. Eerdmans Pub. Co., 1978; 최정만 옮김. 『현대 선교신학 개론』. 서울: 기독교문서선교회, 1991.

Vicedom, Georg F. *The Mission of God : An Introduction to A Theology of Mission*. Saint Louis: Concordia Pub. House, 1965; 박근원 옮김. 『하나님의 선교』. 서울 : 대한기독교출판 사, 1982.

Volosinov, V. N. *Freudianism: A critical sketch*; 송기한 옮김. 『바흐찐 이 말하는 새로운 프로이드』. 서울 : 예문, 1998.

Voloshinov V. N. *Marksizmi filosofija Jazyka*. Sankt-Peterburg:

Izdatel'stvo Asta-Press LTD, 1995; 송기한 옮김. 『언어와 이데올로기』. 서울 : 푸른세상, 2005.

von Harnack, Adolf. *History of Dogma, Vol. II*, New York: Rusell, 1958.

________. *Das Wesen Des Chrestentums*; 오홍명 옮김. 『기독교의 본질: 시리우스 총서 04』. 서울 : 한들출판사, 2007.

von Humboldt, Wilhelm. *Über den Nationalcharaker der Sprachen*. Berlin: 1822; 안정오 옮김. 『언어의 민족적 특성에 대하여』. 서울: 고려대학교출판문화원, 2017.

Walls, Andrew F. *The Cross-Cultural Process in Christian History*. Maryknoll: Orbis Books, 2002.

________. *The Missionary Movement in Christian History*. Maryknoll; Orbis Books, 1996.

________. *The Missionary Movement in Christian History*. Maryknoll; Orbis Books, 1996; 방연상 옮김. 『세계 기독교와 선교 운동』. 서울 : IVP, 2018.

________. 『기독교의 미래』. 이문장 옮김. 파주 : 청림출판, 2006.

Walker, Williston and Norris, Richard A., Lotz, David W., Handy, R. T., *A History of the Christian Church*. New York: Scribner, 1970.; 송인설 옮김, 『기독교회사』. 서울 : 크리스챤다이제스트, 2001.

Ward, Benedecta. ed. *Apophthegmata Patrum*.; 이후정·엄성옥 옮김. 『사막 교부들의 금언』. 서울 : 은성, 1995.

Ward, Graham. ed., *The Postmodern God : A Theological Reader*.

Massachusetts: Blackwell, 1997.

Warnock, Mary. *Existentialism*. London: Oxford University Press, 1970; 이명숙 · 곽강제 옮김. 『실존주의』. 서울: 서광사, 2016.

Winter, Ralph D., Hawthorne, Steven C. ed., *Perspectives on the world Christian movement : reader*. Pasadena: William Carey Library, 1981; 정옥배 옮김. 『미션 퍼스펙티브』. 서울 : 예수전도단, 2000.

Winter, Ralph D., Hawthorne, Steven C. ed., Perspectives on the world Christian movement. Pasadena, Calif.: William Carey Library,1981; 정옥배외 3인 옮김. 『퍼스펙티브스 1』. 경기도 : 예수전도단, 2015.

Wolff, Hans Walter. *Anthropologie des Alten Testaments*. Philadelphia: Fortress Press, 1974; 문희석 옮김. 『구약성서의 인간학』. 왜관 : 분도출판사, 1981.

__________. *Wegweisung: Gottes Wirken Im Alten Testament*. München: Chr. Kaiser Verlag, 1965; 이양구 옮김, 『우리들의 삶속에 계시는 하나님: 구약성서에 나타난 하나님의 활동』. 서울 : 대한기독교출판사, 1981.

Wright, G. E. *The Old Testament Against Its Environment*. London: SCM, 1950.

Yamamori, Tetsunao. *Penetrating Mission's Final Frontier*; 이현모 옮김. 『미전도종족 이렇게 접근하라』. 서울 : 죠이선교회, 1999.

Young, Robert J. C. *Postcolonialism: an historical introduction*. Oxford, UK: Blackwell Publishers, 2001; 김택현 옮김. 『포스

트식민주의 또는 트리컨티넨탈리즘』. 서울 : 박종철출판사, 2010.

__________. *White Mythologies : writing history and the West*. London: Routledge, 1990; 김용규 옮김. 『백색신화: 서양이론과 유럽중심주의 비판』. 부산 : 경성대학교출판부, 2008.

Zinoviev, Alexandre. *Homo Sovieticus*. Boston: The Atlantic Monthly, 1985.

3. 논문

김상근. "한국 선교학 연구의 새로운 과제와 도전: 남반부 기독교의 등장에 따른 아시아 기독교의 역사적 관점을 찾아서,"「신학논단」, 35 (2004, 3): 317-326.

노정선. "민중신학, 인민신학, 통일신학."「한국문화신학회 논문집」, 16 (2010, 10): 11-56.

방연상. "포스트모던시대에서의 선교학의 역할,"『신학논단』, 제35집 (2004.3): 287-302.

방연상·이만형. "세계기독교: 새로운 신학의 패러다임을 향하여,"「선교신학」, 제41집 (2016, 2): 179-220.

방연상·홍정호. "레비나스(E. Levinas)의 『존재와 다르게, 본질을 넘어』에 나타난 '말함'과 '말해진 것'에 대한 신학적 성찰."「神學思想」, 168(2015): 248-276.

서중석. "그리스도-율법의 폐기와 목표",「기독교사상」, 제39권 (1995. 6): 50-66

이경재. "미학신학 또는 문예신학", 「신학과 세계」, 51(2004.12): 298-
326.

이재근. "세계기독교학의 부상과 연구 현상", 「한국기독교와 역사」,
40(2013.3): 377-407.

이후정. "존 웨슬리와 기독교적 삶의 양식" 『신학과 세계』, 제41호
(2002.12): 149-165.

______. "신화의 신학: 웨슬리와 동방교부" 『신학과 세계』, 제37호
(1998.12): 193-218

조주관. "언어의 구심력과 원심력 : 바흐찐의 언어철학을 중심으로."
「성곡논총」, 제33집 (8/2002): 329-385.

최진석. "사건과 크로노토프 : 바흐친 사유의 진화와 도약" 『인문과학』,
24(2012.12) 35-49.

Charles-Edwards. "Thomas. The Social Badkground to Irish
Peregrinatio" in Celtica. No.11(1976)

Donovan, Mary Ann. "Insights on Ministry : Irenaeus", *Toronto
Journal of Theology 2* (Spring 1986)

Gordon-Conwell Theological Seminary. "Christianity in its Context,
1970-2020: Society, Religion and Mission" (June 2013)

Haliburton, Gordeon Mackay. "Wilkiam Wade Harris : Prophet-
Evangelist of West Africa", *Journal of African Christian
Biography*, 1 (2016)

Loewe, William P. "Irenaeus Soteriology : Transposing the Question"
in *Religion and Culture : Essays in Honor.* Bernard Lonergan,
S. J. ed. by Thmothy P. Fallon, S. J. Albany: State University

of New York Press, 1987.

Lohr, Winrich Alfreid. "Gnostic Determinism Reconsidered". *Vigiliae Christianae* 46 (1992).

Robert, Dona. "Shifting Southward Global Christianity Since 1945," *International Bulletin of Missionary Research* 24 (April 2000)

Stanley, Brian. "The Future in the Past : Eschatological Vision in British and American Protestant Missionary History," *Tyndale Bulletin* 51.1 (2000): 101-120.

Walls, Andrew F. "새롭게 제안하는 기독교 신학의 미래"「목회와 신학」, (2002.1)

＿＿＿＿. "개종이냐 회심이냐 : 신약에 나타난 복음과 문화"「선교와 신학」, 제9집 (2002.06): 103-111.

＿＿＿＿. "Rethinking Mission : New Direction for a New Centyry,"「선교와 신학」, 제8집 (Fall, 2001): 255-266.

미주

1) 선교는 주체를 확장시키는 구심력적인 것과 타자가 자발적으로 찾아오는 원심력적인 두 가지 모습을 드러내고 있다. 구심력 선교가 중심에서 주변으로 확장시켜 나가는 것이라면, 원심력 선교는 주변부를 통해 중심부를 변화시키는 것이라고 볼 수 있다. 만약 선교가 구심력으로 작용하게 되면 종교의 다양성보다는 일치를 따르게 되며, 개인의 실존 보다는 보편적 인간에 관심을 기울이게 된다. 그것은 어떤 중심을 가지고 있음을 말한다. 우리가 일치를 추구할 때 하나가 되는 장점도 있지만 다름에 대한 무례함도 있다. 구심력은 선교를 '자아/나'는 이미 완성된 존재요 '타자/남'은 구원받아야 할 존재로 바라보게 된다. 그 결과 유럽중심주의는 다른 지역에 비해 자신들이 우월하다는 견해를 표방하게 되고 발전주의라는 오류를 범하게 되었다. 칸트가 계몽을 미숙함에서 벗어나는 것이라고 말하고, 헤겔이 신을 변호하는 입장에서 세계사를 말할 때 변증법적으로 발전과 관련된 공간적 방향성을 갖게 했다. Enrique Domingo Dussel, 1492, El encubrimiento del otro : Hacia el origen del "mito de la modemidad" (Frankfurt: octubre de, 1992), 박병규 옮김, 『1492년 타자의 은폐 : '근대성 신화'의 기원을 찾아서』(서울: 그린비, 2011), 16-18; 유럽은 구심력 선교를 통해 자신들의 우월성에 근거해 자신들이 규정한 미개한 지역을 침투해 들어갔다. 한국 선교사들도 한국적 신앙과 교회 형태를 가지고 선교지에 이식하고 있다. 그것은 한국적인 것을 표본으로 작동시키는 구심력적인 것이다.

2) 흄(David Hume, 1711-1776)이 『자연종교에 관한 대화』에서 모든 종교적 가설들이 수많은 반박하기 어려운 난제들을 지니고 있다면 '판단중지'가 방책이라고 말했다. David Hume, Dialogues Concerning Natural Religion (New York: Hafner Pub. Co, 1948), 이태하 옮김, 『자연종교에 관한 대화』(파주: 나남, 2008), 94; 그는 회의론자 필로의 말을 인용하여 종교적 가설의 부작용을 지적한 것이다; 그리스인들은 물질세계에 적용되는 설명이 인간의 본성에도 똑 같이 적용된다고 보았다. 즉 피지스(자연)와 노모스(자연과 대비되는 사회, 제도, 도덕, 종교)의 일치를 본 것이다. 그러나 그들이 페르시아와 이집트와 접촉하면서 인간이 어디에 살고 있느냐에 따라 노모스가 다를 수 있음을 알게 되면서 노모스와 피지스를 구별하는 회의주의가 나오게 되었다. 회의주의자들이 보기에 법률과 관습이 국가마다 다른 것이기에 한 지역에서 나온 자연스러운 판단을 중지한 것이다. 이대희, 『인간이란 무엇인가』 (대구: 정림사, 2009), 12-14; 흄은 자신의 시대에서 일어나는 자연스런 판단은 진실이 아닌 것이기에 그 판단을 일단 보류하는 '판단 중지'(epoche)를 말했다.

3) 후설(Edmund Husserl, 1859-1938)도 고대 회의론자들의 판단 중지를 자신의 현상학적 환원(還元) 방법으로 사용했다. Edmund Husserl, Die Idee der Phänomenologie: Philosophie als Strenge Wissenschaft (Frankfurt am Main: Vittorio Klostermann, 1965), 이종훈 옮김, 『엄밀한 학문으로서의 철학』(서울: 지식을만드는지식, 2014), 82-89; 그는 『현상학(現象學)의 이념 : 엄밀학으로서의 철학』에서 고대 회의론자들이 그 대상의 입장, 상태, 조건 등이 다양하기 때문에 판단을 보류했던 것처럼, 사물과 세계가 현실적으로 존재한다는 일반적 자연적 태도의 정립에 괄호를 친 것이다. Edmund Husserl, 『엄밀한 학문으로서의 철학』, 54, 56.

4) 방콕회의에서 일시정지를 요구한 이유는 파송 교회와 신생 교회 간의 진정한

파트너십 부재와 신생교회의 자율적 선교 구조가 없었기 때문이었다. 김은수,
『현대 선교의 흐름과 주제』(서울: 대한기독교서회, 2001), 265; 그 당시 서구
교회는 구심력으로 신생 교회들을 관리했다. 그러나 신생교회는 언제까지 서
구교회의 지붕 아래에 숨어 있을 수만은 없는 것이다. 그들은 독립적으로 발
전해 나가야 한다. 만약 이런 구조를 방해하는 선교라면 일시중지 되어야 하
는 것이다.

5) '세계기독교'라는 용어는 서구와 비서구를 포괄하는 개념이다. '비서구'(Non-
Western)라는 표현이 서구 중심적 사고를 반영한 것으로 서구와 비교하는 목
적으로 사용된 것이었다면, 세계기독교는 서구와 비서구의 '모든 기독교'
(Christianities)를 반영한 표현이다. 이재근, "세계기독교학의 부상과 연구 현
상", 「한국기독교와 역사」, 40(2013,3), 387.

6) 20세기 초까지 기독교는 서구의 종교였다. 1910년 에딘버러(Edinburgh)에서
열린 세계선교대회(The World Missionary Conference, WMC)에서의 기독
교는 서구의 종교로 기능했다. 그러나 20세기 중반에 이르러, 기독교의 중심
축이 아프리카, 라틴 아메리카, 아시아로 이동하는 가운데 유럽을 포함한 전
세계에 기독교가 편만해져서 세계 기독교(World Christianity)가 되었다.
Andrew F. Walls, The Cross-Cultural Process in Christian History
(Maryknoll: Orbis Books, 2002), 65; 2005년 현재 기독교 인구는 21억으
로, 그 가운데 유럽(5억 3천 100만), 라틴아메리카(5억 1천 100만), 아프리카
(3억 8천 900만), 아시아(3억 4천 400만), 북아메리카(2억 2천 600만)에 분포
되어 전 세계적인 것이 되었다. Philip Jenkins, The Next Christendom :
The Coming of Global Christianity (Oxford: Oxford University Press,
2002), 김신찬·최요한 옮김, 『신의 미래: 종교는 세계를 어떻게 바꾸는가?』
(서울: 도마의길, 2009), 21.

7) Mary Louise Pratt, Imperial Eyes : Travel Writing and Transcu-
lturation (London: Routledge, 1992), 김남혁 옮김, 『제국의 시선 : 여행기
와 문화 횡단』(서울: 현실문화, 2015), 168.

8) 방연상, 『타자를 향한, 타자와 함께하는 선교 : 21세기 포스트모던 선교신학』
(서울: 동연, 2016), 53-80.

9) 포스트모더니즘은 서구의 근대성 패러다임을 하나의 관점으로 전락시킨다. 방
연상은 포스트모더니즘의 근대성 비판 결과로서, 선교 쇄신의 주제는 "합리성
에 대한 비판적 강화, 타자의 중요성에 대한 재발견, 발전론에 대한 도전, 상
호의존성의 확대"라고 보았다. 그의 합리성에 대한 비판은 이성의 도구화에
대한 것이며, 발전에 대한 비판은 과학적 합리성만을 유일한 모델로 간주한
것에 있다.

10) 커크는 서구세계가 선교의 본질을 논하는데 있어서 "해외에 아직 교회가 세
워지지 않았거나 아직 연약한 상태에 있는 곳에서 이루어지는 어떤 활동"으로
여긴 것에 문제가 있다고 지적한다. J. Andrew Kirk, What is Mission?
Theological Explorations (London : Darton, Longman & Todd, 1999),
최동규 옮김, 『선교란 무엇인가?』(서울: CLC, 2009), 41.

11) 본 논문 부제가 '탈 형식주의'인 것은, 페테르부르그의 '시적언어연구회'와 모
스크바의 '언어학연구회'가 사회와 관련 없는 시학에만 관심을 둔 것에 대한
비판으로 그들에 대해 '형식주의'라는 별칭이 주어지게 된 것처럼, 필자는 가
톨릭과 프로테스탄트의 프라퍼겐더 선교가 어떤 중심적인 모습을 가지거나 교

리 전달만을 취급한 것에서 벗어나야 한다는 의미로 '탈 형식주의'를 말하게
되었다.

12) George Packer, All Art is Propaganda (Orlando: Harcourt, 2008), 하윤
숙 옮김, 『조지 오웰 평론집 : 모든 예술은 프로파간다다』 (서울: 이론과실천,
2013), 78; 예로, 찰스 디킨스(Charles Dickens, 1812-1870)의 작품에는 노
동자와 빈민에 대한 배려가 없다. 디킨스는 잉글랜드 남부 런던 출신이었기
때문에 공장노동자와 농업노동자를 접촉해본 일이 없었으며, 어린 시절에는
가난한 자들의 거친 모습을 보며 그들에 대한 공포감을 갖고 있었다. 그래서
그의 작품에는 빈민가를 묘사할 때 혐오감으로 가득 차 있다. George
Packer, 『조지 오웰 평론집 : 모든 예술은 프로파간다다』, 53.

13) 오늘날 한국교회 성장 지향형은 목회의 가치에 대한 평균성을 제공한다. 그것
은 오직 성장한 교회만이 하나님의 교회로 인식하는 오류를 범한다. 목사는
성장의 대열에 끼지 못하면 스스로 실패했다고 생각한다. 그것은 성도들이 목
사를 보는 견해도 마찬가지다.

14) "너희는 가서 모든 민족을 제자로 삼아 아버지와 아들과 성령의 이름으로 세
례를 주고 내가 너희에게 분부한 모든 것을 가르쳐 지키게 하라"(마 28:
19-20).

15) 기독교의 종말론은 초대교회 이후에 새로운 것으로 대체되었다. 그것은 헬라
시기에 신비주의가 되어 영적 상승으로 전환되었고, 16세기에는 구원론이 되
어 교회 중심의 생활을 강조하게 되었고, 19세기에는 역사종말론이 되어 그리
스도의 재림을 앞당기는 행위가 강조되었다.

16) Georg F. Vicedom, The Mission of God : An Introduction to a
Theology of Mission (Saint Louis: Concordia Pub. House, 1965), 박근
원 옮김, 『하나님의 선교』 (서울: 대한기독교출판사, 1980), 16.

17) Harry R. Boer, Pentecost and Missions (Grand Rapids: Eerdmans,
1964), 28-32. 지상명령을 표면적으로 보면, 누가는 선교가 지상명령에 따른
결과로 이루어진 것처럼 간주되어 진다. 누가는 "오직 성령이 너희에게 임하
시면 너희가 권능을 받고 예루살렘과 온 유대와 사마리아와 땅 끝까지 이르러
내 증인이 되리라."(행 1:8)라고 기록한 다음, 사도행전 2장 1절에서 13절에
언급된 성령 강림 사건과 관련하여 사도행전 1장 8절대로 확장되어 나간 것처
럼 보여준다. 그것은 현대 시대에서도 그리스도의 지상명령과 선교 활동 사이
의 관계가 긴밀한 것처럼 본다. 아들러(Nicolaus Adler)는 "그들에게 약속된
것(성령)이 그들에게 주어지지 않았지만 그들은 선교 명령을 실행하기 시작했
다."(마 28:19-20; 막 16:15)라고 말한다. 마이너츠(Max Meinertz)는 조심스
럽게 긍정한다. "그리스도의 진정한 선교 명령의 관점에서, 유대인에게서 이방
인에 대한 선교로의 실제적인 전환은 어떻게 설명 될 수 있을까? 나는 여기에
나타나는 어려움을 인정하지만(지상)명령이 충분히 가능한 방식으로 역사의 사
실에 통합되어 있다고 믿고 있다."라고 말했다. 바르넥(Gustav Warneck)도
신약 성경의 자료를 가지고 초기 교회의 부분에 지상명령에 대한 의식적인 순
종을 조화시키려고 최선의 노력을 제공했다. 그런데 초대 교회가 그리스도의
명령에 완전히 순종했기 때문에 처음부터 선교하는 교회였다는 가정은 문제가
있는 것으로 드러난다. 왜냐하면, 실제로 이방인에 대한 교회의 태도는 고넬료
의 가정에 성령의 오심으로 인해 결정되었기 때문이다. 앤드류 월스도 대위임
령에서 '민족'을 제자로 삼는다는 의미를 단순히 주님의 말씀을 모든 민족에게

알리는 것이 아니라 "그 민족의 사고, 그 민족 내의 관계 양식, 그 사회를 함께 묶는 방식에 그리스도가 들어가시는 것"이라고 했다. Andrew F. Walls, The Missionary Movement in Christian History(Maryknoll; Orbis Books, 1996); 방연상 옮김, 『세계 기독교와 선교 운동』(서울: IVP, 2018), 120.

18) 유상현, 『사도행전연구』(서울: 대한기독교서회, 2005), 150.

19) 유상현, 『바울의 제2차 선교여행』 (서울: 대한기독교서회, 2008), 64; 초기 기독교와 사도들이 지상명령에 따라 움직이지 않았다고 한 보어의 주장은, 오늘날 인위적인 것으로 전략을 세워 행하는 선교에 의문을 제기한다. 20세기 말에 미전도 종족을 위한 선교단체가 가졌던 표어인 "2000년에 그리스도가 오게 하자"는 것이나 2007년도에 한국에서 '평양대부흥' 100년을 기념하는 행사에서 "Again 1907"이라는 표어는 인위적인 모습을 보여 준다. 비록 복음주의가 고상하게 2000년에 그리스도가 오게 하자고 말한 것은 이단처럼 종말론적 시한을 결정한 것은 아니지만 같은 종류에 속한다. 부흥을 하나의 운동으로 규정하면 어떤 목표를 위해 협력하는 사람들에 의해 조직된 활동에 불과한 것이 되고 만다.

20) 일반적으로 동방과 서방의 구분은 로마제국의 로마를 중심한 서쪽지역을 서방으로, 새로운 수도인 콘스탄티노플(비잔티움)을 중심한 동쪽지역을 동방으로 구분한다. 여기에서 동방교회를 다루는데 있어서 생기는 문제는 324년 이후의 이집트(알렉산드리아)와 시리아(안디옥), 그리고 소아시아 지역 기독교의 공의회 결의에 따른 단성론 지역의 분리이다. 네스토리안은 5세기 이전 동방교회(The Church of the Eastern) 용어를 사용했다. 그러나 본 논문에서 다루는 동방은 콘스탄티노플과 더불어 소위 공의회에서 결의된 정통신앙에서 벗어난 지역까지 포함시킨다. 동방정교회는 콘스탄티노플, 알렉산드리아, 안디옥과 깊은 관련이 있다. 여기에서 초기 기독교는 유럽이 아니라 아시아 지역과 관련이 있으며, 또한 알렉산드리아는 아프리카라는 점을 유의할 필요가 있다. 북아프리카는 초기 기독교 역사와 관련을 맺고 있는 것이다.

21) 2세기에 이르러 예루살렘(Jerusalem)은 명목상의 기독교 지역이 되었지만 지중해의 중요한 중심지인 시리아의 안디옥(Antioch)과 이집트의 알렉산드리아(Alexandria), 그리고 소아시아의 에베소(Ephesus) 등이 바울 이후 기독교 중심지역으로 자리 잡게 되었다. 기독교의 시원이 동방 정교회 지역이었다는 것은, 그 지역에 대한 탐구가 의미 있는 일이 될 것이다.

22) 구원과 선교는 다른 차원을 지니고 있다. 구원은 자신을 위한 것이고 선교는 타자를 위한 것이기 때문에, 선교는 우선적으로 자신의 성화된 모습을 지녀야 가능한 일이다.

23) 가톨릭과 개신교는 창조 때 완성된 인간 존재로서 타락에 초점을 두었다. 그 결과 역사는 구원사가 되었다. 어거스틴은 '하나님의 나라'와 '세상의 나라'를 말했다.

24) Bengt Hägglund, History of Theology (St. Louis: Concordia Pub. House, 1968), 박희석 옮김, 『신학사』 (서울: 성광문화사, 1989), 62-64.

25) 이집트와 소아시아, 그리고 시리아와 팔레스타인 지역에서 광야에서 혼자 사는 은수(隱修) 수도자(Monachus)들이 출현했다. 이 지역은 동방 정교회 지역으로 부활신앙에 따른 하나님의 형상을 더욱 회복시켜 나갔다. 이러한 은둔자들의 열정은 서방에 전달되었다. 서방의 그리스도인들은 동방의 은둔자들에게

깊은 감화를 받은 결과 서방에서도 수도원이 태동하였다. Athanasius, The Life of Anthony and The Letter's to Marcellins (New York: Penguin Books, 1998), 엄성옥 옮김, 『안토니의 생애』(서울: 은성, 1995); St. Augustine, St. Augustine's Confessions I, II. (Cambridge: Harvard Univ. Press, 1960), 선한용 옮김, 『성 어거스틴의 고백록』(서울: 대한기독교서회, 1990), 247; 어거스틴(St. Augustine, 354-430)은 동방의 은둔자(hermit) 안토니(St. Anthony, 251-356)의 전기를 읽고 깊은 감동을 받았다. 유럽 수도원은 수도사들이 한 곳에 정주하여 공동체 생활한다는 특징이 있다.

26) 선교가 성화(sanctification)된 그리스도인의 광채로 나오는 자연스러운 발생인 것을 알게 해 준다. 즉 선교는 변화된 이들이 세상에서 빛을 비추고 소금으로 맛을 낼 때 시작되는 것이다.

27) 유럽인들에게는 인간이 어떻게 구원 받을 수 있는가에 대한 관심사가 중요한 자리를 차지했다.

28) 가톨릭은 예수 그리스도를 통해 구원 받은 후 지은 죄는 사제를 통한 고해성사나 인간 스스로 해결해야 하는 것으로 가르친다. 그들이 생각하기에 인간은 그리스도로부터 구원받은 이후 계속 의화(righteousness)되어야 할 존재였다. 가톨릭은 그리스도 안에서 과거의 죄를 용서 받은 이후에 지은 죄에 대해서는 사제와 같은 중보자를 통해 해결해 나갔다. 그 결과 교회와 사제라는 중보자를 더 중요시하는 가운데 그리스도의 은혜를 약화시키게 되어 종교개혁을 발생시키는 요인이 되기도 했다.

29) 프로테스탄트는 예수 그리스도를 통해 받은 결정적 은혜를 강조한다. 인간은 그리스도 안에서 과거와 현재와 미래까지 칭의(justification)된 존재라고 가르친다. 그리스도는 인간에게 칭의를 제공하는 분으로 묘사된다. 개신교회는 그리스도의 용서가 일회적으로 끝나는 것이 아니라 평생토록 유지된다는 점을 강조한다. 그것은 극단적인 구원파가 나오게 된 배경이기도 하다. 그러나 루터와 칼뱅은 그리스도의 은혜를 강조하지만 칭의에 의한 자동적 구원이 아니라 늘 자신을 돌아봄으로서 그리스도에게 합당한 자인지를 점검하게 했다.

30) Kenneth S. Latourette, A History of Christianity Vol. I (New York: Harper and Row Publisher, 1953), 윤두혁 옮김, 『기독교사(상)』(서울: 생명의말씀사, 1979), 21.

31) 예로, 서구의 문명화는 계몽주의적 사고에 입각한 발전론에 근거한다. 프랑스가 19세기에 내세운 문명화 사명(mission civilization)은 그들의 제국 팽창을 정당화시켰다. 그들은 프랑스의 우월한 문화와 종교와 언어의 유익함을 지구상의 미개한 인종들에게 전파하는 것이 그들의 임무라고 강조했다. 그들의 식민 원칙은 미개한 인종들을 프랑스의 문화와 종교와 언어로 동화시키는 것이었다. 처음에는 정복과 해외 영토 팽창을 조국의 안정과 번영을 위한 이데올로기로 작용했지만 문명화 사명은 그들을 위대한 프랑스라는 이미지로 작용하게 만들었다. 그들은 자신들이 문화적, 종교적으로 제3세계를 구원시켜야 할 사명이 있다고 본 것이다. 프랑스는 식민지들을 프랑스 본토의 일부로 취급했다. 비록 프랑스의 식민지 동화 체제가 계몽주의 정신인 자유, 평등, 박애에서 연유한 것이었지만, 오히려 식민지의 문화와 종교를 포기시킴으로써 프랑스 중심주의를 강요한 것이 되고 말았다. 프랑스의 문명화 사명은 우월감이 내포된 것으로 문명과 미개를 구분한 것이다. Robert J. C. Young, Postcolonialism: An Historical Introduction (Oxford, UK: Blackwell Publi-

shers, 2001), 김택현 옮김, 『포스트식민주의 또는 트리컨티넨탈리즘』(서울: 박종철출판사, 2010), 66-67.

32) 가톨릭은 콘스탄틴 이후 1200년까지 유럽을 선교했다. 이 시기 선교의 특징은 교황과 황제(왕)가 주도적으로 선교를 했다는 점이다. 가톨릭이 유럽에 선교를 집중했던 이유는 무슬림에 의해 유럽의 육로가 차단되었기 때문이다. 그러다 13세기에 일어난 가톨릭의 십자군 운동으로 인해 중국(몽고)과 중동의 무슬림과 유대인에 대한 선교로 확장되었다. 선교는 수도회가 주도해 나갔다. 그것은 교황과 관련된 것으로 프란체스코회, 도미니크회가 선교를 시행했다. 그러나 가톨릭 선교가 대외적으로 더욱 활기를 띠게 된 것은 유럽에서 소위 발견의 시대로 불리는 15세기 이후이다. 가톨릭은 유럽의 항해 결과 육로가 아닌 해로로 라틴 아메리카와 아프리카, 그리고 아시아로 나가게 되었다.

33) Jean-Claude Carrière, (La) Controverse de Valladolid, 이세욱 옮김, 『바야돌리드 논쟁 : 신대륙 운명을 결정지은 5일간의 기록』(서울: 샘터, 2007), 66, 86.

34) 서중석, "복음서의 선교사상", 이계준 엮음, 『현대선교신학 : 한국적 성찰』(서울: 전망사, 1994), 69.

35) Propaganda(布敎聖省)는 'Sacred Congregation for the Propagation of the Faith'의 약자; Stephen Neill, A History of Christian Missions (London: Penguin Books, 1986), 홍치모 옮김, 『기독교 선교사』 (서울: 성광문화사, 2004), 221-26.

36) Arthur F. Glasser, Contemporary Theologies of Mission(Grand Rapids: Baker, 1983), 168; 포교성성은 종교개혁을 억제하기 위한 방책으로 가톨릭의 신앙을 선전하기 위한 것이기도 했다.

37) 종교개혁자들은 신학적 논쟁을 했기 때문에 선교 담론은 없었다. 현대 선교학자들은 종교개혁자들이 직접적인 선교는 없지만 선교와 관련될 수 있다고 주장한다. 그러나 16세기 종교개혁자들인 루터(Martin Luther, 1483-1546)와 츠빙글리(Ulrich Zwingli, 1484-1531), 그리고 칼뱅(Jean Calvin, 1509-1564)은 당시 신앙의 왜곡에 따른 신학적 논의에 집중했던 사람들이었기 때문에 선교 논의를 하지 않았다.

38) 네덜란드는 'Holland' 또는 '和蘭'으로도 불린다.

39) J. Verkuyl, Contemporary Missiology : An Introduction (Grand Rapids: W. B. Eerdmans Pub. Co., 1978), 최정만 옮김, 『현대선교신학개론』 (서울: 기독교문서선교회, 1991), 39-43.

40) 김성태, 『현대선교학총론』 (서울: 이레서원, 2000), 17-18; 네덜란드는 군도(群島, archipelago)인 스리랑카의 실론(Ceylon), 대만의 퍼모사(Formosa), 인도네시아의 자바(Java), 그리고 말레이시아의 말라카(Moluccar) 등에서 선교했다. J. Verkuyl, 『현대선교신학개론』, 40.

41) David Barrett, George T. Kurian, and Todd M. Johnson, World Christian Encyclopedia, 2nd Edition (New York: Oxford University Press, 2001) 참조.

42) David Barrett, Todd M. Johnson, and Peter F. Crossing, "Status of Global Mission, Presence, and Activities, AD 1800-2025," 30; 이사야 예언자는 여호와의 길을 예비할 때 길의 수평(straight)과 평탄(smooth)을 말

한다(사 40:3-4). 이후에 세례 요한이 이 말씀을 인용한다(눅 3:4-6).

43) Mark A. Noll, The New Shape of World Christianity : How American Experience Reflects Global Faith (Downers Grove: IVP, 2009), 20.

44) 방연상 · 이만형, "세계기독교: 새로운 신학의 패러다임을 향하여", 「선교신학」 제41집 (2016, 2): 184.

45) 젠킨스가 Christendom을 서구의 '기독교 제(왕)국'과 관련지어 말하고 있지만, 피터 판(Peter C. Phan)은 이 용어를 가치평가적인 것으로 본다. 예로, 성 어거스틴과 중세의 교황들인 그레고리우스 1세, 고레고리우스 7세(1073-1085), 이노센트 3세의 교회와 제국에 대한 절대 권력의 주장은 기독교 왕국 형성에 중요한 역할을 했다. 이 시기의 서유럽은 기독교 세례를 받았고 교회적 위계 체제가 확립되었기 때문에 복음과 교회법의 원리들이 세속적 삶에 적용되었다. 더 나아가 15세기 후반에 소위 '새로운 세계'의 발견과 함께 기독교 왕국 이념이 전 세계의 복음화라는 이름으로 나타났던 것이다. 종교개혁은 기독교 왕국이 기독교가 아닐뿐더러 예수와 복음과 아무런 관계가 없음을 표현한 것이다. Peter C. Phan, "새로운 기독교, 그러나 어떤 종류의 기독교인가?", 문전섭 외 3인 공역, 『세계 기독교와 선교의 미래』, 338-42.

46) 방연상·이만형, "세계기독교: 새로운 신학의 패러다임을 향하여", 200.

47) Andrew F. Walls, "Rethinking Mission : New Direction for a New Century," 『선교와 신학』 Vol. 8 (Fall, 2001), 264.

48) Mark A. Noll, Turning Point : Decisive Moments in the History of Christianity (Grand Rapids, Mich.: Baker Books, 2000), 이석우·강효식 옮김, 『터닝 포인트』 (서울: CUP, 2007), 416.

49) Robert J. C. Young, 『포스트식민주의 또는 트리컨티넨탈리즘』, 678.

50) Robert J. C. Young, 『포스트식민주의 또는 트리컨티넨탈리즘』, 44.

51) Mary Louise Pratt, 『제국의 시선 : 여행기와 문화 횡단』, 34.

52) Edward W. Said, Orientalism (New York: Vintage Books, 1994), 박홍규 옮김, 『오리엔탈리즘』(서울; 교보문고, 2011), 35, 51.

53) 또한 동방 정교회는 세례를 받고 성찬에 참여하는 성례전(sacrament)과 관련되어 선교가 나타났다. 성례전은 본래의 교회가 되게 하며 그리스도와 그의 나라의 임재와 전달의 기능을 성취한다고 본다. 성례전은 두 가지 보완적인 운동─상승과 복귀─으로 되어 있다. 상승 운동은 성찬을 통해 이루어지는데, 성찬은 우리를 하나님의 보좌, 하나님 나라를 향해 상승시켜준다. 성찬은 "만민을 위해, 만민 때문"에 봉헌되는 것으로 교회의 제사장 기능의 성취, 즉 모든 피조물을 하나님과 화해시키는 것, 온 세상을 하나님께 바치는 희생제사, 하나님 앞에서 온 세상을 위해 중보 하는 것이다. 그래서 그들의 선교 대상은 인간뿐만 아니라 온 우주의 피조물을 망라하고 있다. 이 모든 것이 새로운 창조의 유일한 제사장이며 신인(神人)이신 그리스도 안에서 이루어진다. 그리고 세상으로의 복귀가 이루어진다. 예배 집례자는 회중들에게 "평화로이 떠납시다!"라고 함으로써 성전 밖, 즉 세상으로 인도한다. 회중은 "우리가 참 빛을 보았고 영원한 생명을 누렸다."라고 말한다. 이 생명, 이 빛은 이 세상에서 그리스도의 증인들이 되도록 주어진 것이다. 만약 하나님 나라로의 상승이 없었다면 증거 할 것이 전혀 없을 것이다. 여기에 성례전은 새로운 삶을 위한 것이 된다. 성찬식을 통해 참 빛을 보고 성령을 받음으로 세상으로의 복귀가 시

작된다. 따라서 성찬은 선교 행위인 것이다. 선교는 사람의 주도적인 행위가 아닌 성령의 빛을 받은 사람들의 자연스러운 결과물이다. 그러므로 동방 정교회의 교회론적 선교는, 교회가 선교의 수단이나 도구이기 보다는 복음의 목표이고 성취이다. 선교는 교회의 기능이 아니다. 동방 정교회는 선교에서 도구적인 해석을 거부한다. 선교는 윤리적인 진리들 또는 원리들을 선포(propaganda)하는 것이 아니다. Daniel B. Clendenin ed., Eastern Orthodox Theology : A Contemporary Reader, 주승민 옮김, 『동방정교회 신학』(서울: 은성, 1997), 307-11; 그래서 브리아(Bria)는 동방정교회의 선교를 교회의 '사도성'이 아닌 교회의 '본질'과 관련되어 있다고 했다. David Jacobus Bosch, Transforming Mission : Paradigm Shift in Theology of Mission (Maryknoll: Orbis Books, 1991), 김병길·장훈태 옮김, 『변화하고 있는 선교』(서울: 기독교문서선교회, 2000), 324-25; 성례론적인 교회는 개종자들의 종교적인 모임이나 사람의 욕구를 충족시키기 위한 조직이 아니다. 그것은 새로운 삶이며, 따라서 인간 존재와 삶 전체를 대속한다. 교회는 인간을 통해서 세상을 구원하고 대속하는데, 그것은 한 사람 한 사람이 하나님의 은사에 응답하며 살아갈 때 이 세상이 구원되고 구속된다고 말할 수 있다. 이러한 관점은, 선교가 구심적이기 보다는 원심적인 것이며, 조직된 것이기 보다는 유기적인 것이다. 비록 그들이 교회에서 성례전적 접근이나 그리스에서 헤시카슴 (hesychasm, silence)이라는 신비주의적 접근을 시도한다 할지라도, 3-4세기 이집트와 소아시아, 그리고 시리아 등에서 은둔자들이 하나님의 형상을 더 회복해 나가는 모습을 보여주는 것을 통해 사람들이 그들에게 찾아와 상담함으로써 원심력 선교의 원형을 보여주고 있는 것이다.

54) Mikhail M. Bakhtin, Rabelais and His World (Bloomington: Indiana University Press, 1984), 이덕형·최건영 옮김, 『프랑수아 라블레의 작품과 중세 및 르네상스의 민중문화』(서울: 아카넷, 2001), 29-31.

55) Philip Smith, Cultural Theory: An Introduction, 한국문화사회학회 옮김, 『문화이론 : 사회학적 접근』(서울: 이학사, 2015), 20. '문화'는 인간 삶의 총체적 양식이지만, '문화이론'은 담론으로서 세계를 설명하는 구조주의, 포스트구주조의, 형식주의, 포스트형식주의 등 관념들의 체계를 말한다. 즉 문화이론은 문화인류학과 달리 문화에 대한 추상적, 관념적인 것이다.

56) 그의 대표적인 저작들로는 다음과 같은 것이 있다. <예술과 책임 1919>, <행위철학 1920> <미적 활동에서의 작가와 주인공 1920-24> <프로이트주의 1927>, <문예학의 형식적 방법 1928>, <언어와 이데올로기-마르크스주의 언어철학 1929>, <도스또예프스끼 시학의 제 문제 1929, 1963>, <교양소설과 리얼리즘 역사 속에서의 그 의미 1936-38> <소설 속의 시간과 크로노토프의 형식-소설의 시공간 1937-38>, <저서 도스토예프스키 창작의 제 문제에서>, <도스토예프스키에 관한 저서의 개작 계획>, <프랑수아 라블레의 작품과 중세 및 르네상스의 민중문화 1965>.

57) 크로로토프는 시간과 공간 가운데, 공간보다는 시간의 우위성을 가지고 있다. 장소는 늘 변하지 않고 그 자리에 있지만 시간은 변하기 때문이다. 그것은 마치 고향과 타향의 관계와 같다. 고향은 변하지 않고 늘 그 자리에 있지만, 고향을 떠난 사람은 새로운 시간 속에 살고 있기 때문에 타향에서의 삶이 그의 모습인 것이다.

58) 철학은 무엇(what)에 대한 질문에서 시작되었다. 고대 형이상학과 중세 형이

상학은 '무엇'을 물었다. 그것은 '참'(truth)이 무엇인지에 대한 궁극적 질문으로 인간의 죽음에 따른 영원에 대한 갈망에서 나왔다. 그러나 근세 전기에 이르러 신앙과 이성의 대립으로 인해 참을 어떻게(how) 알 수 있는지를 질문하게 되었으며, 근세 후기는 '무엇'과 '어떻게'를 엮어서 질문했다. 인간은 참을 어떻게 알 수 있는지 질문한 것이다. 그런데 어떻게 라는 질문은, 인간의 앎과 모름의 불확실성 속에서 참이라고 주장하는 것에 대해 도대체 '왜'(why) 참인지 묻지 않을 수 없는 가운데 나온 것이다. 그 결과 오늘날 '참'이 가려지는 것은 '누가-언제/어디서'라는 삶에서 그 실마리를 찾게 되었다. 정재현, 『신학은 인간학이다 : 철학 읽기와 신학하기』(왜관: 분도출판사, 2003), 32-38.

59) 마치 영화에서 한 번의 카메라 조작에 의해 기록된 쇼트(shot)와 이러한 쇼트들을 연속시켜 행위를 이루는 씬(scene)과 씬들이 모여 하나의 자기 독립적 단위를 이루는 시퀀스(sequence)와 시퀀스들이 모여 한 편의 영화(cinema)가 되는 것처럼, 문학 작품은 다양한 씬들과 시퀀스들이 내재하고 있는 것이다.

60) 그런데 선교가 종말론이라는 역사에만 초점을 맞추게 되면 선교 행위는 단순히 역사의 끝만을 향해 가는 형태가 되고 만다. 종말론적 신앙은 시간적으로 미래 영성만 있지 현재 영성이 없다. 즉 그리스도인의 삶은 오직 구원을 위한 미래만 있을 뿐이지 현재적 삶이 없게 된다.(마 24:14) 또한 선교가 영혼구원이라는 것에 초점을 맞추게 되면 영과 육이라는 이원론적 세계관을 가지고 영에만 치중하게 될 것이다.

61) Mikhail M. Bakhtin, Problems of Dostoevsky's Poetics, trans. and ed., Caryl Emerson (Minneapolis: University of Minnesota Press, 1984), 김근식 옮김, 『도스또예프스끼 시학의 제 문제』(서울: 중앙대학교출판부, 2011), 8.

62) 동방정교회와 비잔틴의 음악은 본래 단성학(호모포니) 이었다. 그러나 러시아가 정교회를 수용한 후에 다성악(폴리포니)으로 바뀌게 되었다. 바흐친이 다성악을 말할 수 있었던 것은 그의 종교적 배경이기도 하다.

63) 1세기 기독교 선교는 로마 도로를 따라 디아스포라처럼 흩어진 사람들의 증언(Martyrs)에 의해 이루어졌다. 그 결과 기독교는 2-4세기에 동방 지역에서 흥왕하게 되었다. 그러나 동방 지역의 그리스도인들의 선교는 증언보다는 신화(deification)에 대한 열망으로 자신의 재산을 가난한 자들에게 나누어 주는 모범과 순결한 삶을 사는 가운데 사람들을 변화시켰다. 이것은 선교를 원심력의 형태로 만들었다.

64) 구심력 선교의 기틀은 4세기에 시작되었다. 콘스탄티누스 황제가 312년 밀비안(Milvian) 다리 전투에서의 승리를 통해 기독교를 국교로 수용한 이후 기독교는 카타콤(Catacomb)에서 벗어나 로마 제국의 그늘 아래로 들어갔다. 황제들은 제국의 분열된 신앙을 통일시키기 위해 공의회를 소집하면서 선교는 구심력 형태를 띠게 되었다. Stephen Neill, 『기독교선교사』, 50; 황제가 교회 수장이 되어 공의회를 주관했다. 황제들은 기독교 교리를 생성시켰으며 구심력 선교를 하는 기틀을 마련해 주었다. 공의회에서 결정된 교리는 기독교 신앙을 수호하기 위한 긍정적인 측면도 있지만 헤게모니(hegemony)로 작동하기 시작했다. 공의회는 동방의 니케아 공의회(The Council of Nicaea)를 시작으로 기독론과 삼위일체 등 기독교 신앙의 기본적 교리들을 완성시켰다. 제1차 니케아 공의회(Council of Nicaea, 325)는 삼위일체 하나님, 하나님의

아들 예수 그리스도는 성부와 동일본질이라는 그리스도의 신성을 결정하였고, 제2차 콘스탄티노플 공의회(Council of Constantinople, 381)는 성령론의 부연, 하나의 보편적 교회 및 하나의 세례, 예수 그리스도의 인성을 결정하였다. 5세기에서 7세기 동안에 열렸던, 제3차 에베소 공의회(Council of Ephesus, 431)는 예수 그리스도 안에서 인성과 신성이 하나의 위격 속에 교류할 수 있음을 결정했고, 제4치 칼케돈 공의회(Council of Chalcedon, 451)에서는 예수가 참 하나님이시요 참 인간이심을 결정했으며, 제5차 콘스탄티노플 공의회(Council of Constantinople, 553)와 제6차 콘스탄티노플 공의회(Council of Constantinople, 680-681)는 예수 그리스도의 인성과 신성이라는 양성의 관계를 확립하였다. 그 이후 8세기에 열렸던 제7차 니케아 공의회(Councils of Nicaea, 787)에서는 성육신과 인간의 구원에 관계된 내용을 다루었고, 부차적으로 성상(icon)에 대한 논의가 있었다; 공의회 신조들은 점차 교리로 발전했다. 참된 종교가 교리라는 그리스의 철학적 사고가 기독교인들에게 수용된 것이다. Adolf von Harnack, Das Wesen Des Christentums, 오흥명 옮김, 『기독교의 본질』(서울: 한들출판사, 2007), 190; 공의회 이후 정교회(Eastern Orthodoxy Churches)는 7개 공의회만을 인정하고 있으며, 가톨릭교회(Roman Catholic Church)와 개신교(Protestant Church)는 공의회 외에 독자적인 신학 노선을 가지고 있다.

65) 선포로서 프라퍼겐더는 선교의 중요한 요소이다. 그러나 그것이 구심력으로 작용할 때 일방적 전달이 되고, 타자를 내 중심으로 끌어당기게 된다. 그 결과 주체가 객체를 흡수하게 된다.

66) 키예즈(Lawrence E. Keyes)는 지금까지 선교가 지리적으로 발전되어 나갔다고 본다. Marlin L. Nelson, Asian Mission Handbook, 『아시아 선교 핸드북』(서울: 보이스사, 1994), 3-4; 1단계는 중동 지역으로 땅의 모든 민족이 복을 받도록(창 12:1-3) 부름을 받은 아브라함으로부터 시작하여 이스라엘이 이방의 빛으로 땅 끝까지 이르는 것(사 49:6)이었으며, 2단계는 세계선교의 지리적 중심지가 유럽으로 옮겨져 로마 가톨릭의 수도원 운동과 개신교 선교사들에 의해 여러 나라에 복음을 전달한 것이었고, 3단계는 북미가 세계 선교의 역할을 한 것이며, 4단계는 제3세계가 선교사를 보내 활동하고 있는 것으로 보았다. 이제 복음은 지리적으로 땅 끝까지 전달된 것이다.

67) Marlin L. Nelson, 『아시아 선교 핸드북』, 4-5; 윈터(Ralph D. Winter)는 지리적으로 전 세계에 복음이 전파되었다고 판단했기 때문에 문화적 경계를 설정했다. 그는 문화적 차이에 근거한 분류를 시도했다; 윈터는 복음을 듣는 대상을 문화적으로 분류해 지리적인 것과 관계없이 선교사가 동일 문화권의 사람에게 행하는 선교는 M(mission)-1, 선교사와 문화적 간격이 약간 있는 사람들에 대한 선교는 M-2, 선교사와 문화가 전적으로 다른 사람들에게 선교하는 것을 M-3로 규정했다. 만약 한국 선교사가 미국에 가서 한인들을 상대로 한다면 같은 문화권에 속한 사람들이기 때문에 선교가 아닌 목회로 분류된다. 랄프 윈터에게 선교는 문화를 뛰어넘어 가는 것이었다.

68) 개신교 선교의 아버지로 불리는 윌리엄 캐리(William Carey, 1761-1834)는 대위임령(마 28:29-30)에 근거해 선교단체를 활용한 구심력 선교를 시행했다. 그는 서구가 탐험과 무역과 정복에 의해 알게 된 정보를 가지고 선교 비전을 가졌다. 그의 세계 선교에 대한 열망은「쿡 선장의 항해기」(Captain Cook's Voyages)를 읽은 후 대위임령을 사명으로 받아들였다. 그의 소책자 「기독교인의 의무로서 이교도들의 개종을 돕기 위한 수단에 대한 연구」는 수단들에

의한 선교를 보여 준다. 캐리는 선교단체를 선교 수단으로 활용했다. William Carey, An Enquiry into the Obligations of Christians to Use Means for the Conversion of the Heathens. : In Which the Religious State of the Different Nations of the World, the Success of Former Undertakings, and the Practicability of Further Undertakings, Are Considered, 변창욱 옮김, 『이교도 선교방법론』 (서울: 미션아카데미, 2008) 참고; 윌리엄 캐리가 선교 목적을 이루기 위한 수단으로 사용된 소달리티 (sodality) 형태의 선교단체는 조나단 에드워즈(Jonathan Edwards, 1703-1758)의 연합기도회에서 힌트를 얻은 것이었다. Carey, 『이교도 선교방법론』, 82-83; 윈터는 사회학 용어인 소달리티(sodality)와 모달리티(modality)를 선교에 적용하여, 선교에 있어서 수도원과 선교단체와 같은 작은 규모의 소달리티와 교회와 같은 조직적이고 큰 규모의 모달리티 형태로 이루어졌다고 했다. Ralph D. Winter, Steven C. Hawthorne ed., "The Two Structures of God's Redemptive Mission", Perspectives on the World Christian Movement : Reader (Pasadena: William Carey Library, 1981), 정옥배 옮김, 『미션 퍼스펙티브』(서울: 예수전도단, 2000), 169-71; 그가 수단들을 찾은 이유는 하나님께서 맡기신 과업을 효과적으로 이루기 위해서였다. Andrew F. Walls, The Missionary Movement in Christian History, 243; 선교는 그 자체로 작용해야 함에도 불구하고 캐리로 말미암아 선교는 대위임령의 목적을 이루기 위한 것이 되고 말았다. 캐리는 인도에서 자신이 갈망했던 영혼 구원의 열매는 미미했으며 번역 사업이 그의 사역의 열매로 남아 있으나, 그의 사후 개신교는 선교단체의 설립이 증가되어 캐리가 추구한 것을 따르는 사람들이 계속 생겨나 복음주의 선교에 활력을 주었다.

69) SVM은 'The Student Volunteer Movement'의 약자이다.

70) Ruth Rouse & Stephen C. Neill, A History of the Ecumenical Movement, 1517-1948 (Philadelphia: Westminster Press, 1967), 328.

71) David M. Howard, Student Power & World Evangelism (Downers Grove Ill.: Inter-Varsity Press, 1970), 『학생운동과 세계복음화』(서울: 생명의말씀사, 1994), 113.

72) 사회에서도 상징을 조작하거나 개인의 심리를 조종함으로 대중에게 영향력을 행사하는 선전(propaganda)이 있다. 선전의 내용이 잘못되면 거짓이나 기만을 통하여 편향된 생각이나 의견을 유포하게 된다. 예로, 일제(日帝)는 20세기 초 자신들의 목적을 달성하기 위해 사실이 아닌 야담(野談, 민간에 떠도는 야사를 근간으로 한 이야기)을 만들어 선전(propaganda)했다. 그들은 1932년 상해에서 사망한 일본의 '3용사'를 미화했다. 실제 3용사 이야기는 특별한 이야기가 아니었으며 공병이라면 누구나 무릅 써야 할 전투 상황의 일부에 불과했다. 그러나 일본은 3용사에 대해 만주사변 발발로부터 15년 전쟁에 이르는 기간 동안 대중매체들을 통해 선전했다. 일본의 '3용사' 붐이 조선에 이입(移入)된 것은 전시 총동원 체제로 재편되면서 지원병 제도가 실시될 무렵이었다. 일본은 지원병제도를 조선에서 실시한 후 중국전선의 첫 번째 지원병으로 전사했던 이인석을 미화했다. 조선중앙정보위원회는 인쇄물, 영화, 뉴스사진, 라디오, 강연, 좌담회 등을 통해 선전을 강화했는데, 이 야담은 매일 방송을 통해 전해졌다. 공임순, 『식민지 시기 야담의 오락성과 프로파간다』 (서울: 앨피, 2013), 282, 297. 300, 311; 이인석은 일등병에서 상등병으로 특진했고 야스쿠니(靖國) 신사에 합사되었다. 공임순, 같은 책, 16-17; 이광수는 이에

편승하여 1939년 일본어로 이러한 글을 발표했다. "야스쿠니신사에서 만나자는 것은 출정하는 군인과 그를 보내는 부모 형제 사이의 인사말이다. 이는 살아서는 돌아오지 않겠다는 의지를 보여주는 것인데 또 그와 동시에 남자가 죽을 자리를 얻었음을 기뻐하는 의미도 되는 것이다. 게다가 나라를 위해 죽는 대신 다른 무엇을 바라는 마음은 추호도 없다. 단지 멋지게 죽어 호국의 신이 되는 것, 그것뿐이다." 김원모·이경훈 편역, 『죽은 후의 명예』(서울: 철학과 현실사, 1997), 218; 일제가 야담을 만들어 선전한 결과 조선에서는 전국적으로 지원병 숫자가 1938년에 2,946명이던 것이 1939년에는 12,548명으로 증가했다. 공임순, 『식민지 시기 야담의 오락성과 프로파간다』, 351; 노암 촘스키(Noam Chomsky)는 해방신학의 후퇴를 바티칸의 해방신학 훼손에 있다고 보았다. 본래 해방신학은 브라질의 카마라(Don Helder Camara) 주교가 가난한 이들의 형제로서 "부른 배로는 기도할 수 없다"며 그들과 함께 했다. 그는 사제들과 수녀들을 빈민 지구에서 활동하도록 함으로써 부자들의 교회를 가난한 자들의 교회로 전환시켰다. 그러나 그가 1985년 대주교 자리에서 물러나자 브라질 가톨릭계는 보수 성향으로 되돌아갔다. 교황 바오로 6세는 진보적인 주교를 배척하고 새로운 주교들을 그 자리에 앉힘으로 해방신학은 해체되고 말았다. 후기 해방신학은 부자들에게 복음을 전해, 그들이 사회적 책임을 가지고 가난한 사람들을 돕도록 했다. 이것은 지배자에게 자비를 베풀어 달라는 것으로 전락한 것이 되었다. David Barsamian & Noam Chomsky, Propaganda and the Public Mind (Cambridge: South End Press, 2001), 이성복 옮김, 『촘스키와의 대화 : 프로파간다와 여론』 (서울: 아침이슬, 2002), 118-120.

73) Kenneth S. Latourette, Christianity through the Ages (New York: Harper & Row, 1965), 허호익 옮김, 『기독교의 역사』 (서울: 대한기독교출판사, 1986), 30, 276.

74) Donald A. McGavran, Understanding Church Growth (Grand Rapids: Eerdmans, 1970), 이요한·김종일 · 전재옥 옮김, 『교회성장의 이해』(서울: 대한예수교장로회총회출판국, 1987), 152.

75) Oscar Cullmann, Salvation in History (London: S.C.M. Press, 1967), 김광식 역, 『구원의 역사』 (서울: 대한기독교출판사, 1978) 참고.

76) Oscar Cullmann, 『구원의 역사』, 280.

77) "이 천국 복음이 모든 민족에게 증거 되기 위하여 온 세상에 전파되리니 그제야 끝이 오리라."(마 24:14)

78) David Jacobus Bosch, 『변화하고 있는 선교』, 23-24.

79) 이후 1958년에 휘체돔(Georg F. Vicedom)은 교회 중심의 선교가 아닌 하나님의 선교를 더 구체화시켰다. 그는 신학이 하나님에 관한 사상체계가 아니라 역사 안에서 활동하시는 하나님의 활동을 기술하는 것이라고 보았다.

80) 가나에서 논의된 것 중 하나는, 한국에서 대학원 수준의 신학교육을 연합해서 한다고 결정한 것이다. 그 결과 신학교육기금위원회를 통해 1964년 연세대학교 내에 연합신학대학원을 설립하게 되었다. 연합신학대학원 위원회는 윤인구(임시 소집인), 김정준(원장), 홍현설, 이여진, 반피득, 정하은, 윤성범, 한태동, 서남동, 문상희, 이종성 이상 11인이었다.

81) WCC 선교대회에서 선교의 새로운 정의가 내려짐으로, 복음주의자들은 1970

년 프랑크푸르트 선언과 1974년 로잔 ICWE(The International Congress on World Evangelization, 세계복음화국제대회)를 통해 WCC에서 이탈하게 된다. 이러한 갈등은 각 교파와 그리스도인들 간에도 혼란을 주고 있다.

82) Dana L. Robert, "Shifting Southward Global Christianity Since 1945", International Bulletin of Missionary Research 24 (April 2000): 50.

83) 윌스가 아프리카 학생들에게 서구에서 만든 교회사를 가르칠 때, 자신이 전하는 것이 형식과 지식 전달만 있을 뿐, 아프리카 학생들의 머리나 마음에 감흥을 주지 못한다는 사실을 깨닫고 서구교회 전통을 재검토하게 되었다는 사실은 의미하는 바가 크다. 이재근, "세계기독교학의 부상과 연구 현황", 「한국기독교와 역사」 40 (2013.3): 384.

84) Philip Jenkins, 『신의 미래』, 21.

85) Philip Jenkins, 『신의 미래』, 21.

86) "유럽중심주의는 각 문화들 사이의 상호 영향의 관계를 일방적으로 혹은 특정한 방향으로 비틀어 해석함으로써 유럽이라는 특정지역의 문화를 특권적 기준으로 삼는 선별과 배제의 원리로 작용해왔다. 유럽중심주의는 서양/동양, 중심/주변, 근대/전통, 발전/지체, 남성/여성 등의 이분법적인 생산을 통해 중심의 시각을 강화해오기도 했다." 부산대학교인문한국 편, 『유럽중심주의 비판과 주변의 재인식』(서울: 미다스북스, 2010), 6.

87) "그동안 중심부가 만들어낸 근대적 보편성은 주변부가 자신의 특수한 위치를 버릴 때만 초월적이고 보편적인 지점에 도달할 수 있는 것으로 주장해왔다. 그리고 그 보편적 지점을 일방적으로 차지했던 것은 항상 서구였다. 그 결과 서구의 보편성은 주변에 동질성을 강제하는 억압적 기제로 작용했고, 주변의 삶이 스스로를 부정적으로 인식하도록 만든 결정적 계기가 되었다. 그러나 오늘날 서양적이고 초월적인 보편성은 더 이상 순조롭게 작동하기 어렵게 되었다. 이제 필요한 것은 주변들과 주변성의 역량이 서로 횡단하고 접속하고 연대함으로써 복수의 보편들을 추구하는 작업일 것이다." 김성환 외 8인 공저, 『주변의 보편과 문화의 복수성』(서울: 역락, 2017), 7.

88) 김상근, "한국 선교학 연구의 새로운 과제와 도전: 남반부 기독교의 등장에 따른 아시아 기독교의 역사적 관점을 찾아서", 「신학논단」 35(2004, 3): 324.

89) 김상근, "한국 선교학 연구의 새로운 과제와 도전: 남반부 기독교의 등장에 따른 아시아 기독교의 역사적 관점을 찾아서", 325.

90) Mark A. Noll, From Every Tribe and Nation : A Historian's Discovery of the Global Christian Story (Michigan: Grand Rapids, 2014); 배덕만 옮김, 『나는 왜 세계기독교인이 되었는가』(서울: 복있는사람, 2016), 173-74.

91) 이재근, "세계기독교학의 부상과 연구 현황", 379; 비서구기독교연구소가 에딘버러대학으로 이전한 후에 배출된 학자들은 제후 핸슬스(에모리 대학교), 다이안 스틴턴(벤쿠버 리젠트 칼리지), 티모시 테넌트(에즈베리 신학교), 시릴 오코로차(아니지리아의 전임 성공회 대주교)등이다. Mark A. Noll, 『나는 왜 세계기독교인이 되었는가』, 175.

92) 이재근, "세계기독교학의 부상과 연구 현황", 385-87; 20세기 후반 선교의 제국주의의 뉘앙스를 풍기지 않기 위해 '선교학' 명칭 대신에 '초문화'(Cross-Cultural) 또는 '문화간 연구'(Intercultural Studies)라는 용어를 사

용했다.

93) 이재근, "세계기독교학의 부상과 연구 현황", 391-93. 지금까지 발표된 세계기독교학의 논문은 '기독교세계에서 세계기독교로'(1992,3), '대륙간 연관관계'(1992,9), '언어, 문화, 번역'(1993), '교회와 선교운동'(1994), '세계기독교와 역사의 가르침'(1995), '선교와 민족'(1996), '선교와 그 결과'(1997), '선교역사에서의 전쟁과 평화'(1998), '청년과 선교운동 지도력: 세대간 도전과 기회'(1999), '선교의 진실과 허위'(2000), '선교와 인권'(2001), '선교와 권력: 보이는 것과 보이지 않는 것'(2002), '회심과 회심자'(2003), '선교, 돈, 특권'(2004), '기독교 선교에서의 민족 및 기독교 정체성'(2005), '시각, 청각, 촉각: 기독교 선교의 시각적, 음악적, 물질적 요소'(2006), '자유, 노예제, 기독교 선교'(2007), '인식과 묘사: 선교역사문헌에서의 영웅과 악당'(2008), '선교, 법, 관습'(2009), '선교역사에서의 대화와 협력'(2010), '선교와 교육'(2011), '세계역사의 세계기독교에서의 종교 갱신, 부흥, 재생 운동'(2012), '선교역사와 세계기독교에서의 건강, 치유, 의료'(2013), '선교역사와 세계기독교에서의 성과 가족'(2014) 등이다.

94) 한나 아렌트는 '제국'과 관련하여 근대의 네이션=국가 이후는 제국이 존재하지 않는다고 보았다. 그러나 가라타니 고진은 근대의 국가론이 제국의 원리를 계승한 것이라고 본다. 炳谷行人, 조영일 옮김, 『제국의 구조 : 중심·주변·아주변』(서울: 도서출판b, 201), 6-7; 가톨릭과 프로테스탄트 선교가 구심력적 행위였다면 제국주의 사상을 이어받은 것이라고 볼 수 있다; 국가의 성립에는 하나의 공동체가 다른 공동체를 지배하는 계기가 있어야 한다. 마찬가지로 제국의 원리에 대해서도, 제국은 다수의 국가들 사이에 이들을 결집시키는 원리가 있다. 제국의 형성은 단순히 국가의 확대나 단순한 군사적 정복에 의해 형성되기 보다는 복종할 요소에 의해 만들어지는 것이다. 炳谷行人, 같은 책, 96-97; 구심력 선교는 타자를 자신의 주장에 편입시키려는 행위다.

95) 헤라클레이토스(Heraclitus of Ephesus, BC 540-480)는 자연 철학자였지만 인간을 탐구했다. Ernst Cassirer, An Essay on Man : An Introduction to a Philosophy of Human Culture(New Haven: Yale Univ. Press, 1944), 최명관 옮김, 『인간이란 무엇인가』(서울: 창, 2008), 16, 21; 몰트만은 개별적 인간을 알기 위해 동물과 신적인 것을 비교했다. 그는 인간을 다른 것과 비교함으로써 인간만이 가지고 있는 특징을 도출해 내고자 했다. 그는 인간이 동물과 달리 문화를 창출하며, 이성을 지니고 있으며, 자유로운 존재이며, 언어를 가진 존재이며, 또한 죽을 수밖에 없는 현실 앞에 종교적 경험을 통해 신적인 것과 비교되는 존재이기도 하다고 했다. Jürgen Moltmann, Mensch, Christliche Anthropologie in den Konflikten der Gegenwart : Bibliothek Themen der Theologie XI (Berlin: Kreuz- Verlag, 1971), 김고광·전경연 옮김, 『인간 -현대의 갈등 속의 기독교 인간학』(서울: 한신대학출판부, 1986), 15-27; 그런데 인간은 자신에 대해 명쾌한 해답을 내놓지 못하고 있다. 지금까지 나온 인간에 대한 정의는 부분적인 것들로 생물학, 인류학, 신학, 사회학, 심리학, 과학, 철학이라는 각 분야의 시각에서 내 놓은 것들이다. 생물학은 인간을 동물의 위치에서 다루며, 인류학은 문화를 창출한 인간을 중심에 놓으며, 신학은 하나님의 형상을 강조하고, 사회학은 인간의 집단성과 학습을 다루고, 심리학은 인간의 성, 의미, 의지 등을 다루며, 과학은 기술의 발달로 인한 생명공학, 진보를 다루며, 철학은 플라톤 이래 인간의 영·혼·몸과 이성, 실존, 도덕, 종교를 다루었다.

96) 622년 모하메드(Muhammad, 570-632)에 의해 시작된 이슬람은 아랍족 (Arab, 아랍어를 고유 언어로 쓰는 여러 민족)을 결집시켰다. 아랍인들은 고대 페르시아 제국(Persian Empire, 650), 예루살렘(Jerusalem, 638), 가이사 랴(Caesarea, 640), 알렉산드리아(Alexandria, 642), 카르타고(Carthago, 697)를 함락시켰으며, 스페인(Spain, 715)의 대부분을 정복했고, 로마(Rome, 846)를 약탈했으며, 시칠리아(Sicilia, 902)와 콘스탄티노플(Constantinople, 1492)을 함락시켰다.

97) Stephen Neill, 『기독교선교사』, 118-30.

98) 유럽은 로마 가톨릭을 중심으로 이루어진 통일체로 인식되어 나갔다. 그러나 아일랜드의 켈트교회와 영국의 국교회는 로마 가톨릭과 관계를 맺긴 했지만 그들 특유의 독자노선을 걸어갔다. Stephen Neill, 『기독교선교사』, 135.

99) Stephen Neill, 『기독교선교사』, 68.

100) Stephen Neill, 『기독교선교사』, 93.

101) Stephen Neill, 『기독교선교사』, 64-92; 아일랜드(Ireland)의 켈트교회는 동방 정교회와 로마 가톨릭과는 또 다른 전통에 서 있다. 아일랜드 지역은 고대 켈트 사람의 땅인 갈리아(Gaul, Gallia, 라인·알프스·피레네 및 대서양으로 둘러싸인 지금의 북이탈리아·프랑스·벨기에 등이다)로 켈트어와 라틴어를 사용했다. 아일랜드 교회는 로마 가톨릭처럼 제도권을 형성하지 않았다. 또한 로마 가톨릭처럼 죄를 강조하지 않았다. 오히려 그들이 강조한 것은 인간의 선한 창조에 대한 것이었다. 켈트 브리튼 인이었던 펠라기우스(Pelagius, 360-420)는 창조의 선함을 강조하였다. 그는 하나님께서 생명을 가진 모든 것 가운데 현존한다고 보았기 때문에 모든 것이 사랑의 대상이 되었다. Philip Newell, A Celtic Spirituality (New York: Paulist Press, 1999), 정미현 옮김, 『켈트 영성 이야기』(서울: 대한기독교서회, 2001), 22-23; 이것은 인간의 죄를 강조하는 로마 가톨릭 전통의 어거스틴(Augustine of Hippo)과 차이를 드러낸다. 어거스틴은 예수 그리스도를 인간의 죄와 타락에서 구원해 주시는 분으로 보았지만, 켈트 수도자들은 예수 그리스도가 인간성을 회복하시는 것으로 보았다. George G. Hunter III, The Celtic Way of Evangelism (Nashville, TN: Abingdon Press, 2000), 황병배·윤서태 옮김, 『켈트 전도법』(경기도: 한국교회선교연구소, 2012), 147.; 앤드류 월스가 6세기 아일랜드 교회의 모습을 그릴 때, 한 부류는 세상에서 나와 바위가 많은 해변의 어두운 동굴 안에서 홀로 거룩을 추구하는가 하면, 다른 한 부류는 작은 보트를 타고 하나님 나라의 기쁨을 전하며 순례적 선교를 하는 것으로 보았다. Gallagher & Hertig ed., Landmark Essays in Mission and World Christianity (Maryknoll: Orbis, 2009), 문전섭외 3인 공역, 『세계 기독교와 선교의 미래』(서울: 한국장로교출판사, 2012), 232; 아일랜드의 선교사들은 콜룸바(St. Columba, 543-615), 아이단(St. Aidan of Lindisfarne, 590-651), 커드버트(Cuthbert, 634-689), 윌프리드(Wilfrid, 634-709), 콜룸반(Columban) 등이 있는데, 이들이 영국을 선교했다; 차후 영국 안에는 아일랜드교회, 로마 가톨릭교회, 그리고 브리튼교회가 조우하게 된다. 가톨릭 교황 대 그레고리가 어거스틴(Augustine of Canterbury) 선교사를 영국으로 보냈기 때문이다; 이후에 영국교회는 독일을 선교했다. 윌리브로드(Willibrord, 658-793)는 프리시아족(Frisians)을 선교했고, 보니파티우스(Bonifatius 또는 Wynfrith, 680-754)는 윌리브로드의 지도를 받으며 선교했다.

102) Stephen Neill, 『기독교선교사』, 79.

103) 진원숙, 『십자군, 성전과 약탈의 역사』 (파주: 살림, 2006), 13.

104) 술탄은 아랍어로 '통치자', '권위'를 의미하며, 이슬람교의 종교적 최고 권위자인 칼리프(Caliph 또는 Khalifah, '신의 사도의 대리인')가 수여한 정치적 지배자의 칭호이다.

105) Stephen Neill, 『기독교선교사』, 139.

106) J. N. Hillgarth, Ramon Lull and Lullism in Fourteenth-Century France (Oxford: Clarendon Press, 1971), 1-45.

107) J. N. Hillgarth, Ramon Lull and Lullism in Fourteenth-Century France, 168-72; 앙리케(Henrique Navegator) 왕자는 탐험가는 아니었지만 1420년 해양 탐험을 위한 조직을 만들었다. 바르돌로뮤 디아스(Bartholomew Diaz, 1450-1500)는 1487년 남아프리카 공화국 케이프 주 남서쪽 끝의 암석 곶(串, 바다 쪽에 부리 모양으로 뾰족하게 뻗은 육지) 희망봉(Cape of Good Hope)에 도착했다. 크리스토퍼 콜럼버스(Christopher Columbus, 1451-1506)는 1492년 대서양을 횡단하여 브라질 살바도르(San Salvador)의 조그만 섬에 이르렀다. 바스코 다 가마(Vasco da Gama, 1469-1524)는 희망봉을 돌아 인도 서해안의 칼리커트(Calicut)에 도착했다.

108) Klaus Hock, Das Christentum in Afrika und dem Nachen Osten (Leifzig: Evangelische Verlagsanstalt, 2005); 공성철 · 민관홍 옮김, 『아프리카 및 근동의 기독교』 (충남: 호서대학교출판부, 2015), 73.

109) '인디오'는 북아메리카 '인디언'과 구별해 라틴아메리카 원주민을 지칭하는 말이다.

110) 아프리카인들은 이미 7세기에 이슬람의 교역에 사용되기 위해 노예로 팔려 나갔지만 소규모에 불과했었다.

111) Stephen Neill, 『기독교선교사』, 210-11.

112) Enrique Domingo Dussel, 『1492년 타자의 은폐』, 59.

113) 15세기 말 콜럼부스(Christopher Columbus, 1451-1506)가 현재의 바하마 제도(諸島)의 와틀링 섬(추정), 쿠바, 히스파니올라(아이티), 트리니다드, 오리노코 하구(河口), 온두라스, 파나마 지협(地峽)을 항해했고, 바스코 다가마(Vasco da Gama, 1469-1524)가 아프리카의 희망봉, 모잠비크, 몸바사, 오늘날 케냐의 말린디, 인도의 캘리컷(현재의 코지코드)을 항해한 이후, 스페인과 포르투칼은 아메리카, 아시아, 아프리카를 식민지화했다.

114) Stephen Neill, 『기독교선교사』, 168.

115) Stephen Neill, 『기독교선교사』, 173.

116) David Jacobus Bosch, 『변화하고 있는 선교』, 355-56.

117) Stephen Neill, 『기독교선교사』, 89. 영국의 보니파티우스(Bonifatius or Wynfrith, 680-754)가 독일에서 선교할 때, 그들이 신성시 여기고 있던 헤세(Hesse)의 가이스마르(Gaismar)에 있는 떡갈나무를 찍어버린 것으로 성 베드로의 기념 교회를 건축했다.

118) '타블라 라사'는 '편평한 판'이라는 뜻으로 '아무 것도 쓰지 않은 판', 즉 '백지'라는 의미다. 그것은 외부의 어떤 인상도 받아들이지 않은 자연의 상태를

말한다. 로크는 생득관념을 부정하고 '마음'을 아무런 글자도 씌어있지 않고 아무런 관념도 없는 백지에 비유했다.

119) Enrique Domingo Dussel, 『1492년 타자의 은폐』, 74-82.

120) Stephen Neill, 『기독교선교사』, 259.

121) 이것은 콘스탄티노플 정교회가 선교한 것과 대조를 이룬다. 콘스탄티노플은 9세기에 슬라브 민족들에 대한 관심에서 콘스탄틴(Constantine 또는 Cyrill, 826-869)과 메토디우스(Methodius, 815-885) 선교사를 파송했다. 그들은 선교지 슬라브어를 문자화하여 성경의 일부를 번역하였으며, 라틴어 예문(禮文)을 슬라브어로 번역해서 사용했다. Francis Dvornik, Byzantine Missions among the Slavs : St. Constantine-Cyril and Methodius (N.J: Rutgers University Press, 1970) 참조; 이것은 로마 가톨릭의 라틴어만이 유일의 예배 용어임을 주장하는 것에 위배되는 행위였다. 그러나 콘스탄티노플 정교회는 선교지에서 새로운 신앙을 받아들일 때 그들의 언어 기초 위에 교회와 문화를 세워야 한다는 입장을 가졌다. 그러나 가톨릭은 선교지에서 라틴어 기도문을 주로 사용했다.

122) Stephen Neill, 『기독교선교사』, 260.

123) George E. Tinker, Missionary Conquest : The Gospel and Native American Cultural Genocide (Minneapolis: Fortress Press, 1993), 5-11.

124) David Jacobus Bosch, 『변화하고 있는 선교』, 337-38.

125) David Jacobus Bosch, 『변화하고 있는 선교』, 345.

126) David Jacobus Bosch, 『변화하고 있는 선교』, 342.

127) David Jacobus Bosch, 『변화하고 있는 선교』, 354.

128) 적응주의는 생물의 진화가 적응과 자연 선택을 통해 이루어진다는 입장을 옹호하는 생물철학의 한 사조이다.

129) Stephen Neill, 『기독교선교사』, 192.

130) Matteo Ricci, 『천주실의』, 송영배 외 옮김(서울: 서울대학교출판부, 1999), 15.

131) Stephen Neill, 『기독교선교사』, 202.

132) Stephen Neill, 『기독교선교사』, 227-32.

133) Stephen Neill, 『기독교선교사』, 243-44.

134) 김혜경, 『예수회의 적응주의 선교 : 역사와 의미』 (서울: 서강대학교 출판부, 2012), 283.

135) Stephen Neill, 『기독교선교사』, 221.

136) Stephen Neill, 『기독교선교사』, 259.

137) William Schweiker, Power, Value and Conviction : Theological Ethics in the Postmodern Age, 문시영 옮김, 『포스트모던 시대의 기독교 윤리 : 힘, 가치 그리고 확신』 (서울: 살림, 2003), 234.

138) 가톨릭은 자신들의 신앙 형태와 다름을 허용하지 않았다. 이를테면 에티오피아는 16세기까지 유럽의 해상세력으로부터 영향을 받지 않았다. 에티오피아

는 북쪽의 산악지대에 있으면서 작은 무슬림 영지들이 기독교인 영주들에게 공물을 바쳤으며, 동쪽으로 더 작고 피상적인 이슬람화 된 술탄 공국들이 있었다. 이들은 오랫동안 평화적으로 살았지만, 16세기 초 아마드 이븐(Ahmad Ibn Ibrahim)이 하라르 지대로부터 반란이 일으키면서 새로운 상황에 접어들었다. 초기에는 공물의무를 떨쳐내려는 것이었지만, 압제 당하는 자기 백성을 해방시키는 지도자(Imam)를 고대하는 전승으로 확대되었다. 더 나아가 아마드 그란(Ahmad Gran)이 오스만에서 최신전쟁기술을 전수받는 가운데 전쟁이 일어났다. 전쟁은 12년간 지속된 가운데 에티오피아의 문화가 초토화시켰다. 에티오피아 그리스도교 황제 레브나 뎅엘(Lebna Dengel)은 포르투갈에 도움을 요청해서 도움을 받게 되었고, 자 뎅엘(Za Eengel) 시대에 이르러 정치적으로 안정되었지만 종교적으로 교황의 권위를 인정하고 양성론 교리를 따르며 제의적으로 안식일을 주일로 대체하고 할례를 금지하는 로마-가톨릭 신앙을 수용하였다. 17세기에는 교황의 사절단 멘데스(Alphonsius Mendes)는 에티오피아 교회에 로마식의 의식을 따른 모든 신자의 세례, 모든 그리스도교적인 에티오피아의 축제의 폐지, 라틴적인 예배 도입 등 로마 가톨릭 교회의 관습에 동화할 것을 요구하였다. Klaus Hock, 『아프리카 및 근동의 기독교』, 93-96.

139) Klaus Hock, 『아프리카 및 근동의 기독교』, 357; 18세기에 이르러 유럽의 교회는 국가교회가 되었다. 영국은 성공회, 스코틀랜드는 장로교, 네덜란드는 개혁파, 스칸디나비아와 독일 몇 지역은 루터파, 남유럽의 대부분은 가톨릭이 국교가 되었다. 그리고 19세기 이후(1870년대 후반과 특히 1885년 이후)에는 선교가 개신교 중심으로 움직였다. 그 시기 유럽의 국가들은 식민지 획득을 위한 경쟁에 끼어들었다. 이때는 식민주의 전성기로 네덜란드, 영국, 독일, 벨기에, 프랑스 식민 제국들이 극적으로 확장되었다. 이후 덴마크, 미국이 합류하였다.

140) Michel Foucault, Les Nots et les Choses : Une Archéologie Sciences Humaines (Paris: Gallimard, 1966), 이규현 옮김, 『말과 사물』 (서울: 민음사, 2015), 87; 아감벤(Giorgio Agamben)은 언어가 인간과 동물을 구별하는 중요한 도구이지만, 인간은 불행히도 언어로 인해 인간의 존재근거를 잃어버리게 되었다고 말한다. 인간은 언어로 인해 보편적 인간으로 전락했기 때문이다. 언어는 인간의 모든 것을 다 담아낼 수 없다. 또한 언어는 그 개념을 사용하는 학자들에 의해 잘못 해석될 수도 있다. 예로, '시초(기원)'에 대해 20세기 전반에는 언어학과 비교문법학적인 분석을 통해 이루어졌다. 어떤 사건을 인도유럽어로 추론해 낸다고 하는 것은 합리적이지 않다. 언어는 그 시기의 그 장소에서 그 사람들에게 사용된 것이기 때문이다. Giorgio Agamben, (Il) sacramento del linguaggio :archeologia del giuramento, 정문영 옮김, 『언어의 성사 : 맹세의 고고학』 (서울: 새물결, 2012), 27.

141) Ernst Cassirer, 『인간이란 무엇인가』, 97.

142) Ernst Cassirer, 『인간이란 무엇인가』, 199; 언어의 발생학적 연구에서 의성설(bow-wow theory, 擬聲說)은 물건과 이름을 일치시킨다. 언어는 인간의 필요에 의해 대상의 소리를 모방하다가 만들어졌다고 본다. 언어의 발생학적 질문에서 19세기에는 역사를 통해 대답을 찾았다. 야콥 그림(Jacob Grimm, 1785-1863)은 게르만계 언어들의 비교문법을 세웠으며, 프란츠 보프(Franz Bopp, 1791-1867)와 포트(Pott)는 인도-유럽어의 비교문법을 세웠다. 그들의 뒤를 이어 슐라이헤르(A. Schleicher), 브루크만(K. Brugmann) 및 델브뤼크(

Delbruck)가 언어의 역사성을 완성시켜 나갔다. 그러나 훔볼트(Karl Wilhelm von Humboldt, 1767-1835)는 순전히 역사적인 방법에서 벗어나 언어 현상 전반에 대해 연구했다. 그는 다양한 언어를 관찰하는 가운데 언어는 단순히 낱말들이 모인 것이 아니며, 언어의 차이는 음성과 기호에서가 아닌 세계를 보는 태도에 있다고 보았다. 즉 언어는 사상을 표현한 것이다. 언어는 이미 만들어진 것(ergon)이라기보다 연속적 과정으로의 활동(energeia)이라는 것이다. 같은 책, 212-13.

143) Ferdinand de Saussure, Cours de Linguistique Générale, 최승언 옮김, 『일반언어학 강의』(서울: 민음사, 1990), 124.

144) Ferdinand de Saussure, Troisième cours de linguistique générale : 1910-1911 : d'après les cahiers d'Emile Constantin, 김성도 옮김, 『소쉬르의 마지막 강의 : 제3차 일반언어학 강의(1910-1911), 에밀 콩트탕탱의 노트』(서울: 민음사, 2017), 269.

145) 소쉬르는 생성되는 파롤을 무시했다. 그의 언어학은 문법 체계라는 닫힌 언어에 속한다. 그러나 언어는 '기원'이나 '언어학'과 관련되어 다룰 것이 아니라 인간들의 '대화'로 다루어야 한다. 바울도 율법이 형식적이고 거대담론으로 사람을 묶는 작용을 했기 때문에 폐기를 주장했던 것이다. 바울이 "그리스도는 율법의 마침(telos)"(롬 10:4)임을 말했을 때 마침(telos)은 '폐기', '목표' 혹은 '성취'를 뜻할 수 있는데, 케제만(E. Käsemann)은 율법과 복음이 상호 배타적인 반명제들이기 때문에 율법의 '폐기'를 주장했다. 서중석, "그리스도-율법의 폐기와 목표", 「기독교사상」 제39권 (1995.6), 50-51; 그러나 율법의 마침은 율법 자체에 대한 폐기라기보다는 율법이 거대담론으로 작용하고 있어 쓸모가 없어졌기 때문에 폐기라고 보아야 한다. 반대로 캠벨(W. S. Campbell)이 율법의 마침을 목표, 성취라고 주장한 것도 바울의 본래 의도에서 벗어난 것이다. 바울은 그리스도 안에서 이루어지는 율법의 본래 의도를 이야기한 것이기 때문이다. 바리새인들의 율법 이해로는 '작은 자'들에게 접근할 수 없다. 그래서 베커(J. C. Baker)가 말한 율법의 폐기가 목표, 성취라는 이중적 의미를 담고 있다는 그의 주장에 더 무게가 실린다. 예수가 바리새인들을 거부한 것은 율법의 폐기를 선언한 것이며, 율법의 완성을 이야기한 것은 율법의 목표, 성취를 말한 것이다. 바리새인들의 율법 이해로 보면 죄인들, 세리들과 더불어 식탁 교제를 하는 것은 불가능하며, 사마리아인들에게 개방적 태도를 취할 수 없으며, 여인들과 교제하고 대화하는 것은 불가능하다. 바리새인들의 율법 해석은 정결과 비 정결, 죄인과 의인, 더러움과 깨끗함에 선을 그어 작용했기 때문이다. 그러나 예수는 긍휼, 성실, 우정의 확장으로 인해 명백히 정의된 배제의 경계들을 넘어 섰다. Donald Senior & Carroll Stuhlmueller, The Biblical Foundations for Mission (Maryknoll: Orbis Books, 1983), 최성일 옮김, 『선교의 성서적 기초』(서울: 다산글방, 2003), 260; 안식일은 사람을 위해 있는 것으로 손 마른 사람을 치유할 수 있는 것이다(막 3:1-6). 또한 예수는 바리새인들이 율법 조항으로 만들어 놓은 안식일의 노동 금지를 뛰어 넘었다. 그리고 십일조는 단순한 물질에 있는 것이 아니라 정의와 긍휼과 믿음이 수반되는 것이었다(마 23:23). 더 나아가 정결 의식들은 내적 정결과 통합을 위하여 상대적으로 취급되어야 했다. 예수의 율법 해석은 사랑에 기초한 것이었다. 만약 율법이 사랑에 의해 해석되고 행동된다면 바울이 율법의 마침이라는 말을 사용하지 않았을 것이다.

146) Edward W. Said, 『오리엔탈리즘』, 15; 차크라바르티는 유럽을 '지방화'하

는 것은 유럽의 관념들 그 자체가 매우 특수한 지적·역사적 전통들과 관련된 것임을 말한다. 그것은 유럽 '지역'에 대한 논의가 아니라 유럽사가 '보편적 인류사'로 작용한 것에 대한 것이다. 유럽은 19세기에 "합리주의, 과학, 평등, 인권, 시민권 국가, 시민 사회, 공공 영역, 개인성, 공사 구별, 주체 관념, 민주주의, 국민 주권, 사회 정의, 등"의 계몽사상 휴머니즘을 가지고 식민지를 다스렸다. Dipesh Chakrabarty, Provincializing Europe : Postcolonial Thought and Historical Difference (Princeton: Princeton University Press, 2000), 김택현·안준범 옮김, 『유럽을 지방화하기』(서울: 그린비, 2014), 45.

147) Edward W. Said, 『오리엔탈리즘』, 100.

148) Robert J. C. Young, White Mythologies : Writing History and the West (London: Routledge, 1990), 김용규 옮김, 『백색신화』 (부산: 경성대학교출판부, 2008), 78.

149) Robert J. C. Young, 『백색신화』, 100.

150) 서구에서 근세(early modern period, 近世)는 고대의 그리스·로마 문화를 이상으로 하여 새 문화를 창출해 내려는 르네상스(14세기 후-15세기 초)에서 시작하여, 항해로 인한 새로운 대륙과의 만남(1492, 15-16세기), 그리고 종교개혁(1517)을 거쳐 절대주의·중상주의가 전개된 17~18세기까지의 시기를 말한다.

151) 서구에서 근대(modernity, 近代)는 봉건사회의 공동체에서 벗어나 '나'라는 개인주의 관점에서 본다면 르네상스와 종교개혁 이후로 볼 수 있고, 자본주의의 형성이나 시민사회의 성립이라는 관점에서 본다면 17-18세기부터로 볼 수 있다.

152) 근대철학의 경험론(17세기)은 오관을 통해 주위 세계를 인식하는 '나'를 세웠다. 존 로크(John Locke, 1632-1704)는 인간이 노동을 통해 자연에 가해진 그만큼 자신에게 돌아온다고 보았다. 그것은 노동을 통해 자연을 자신의 것으로 만드는 것을 말한다. 그는 인간이 개인과 자연, 개인과 사회 사이에서 끊임없이 살아가는 자아적 존재임을 말했다; 차인석은 근대를 긍정적으로 보면서 오늘의 철학이 사회의 근대화를 올바른 방향으로 이끌어갈 자아를 길러야 한다고 말한다. 차인석, 『근대성과 자아의식』 (파주: 아카넷, 2016), 70; 그는 한국의 실학이 인간 삶의 현실에서 스스로 살아가는 길을 모색했지만 사회 발전에 영향을 끼치지 못했던 것은 실학파가 정치 세력이 되었다는 점과 그들의 사상이 관념으로 머물렀기 때문이라고 본다. 같은 책, 75; 그래서 그는 '도구적 이성(합리화)'과 '실천적 이성(합리화)'의 조화를 말한다. 도구적 이성이란 과학과 기술의 발달을 말하는 것으로, 인간은 도구적 이성으로 자연 관리를 가능케 하면서 안락한 삶을 보장 받는다는 것이다. 실천적 이성은 정치사회 제도를 말하는 것으로 도구적 이성으로 가능케 된 자유를 보다 많은 사람이 누릴 수 있도록 배려하는 것을 말한다. 같은 책, 81; 그런데 이와 같은 '이론'과 '실천'이 구분되면서 사회가 불평등을 경험하게 되었다고 지적한다. 만약 인간이 도구적 이성만 가지고 실천적 이성을 거절하게 되면 그 때부터 타자를 억압하게 된다. 인간은 개체화된 존재이고 자신의 주위에 대해 주체로 살아가지만, 주체적 인간은 정치, 경제, 문화의 영역에서 능동적인 역할을 할 때 진정한 자아의식이 성숙된 것이다. '나'와 '너'는 상호주관성으로 '너'없이 '나'는 주체가 될 수 없고, '나'없이 '너'도 주체가 될 수 없다.

153) 설혜심, 『역사, 어떻게 볼 것인가 : 마녀사냥에서 트위터까지』(서울: 길, 2011), 113-17.

154) 설혜심, 『역사, 어떻게 볼 것인가 : 마녀사냥에서 트위터까지』, 129.

155) 설혜심, 『역사, 어떻게 볼 것인가 : 마녀사냥에서 트위터까지』, 123.

156) 유럽은 16세기 스페인과 포르투갈의 발견의 시대 전까지는 미약한 지역이었다. 유럽은 12세기에 이탈리아 북부 아드리아 해(Adriatic Sea) 북쪽 해안에 있는 항구 도시 베네치아(Venezia)와 이탈리아 서북부 리구리아 해(Ligurian Sea)에 면하여 있는 항구 도시 제노바(Genova)가 십자군의 수송과 보급을 통해 재부를 축적한 후 베네치아는 십자군 운동이 끝난 이후 아조프 해안에 상업적인 식민지를 건설했고, 제노바는 흑해 연안에 비슷한 세력을 이루었을 뿐 강력한 세력은 아니었다. Stephen A. Neill, 『기독교선교사』, 157.

157) 유약했던 유럽이 18세기 말에 강대국으로 발달하게 된 그 이면에는 심리적(mental)인 변화와 과학(science)의 발달이 있었다. Stephen A. Neill, 『기독교선교사』, 304-06; 유럽인이 18세기에 동양으로 이주할 때만 하더라도 그 땅을 지배하리라고 아무도 생각하지 못했다. 그런데 프랑스인(French) 뒤플렉스(Joseph Francois Düpleix, 1697-1763)가 무굴제국의 내면적인 허약성을 인식하고 언젠가 그 제국이 붕괴하는 날 프랑스가 그 이득을 얻어야 할 것이라는 비전(vision)을 가졌던 것처럼 생각의 변화가 생긴 것이다. 유럽인들에게 그와 같은 심리적인 변화가 일어난 것이다. 또한 과학적인 변화도 일어났다. 그들은 증기기관과 기선의 발명으로 교통의 편리함 때문에 비전(vision)을 구체화시킬 수 있게 되었다. 그 결과 유럽에서는 탐험(exploration)에 대한 열망이 가속화되기 시작했다. 영국인(Briton) 제임스 쿡(Captain James Cook, 1728-1779)의 항해기록은 유럽인의 마음에 새로운 세계를 위해 준비시켜 주는 계기가 되었다; 19세기에 영국(England)은 인도(India), 버마(Myanmar), 실론(Ceylon), 이집트(Egypt)를 지배하고, 프랑스(France)는 인도차이나(Indochina Pen), 알제리(Algeria), 튀니지(Tunisia), 모로코(Morocco)를 병합시키고, 네덜란드(Netherlands)는 인도네시아(Indonesia)를 정복하고, 이탈리아(Italy)는 리비아(Libya)의 트리폴리(Tripoli)를 차지했다. 독일(Germany)은 뒤늦게 뛰어들어 토고(Togo), 카메룬(Cameroon), 서남아프리카(South-West Africa 현재 Namibia), 탄자니아(Tanzania)를 병합시켰다. 벨기에(Belgium)는 콩고(Congo)를 지배했다. 프랑스(France)와 영국(United Kingdom) 및 독일(Germany)은 태평양(the Pacific Ocean)의 많은 섬들을 차지하기 위해 각축 경쟁을 벌였다. 오스트레일리아(Australia), 네덜란드(Netherlands), 독일(Germany)은 뉴기니아(New Guinea)를 분할해 통치했다.

158) Stephen A. Neill, 『기독교선교사』, 281.

159) Stephen A. Neill, 『기독교선교사』, 349.

160) Stephen A. Neill, 『기독교선교사』, 282.

161) Stephen A. Neill, 『기독교선교사』, 299.

162) 유럽은 1884/85년 베를린에서 아프리카회담(Berlin Africa-Conference)을 통해 아프리카를 분할하였다. 이 회담에서는 독일, 프랑스, 이탈리아 그리고 벨기에의 왕들에게 이익을 보장해 주기로 했다. 아프리카 분할에 유럽 각국이 뛰어든 것은 영국의 독주를 막기 위한 것이었다. 제1차 세계대전 이후 프랑스, 영국, 포르투갈이 아프리카의 주요 식민지 국가로 남게 되어, 현대 아프리

카의 언어 분할 영역은 포르투갈어, 영어 그리고 프랑스어권으로 반영되어 분할되었다. 서아프리카는 영국과 프랑스의 식민지 권력이 가장 큰 부분을 분할해서 자치한 지역으로, 프랑스는 아프리카인들을 흑인 프랑스인들로 양성해 나갔고, 영국은 아프리카인들에게 유럽 교육시키는 일에 소극적으로 반응했다. Claus Hock, 『아프리카 및 근동의 기독교』, 188, 197-198; 러시아에서 한국 선교사들의 선교가 활성화된 이면에는 1988년 서울올림픽과 무관하지 않다. 러시아인들은 그 당시 올림픽 중계를 통해 한국에 대한 좋은 이미지를 담고 있었기 때문에 한국 선교사들에 대한 거부반응이 적었다. 이렇게 선교는 사회적 영향을 받으며 이루어지기도 한다.

163) Harry R. Boer, Pentecost and Missions, 5-6 참조.

164) Stephen A. Neill, 『기독교선교사』, 311-12; 영국에서 침례교선교회(Baptist Missionary Society, 1792), 런던선교회(London Missionary Society, 1795), 교회선교회(Church Missionary Society, 1799), 영국 및 해외 선교회(British and Foreign Society, 1804)가 설립되었고, 미국에서는 해외선교미국위원회(American Board of Commissioners for Foreign Mission, 1810), 미국침례교선교부(American Baptist Missionary Board, 1814)가 설립되었으며, 그 외에 독일의 베를린협회(Berlin Society, 1824), 스위스의 바젤선교부(Basel Mission, 1815)가 설립되었으며, 덴마크(1821), 프랑스(1822), 스웨덴(1853), 노르웨이(1842)도 선교회를 설립했다.

165) David Jacobus Bosch, 『변화하고 있는 선교』, 373.

166) David Jacobus Bosch, 『변화하고 있는 선교』, 제9장 참조.

167) 서구는 종교체계에 있어서 타 세상적인 문제들과 이 세상적인 문제들로 구분했기 때문에 중간영역을 상실했다. 서구의 세계관은 중간 영역인 초자연적이며 또한 이 세상적인 존재들과 힘들에 대한 믿음을 배제하고 있다. 서구는 종교(믿음, 기적, 타세상적 문제들, 신성)와 과학(보고 경험하는 것, 자연 질서, 이 세상적 질문들, 세속적)이라는 이층적 실체관을 가지고 있다. 그래서 서구인은 과학자로서 자연주의적 관점에서 경험적 세계를 다루도록 훈련되었으며, 또한 신학자로서 유신론적 관점에서 궁극적인 문제들에 대하여 답변하도록 가르침을 받았기 때문에 '배재된 중간영역'을 가지고 있는 것이다. 그 결과 선교사들은 중간층의 질문들(불확실한 미래나 현재 생활의 위기, 그리고 미지의 과거 등)에 대한 대답을 주지 못하게 되었다. Paul G. Hiebert, Anthropological Reflections on Missiological Issues (Michigan: Baker Book House Company, 1994), 김영동·안영권 옮김, 『인류학적 접근을 통한 선교현장의 문화이해』(서울: 죠이선교회출판부, 2001), 255-61.

168) David Jacobus Bosch, 『변화하고 있는 선교』, 437.

169) David M. Howard, 『학생운동과 세계복음화』, 참고.

170) Stephen A. Neill, 『기독교선교사』, 576.

171) 프로테스탄트 선교 동기는 하나님의 영광, 예수의 사랑에 의한 잃어버린 자에 대한 개인구원의 열정, 영혼 구원, 종말론과 연결된 전 천년설(미래적 천국, 마 24:14; 마 28:18-20), 사회적인 갱신을 강조하는 후 천년설(현재적 천국), 이방인에 대한 동정과 유럽인의 우월로서의 문명(civilization) 전달이었다. J. Verkuyl, 『현대선교신학개론』, 273-317; 동방정교회의 구원론이 인간의 신화에서 찾은 것과 비교해 보면 개신교는 오직 입으로 시인하여 믿음으로

구원받는다는 것에 강조점을 둔다.

172) 그리스인들의 시간은 순환적이고 연속적인 표상을 가지고 있다. 그들은 회귀, 즉 지속과 영원이라는 형식 안에서 존재했다. 이러한 시간은 순환적(circular)이기 때문에 목표가 없다.

173) Giorgia Agamben, 『유아기와 역사』, 172-75.

174) St. Augustine, The City of God (England: Penguin Books, 1980), 조호연·김종흡 옮김, 『하나님의 도성』 (파주: 크리스챤다이제스트, 2005) 참조.

175) 그러나 하나님은 인간의 역사를 결정하지 않았다. 그 이유는 하나님이 모든 것을 아시고 세계를 만들었다면 폭군이 되는 것이고 굳이 그런 세계를 만들 이유가 없다.

176) 세대주의자들은 인류역사를 홍수 이전까지의 족장 세대, 노아 세대, 아브라함 세대, 이스라엘 세대, 이방인 세대, 성령세대, 천년왕국세대로 나눈다. 그들은 하나님이 사람들을 다스리는 방법이 각 세대마다 다르다고 말한다. 세대(dispensation)란 "특정시기의 정치, 종교적 제도"를 의미한다.

177) 선한용, 『시간과 영원 : 성 어거스틴에 있어서』(서울: 대한기독교서회, 1998), 146; 조지 래드(George E. Ladd)는 종말론에서 '이미'와 '아직' 사이에서 발생하는 긴장을 말한다. 그는 "하나님의 왕국은 두 개의 위대한 순간들과 관련되어 지는데 역사 안에서의 성취와 역사 끝에서의 완성이다."라고 했다. George E. Ladd, The Presence of the Future : A revised and updated version of Jesus and the Kingdom (Grand Rapid: Eerdmans, 1974), 218.

178) Ralph D. Winter, & Steven C. Hawthorne ed., 『퍼스펙티브스 1』, 24-30.

179) Ralph D. Winter, & Steven C. Hawthorne ed., 『퍼스펙티브스 1』, 28.

180) Ralph D. Winter, & Steven C. Hawthorne ed., Perspectives on the World Christian Movement (Pasadena, Calif.: William Carey Library, 1981); 정옥배 외 3인 옮김, 『퍼스펙티브스 1』(경기도: 예수전도단, 2015.) 참조.

181) Michel Foucault, 『말과 사물』, 20.

182) Michel Foucault, 『말과 사물』, 351.

183) Robert Darnton, The Great Cat Massacre and Other Episodes in French Cultural History (New York : Vintage Books, 1985), 조한욱 옮김, 『고양이 대학살: 프랑스 문화사 속의 다른 이야기들』(서울: 문학과지성사, 1996), 297-300.

184) 18세기 계몽(Enlightenment)의 시대에 세속적인 인간의 이성을 발전시켰다. 이성은 인간이 지닌 능력으로 인류의 발전을 추구하며 세계사를 발전의 관점에서 파악하게 되었다. 볼테르((Voltaire, 1694-1778)는 신의 의지가 아닌 인간의 의지와 이성으로 무게의 중심을 옮기면서 사회, 문화, 예술, 철학, 과학 등에서 인간정신의 진보적인 측면을 다루었다. 그러나 그는 역사를 후대인을 위한 교훈사로 보는 인류의 보편사를 말했다.

185) Michel Foucault, 『말과 사물』, 341.

186) Ernst Cassirer, 『인간이란 무엇인가』, 298.

187) 예로, 헨리 버클(Henry Thomas Buckle, 1821-1862)이 자살에 대해 말할 때 통계에 근거해서 어떤 주어진 사회 상태에서 일정한 수의 사람들은 자살할 것이라고 말했지만 그렇지 않은 경우도 있다. 그는 '카토(Marcus Vticensis Minor Cato)의 자살'이 자율적인 판단이었다고 본다. 그것은 통계와 관련이 없는 것이다. 카토는 카이사르를 반대하고 폼페이우스를 돕다가 폼페이우스 사후 패잔병을 모아 아프리카에 가서 카이사르에 대항할 준비를 했으나, 장군 스키피오가 사망하자 유티카(Utica)에서 자살했다는 것이다. 그의 자살은, 그가 스토아 사상을 가진 자로 그의 공화국이 파괴되었을 때 영혼불사(靈魂不死)를 선택한 것이었다. 역사는 자연과학처럼 결과물을 가지고 대입시킬 수 없는 영역이다.

188) David Jacobus Bosch, 『변화하고 있는 선교』, 102.

189) David Jacobus Bosch, Witness to The Word : The Christian Mission in Theological Perspecive (Atlanta: John Knox Press, 1980); 전재옥 옮김, 『세계를 향한 증거 : 선교의 신학적 이해』 (서울: 두란노, 1993.), 62.

190) Ralph D. Winter, & Steven C. Hawthorne ed., 『퍼스펙티브스 1』, 468.

191) Ralph D. Winter, & Steven C. Hawthorne ed., 『퍼스펙티브스 1』, 52.

192) Hans Walter Wolff, Wegweisung : Gottes Wirken Im Alten Testament (München: Chr. Kaiser Verlag, 1965), 이양구 옮김, 『우리들의 삶 곳에 계시는 하나님 : 구약성서에 나타난 하나님의 활동』(서울: 대한기독교출판사, 1981), 86,

193) 보캄(Richard Bauckham)은 단일한 이야기로 인간 전체 역사를 파악하는 메타내러티브에 대해 말한다. 메타내러티브는 다양한 인간의 삶을 단 하나의 전체 이야기로 엮어 단일한 의미를 부여한다. 구약을 메타내러티브로 읽게 되면 모든 인간은 이스라엘의 특수한 역사적 관계에 비추게 된다. 그러나 우리는 하나님과 이스라엘의 특수한 역사적 관계로부터 하나님을 추상하여 하나님을 알게 되는 것이 아니다. Richard Bauckham, Bible and Mission : Christian Witness in a Postmordern World (OHA: Patemoster Press, 2003)), 김봉재 옮김, 『성경과 선교』(서울: 새물결플러스, 2010), 28; 이스라엘이 하나님과의 관계에서 특수하듯이, 우리들도 하나님과의 관계가 특수한 것이다. 우리는 이스라엘 이야기를 메타내러티브로 사용해서는 안 된다. 우리와 이스라엘은 각자의 상황이라는 특수한 것에서 출발한다. Bauckham, 같은 책, 32-34; 자신이 진리를 소유하고 있다고 다른 사람에게 동의하라고 강요할 수 없는 것이다. 강요는 진리의 본질에 어긋난다. 우리의 증언은 힘이나 능수능란한 언어 구사를 통한 설득이 아니다. 증거는 단순히 진리를 입증하는 것으로 우리의 삶이어야 한다. 같은 책, 129-30; 우리와 이스라엘의 공통점은 하나님 나라를 지향한다는 점이다. 선교는 하늘에서의 하나님 나라 모습을 이 땅에 실현해 나가는 행위이다. 여기에 보편성이 있게 된다. 하나님의 백성들은 자신들의 정체성을 하나님의 나라에서 찾는 가운데, 시간적으로 하나님 나라를 이루기 위해 늘 새로운 미래를 향해 움직이며, 공간적으로 늘 새로운 지평을 만들어 나간다. 우리의 목표는 추상적 보편이 아니라, 모든 특수들을 한 하나님의 한 왕국 안으로 끌어들이는 것이다. 같은 책, 36.

194) Jon Douglas Levenson, 『시내산과 시온 : 성서신학의 두 기둥』, 57.

195) H. W. F. Saggs, The Encounter with the Divine in Mesopotamia and Israel, Jordan Lectures (London: London University, 1976), 64-67.

196) G. E. Wright, The Old Testament Against Its Environment, SBT 2 (London: SCM, 1950) 참조.

197) 히브리성서는 역사 순으로 배열되어 있지 않다. 그것은 율법서(토라), 예언서(느비임), 성문서(크투빔)를 모아 놓은 것이다. 그러나 역사 중심적 사고를 하는 사람들은 구약성서를 역사 순으로 공부하려 한다. 왜 역사로 보아야 하는가? 구약성서를 역사 순서대로가 아닌 펼쳐진 그대로 보면 안 되는가? 우리가 구속사관을 따르면 구속사라는 프리즘을 가지고 성서를 해석하게 되는 것이다. Jon Douglas Levenson, Sinai and Zion : An Entry into the Jewish Bible (Harper Collins Publishers), 홍국평 옮김, 『시내산과 시온 : 성서신학의 두 기둥』(서울: 대한기독교서회, 2012), 64.

198) Georg F. Vicedom, 『하나님의 선교』, 19; Arthur F. Glasser, Announcing the Kingdom (Michigan: Grand Rapids, 2003), 임은택 옮김, 『성경에 나타난 하나님의 선교』(서울: 생명의말씀사, 2006) 참조.

199) Hans Walter Wolff, 『우리들의 삶 곳에 계시는 하나님 : 구약성서에 나타난 하나님의 활동』, 107.

200) Hans Walter Wolff, Anthropologie des Alten Testaments (Philadelphia: Fortress Press, 1974), 문희석 옮김, 『구약성서의 인간학』(왜관: 분도출판사, 1981), 177.

201) John R. W. Stott, Christian Mission in The Modern World (Downers Grove, Ill.: InterVarsity Press, 1975), 서정운 옮김, 『현대의 기독교 선교』(서울: 대한기독교서회, 1982), 29.

202) John R. W. Stott, 『현대의 기독교 선교』, 48.

203) Ralph D. Winter, Steven C. Hawthorne ed., 『미션 퍼스펙티브』, 185-202; 윈터는 구속사를 400년 주기에서 10시대로 나누어 구분한다. 그는 구속사 전반부를 족장시대(BC 2000-1600), 애굽포로시대(BC 1600-1200), 사사시대(BC 1200-800), 열왕시대(BC 800-400), 바벨론포로생활이후시대(BC 400-0)으로 나누고, 구속사 후반부를 로마인(AD 0-400), 야만인(AD, 400-800), 바이킹(AD 800-1200), 사라센(AD 1200-1600), 지구의 종말(AD 1600-2000)로 나눈다. 그가 역사를 400년 주기로 나눈 것은 그의 보편적 역사관에 기인한 것이며 인간을 이 구조에 가두게 되는 것이다.

204) Tetsunao Yamamori, Penetration Missions' Final Frontier : A New Strategy for Unreached Peoples, 이현모 옮김, 『미전도종족 이렇게 접근하라』(서울: 죠이선교회, 1999), 40-41; 한국에서 출판한 미전도 종족에 대한 자료는 노봉린 편저, 『미전도 종족 선교정보 제1집』(서울: 도서출판햇불, 1995), 『미전도 종족과 창의적 접근 지역 선교를 위한 미전도종족입양선교핸드북』(부산: 미전도종족입양운동본부출판부, 2000), 인터콥정보자료실, 『미전도종족핸드북 : 유라시아대륙의 미전도종족들』(서울: 도서출판펴내기, 2001) 등이 있다.

205) Brian Stanley, "The Future in the Past : Eschatological Vision in British and American Protestant Missionary History," Tyndale Bulletin 51.1 (2000), 104; 근대의 시간은 인간을 도시와 공장이라는 공허한 죽은 시

간 안에 가두었다. 근대의 시간은 신이 아닌 물질 안에서 나가는 시간으로 변모시켰다. 즉 '발전'과 '진보'로 정렬되었다.

206) Brian Stanley, "The Future in the Past : Eschatological Vision in British and American Protestant Missionary History", 104; 이와 달리 알타이저(Thomas Jonathan Jackson Altizer)는 '묵시적 종말론'을 말한다. 그는 종말에 '카이로스'적 시간 개념을 도입한다. 구약성서의 종말론이 바벨론 포로기의 산물로 희생제사가 종결된 가운데 생겨난 것으로, 예언자들의 전통에 따라 바벨론 포로기에서 미래에 대한 희망과 현재 존재하는 악한 왕국에 대한 멸망의 기대라는 이중적 내용 속에서 나왔다고 본다. 야웨는 세상의 악한 왕국을 세운 사탄의 권능을 파괴하고 영원한 도덕적 선의 나라를 세우는 분이라는 것이다. 그가 생각하기에 히브리인들이 갖고 있던 종말론은 인간의 시공간 밖에 있는 '그 무엇'이었다. Thomas J. J. Altizer, Oriental Mysticism and Biblical Eschatology (Philadelphia: Westminster Press, 1961), 65-70.

207) 버큘이 선교 임무를 수행을 위한 불순한 동기들로 다른 민족을 자신의 목적을 달성하기 위한 수단으로 사용하는 제국주의적 동기(the Imperialist Motive), 서구 문화의 우월성 가운데 그것을 전달하려는 문화적 동기(the Cultural Motive), 경제적 이익을 위한 상업적 동기(the Commercial Motive), 선교사 교회의 모델을 선교지 교회에 심는 교회 식민주의(the Motive of Ecclesiastical Colonialism)를 들고 있다. J. Verkuyl, 『현대선교신학개론』, 261-71; 반면에 순수한 동기들로 하나님 명령에 순종(Obedience)하는 것, 하나님께서 베풀어 주시는 사랑(Love)과 자비(Mercy)와 동정(Pity)을 전달하는 것, 하나님의 이름에 영광(Doxology)을 돌리는 것, 그리고 종말론적(Apocalyptic) 동기와 하나님 나라를 전파하려는 긴급함(Haste)과 내가 복음에 참예하려는 개인적(individual) 동기를 들고 있다. J. Verkuyl, 『현대선교신학개론』, 254-60; 그러나 버큘이 말하는 선교의 순수한 동기들도 랄프 윈터와 마찬가지로 역사주의 관점을 지니고 있는 것이다.

208) David Jacobus Bosch, 『세계를 향한 증거 : 선교의 신학적 이해』, 67-75.

209) Walter Brueggemann, The Prophetic Imagination (Philadelphia: Fortress Press, 1978), 김쾌상 옮김, 『예언자적 상상력』 (서울: 대한기독교출판사, 1981) 참조.

210) Walter Brueggemann, 『예언자적 상상력』, 81.

211) Walter Brueggemann, 『예언자적 상상력』, 101.

212) Walter Brueggemann, 『예언자적 상상력』, 102.

213) Walter Brueggemann, 『예언자적 상상력』, 111-12.

214) Walter Brueggemann, 『예언자적 상상력』, 151.

215) Arthur F. Glasser, 『성경에 나타난 하나님의 선교』, 300.

216) J. Ramsey Michaels, Servant and Son: Jesus in Parable and Gospel (Atlanta: John Knox Press, 1981), 75.

217) Walter Brueggemann, 『예언자적 상상력』, 161.

218) Walter Brueggemann, 『예언자적 상상력』, 128-30.

219) 가톨릭교회는 3세기에 로마제국 내에 부분적으로 자리 잡아 나갔다. 이 시

기 스페인 지역도 기독교가 서서히 뿌리를 내렸다.

220) 그 외에 북아프리카의 튀니지의 카르타고(Carthago of Tunisia)에서 기독교가 흥왕하였으며 알제리(Algeria)에서도 기독교가 뿌리를 내렸다. 기독교의 시초인 예루살렘은 명목상 기독교 지역으로 존재했다.

221) Ingrberg C. Henel ed., A History of Christian Thought (London: S.C.M. Press, 1968), 송기득 옮김, 『폴 틸리히의 그리스도교 사상사』 (서울: 한국신학연구소, 1985), 25; 변증가들(Apologists)은 기독교 신앙의 내용을 논리적 방법으로 정의하려고 했으며 기독교와 헬라철학을 연결시키려고 시도했다. Hägglund, 『신학사』, 32; 이것은 향후 주지주의로 가는 방향이 되었다. 초기 기독교 공동체는 그 당시 영지주의(Gnosticism)와 마르키온(Marcion of Sinope)의 도전에 대처하기 위해 그들과 구별되는 신앙고백을 만들어 내게 되었다.

222) 김광채, 『교부열전 상권』 (서울: 정은문화사, 2002), 250; 이레네우스는 오리겐과 클레맨트로 대변되는 알렉산드리아 학파의 사변적인 신학과 터툴리안으로 대변되는 북아프리카 학파의 현실적인 신학이라는 양 극단을 극복한 것으로 평가된다.

223) P. Bernhard Schmid, Grundlinien der Patrologie, 정기환 옮김, 『교부학 개론』 (서울: 컨콜디아사, 2003), 89; Hubertus R. Drobner, Lehrbuch der Patrologie (Freiburg: Herder Press, 1994), 하성수 옮김, 『교부학』 (왜관: 분도출판사, 2003), 199.

224) 또한 그는 켈트족 선교에서 켈트어를 사용하는 가운데 그곳의 대부분 사람들이 교회로 들어오도록 도왔다. 주재용, 『역사와 신학적 증언』 (서울: 대한기독교서회, 1981), 68-70; 이레네우스가 그들의 언어를 사용한 이유에 대해 "제가 당신에게 사랑으로부터 우러나와 평이하고, 진실하고, 간단하게 쓰는 것을 당신은 틀림없이 사랑으로 받으실 것"이기 때문이라고 말하고 있다. 김선영 편역, 『초기기독교교부들』 (서울: 두란노아카데미, 2011), 464; Against Haresies, I,3,1.

225) 이레네우스의 『이단논박』은 5권으로 구성되어 있으며 180년에 그리스어로 저술되었다. 그 후 3-4세기에 라틴어로 번역되었고, 그리스어, 아르메니아어, 시리아어의 단편으로 남아 있다. 제1권에서는 영지주의자 프톨레메우스의 학설체계(1-9), 교회와 일치된 신앙과 진리의 규범(10-22), 발렌티누스주의의 선구자와 발생(24-31)을 다룬다. 제2권에서는 이들 이단의 비합리성과 터무니없는 것에 대해 폭로하고 반박한다. 창조자 위에 있는 플레로마 세계에 관한 발렌티누스의 근본 주제 논박(1-11), 에온들, 씨앗에 관한 사상, 지혜의 고난(12-19), 발렌티누스파의 숫자에 관한 사변(20-28), 발렌티누스파의 종말론 반박(29-30), 영지주의의 비발렌티누스 주제들(31-35) 등을 논한다. 제3권에서는 사도들의 말을 인용하여 그들의 모순을 반박한다. 교회의 전통에 남아 있는 성서에 관하여(1-5), 유일하게 존재하는 창조주 하나님(6-15), 그리스도의 육화가 하나님의 아들이고 피조물의 구원자임을 증명함(16-23), 성서에 고유한 진리와 교회의 선포에 대한 반박 경고(24-25)를 다룬다. 제4권에서는 주의 말씀에 근거하여 영지주의를 논박한다. 구약과 신약의 상관성(1-19), 신약의 내용을 연구한 구약의 의미(20-35), 예수의 비유에 근거한 구약과 신약의 상관성(36-41)을 다룬다. 제5권에서는 마지막 몸의 부활을 다룬다. 기독교 신앙의 세 가지 근본적인 주제들인, 바울 서신에 따른 육체의 부활(1-14), 장님의

치유와 예수의 십자가의 못 박힘과 유혹에서 증명될 수 있는 창조주 하나님과 예수 그리스도의 아버지와의 동일성(15-24), 성서의 종말론을 토대로 한 창조주와 성부의 동일성 증명(25-36)을 다룬다.

226) 이레네우스의 『해설』은 아르메니아어 번역본(575-580년경)으로 존재한다. 이 번역본은 1904년 발견되었다. 내용으로는 서언(1-3), 하나님과 창조(4-16), 인간의 죄와 하나님의 인자(17-30), 예수 그리스도를 통한 구원 실현(31-42), 성서에 나타난 하나님 아들의 선재와 육화(31-42), 예수에 대한 예언 성취(52-84), 메시아에 관한 예언의 성취로서의 그리스도교(85-97), 종결 부분으로 신앙 안에서의 삶과 이단에 대해 저항할 것을 권고함(98-100) 등이다.

227) 창세기 5장에서는 자기 모양을 따라 자기 형상대로 아들을 낳았다고 되어 있다.

228) Hans Walter Wolff, 『구약성서의 인간학』, 275. '우리 모습을 닮음'은 '하나님 모습을 닮음'으로 번역될 수 있다.

229) Gheorghios Kapsanis, ΘΕΩΣΙΣ, 하정훈 옮김, 『신화』 (서울: 정교회출판사, 2015), 21.

230) Justo L. Gonzalez, Christian Thought Revisited : Three Types of Theology (Nashville: Abingdon Press, 1989), 이후정 옮김, 『기독교사상사』(서울: 컨콜디아사, 1999), 88; 신화는 영어로 Deification 혹은 Divinization으로 번역된다. 신화는 문자적으로 "은총으로 신이 되는 것"을 말한다. 신화를 묘사하는 성경의 단어들로는 양자, 완전, 거룩함 등이 있다. 신화와 관련된 성경 구절은 베드로후서 1장 4절, 로마서 8장, 요한복음 14-17장, 고린도후서 3장 17-18절 등이다. 예수는 시편 84편 6절을 인용하여 "'내가 너희를 신이라 불렀다' 하신 말씀이 있지 않느냐?"(요 10:34)라고 하셨다. 인간은 부활 후 장가드는 일이나 시집가는 일도 없이 하늘에 있는 천사들처럼 될 것이다(마 22:30). 그러나 신화는 무한 사랑의 행위로 지금, 여기에서 시작하는 것이지 완성된 것이 아니다. 그것은 영원히 끝없이 지속되는 영적 상승인 것이다.

231) Henry Scowcroft Bettenson, The Early Christian Fathers : A Selection from the Writings of the Fathers from St. Clement of Rome to St. Athanasius (Oxford: Oxford University Press, 1969), 박경수 옮김, 『초기기독교교부』 (서울: 크리스챤다이제스트, 1997), 90; Against Haresies, IV,38,1.

232) Henry Scowcroft Bettenson, 『초기기독교교부』, 99; Epidexis, 12.

233) Henry Scowcroft Bettenson, 『초기기독교교부』, 100; Against Haresies, IV,37,4.

234) Henry Scowcroft Bettenson, 『초기기독교교부』, 101; Against Haresies, IV,39,1.

235) Justo L. Gonzalez, 『기독교사상사』, 43.

236) 사르트르는 창조설이 인간을 신에게 귀속시킴으로써 수동적 존재가 되게 한다고 말했지만, 이레네우스는 창조에서 인간의 능동적 모습을 본다. 이레네우스의 창조 이해는 베르그송의 생성 이론, 시몽동의 개체화 이론, 들뢰즈의 차이에 따른 개별성, 바흐친의 대화 이론처럼 인간을 능동적 존재로 지속된 변화를 만들어 나간다고 보았다; 인간은 자유(liberty)의 존재로서 자신의 삶을

스스로 선택하고 결정한다. 소크라테스가 선(goodness)에의 추구에서 인간의 자유를 찾았다면, 아리스토텔레스는 자유를 내면화하여 의지(will)의 자유를 추구했다; 인간의 선택은 자연적으로 주어져 있는 것이 아니라 개별 행동이 성취되는 가운데 일어난다. 인간은 자족적 존재자로 시작과 끝을 자신 안에 소유하고 있기 때문에 타자에 의해서가 아닌 자기 자신의 결정에 따른다. 인간은 단순히 현전(現前)하는 것이 아니라 자유로운 결단을 통해 현존(現存)하는 것이다. 심상태,『인간 : 신학적 인간학 입문』(서울: 서광사, 1989), 189-92.

237) Bengt Hägglund,『신학사』, 19.

238) Bengt Hägglund,『신학사』, 20.

239) Gustaf Aulen, Christus Victor : An Historical Study of the Three Main Types of the Idea of the Atonement (London, 1945), 전경연 옮김,『속죄론 연구 : 승리자 그리스도』(서울: 대한기독교서회, 1965), 27; Against Haresies, V.27.2; Irenaeus, "Against Haresies", The Ante-Nicene Fathers, Vol. I (Michigan: Grand Rapids, 1950) 참조.

240) 러시아의 안드레이 류블레프(Andrei Rublev, 1360-1430)가 그린 '삼위일체' 이콘(icon)은 성부, 성자, 성령의 관계성을 묘사하고 있다.

241) 개신교는 인간이 창조 시 완전한 존재로 창조되었다고 보기 때문에 전적인 타락을 말하게 되었다.

242) 싸네는 기독교는 끊임없는 성서 번역 가능성으로 작용했음을 보았다. 그러나 이슬람의 코란은 번역이 불가능했다. 기독교는 선교에 있어서 중심성에서 벗어나 끊임없는 번역을 추구했다면, 이슬람은 선교에 있어서 중심성을 견지하며 경전의 번역을 완강히 거부했다. Lamin Sanneh, Translating the Message: The Missionary Impact on Culture (Maryknoll: Orbis Books, 1989), 전재옥 옮김,『선교신학의 이해』(서울: 대한기독교서회, 1993), 17; 또한 기독교는 '토착화 원리'와 더불어 '순례자 원리'를 유산으로 물려받는데, 그리스도인은 이중국적을 가진 자로 자신이 속한 사회와 동화되는 것이 아니라 이스라엘 역사와 하나님의 백성들에 연결되어 자신의 문화적 유산과 동일하지 않은 생각들, 개념들, 그리고 가정들의 전 체계에 접붙임 되어 살아가는 사람들이다. Robert Gallagher & Paul Hertig ed.,『세계 기독교와 선교의 미래』, 241.

243) Robert Gallagher & Paul Hertig ed.,『세계 기독교와 선교의 미래』, 237.

244) Andrew Walls, "남반부 기독교 시대의 도래: 기독교 역사의 여섯 단계", 이문장 옮김,『기독교의 미래』(파주: 청림출판, 2006), 13-27; 그렇다면 오늘날 기독교가 남반부에 등장하면서 남반부 문화에 따른 신학의 형태가 예견되고 있다.

245) 한스 큉(Hans Küng)은 기독교의 바탕은 그리스도라 불리는 한 인간 안에 두고 있기 때문에 그리스도 없이는 그리스도교가 없다고 했다. 그는 그리스도교의 특징을 예수 그리스도에게서 찾는다. 그는 "그리스도교에 특유한 점은 오늘도 새삼 그리스도라는 옛 이름으로 불리는 예수 자신이다. …그리스도교의 고유한 특색은 예수를 모든 차원의 인간 조건에서 인간의 결정적 척도로 여긴다는 거기에 있다."라고 말한다. Hans Küng, Die Christliche Herausforderung : Kurzfassubg von Christ Sein (München: R. Piper & Co., 1980), 정한교 옮김,『왜 그리스도인인가 : 그리스도인 실존의 축소판』(왜관:

분도출판사, 1982), 65.

246) Andrew Walls, "남반부 기독교 시대의 도래: 기독교 역사의 여섯 단계",
28-30.

247) Henry Scowcroft Bettenson, 『초기기독교교부』, 113; Against Haresies,
III,18,6,

248) 이후정, "신화의 신학," 『신학과 세계』 제37집 (1998): 200.

249) Henry Scowcroft Bettenson, 『초기기독교교부』, 111; Against Haresies,
V.

250) 김광채, 『교부열전 상권』 (서울: 정은문화사, 2002), 274.

251) Mary Ann Donovan, Toronto Journal of Theology 2, 84; Against
Haresies, IV, 20, 5-6,

252) Gheorghios Kapsanis, 『신화』, 27.

253) Daniel B. Clendenin, Eastern Orthodox Christianity, 김도년 옮김, 『동
방정교회개론』 (서울: 은성, 1996), 203.

254) Gheorghios Kapsanis, 『신화』, 24.

255) Daniel B. Clendenin, 『동방정교회개론』, 210.

256) Gustaf Aulen, 『속죄론 연구 : 승리자 그리스도』, 29.

257) Daniel B. Clendenin, 『동방정교회개론』, 211.

258) Irenaeus, Against Haresies, III,18,7.

259) Gustaf Aulen, 『속죄론 연구 : 승리자 그리스도』, 34.

260) 김선영 편역, 『초기 기독교 교부들』, 496; Against Haresies, V,1,1.

261) Adolf von Harnack, History of Dogma, Vol. II, (New York: Rusell,
1958), 274.

262) Gustaf Aulen, Christus Victor, trans. by A. G. Hebert (New York:
Macmillan Company, 1961), 22.

263) Henry Scowcroft Bettenson, 『초기기독교교부』, 114; Against Haresies,
V,17,1,

264) A Monk of the Eastern Church, Orthodox Spirituality : An Outline
of the Orthodox Ascetical and Mystical Tradition, 최대형 옮김, 『정교회
영성』 (서울: 은성, 2004), 46.

265) 김선영 편역, 『초기 기독교 교부들』, 454.

266) Sotirios, 백은영 옮김, 『정교회 교리서 : 올바른 믿음과 삶』(서울: 정교회출
판사, 2015), 164.

267) Ernst Cassirer, 『인간이란 무엇인가』, 30; 플라톤이 『필레보스』(Philebus)
에서 무한을 끝이 없거나 불확정한 것이나 한계를 지니지 않은 것으로, 인간
이성으로는 거기에 가까이 나갈 수 없다고 보는 가운데 유한(페라스)과 무한
(아페이론)을 서로 대립하는 두 근본원리로 이해함으로 무한을 인간에게 적용
할 수 없었다.

268) Ernst Cassirer, 『인간이란 무엇인가』, 40.

269) 류기종, 『예수의 영성』 (서울: KMC, 2009), 14.

270) A Monk of the Eastern Church, 『정교회 영성』, 47.

271) Gustaf Aulen, 『속죄론 연구』, 19-20.

272) Kurt Aland, Saint and Sinners : Men and Ideas in the Early Church, trans. by Wilhelm C. Linss (Philadelphia: Fortress Press, 1970), 조성현 옮김, 『초대교회사람들』 (서울: 한국신학연구소, 2000), 106.

273) Hubertus R. Drobner, 『교부학』, 202; Against Haresies, III,16,3.

274) Mary Ann Donovan, "Insights on Ministry : Irenaeus", Toronto Journal of Theology 2 (Spring 1986): 85.

275) 김용국, "이레네우스의 총괄 갱신 신학", 역사신학논총 제2권 (2010, 12), 117.

276) Daniel B. Clendenin ed., 『동방정교회신학』, 284.

277) Adolf von Harnack, History of Dogma, Vol. II, 293.

278) Gustaf Aulen, 『속죄론 연구』, 20; Against Haresies, IV,33,4.

279) Adolf von Harnack, History of Dogma Vol. II, 274.

280) Gustaf Aulen, 『속죄론 연구』, 21; Against Haresies, III.18,7.

281) 주재용, 『역사와 신학적 증언』, 83.

282) William P. Loewe, "Irenaeus Soteriology : Transposing the Question", in Religion and Culture : Essays in Honor of Bernard Lonergan, S. J. ed. by Timothy P. Fallon, S. J. (Albany: State University of New York Press, 1987), 170.

283) 2세기 영지주의는 영과 육을 구분해서 육을 부정한 것으로 보고 영을 소중한 것으로 보았다. 발렌티누스는 알렉산드리아에서 태어나 로마에서 활약한 종교 철학자로, 육적인 사람들이 올바른 생활로 정진하면 구원의 가능성이 있다고 주장했다. 그러나 이레네우스는, "만일 올바로 살았던 혼적인 사람들이 구원을 받는다면, 그들의 육체도 마땅히 구원을 받아야 할 것이다. 왜냐하면 그들의 육체는 선행에 참여하였기 때문"이라고 함으로써 육의 중요성을 강조했다. Winrich Alfreid Lohr, "Gnostic Determinism Reconsidered", Vigiliae Christianae 46 (1992), 382; 영지주의자들은 물질세계를 타락한 것으로 보기 때문에 그리스도의 성육신을 비하했다. 그것은 그리스도의 육체로 오심을 부정한 것으로 보게 만들며, 세례 시에 사용되는 물과 성찬에 사용되는 빵과 포도주도 물질이기 때문에 부정한 것이 된다. 영지주의자들은 물질적 체계 안에서 거행되는 성례전들을 신적 능력의 연장으로 믿을 수 없었다. 무엇보다 하나님과 함께하는 영원한 삶에 대한 약속이 영혼에 뿐만 아니라 육체에도 관계된다고 선언한 부활을 믿을 수 없었다. 김선영 편역, 『초기 기독교 교부들』, 448; 그러나 그리스도인들은 성찬에서 예수의 현존을 경험했기 때문에 이그나티우스(Ignatius)가 성찬을 '불멸의 약'이라고 말한 것이다.
Williston Walker and Richard A. Norris, David W. Lotz, R. T. Handy, A History of the Christian Church (New York: Scribner, 1970), 송인설 옮김, 『기독교회사』 (서울: 크리스챤다이제스트, 2001), 119; 더욱 중요한 것은 그리스도인이 성찬에서 그리스도의 사랑과 희생의 친교를 배운다는 점이다. 포도덩굴의 나뭇가지가 토양에 심겨지므로 열매를 맺는 것처럼, 우리는 성체에 의해 영양분을 공급받는 가운데 더욱 성찬예배의 정신을 배우게 된다. 초대교회에서 중요하게 여겼던 성례전은 예수를 기억하는 행위였다; 1세기 성례전은 세례와 성찬이다. 먼저 세례는 예수와 함께 죽고 예수와 함께 새롭게 태어나는 순간으로 기념되었다. 또한 성찬은 예수에 대한 감사(anamnesis) 행위로 세례를 받은 사람들만이 행할 수 있는 것이었다. 성찬은 예수의 몸과 피를 회상하는 것이었으며, 예수 안에 있는 새 생명에 붙잡히는 시간이었다. 성찬은 일회성이 아닌 모일 때마가 기념하는 가운데 새 생명을 경험했다.

284) Irenaeus, Against Haresies, IV,37,1.

285) Winrich Alfreid Lohr, "Gnostic Determinism Reconsidered", 383.

286) 황수영, 『베르그손 : 지속과 생명의 형이상학』 (서울: 이룸, 2003), 13.

287) 황수영, 『베르그손 : 지속과 생명의 형이상학』, 65.

288) Jean Paul Sartre, L'être et le néant : essai d'ontologie phénom-énologique (Paris: Gallimard, 1976), 손우성 옮김, 『존재와 무 I』 (서울: 삼성출판사, 1994), 83.

289) Otto Friedrich Bollnow, Existenzphilosophie (Stuttgart: W. Kohlha-mmer, 1978), 최동희 옮김, 『실존철학 입문』 (서울: 자작아카데미, 2000), 169-200.

290) 인간은 역사 안에 주어져 있으며 과거의 결과들에 의해 규정된다. 하이데거는 그것을 '유산'이라고 했다. 그러나 니체와 딜타이로 대변되는 생철학은 개인이 이어받은 유산을 증가시키고 변화시키려는 창조적 보충을 시도했다.

291) 실존철학은 제1차 세계대전이 끝난 뒤의 절망적인 상황과 제2차 세계대전으로 인한 과거 정신세계의 총체적인 붕괴를 경험한 가운데 과거의 유산에 대한 부정과 현재의 절망에서 벗어나기 힘든 상황에서 그 논리가 전개된 것이다. 이에 실존철학은 절망적인 상황에 대응하는 것이 아니라 이 운명에 대해 어떤 태도를 보여 준 것이었다고 볼 수 있다. 실존주의는 쉽게 변화될 수 없는 상황에서, 또한 그렇게 쉽게 변화될 수 없기에 우리에게 주어진 상황을 그대로 인정하고 살아보자는 적극적인 면을 지닌다. Otto Friedrich Bollnow, 『실존철학 입문』, 206-207.

292) Madeleine Barthelémy-Madaule, Bergson (Paris, 1977), 류종렬 옮김, 『처음 읽는 베르그송』 (파주: 동녘, 2016), 47, 33,

293) Madeleine Barthelémy-Madaule, 『처음 읽는 베르그송』, 36.

294) 황수영, 『베르그손, 생성으로 생명을 사유하기』, 242-43.

295) Henri Bergson, L'évolution Créatrice (Paris: Presses universitaires de France, 1969), 황수영 옮김, 『창조적 진화』 (서울: 아카넷, 2005), 28-29.

296) 황수영, 『베르그손, 생성으로 생명을 사유하기』, 231.

297) 황수영, 『베르그손, 생성으로 생명을 사유하기』, 247.

298) Henri Bergson, 『창조적 진화』, 30.

299) Henri Bergson, 『창조적 진화』, 167.

300) Henri Bergson, 『창조적 진화』, 442-462.

301) Barthelémy-Madaule, 『처음 읽는 베르그송』, 144.

302) Barthelémy-Madaule, 『처음 읽는 베르그송』, 155.

303) 황수영, 『베르그손 : 지속과 생명의 형이상학』, 26.

304) Madeleine Barthelémy-Madaule, 『처음 읽는 베르그송』, 51.

305) Henri Bergson, Matière et mémoire : essai sur la relation du corps a l'esprit (Paris: Presses universitaires de France, 1953), 박종원 옮김, 『물질과 기억』 (서울 : 아카넷, 2005) 참고.

306) 황수영, 『베르그손 : 지속과 생명의 형이상학』, 21; 만약 개체를 삶과 죽음의 경계로 정하게 된다면 생명체에만 개체성이 해당될 것이다. 그러나 개체들의 본성에도 독특한 면이 있다. 싹의 형성이 임계적(critique) 특징으로 변화된 상태에서 새로운 구조를 보여 주듯이, 구조화된 수정도 온도, 압력 등 환경 조건에 의해 또 다른 특징을 나타나게 된다. 즉 싹은 아주 작은 미시적 단위로부터 시작하여 점차 내적 공명을 확대하여 거시적 체계로 이행하지만, 개체화는 미시와 거시의 중개이자 소통을 보여 준다. 황수영, 『베르그손, 생성으로 생명을 사유하기』, 240-41; 그래서 길버트 시몽동(Gilbert Simondon, 1924-1989)은 물리적 세계에서 개체화(individuation)하는 특성을 말했다. 황수영, 『베르그손, 생성으로 생명을 사유하기』, 238; 개체는 고정된 하나이거나 존재 전체가 아니라 존재의 한 상태로 단일성 이상의 존재로 나타난다. 개체 발생은 존재자의 생성일 때 명확해진다. 생성(generate)이 존재의 차원이라면, 개체화는 완수되는 도상에 있는 작용 자체이다. 전개체적인 존재는 상이 없는 존재로, 예로, 물은 고체, 액체, 기체로 상전이(phase transition, 相轉移)하는 능력이 있으며, 스스로 해소하는 능력이 있다. "존재는 어떤 변형도 불가능한 정적인 상태의 단일성과 동일성을 소유하지 않는다. 존재는 변환적 단일성을 갖는다. 즉 그것은 자신과 관련하여 상전이할 수 있고, 자신의 중심의 양쪽에서 자신을 넘어설 수 있다. Gilbert Simondon, L'Individuation à la lumière des notions de forme et d'information (Grenoble: Millon, 2013), 황수영 옮김, 『형태와 정보 개념에 비추어 본 개체화』 (서울: 그린비, 2017), 56; 시몽동은 고대인들이 존재에 대해 안정적 평형 상태에 있다고 암묵적으로 알았기 때문에 준(準) 안정적 평형을 알지 못해 생성을 배제했다고 말한다. Gilbert Simondon, 『형태와 정보 개념에 비추어 본 개체화』, 37-44; 그는 수정(crystal)의 일부를 절단했을 때 수정이 계속 성장하는 모습을 보면서 준 안정적 평형을 말한다. 준 안정적 상태는 긴장상태여서 온도나 압력 같은 조건에 아주 작은 변형이 가해져도 평형이 깨지고 상태를 변화할 준비를 갖추게 된다. 가령 황(sulphur)은 95.4도 이상이 되면 불안정해진다. 황수영, 『베르그손, 생성으로 생명을 사유하기』, 244, 246; 이렇게 개체의 모형을 결정이나 군체로 본다면 개체는 완성된 개체가 아닌 것을 알 수 있다. 기술적 개체 대상들도 생명체처럼 독자적인 실재성을 가지며 사실상 진화를 거듭한다.

307) 황수영, 『베르그손 : 지속과 생명의 형이상학』, 15; 베르그송의 마지막 저서 『도덕과 종교의 두 원천』은 윤리가 금지, 의무, 이론, 이상이 아닌 '행동'으로서의 생성을 말하고 있다. Henri Bergson, Les deux sources de la morale et de la religion (Paris: Presses universitaires de France, 1961), 박종원 옮김, 『도덕과 종교의 두 원천』 (서울: 아카넷, 2015); 이 책은 닫힌사회와 열린사회의 도덕(morals)이 '생존'과 '도약'이라는 생명의 이중적

특성에 근거를 둔다는 점에서 『창조적 진화』의 연장선상이라고 볼 수 있다. 단지 여기에서는 지속 이론이 핵심적 주제는 아니다. 그 대신 생명, 자아, 지성, 본능, 습관이 사회와 맺고 있는 가치와 더불어 전개되며 사회, 행동, 의무, 억압과 열망, 기계와 신비가 새로운 숙고의 대상이 된다. 황수영, 『베르그손: 지속과 생명의 형이상학』, 198; 『도덕과 종교의 두 원천』은 제1차 세계대전에 따른 인간의 전쟁 본능과 제2차 세계대전이 가까이 오면서 인간 심리 안에서 일어나는 전쟁의 조짐과 반유태주의라는 원시적 특성을 관찰한 결과로 나온 것이다.

308) Gilles Deleuze, Différence et répétition (Paris: Presses universitaires de France, 1981), 김상환 옮김, 『차이와 반복』(서울: 민음사, 2004), 88-89; 아리스토텔레스(Aristoteles, BC 384-322)는 종의 개념 및 종의 분류체계를 지닌다. 그는 존재자를 생물과 무생물로 분류한다. 생물은 동물과 식물로 분류하고, 동물은 유형동물과 무혈동물로 분류한다. 유형동물은 인류나 어류로 분류되며, 무혈동물은 연체류나 연각류 등으로 분류된다. 나아가 각각의 유(genus)는 몇 개의 종(species)으로 나뉜다. 아리스토텔레스의 차이는 유의 차이를 서술함으로써 종을 지닐 수 있게 된다. 이러한 분류체계는 존재자(뿌리)를 정점으로 차례차례 가치를 부여하는 수목(tree) 도식이다. 이 나무 바로 아래에는 항상 유를 종들로 전환하는 차이가 존재한다. 또한 플라톤도 인위적이고 자의적인 분류법을 시행하는데, 이러한 분할법은 생명론과 관련이 없다. 그의 '대화편'에서 정치가는 인간 사육술(breeding technology)로 규정된다. 그러나 그의 분류법이 소크라테스의 분류체계와 이질적이긴 해도 그의 분할법이 정치가들의 사육자의 계통뿐만 아니라 살인자의 계통도 내재하게 되므로, 그가 덕의 교사로 표방하는 소피스트(sophist)와 덕이 무엇인지를 탐구하는 철학자(philosophy)를 구분한 것은 모호하다. 소피스트는 어느 정도 철학자였기 때문에 덕의 교사로 존재할 수 없다. 그리고 라이프니츠(G. W. von Leibniz, 1646-1716)가 똑같은 두 개의 잎사귀가 없다는 것을 말하지만 색채의 차이나 잎맥의 차이를 세밀하게 관찰함으로서 잎사귀 자체 개념 차이를 드러내고 있다. Deleuze, 같은 책, 120; 헤겔(G. W. F. Hegel, 1770-1831)도 즉자와 대자가 아닌 자기-관계적인 차이를 규명했지만 차이를 오직 변증법적 대립의 과정을 통해서 발견하는 것으로 이 과정을 통해서 차이는 추상적이 되며 존재의 운동 속의 한 순간만을 구성하게 된다. Joe Hughes, Deleuze's Difference and Repetition : A Reader's Guide (London; Continuum, 2009), 황혜령 옮김, 『들뢰즈의 '차이와 반복' 입문』 (파주: 서광사, 1977), 81; 스콜라 철학도 필연성과 실체를 함축하는 차이들로 나타난다. 이와 같은 견해들은 전체성과 통일성이라는 수목 이론과 같은 차이들이다.

309) Joe Hughes, 『들뢰즈의 '차이와 반복' 입문』, 82.

310) 小泉義之, 이정우 옮김 『들뢰즈의 생명철학』 (서울: 동녘, 2003), 102.

311) 황수영, 『베르그손, 생성으로 생명을 사유하기』, 315-16.

312) Gilles Deleuze, 『천개의 고원』, 46.

313) 황수영, 『베르그손, 생성으로 생명을 사유하기』, 319.

314) 이데아는 '본다'(idein)는 동사에서 만들어진 것으로 눈으로가 아닌 영혼으로만 볼 수 있는 것을 말한다.

315) Nikolaï Berdiaev, Dostoevsky, 이경식 옮김, 『도스토옙스키의 세계관』 (서울: 현대사상사, 1991), 39.

316) 이병훈, 『아름다움이 세상을 구원할 것이다 : 도스또예프스끼의 삶과 예술을 찾아서』(파주: 문학동네, 2012), 61.

317) 조주관, 『도스토엡스키의 메타지식』(서울: 우물이 있는 집, 2017), 13-14.

318) 키르케고르는 헤겔의 사유의 철학에서 벗어나 인간의 실존적 상황을 보았다. 그는 인간의 실제 상황을 중요시하는 가운데 플라톤의 형상, 진리, 보편선 같은 보편적인 문제 보다는 개별적인 문제들에 직면한 개인 삶을 다룬다. 그리고 인간은 개별적으로 사는 존재로서 항상 선택에 직면해 있다. 인간은 자체이기 때문에 자신의 결단으로 자기를 결정한다. 인간이 무엇이 될 것인가는 대타에 의해서 만들어지거나 또한 신으로부터 미리 주어져 있는 것도 아니다. 인간은 자신의 결단에 의해 이루어진다. 그는 인간이 종교적 인간으로서 하나님 앞에 개별적으로 서 있는 존재라고 했다. 그는 인간이 '종'(species)으로 개체를 선택하는 동물과 달리 '개인'(individual)이 자신을 선택하는 것임을 강조했다. 인간은 단독자이다. 이러한 인간은 가능적 존재이다. 인간의 가능성은 미확정된 것이다. 인간이 선택을 망설이고, 미지의 가능성 앞에서 느끼는 불편한 감정인 불안을 지니고 있다. 우리 앞에 제시된 신앙의 가능성은 잘 실현된다는 보장이 없기 때문에 각각의 결정에서 한 개인 전체가 걸려 있다. 인간 개인은 가능적 존재로 자신과 관계를 가질 뿐이다. Charles Le Blanc, Kierkegaard (Paris: Société d'édition Les Belles Lettres, 1998), 이창실 옮김, 『키에르케고르』(서울: 동문선, 2004), 46-57; 그는 인간의 선택에서 성경에 나오는 아브라함을 전형으로 소개한다. Søren A. Kierkegaard, Fear and Trembling, trans. by Sylvia Walsh(New York: Cambridge University Press, 2006), 임규정 옮김, 『두려움과 떨림 : 변증법적 서사시』(서울: 지식을 만드는 지식, 2014), 40; 인간의 삶에 있어서 결정해야 할 순간에 중요한 것은 어떤 지식이 아니라 개인적 결단이다. 그는 진리를 주체성이라고 보았다. 진리는 실존하는 개인과 관련되어 있다. 영원한 진리는 개인과 관련된다.

319) 우리는 여기에서 그리스도가 "세상의 빛과 소금"이 되라고 하신 말씀을 이해하게 된다. "이같이 너희 빛이 사람 앞에 비치게 하여 그들로 너희 착한 행실을 보고 하늘에 계신 너희 아버지께 영광을 돌리게 하라."(마 5:16)

320) David Jacobus Bosch, 『변화하고 있는 선교』, 302-17.

321) 기독교 역사에서 초기 교회사의 중요한 사건들과 신학은 아프리카와 관련되어 있다. 그 가운데 이집트는 동방 기독교의 신학자들인 클레멘스와 오리겐이 활동한 지역이고, 기독교 수도생활의 시초인 안토니가 있던 곳이다. 교리 논쟁에서 이집트의 알렉산드리아 주교 아타나시우스가 아리우스주의와 대결했고, 키릴이 알렉산드리아에서 영향을 펼친 곳이기도 하다. Klaus Hock, 『아프리카 및 근동의 기독교』, 51; 아프리카는 이집트 외에 수단의 누비아(Nubia), 에티오피아의 악숨(Aksum)과 쇼아(Shoa)에서도 일찍이 기독교화 되었다. 수단과 에티오피아 교회들은 이집트의 콥트교회와 밀접한 관계를 유지했다; 이집트와 에티오피아의 기독교는 토착화된 특징이 있는 반면에 누비아는 기독교가 지배자 계급에 뿌리를 내렸기 때문에 민중들 속으로 들어가지 못했다.

322) 근동의 기독교는 초기 기독교의 총대주교구들인 시리아의 안디옥, 알렉산드리아, 예루살렘 및 서아시아에 있으며 근동의 경계선에 위치한 페르시아, 메소포타미아, 아르메니아와 관련된다. 이들은 동방의 교회로 불리며 에베소 공의회(431)와 칼케돈 공의회(451)로 인해 비잔틴제국의 콘스탄티노플교회와 분열

되었다. 이들은 단성론파로 불려졌다. Hock, 위의 책, 62-64; 반면에 레바논의 멜카이트 교회는 비잔틴 황제의 입장을 지지했다. 칼케돈 신앙에 대해 알렉산드리아와 예루살렘에서의 소수 무리가 따랐고 안디옥에서는 절반 이상이 지지한 것으로 나타난다.

323) 서방 기독교 발전에 큰 영향을 끼친 신학자들은 터툴리안(160-220), 키프리안(200-258), 도나투스(355년경 사망), 어거스틴(354-430)으로 북아프리카 해변 지역(모로코, 알제리, 튀니지 등)의 사람들이다. 이 지역은 마그렙(Maghreb) 교회로 불린다. 마그렙에서는 기독교 언어인 라틴어가 사용됨으로써 토착화가 이루어지지 않았다. 라틴어는 도시의 중상류층 사람들이 사용하는 언어였다.

324) 가톨릭교회가 하느님의 은총으로 죄인이 의로운 상태가 된다는 의화(義化)를 말하고, 개신교회는 믿음으로써 의롭다 칭함을 받는다는 칭의(稱義)를 따르는 반면에, 동방정교회는 신화(神化)가 중요한 자리를 차지한다.

325) Daniel B. Clendenin, 『동방정교회개론』, 222-23.

326) 이후정, "신화의 신학", 205-206.

327) Daniel B. Clendenin, 『동방정교회개론』, 215.

328) Daniel B. Clendenin, 『동방정교회개론』, 215.

329) 이장식, 『교부 오리게네스』 (서울: 대한기독교출판사, 1977), 86.

330) 이후정, "신화의 신학", 210.

331) Daniel B. Clendenin ed., 『동방정교회신학』, 297-98.

332) Daniel B. Clendenin, 『동방정교회개론』, 208, 224-25; 러년(Theodore Runyon)은 신화란 인간이 신이 된다는 것이 아니라 인간이 충만하고 온전하게 하나님의 모습을 가지는 것이라고 말한다. 이후정, "신화의 신학", 213-14; 존 웨슬리(John Wesley, 1703-1791)는 동방정교회의 신화를 근거로 감리교 신앙을 완성시켰다. 칼빈주의자들이 오직 하나님의 은혜로 구원받는다는 것을 가르칠 때 누가 구원 받을지를 오직 하나님이 결정하신다는 것이라는 의미로 말한 것이다. Henry H. Knight, Wesley's Theology of Love, 유성준 옮김, 『웨슬리의 사랑의 신학』 (서울: KMC, 2013), 44; 그러나 웨슬리는 하나님께서 인간에게 베푸시는 선행적 은혜(자연·양심·율법)가 있음을 전제한 가운데, 인간에게는 자유의지가 있기 때문에 회개를 통해 마음의 변화를 가진 후, 그리스도만이 의롭게 할 수 있음을 믿을 때 신생됨을 말한다. 웨슬리가 사용한 칭의(Justification)의 의미는 법정의 용어 의미뿐만 아니라 신생(Newborn)과 관련되어 거룩하게 하는 사역을 담고 있다. Kenneth J. Collins, The Theology of John Wesley : Holy Love and The Shape of Grace (Nashville: Abingdon Press, 2007), 이세형 옮김, 『존 웨슬리의 신학』 (서울: KMC, 2012), 51; 칭의가 하나님의 사랑을 인간이 받는 것이라면, 신생(거듭남)은 인간에게 하나님의 형상이 회복된 것이라고 말할 수 있다. Henry H. Knight, 『웨슬리의 사랑의 신학』, 55; 신생은 하나님께서 영혼 속에서 일으키시는 위대한 변화로 신생의 목표는 하나님과 일치하여 사는 삶이다. Walter Klaiber & Manfred Marquardt, Gelebte Gnade : Grundriss einer Theologie der Evangelisch-methodistischen Kirche (Göttingen: Ruprecht Poatfach, 2006), 조경철 옮김, 『감리교회 신학 : 하나님의 은혜를 실천하는 사람들의 신학』 (서울: KMC, 2011), 352; 여기에서 그의 신생의 독

특성이 나타나는데 이제 인간에게 생명이 생겨난 것이다. 이제 인간은 본래 창조의 자리로 돌아가 성화(Sanctification)를 추구할 수 있게 되었다. 칭의가 수동적인 것이라면 신생 이후는 능동적이다. 인간은 신생을 통해 새로운 동기가 부여된 가운데 성령의 도우심으로 현재에서 능동적으로 영적, 육적 싸움을 싸우며 살아간다. 그 이유는 그리스도의 사랑을 경험했기 때문에 지금 현재 그 사랑을 드러내며 살아가는 것이다. William R. Cannon, The Theology of John Wesley (Nashville: Abingdon, 1946), 남기철 옮김, 『웨슬레 신학』 (서울: 기독교대한감리회교육국, 1986), 172, 274; 이와 같은 과정에 대해 웨슬리는 선행하는 은혜는 현관 입구요, 칭의는 문이요, 성화는 그 집 안에 거주하도록 부르심을 받은 방이라고 비유했다; 우리의 신앙은 사람이 출생한 후 성장하는 것처럼 거듭난 후에 성장해야 한다. 웨슬리는 어린이가 이 세상에 태어나 육적인 감각이 되살아나듯이, 그리스도인들은 예수 그리스도를 통하여 생겨난 영적인 감각이 더 크고 넓게 확장된다고 보았다. "그리스도의 의가 전가된 사람은 그리스도의 영으로 의롭게 되고 의와 참된 거룩함으로 창조된 것을 따라 하나님의 형상 안에서 갱신되는 것이다." Theodore Runyon, 김고광 옮김, 『새로운 창조』 (서울: 기독교대한감리회홍보출판국, 2001), 128; 웨슬리가 마카리우스의 『신령한 설교』에서 헬라어 '테오시스'(Theosis)를 번역할 때 성화 또는 완전(Perfection)이라는 말로 대체했다. 웨슬리는 칭의와 성화에 대한 설명에서, 구원은 죄인이 의롭다 함을 받는 데 그치지 않고 실제로 변화를 받는 것에 있다는 점을 강조했다. 조종남, 『요한 웨슬레의 신학』 (서울: 대한기독교출판사, 1987), 132; 웨슬리의 성화는 오직 예수 그리스도의 은혜에 기초하고 있으며 단계적으로 진보, 성장하여 완전에 이르는 과정이다. 완전이란 잘못된 부분을 제거하고 부족한 점을 보충하여 목표에 이르도록 하는 것을 말한다. Henry H. Knight, 『웨슬리의 사랑의 신학』, 72.

333) Kenneth S. Latourette, 『기독교사(상)』, 351.

334) 서방 가톨릭의 수도원들도 선교 기관의 역할을 했다. Kenneth S. Latour-ette, 『기독교사(상)』, 351-52; 베네딕트 수도회의 전통을 따르는 수도원들과 탁발수도회 (mendicant orders)의 청빈과 사랑은 선교 결과를 만들어 냈다. 프랑크 왕국 시대의 풀다(Fulda)수도원(744년 건립)도 선교가 이루어진 한 측면을 보여 준다. 프랑크 왕국의 군주들은 자신들의 소명이 하나님의 복음을 전파하는 것이라고 생각했다. 그들은 수도원 설립을 후원하는 가운데 각 지역의 선교를 이루게 했다. 풀다 수도원은 단절된 은둔 지역에 세워졌고 주변에 사는 사람들에 대한 목회적 관심을 보여 주었다. 수도원은 수도사적 삶을 살기 위한 장소인 동시에 그들의 삶을 통한 세상과의 만남을 가졌다. 그 결과 수도원은 마을의 중심이 되었다. Karl Suso Frank, Geschichte des Christlichen Mönchtums, 최형걸 옮김, 『기독교 수도원의 역사』 (서울: 은성, 1997), 103-105; 누르시아의 베네딕도(St. Benedictus, 480-547)는 수도원 공주(共住)생활, 즉 수도원을 봉쇄한 가운데 수도사들을 정주하게 했지만 찾아오는 손님들을 그리스도처럼 맞이하라고 가르쳤다. Benedictus, Regula Benedicti, 이형우 옮김, 『베네딕도 수도규칙』 (왜관: 분도출판사, 2000), 77, 197; 외부에서 손님들이 왔을 때 기도하게 하고, 장상이 금식 중이라 하더라도 그들과 식사할 수 있다는 것과 그들을 위한 주방과 침실을 마련하도록 배려하고 있다. Benenictus, 『베네딕도 수도규칙』, 197-99; 반면에 수도사들이 세상과 소통하지 않고 수도원 울타리 안에서만 머무르는 가운데 경제적, 정치적 이권이 개입되었을 때 부패하게 되었다. Karl Suso Frank, 『기독교 수도

원의 역사』, 109.

335) 베르그송의 논의는 사회가 개입된 도덕에 대한 것이다. 억압(oppression)의 도덕은 집단을 유지하고 번영하기 위한 것이기 때문에 인류 보다는 공동체의 요구를 따르게 된다. 그 사회의 관습, 규율, 행동은 개인들에게 맹목적 의무감을 지워 준다. Henri Bergson, 『도덕과 종교의 두 원천』, 21; cf. Reinhold Niebuhr, Moral Man and Immoral Society : A Study in Ethics and Politics (Whitefish, MT: Kessinger Publishing, 2009) 참고; 이러한 의무는 선악을 떠나 망설임 없이 행동하게 만든다. 그래서 사회적 도덕은 전쟁을 유발하는 것도 서슴지 않는다. 의무는 원시사회나 문명사회 모두에게 나타난 현상이다. 그들은 사회에서 제공한 의무가 잘못 되었을 때 저항을 하게 된다. Henri Bergson, 『도덕과 종교의 두 원천』, 24; 그러나 저항은 특수한 경우이고 대부분의 경우 저항 없이 이루어진다. 나의 이성적 판단은 사회의 요구에 응하는 것으로 작동한다. 의무에 대한 복종은 나의 양심에 따른 것이 아니라 '해야 하니까 하는 것'이 된다. Henri Bergson, 『도덕과 종교의 두 원천』, 32; 만약 도덕적 규범들이 사회를 유지하기 위한 약속에 불과하다면, 그것은 착각을 바탕으로 만들어진 것이다. 의무의 도덕은 닫힌 사회의 도덕이다. Henri Bergson, 『도덕과 종교의 두 원천』, 42; 닫힌 사회는 인류 전체와 구별이 된다. 우선 자신이 속한 사회에 규범을 따름으로 전쟁 상황이 되면 애국심의 이름으로 살인과 약탈, 배신과 부정, 거짓말을 합법화하게 된다.

336) Henri Bergson, 『도덕과 종교의 두 원천』, 제5장 참조; 오늘날 신비적 (mystical)이라는 용어는 '모호한', '시적인', '비이성적인' 등으로 오용되어 있다. 가톨릭에서 수덕적이라는 단어와 신비적이라는 단어를 구분해서 사용하지만, 이 경우에 신비적인 용어는 수동적인 의미를 지니게 됨으로 분명한 표현이라고 말할 수 없다. 영성생활은 수덕적인 것과 신비적인 것의 종합이기 때문에 신비생활과 수덕생활 사이에 분리의 담을 쌓지 않도록 해야 한다. A Monk of the Eastern Church, 『정교회 영성』, 50-51.

337) Henri Bergson, 『도덕과 종교의 두 원천』, 144.

338) Henri Bergson, 『도덕과 종교의 두 원천』, 60.

339) Henri Bergson, 『도덕과 종교의 두 원천』, 311.

340) Henri Bergson, 『도덕과 종교의 두 원천』, 316.

341) Henri Bergson, 『도덕과 종교의 두 원천』, 324.

342) Henri Bergson, 『도덕과 종교의 두 원천』, 332.

343) Henri Bergson, 『도덕과 종교의 두 원천』, 385.

344) Athanasius, 『안토니의 생애』, 60-62, 79.

345) 이후정, "존 웨슬리와 기독교적 삶의 양식," 『신학과 세계』 41 (2002): 151.

346) Athanasius, 『안토니의 생애』, 75, 118, 148.

347) Athanasius, 『안토니의 생애』, 131, 145.

348) Karl Suso Frank, 『기독교 수도원의 역사』, 61.

349) Karl Suso Frank, 『기독교 수도원의 역사』, 45.

350) Benedecta Ward, ed., Apophthegmata Patrum, 이후정 · 엄성옥 옮김, 『사막 교부들의 금언』 (서울: 은성, 1995), 22.

351) Norman Russel, ed., 이후정 . 엄성옥 옮김, 『사막 교부들의 삶』 (서울: 은
성, 1994), 50, 61.

352) Benedecta Ward, ed., 『사막 교부들의 금언』, 23.

353) Columba Stewart, ed., 이후정 옮김, 『사막 교부들의 세계』 (서울: 은성,
1995), 33.

354) 헬라 철학자들이 수도자들을 시험하기 위해 지나가던 원로 수도자를 '고약
한 늙은이'라고 조롱했다. 그리고 이리 오라고 하자, 그 수도자는 그들에게 다
가갔고, 그들은 수도자의 뺨을 쳤다. 그러자 수도자는 다른 쪽 뺨도 돌며대며
내밀었고, 철학자들은 감탄하여 "이 분은 정말 수도자"라고 존경을 표하며 가
르침을 받았다고 한다. Pelage & Jean ed., 요한 실비아 옮김, 『사막교부들의
금언집』 (왜관: 분도출판사, 1988), 278.

355) Gheorghios Kapsanis, 『신화』, 65.

356) Gheorghios Kapsanis, 『신화』, 74-75.

357) Graham Ward ed., The Postmodern God : A Theological Reader
(Massachusetts: Blackwell, 1997), 135.

358) Daniel B. Clendenin ed., 『동방정교회신학』, 307-11.

359) 동방정교회 선교는 성례전적인 실존 속에서 이루어졌다. 콘스탄티노플의 콘
스탄틴과 메토디우스가 슬라브 지역에서 864년 선교사로 파송되었을 때, 그들
이 우선적으로 한 것은 성경과 전례서들을 슬라브어로 번역하는 일이었다. 그
들은 슬라브어로 예배를 인도했다. Williston Walker and Richard A.
Norris, David W. Lotz, R. T. Handy, 『기독교회사』, 298; 그 이유는 예전
의 중요성 때문이었다. 그들은 성례전을 통해 그들을 신화의 자리로 인도했다.
성례전에서 발산되는 자비의 빛을 받은 사람들은 세상에 나가 세상 사람들에
게 매력적으로 발산하게 된다. 선교는 사람의 주도적인 행위가 아닌 성령의
빛을 받은 사람들의 자연스러운 결과인 것이다; 그리고 그들의 선교는 '우주적
차원'을 지니고 있다. 예수는 제자들에게 세상(the earth)에서 '소금'(the
salt)이 되고, 세상(the world)에서 '빛'(the light)이 되라(마5:13-14)고 하신
것처럼, 신화는 그리스도의 성육신이 인류를 자신 안에 총괄하여 인류를 회복
하며 갱신하기 위한 것이다. 이레네우스는 "하늘에 있는 것이나 땅에 있는 것
이나 다 그리스도 안에서 통일되게 하려 하심이라."(엡 1:10)라는 것에 주목한
다. 이 말씀은 그리스도께서 인류를 자신 안에 총괄했다는 것으로 인류를 회
복하는 일이요, 인류를 갱신한다는 뜻이다. "And this is his economy : At
the right time he will bring everything together under the authority
of Christ—everything in heaven and on earth."(Ephesians 1:10); 한철
하는 이것을 '총괄갱신'(recapitulation)이라고 번역했다. 총괄갱신은 '되 끌어
당겨 올리는 것'으로, '원초적인 것으로 회복하는 것', '새로운 출발을 하는
것' 등의 뜻도 있다. John Lawson, The Biblical Theology of Saint
Irenaeus (London; Epworth Press, 1948), 142; 그는 우리를 위해 고통을
받았고 우리를 위해 다시 일어났다. 그리고 그는 구원을 드러내도록 모든 육
체를 일으키기 위해, 그리고 그가 만든 모든 사람들에게 정당한 심판의 규율
을 적용하기 위해 아버지의 영광으로 다시 오실 것이다. …말씀이 인간이 되
어 그 안에서 만물을 완성한다. 하늘 위의 것들과 영적이고 비가시적인 세계
에서 하나님의 말씀이 최상인 것처럼, 그는 가시적이고 물질적인 영역에서 으
뜸이 될 것이다. 그는 수위권을 가지고 교회의 머리로 임명되어 머지않아 자

신에게로 만물을 이끌 것이다. Henry Scowcroft Bettenson, 『초기기독교교
부』, 116; Against Haresies, III,16,6.

360) Hans Küng, 『왜 그리스도인인가 : 그리스도인 실존의 축소판』, 65.

361) E. Stanley Jones, Christ at the Round Table, 황병규 옮김, 『원탁의
그리스도』 (서울: 평단문화사, 2009), 168.

362) Cintra Pemberton, Soulfaring: Celtic Pilgrimages Then and Now
(London: Morehouse Publishing, 1999), 25.

363) Michael Green, Evangelism-Now and Then (Inter-varsity Press,
1979), 김경진 옮김, 『초대 교회의 전도』 (서울: 생명의말씀사, 1992), 17-21.

364) Michael Green, 『초대 교회의 전도』, 24.

365) 참고. William of Ockham(1285-1349).

366) Adolf von Harnack, 『기독교의 본질』, 61.

367) Jordan Aumann, Christian Spirituality in the Catholic Tradition, 이
홍근·이영희 옮김, 『가톨릭 전통과 그리스도교 영성』(왜관: 분도출판사,
1991), 35.

368) Louis Bouyer, Introduction a La via Spirituelle, 정대식 옮김, 『영성생
활입문』 (서울: 가톨릭출판사, 1992), 15.

369) Mark A. Noll, The New Shape of World Christianity : How
American Experience Reflects Global Faith (Leicester: Inter-Varsity
Press, 2009), 박세혁 옮김, 『복음주의와 세계 기독교의 형성 : 미국 기독교는
어떻게 세계 종교가 되었는가?』 (서울: IVP, 2015), 16.

370) John Iliffe, Africans : The History of a Continent (New York:
Cambridge Univ. Press, 2007), 88-96.

371) 골드코스트(Gold Coast)는 1821년 영국의 식민지로 아프리카 서부 기니 만
주변에 위치했었다. 이 지역은 본래 포르투갈이 1471년 엘미나 성을 세워 노
예, 금, 칼, 구슬, 거울, 럼주, 총 등을 교역한 곳이다. 여기에서 큰돈이 거래
되었기 때문에, 유럽인들은 이 지역을 황금해안이라고 불렀다. 그 후 영국, 덴
마크, 독일, 스웨덴의 무역업자가 골드코스트에 요새를 구축했지만, 골드코스
트는 1821년 영국 식민지가 되었고 1957년에 가나(Ghana)라는 이름으로 독
립했다.

372) 교회선교회(The Church Missionary Society)의 약자.

373) Jonathan Hildebrandt, History of the Church in Africa (Accra:
African Christian Press, 1981), 89.

374) Jonathan Hildebrandt, History of the Church in Africa, 89.

375) Roland Oliver, The African Experience (New York: Weidenfeld &
Nicolson, 1991), 204.

376) Roland Oliver, The African Experience, 204.

377) Klaus Hock, 『아프리카 및 근동의 기독교』, 211.

378) Gordeon Mackay Haliburton, "William Wade Harris : Prophet-
Evangelist of West Africa", Journal of African Christian Biography, 1

(2016) 참조.

379) Noll, 『복음주의와 세계 기독교의 형성』, 214-219.

380) Noll, 『복음주의와 세계 기독교의 형성』, 23, 33, 38; 그러나 세계기독교 현상에도 불구하고 교육과 물질적 원조는 미국과 유럽의 영향에서 벗어나지 못하고 있다. 세계 기독교인들은 최고의 고등교육을 받기 위해 비서구가 아닌 로마, 런던, 파리, 튀빙겐, 시카고, 보스턴으로 간다. 그 이유는 동아프리카 부흥을 연구하려는 학생은 케임브리지 대학교나 보스턴 대학교, 플러신학교에 가야 지도교수를 찾기 쉽기 때문이다. 이것이 소수의 서구 기독교가 여전히 다수의 비서구 기독교에 영향을 주는 이유이다. 또한 선교 자금도 여전히 서양에서 나오고 있다. Noll, 『복음주의와 세계 기독교의 형성』, 37-38.

381) Fyodor M. Dostoevskii, Besy : roman (Leningrad: Khudozhestven-naia Literatura, 1989.), 김연경 옮김, 『악령 (중)』 (파주: 열린책들, 2002), 참조.

382) 동양종교는 우주적 신을 말한다. 우주적 신은 되어감의 주체 혹은 원천이다. 우주는 언제나 되어감의 과정 속에 있다. 즉 우주의 본질은 불변하는 존재가 아니라 변화하는 되어감이다. 서구의 종교는 있음 그 자체를 다루었다면, 동양의 종교는 되어감의 과정을 다루었다. 우주는 되어감의 과정 속에 있는데, 이 되어감을 가능하게 하는 것을 역(易, the Change)이라고 한다. 역은 되어감의 과정 속에서 모든 변화를 일으키는 동(動하)는 원동자(原動者)이다. 역은 인간뿐만 아니라 존재하는 모든 사물과 관련되어 있다. 서구의 종교가 신에 대해 말할 때 인격적 존재에 관심을 가진 반면에 비인격적 존재들을 배재했지만, 동양의 종교는 인격적이고 비인격적인 두 범주를 포괄했다. 즉 동양종교는 인간이 범주론을 가지고 구분한 것을 부정한다. 역은 이분법과 분리를 소멸시킨다. 그 이유는 양극의 상호작용 때문이다. 소위 음(陰)과 양(陽)은 서로 대립되는 것이지만 상호작용하고 있다. 음과 양은 서로 대립한다. 예로, 행위과정에서 음은 수동적이고 양은 능동적이며, 방향에서 음은 서쪽이고 양은 동쪽이며, 차원에서 음은 아래이고 양은 위이다. 그러나 음과 양은 갈등적인 관계에 있는 것이 아니라 서로 보완적인 것이다. 모든 사물은 스스로의 불충분함을 완성하기 위해 상대방이 반드시 필요하다. 역은 음과 양간의 갈등적인 이해관계의 조정자이다. 그래서 역은 이것과 저것을 비교하여 가치판단을 하지 않는다. 이정용, 『역과 기독교 사상』, 정진홍 옮김, (서울: 한국신학연구소, 1980), 7-18 참조; 동양종교가 음과 양이라는 상호보충을 말한 것처럼, 선교도 구심력과 원심력의 상호보충이 필요하다. 또한 역이 이 둘의 조화를 이끌어 가는 것처럼, 선교도 하나님께서 이끌어 나가시는 차원이 있음을 알아야 한다. 선교는 인간이 아닌 하나님에 의해 운행되는 차원이 있다.

383) 예루살렘 회의는 유대 중심의 사고에서 벗어난 중요한 사건이었다. 그들은 하나님과 사람들의 관계가 새롭게 설정되었음을 알게 되었다. 그러나 오래 전부터 하나님은 사람들과 관계를 맺었는데, 그들은 오랫동안 이 사실을 모르고 살아왔다. 그래서 예루살렘 회의는 그들에게 새로운 발견이지만 하나님께는 새로운 발견이 아니다. 예수의 수제자 베드로도 이러한 사실을 모르고 살았다. 그래서 베드로는 "성령이 이방인에게도 임하는"(행 10:44-48) 것에 대해 놀라움을 금치 못하고 있다. 그는 아직 예수 그리스도의 가르침을 제대로 깨닫지 못했던 것이다. 그러나 이방인에게 임하는 성령 강림 사건으로 인해, 그는 "우리 조상과 우리도 능히 메지 못하던 멍에"(행 15:10b)를 이방인에게 적용

하지 말자고 말할 수 있게 되었다. 예루살렘 회의의 수장인 야고보는 "이방인 중에서 하나님께로 돌아오는 자들을 괴롭게 하지 말고 다만 우상의 더러운 것과 음행과 목매어 죽인 것과 피를 멀리하라고 편지하는 것이 옳으니"(행 15:19-20)라고 결정함으로 기독교는 중심주의를 탈피하게 되었다. 이것은 하나님 이해를 이스라엘이라는 경계에서 벗어나 모든 사람에게로 확대 적용한 중요한 시건으로 평가된다.

384) Alain Badiou, 『사도바울』, 31.

385) Alain Badiou, 『사도바울』, 18 .

386) Lamin Sanneh, 『선교신학의 이해』, 48.

387) Andrew F. Walls, 『세계 기독교와 선교 운동』, 35.

388) Fyodor M. Dostoevskii, 『악령 (중)』, 참조.

389) Andrew F. Walls, 『세계 기독교와 선교 운동』, 38-40.

390) Thomas J. J. Altizer, The Gospel of Christian Atheism (Philadelphia: Westminster Press, 1966.), 이양구 옮김, 『세계기독교대사상 20』 (서울: 교육출판공사, 2007), 151, 161, 219.

391) Dana L. Robert, "1945년 이래 세계 기독교의 남반구로의 이동," 문전섭 외 3인 공역, 『세계 기독교와 선교의 미래』, 112.

392) 방연상, 『타자를 향한, 타자와 함께하는 선교』, 108; Gianni Vattimo, After Christianity (New York: Columbia University Press, 2002), 참고.

393) 움베르토 에코(Umberto Eco, 1932-2016)의 『장미의 이름』은 호르헤(Jorge) 수도사가 초대 교부들의 전통을 수호한다는 명목으로 살인을 저지르면서 일어난 사건을 다룬다. 수도원에서 수백 년간 장서를 소장했던 도서관 화재는 전통의 소멸을 의미한다. Umberto Eco, Il Nome Della Rosa, 이윤기 역, 『장미의 이름(하)』 (파주: 열린책들, 2007), 638.

394) 데리다는 새로운 것의 구상은 언어, 형이상학, 정신분석학, 미학 · 문학의 해체를 통해 나타난다고 보았다. 그는 단순한 파괴가 아니라, 서구 형이상학으로 고착된 사유의 틀을 깨고 새롭게 할 수 있는 해체를 말한다. 현재 세워져 있는 것 가운데 잘못된 구조들은 해체되어야 하는 것이다. Mark C. Talyor, Erring: A Postmodern A/theology (Chicago : University of Chicago Press, 1984), 23-24.

395) 방연상, "포스트모던 시대에서의 선교학의 역할", 『신학논단』 제35집 (2004.3): 288. 이제 구심력 선교가 구조주의, 형식주의라는 한계를 담고 있기 때문에 탈구조주의, 탈형식주의가 요구된다.

396) 최진석, 『민중과 그로테스크의 문화정치학』 (서울: 그린비, 2017), 355; 20세기 초 소련(Soviet Union)은 조셉 스탈린의 연설(1933-1934)을 문학적 지령으로 받아들여 문학을 모든 현실에서 수직적으로 질서를 세워 나가는데 사용했다. 소련의 '사회주의 리얼리즘'은 스탈린의 연설로부터 유추된 것이다. 주제를 선택하는 것은 오직 "사회주의 건설의 다양한 단계에 당이 제기한 구체적 임무들과 연관된 것"이었다. "사회주의 현실의 양식에 대한 예술적 표현"인 사회주의 리얼리즘은 스탈린 이론에 근거를 둔 것이었다. Herman Ermolaev, Soviet Literary Theories, 1917-1934 : The Genesis of Social Realism (Los Angeles: California Univ. Press, 1963), 김민인 옮

김, 『소비에뜨 문학이론 : 소련 프롤레타리아 문학 조직 및 논쟁』 (서울: 열린
책들, 1989), 239.

397) Mikhail M. Bakhtin, 『프랑수아 라블레의 작품과 중세 및 르네상스 민중문
화』, 34. 233.

398) 최진석, 『민중과 그로테스크의 문화정치학』, 357.

399) Gallagher & Hertig, ed., 『세계 기독교의 선교와 미래』, 113.

400) 크로노토프는 바흐친이 공간(사회)과 시간(역사)의 상호 관계를 이해하기 위
해 표현한 것으로 인간 행동의 본질과 가능성은 항상 공간과 시간에 의해 조
건 지워지는 것임을 말하고자 했다. 크로노토프는 그리스어로 '시간'을 뜻하는
'chronos'와 '장소'를 뜻하는 'topos'의 합성어로 '시공성'(時空性)이라고 번역
할 수 있다. 크로노토프는 폴리포니와 마찬가지로 바흐친에 의해 문학비평에
도입된 용어이다. 김욱동, 『대화적 상상력』, 208-209; 바흐친은 문학에서 예
술적으로 표현된 시간적이고 공간적인 관계들의 본질적 연계성을 시공성이라
이름 붙인다. Gary Saul Morson & Caryl Emerson, Mikhail Bakhtin,
Creation of a Prosaics (Stanford: Stanford University Press, 1990);
오문석·차승기·이진형 옮김, 『바흐친의 산문학』(서울: 책세상, 2006), 153;
그러나 바흐친은 이 용어에 대한 명확한 설명은 하지 않고 있다. 단지 여러
사례들을 통해 크로노토프란 어떤 경우에 어떻게 적용될 수 있는지 사유의 틀
을 제시했을 뿐이다. 최진석, "사건과 크로노토프: 바흐친 사유의 진화와 도
약"『인문과학』 24 (2012.12) 48.

401) 김욱동, 『대화적 상상력』 (서울: 문학과지성사, 1988), 208-209.

402) 최진석, "사건과 크로노토프", 45.

403) 최진석, "사건과 크로노토프", 48.

404) 김욱동, 『대화적 상상력』, 214-16.

405) 김욱동, 『대화적 상상력』, 216-17.

406) 김욱동, 『대화적 상상력』, 217-18.

407) Gary Saul Morson & Caryl Emerson, 『바흐친의 산문학』, 173.

408) Gary Saul Morson & Caryl Emerson, 『바흐친의 산문학』, 172.

409) Gary Saul Morson & Caryl Emerson, 『바흐친의 산문학』, 167.

410) Gary Saul Morson & Caryl Emerson, 『바흐친의 산문학』, 178.

411) 서중석, 『복음서해석』 (서울: 대한기독교서회, 2007), 238.

412) Andrew F. Walls, The Missionary Movement in Christian History,
62.

413) Gary Saul Morson & Caryl Emerson, 『바흐친의 산문학』, 168-69.

414) Victor Erlich, Russian Formalism: History·Doctrine, 박거용 옮김, 『러
시아 형식주의』(서울: 문학과지성사, 1991), 43-61; 본래 페테르부르그의 '시
적언어연구회'와 모스크바의 '언어학연구회'는 20세기 초 역사주의(Historici-
sm)와 상징주의(Symbolism)에 대한 반발로 생겨난 현대비평이론이다. 역사주
의는 위대한 시인들의 유물을 찾는 가운데 전기주의를 취했으며, 푸시킨 같은
위대한 작가들의 주석을 다는 가운데 과거에서 해답을 찾았다. 상징주의는 비

평가의 입장에서 작품을 보았으며, 작품에서 기표와 기의의 상관관계를 다루
는 형이상학적 해석이 주류를 이루는 가운데, 언어는 사상을 전달하는 수단이
되고 말았다. 그래서 시적언어연구회와 언어학연구회는 문학성을 강조하게 되
었다. 그런데 그들도 문학을 연구하는데 있어서 삶과 사회에 대해서는 무관심
하고 오직 연구 대상을 작품 자체에 두어 본문 분석, 시의 구조, 문체, 리듬,
운 기법과 같은 형식만을 다룸으로서 공허하고 무의미한 형식의 체계에 갇히
고 말았다. 그래서 그들에 대한 비판적 어조로 그들을 형식주의자들이라고 부
른 것이다.

415) 화행론(speech act theory, 언어행위이론)은 문장을 분석하는 데 있어서,
그 문장이 말해진 환경이나 그 말의 문맥상 위치를 고려한다. 언어의 내적인
것을 보게 되면 랑그를 코드로 보는 것은 불가능해 진다. 또 파롤을 정보의
소통으로 보는 것도 불가능해 진다. 더 나아가 의미론, 통사론, 음운론마저도
더 이상 언어 과학이 될 수 없다. 언어는 단순한 정보를 전달이 아닌 의사소
통에 대한 것이기 때문이다. 그렇다면 명령어 안에는 명령뿐만 아니라 행위들
과 관련이 있는 것이다. 화행이론은 언어의 외적 상황뿐만 랑그의 내적 이유
가 되는 표현의 변수들 또는 언표행위의 변수들을 도출해 낸다. 바흐친은 비
록 랑그이론이 내부적인 것이라 할지라도 어떤 언어학적 범주나 규정으로도
이해할 수 없는 보충 요소가 필요하다고 본다. Gilles Deleuze, Félix
Guattari, Mille Plateaux : Capitalisme et Shizophrénie 2 (Minneapolis:
University of Minnesota Press, 1987); 김재인 옮김, 『천개의 고원: 자본주
의와 분열증 2』 (서울: 새물결, 2013.). 161.

416) 바흐친이 프로이드(Sigmund Freud 1856-1939)의 심리학에 대해 부정적이
었던 것은 비사회적 요소 때문이었다. 프로이드는 '성적본능'을 인간의 모든
행위를 규정짓는 가장 기본적인 요소로 간주한다. 이것은 그의 정신분석학이
생물학적 요인을 기초로 성립된 것임을 알 수 있다. 그러나 바흐친은 언어현
상이 개인적 심리현상이 아닌 사회 현상이라고 본다. 그는 "내적인 말도 외적
인 말과 마찬가지로 사회적 상호관계의 산물이며 표현인 것이다."라고 했다.
V. N. Volosinov, Freudianism : A Critical Sketch; 송기한 옮김, 『바흐찐
이 말하는 새로운 프로이드』 (서울: 예문, 1998), 150; 프로이드는 인간의 정
신을 의식과 무의식으로 나누었다. 프로이드는 "무의식은 비언어적이며, 그것
은 언어를 두려워한다. 심지어 무의식적 욕망 속에서도 우리는 우리 자신에게
조차 내적 언어로 고백할 수가 없다"고 했다. V. N. Volosinov, 『바흐찐이
말하는 새로운 프로이드』, 90; 프로이드는 주관적인 언어 매체를 기초로 인간
행동을 객관적으로 기술하는 도구로 활용한 것이다. 그러나 언어는 객관적 실
체가 아니다. 언어는 사회성을 지닌 역동성을 지닌 역동적 기호로서 각 계층
에게 의미를 전달한다. 말은 유기체이며 생명체이다. 바흐친은 "개인의 심리의
내용에서 문화의 내용에 이르는 이 도정은 … 모든 단계에 걸쳐 동일한 사회
경제적 법칙성에 의해 결정된다."고 했다. 같은 책, 164; 언어는 사회적 상호
작용이나 의사소통 속에서 생겨나는 구체적인 산물인 것이다. 인간의 의식(외
적 언어)과 무의식(내적 언어)은 구별할 수 없는 것으로서, 의식과 무의식 모
두 차이가 없는 객관적-사회적 요소에 의해 결정된다. V. N. Volosinov, 『바
흐찐이 말하는 새로운 프로이드』, 160-61; 인간은 생물학적 존재가 아닌 사회
적 존재이기 때문에 고립된 개인적 주체로 간주될 수 없다.

417) 예수는 "지극히 작은 자에게 한 것이 곧 나에게 한 것"(마 25:40)이라는 구
체적 대상을 지명하였다. 초대 기독교인들의 선교는 '온 백성에게 칭송'(행

2:47a)을 받은 일로 시작하였다.

418) Arthur P. Johnston, The Battle for World Evangelism, 임흥빈 옮김, 『세계 복음화를 위한 투쟁』 (서울: 성광문화사, 1983), 302; 그러나 선교가 이 세상에서의 삶을 무시한 경향으로 인해 1973년 방콕에서 열린 WCC의 세계 선교와 복음전도 위원회는 '오늘의 구원'(Salvation Today)에 관심을 가지고 "분열된 이 세계 속에서 통전적 삶을 우리에게 나타난 것으로 영혼과 육체, 개인과 사회, 인간과 탄식하는 피조물의 구원"을 말함으로 구원의 현재성을 포함시켰다. 김은수, 『현대 선교학의 흐름과 주제』, 256.

419) Andrew F. Walls, The Missionary Movement in Christian History, 51.

420) 인간의 삶은 사적 개인들의 시간으로 사회의 연대기적 시간과 거리가 멀다. 삶은 단일하게 표상되지 않으며 합리성과 객관성 저편에 있다. 삶은 구체성의 현장에서 이루어진다. 인간에게 "사람은 모두 늙는다."라는 명제는 보편적이고 추상적인 문장에 불과하다. 인간은 보편성이 아닌 오직 이름과 표정을 가진 구체적인 현실 속에 실제로 늙어가는 개인일 뿐이다. 지금 여기서 활동하고 있는 '이 나'는 특정한 세계관과 감정, 습관을 갖고 살아가는 '이 나'이다. 인간 개개인은 유일성을 가지고 살고 있다.

421) 들뢰즈(Gilles Deleuze, 1925-1996)는 『안티 오이디푸스』에서 시몽동의 '특이성'과 '개체성'의 구별에 근거하여 '다양체'를 종합 속에서 고찰했다. 보편사는 역사적 흐름에서 원시적, 전제 군주적, 자본주의라는 독립적인 흐름들의 연합을 가능하게 해 준다. 그러나 보편사는 우발성의 역사이다. Deleuze, 『천개의 고원』, 4-5; 보편사는 존재하지만 우발적으로 만들어진 것이다. 일반적으로 역사를 진화론적으로 규정하게 되면 어떤 일정한 패턴에 의해 역사가 진행되는 것으로 보게 되어 발전된 역사가 있고 원시적 역사가 있는 것이기 때문에 원시와 문명으로 구분되고 만다. 그러나 전 세계 모든 역사는 일률적으로 흘러가는 것이 아니라 지역적, 문화적 차이에 따라 그들의 상황에 맞게 만들어지고 있다. 그래서 들뢰즈는 『천개의 고원』에서 수목(trees)과 리좀(rhyzome)의 비교를 통해 총체성이 아닌 개체성을 말한다. 리좀은 식물로 줄기가 수평으로 자라면서 덩굴처럼 뻗어나간다. 이것은 다양체 속에서 생산되고 출현하는 과정들로 어떠한 통일도 존재하지 않으며, 총체적이거나 절대 주체가 될 수 없다. Deleuze, 같은 책, 5; 리좀은 <하나>로도 <여럿>으로도 환원될 수 없다. 리좀은 둘이 되는 <하나>도 아니며 심지어는 곧바로 셋, 넷, 다섯 등이 되는 <하나>도 아니다. 리좀은 <하나>로부터 파생되어 나오는 여럿도 아니고 <하나>가 더해지는 여럿(n + 1)도 아니다. 리좀은 단위들로 이루어져 있지 않고, 차원들 또는 차라리 움직이는 방향들로 이루어져 있다. 리좀은 시작도 끝도 갖지 않고 언제나 중간을 가지며 … 선들로만 이루어져 있고 … 일종의 반(反)계보이다. 같은 책, 47; 리좀은 주체가 없는 다양체로 존재한다. 들뢰즈는 리좀을 통해 다른 어떤 지점과도 연결되는 연결접속의 원리와 랑그와 언어의 보편성이 없는 다질성(多質性)의 원리와 주체나 객체가 없는 다양체(多樣體)의 원리를 추론했다. 같은 책, 19-21; 들뢰즈는 역사를 통일체가 아닌 '다양체'에서 보는 시각으로 보았다.

422) John Mbiti, 『아프리카 종교와 철학』, 37.

423) John Mbiti, 『아프리카 종교와 철학』, 38.

424) Andrew F. Walls, "개종이냐 회심이냐 : 신약에 나타난 복음과 문화"「선

교와 신학」 제9집 (2002.06), 103-111; Andrew F. Walls, The Missionary Movement in Christian History, 3-15; 월스의 토착화 원리는 성경에 있어서도 시공의 제약이 있음을 말한다. 각 공동체는 자신의 문화라는 눈가리개, 즉 시공의 제약에서 성경을 읽게 된다. Andrew F. Walls, 『세계 기독교와 선교 운동』, 46.

425) 이것은 예수가 토착화된 것으로 사도행전 15장에서 예루살렘의 사도와 장로들이 비유대인 기독교인들에게 할례나 율법을 지키는 것을 요구하지 않고 "다만 우상의 더러운 것과 음행과 목매어 죽인 것과 피를 멀리하는 것"(행 15:20)이라는 몇 가지 조항으로 기독교 공동체에 받아들인 것과 관련이 있다. 그것은 이방인이 유대인 기독교인의 삶을 살지 않도록 한 것이다. 또한 바울서신이 많은 이유는 각 지역의 상황이 매우 다른 것임을 보여주는 것이기도 하다.

426) 방연상, 『타자를 향한, 타자와 함께하는 선교』, 87.

427) 중세 초기에 켈트언어를 구사하던 사람들의 기독교 전통들을 주로 '켈트 기독교'라고 부른다.

428) 안신, 『세계 기독교의 이해(1) : 다양성과 독특성』 (대전: 배제대학교학술정보원, 2013), 46.

429) 켈트교회의 중요한 특징은 교구와 감독보다는 수도원장과 수도원의 권위를 더 중시했다는 점이다. 수도원장은 왕족들이나 특정한 가계혈통의 후손(부족장)들이 이어갔으며, 성직자는 성례를 집행할 뿐 종교적 권위와 세속적 권위를 가지지 않았다.

430) Thomas Charles-Edwards, The Social Background of Irish Peregrinatio Celtica, II (1976), 56.

431) 아일랜드 수도원은 9세기와 10세기 바이킹들에게 약탈당했고, 12세기에는 잉글랜드의 헨리 2세가 종교를 통일시킨 이후 약화되었다. 부족장이 성직자를 통제하던 체제가 무너진 것이다.

432) Thomas Cahill, How the Irish Saved Civilization : The Untold Story of Ireland's Heroic Role from the Fall of Rome to the Rise of Medieval Europe (New York: Doubleday, 1995), 96-97.

433) 방연상, 『타자를 향한, 타자와 함께하는 선교』, 87.

434) 아직 한국에는 토착화 신학이 없는데, 그 이유는 한국 기독교가 서구 신학에 토대를 둔 재해석이었기 때문이다.

435) 안신, 『세계 기독교의 이해(1) : 다양성과 독특성』, 12.

436) 안신, 『세계 기독교의 이해(1) : 다양성과 독특성』, 20.

437) Klaus Hock, 『아프리카 및 근동의 기독교』, 147-48, 217.

438) 오순절주의 교회들에 대해, 하비 콕스는 "큰 소리의 음악, 끊이지 않는 찬양, 박수를 치면서 몸을 흔들고, 개인적인 간증, 성령의 이름을 강조하는 기도, 실화적인 설교와 광고, 유머, 강력한 치유기도"를 한다고 했다. Havey Cox, The Future of Faith (New York: Harper Collins, 2009), 6; 또한 개인의 믿음을 강조하며, 신자들에게 임하는 새로운 계시를 강조한다. 그리고 모든 권위를 성경에서 가져오기 때문에 성경을 강조 한다; "기도의 소유자"라는 의미인 알라두라(Aladura) 교회는 1918년 기도 모임으로 시작되었다가 교회

가 되었다. 크럼블리(D. H. Crumbley)는 알라두라 교회의 특징을 예배에서 하얀 옷을 입고, 중보기도를 하며, 치유하고, 영적 억눌림을 인식하고, 촛불과 성스러운 물을 사용하고, 예언을 하고, 찬양을 할 때 박수를 치며, 여성 리더십을 중요시 하는 것에 있다고 보았다. Afe Adogame, Roswith Gerloff and Klaus Hock eds., Christianity in Africa and the African Diaspora : The Appropriation of a Scattered Heritage (London: Continuum International Publishing Group, 2008), 127-28; 사실 아프리카의 오순절주의는 조용기 목사(여의도순복음교회)의 영향을 많이 받았다. 그들의 특징 가운데 하나가 예언인데, 조용기 목사가 예배 시간에 특정한 질병을 이야기하며 오늘 고침 받았다고 말하는 것과 같은 형태를 취하고 있다. 또한 신유 사역은 아프리카인들의 상황과 관련된 것으로 전염병 치료제의 기능을 했다; 이와 같이 아프리카 오순절주의는 그들의 삶과 관련된 직장, 질병, 사업, 임신을 주로 다룬다. 그들은 하나님이 실제적으로 개입하셔서 자신들의 문제를 해결해 주신다고 강하게 믿는다. 반면에 여성인권, 성소수자, 지구온난화, 아동학대, 빈부격차 등과 같은 거대담론에는 관심이 없다. Paul Gifford, Christianity, Development and Modernity in Africa (New York: Oxford University Press, 2016), 3.

439) 이재근, 『세계 복음주의 지형도 : 세계기독교 관점에서 보는 복음주의자』 (서울: 복있는사람, 2015), 235-236.

440) 복음은 문화적 공간 안에서 전달되는 것이기 때문에 회심(回心)은 옛날 것을 버리고 완전히 새로운 것으로 대치되는 것이 아니라 이미 사회 안에 존재해 있는 것에서 새롭게 방향을 바꾸어 돌아서는 것이라고 볼 수 있다. 회심은 새로운 신앙체계에 대한 획일적인 방향전환이나 과거로부터의 완전한 단절에서 생겨나는 것이 아니다. 개종자는 자신이 가지고 있던 전통적인 신에 대한 이해를 바탕으로 회심의 순간에 다가서게 된다.

441) 방연상, 『타자를 향한, 타자와 함께하는 선교』, 98-99. 101.

442) 김상근, 『선교학의 구성 요건과 인접 학문』 (서울: 연세대학교 출판부, 2006), 96.

443) 김상근, 『인물로 읽는 교회사』 (서울: 평단, 2007), 19.

444) 김상근, 『인물로 읽는 교회사』, 20.

445) Andrew F. Walls, "새롭게 제안하는 기독교 신학의 미래", 「목회와신학」 (2002.1), 75.

446) Andrew F. Walls, "문화의 포로와 해방자로서의 복음", Gallagher & Hertig ed., 『세계 기독교와 선교의 미래』, 249.

447) Lamin Sanneh, 『선교신학의 미래』, 43-44에서 재인용.

448) 그러나 '확산'은 자신이 주장하는 것이 있기 때문에 보편성(일반성)으로 모든 것을 수용한다.

449) William Schweiker, 『포스트모던 시대의 기독교 윤리』, 206; 브루그만(W. Brueggemann)은 십계명 네러티브의 모체를 출애굽이라고 보았다. 십계명은 잘못된 사회 시스템을 지적한 것으로, 하나님은 노예인 합비루들을 이집트의 노동 시스템에서 해방시켜 주신 것이다. 파라오는 자신의 시스템을 통해 더 많은 생산을 요구하는 가운데 안식일이 없는 환경을 만들었다. Walter Brueggemann, Sabbath as Resistance, 박규태 역, 『안식일은 저항이다』

(서울: 복있는사람, 2015), 26-27; 하나님은 안식일을 통해 이러한 이집트 시스템에 저항 하신 것이라고 볼 수 있다.

450) 방연상, 『타자를 향한, 타자와 함께하는 선교』, 105.

451) 'The Redeemed Christian Church of God International Chapel'의 약자.

452) 'Lighthouse Chapel International'의 약자.

453) Afe Adogame ed., The Public Face of African New Religious Movements in Diaspora (Burlington: Ashagate Publishing Company, 2014), 216.

454) Michel Foucault, L'archéologie du Savoir. Paris: Gallimard, 1969; 이정우 옮김, 『지식의 고고학』 (서울: 민음사, 2004), 17; 푸코는 에피스테메(épistéme)를 전통적인 의미에서의 역사가 아닌, 고고학이 지층의 특징을 연구하여 연대를 결정하는 것처럼, 언어라는 문화적 지층을 연구한 고고학(Archeology)적 탐구의 결과로 보았다. 그는 서양 문화에 있어서 17세기 중간에는 고전주의 에피스테메가 있었고, 19세기 초에 근대성이라는 에피스테메가 있었다고 보았다.

455) Lamin Sanneh, 『선교신학의 이해』, 12.

456) David J. Bosch, 『변화하고 있는 선교』, 33.

457) Andrew F. Walls, The Missionary Movement in Christian History, 6.

458) 방연상, 『타자를 향한, 타자와 함께하는 선교』, 126-30.

459) 宋泉盛, 송염 옮김, 『아시아人의 心性과 神學』, (왜관: 분도출판사, 1990), 69.

460) 宋泉盛, 『아시아人의 心性과 神學』, 96.

461) 남경희, 『서구 정신의 원형 : 서구 보편주의를 넘어서』 (파주: 아카넷, 2016), 17; 인간의 사고 구조와 더불어 언어 구조에 있어서도 동양과 서양의 차이가 있다. 서구어의 기본 문장 구조는 '주어+술어' 형태로 주어 생략이 거의 없으며 주어는 실체적인 사람이나 사물에 해당된다. 즉 주어에 의해 지칭 또는 기술되는 것에 귀속시키는 언어이다. 반면에 중국의 한문은 '주부+술부' 또는 '주부+설명부' 형태로 주부가 생략되거나 주부에 명사화된 문장이 많다. 한문은 주어가 생략되는 경우가 많으며, 주어는 계사(copula)나 존재사(infix)가 없이 문장에서 주변적이거나 이차적인 역할을 수행하기 때문에 주어를 설명하는 언어가 아닌 것임을 알 수 있다. 같은 책, 20-22.

462) Andrew F. Walls, The Missionary Movement in Christian History, 7-8.

463) 방연상, 『타자를 향한, 타자와 함께하는 선교』, 92-93; 아프리카 부흥 원인은 무엇보다도 아프리카의 토착화와 관련이 있다.

464) John Mbiti, African Religions and Philosophy (Oxford; Heinemann, 1989.), 장용규 옮김, 『아프리카 종교와 철학』 (서울: 지식을만드는사람들, 2012), 21.

465) Lamin Sanneh, Whose Religion is Christianity? : The Gospel Beyond the West (Michigan: Wm. B. Eerdmans Publishing Co., 2003), 18.

466) 산코파는 "돌아가서 가져 오다"는 뜻이다. 그들은 전통종교로 되돌아가 배워
오는 운동이기 때문에 르네상스라는 말을 사용한다.

467) G. D. Chryssides and B. E. Zeller eds., The Bloomsbury Companion
to New Religious Movements (London: Bloomsbury, 2014), 247.

468) Martin Heidegger, 『존재와 시간』, 21; 그렇다면 우리 시대에 하나님을 말
할 수 있는가? Heinrich Ott, Das Reden vom Unsagbaren : die Frage
nach Gott in unserer Zeit, 김광식 옮김, 『살아계신 하나님』 (서울: 대한기
독교서회, 1973) 참조; 우리는 하나님에 대해 말할 수 있는가? 하나님은 증명
될 수 있는 분인가? 하나님을 말한다 할 때 개인들의 경험에 의존되어 있지
않은가? 아니면 교리에 의해 정의된 분을 하나님이라고 말하고 있지 않은가?
오늘날 과학은 하나님을 증명할 수 없다고 말한다. 미국 스코프스(Scopes) 재
판(1925년)에서 창조론이 승소했으나 과학주의 시대에 성서 문자주의는 타격
을 받았다. 이후 아칸소(Arkansas) 주(1980년)에서 창조론과 더불어 진화론도
인정되었다. Charles E. Hummel, Galileo Connection: Resolving
Conflicts between Science & the Bible (Downers Grove, Ill.: Inter-
Varsity Press, 1986), 황영철 역, 『갈릴레오 사건』 (서울: 한국기독학생회출
판부, 1991), 17; 현대는 창조와 과학의 논쟁 결과 과학적 사고가 더 우세하
게 되었다. 과학은 초월을 인정하지 않는다. 반면에 신학은 하나님이 계시다는
전제 하에 출발한다. 긍정의 신학(positive theology, askeein)은 수덕(修德)
을 통한 하나님의 경험을 말한다. 인간은 수덕적 노력으로 하나님을 경험한다.
이냐시오(Ignatius of Loyola)는 그리스도의 고난을 마음으로 그리며 묵상한
사람이다. 그는 영신수련(the spiritual exercises)의 방법을 따라 그리스도의
고난을 묵상했다. Ignacio de Loyola, The Spiritual Exercises of St.
Ignatius of Loyola (Garden City: Doubleday & Co., 1964), 윤양석 옮김,
『성 이냐시오의 영신수련』 (서울: 한국천주교중앙협의회, 1983) 참조; 그러나
부정의 신학(negative theology, mystikos)은 하나님을 지식의 대상이 아닌
신비적 차원으로 접근한다. Jordan Aumann, Spiritual Theology, 이홍근
옮김, 『영성신학』(왜관: 분도출판사, 1987), 13; 언어로는 하나님을 담기에 불
가능하므로 신비적으로 접근한 것이다. 언어에 기표와 기의라는 불일치가 나
타난다. Ferdinand de Saussure, Cours de linguistique générale, 김현권
옮김, 『일반언어학강의』 (서울: 지식을 만드는 지식, 2012) 참조; 마찬가지로
하나님은 이성적으로는 설명될 수 없는 분으로 오직 무지(無知)로 알 수 있는
분이라고 보았다. Daniel B. Clendenin ed., 『동방정교회신학』, 228; "클린데
닌이 모스크바 국립 대학교에서 C. S. 루이스의 『Mere Christianity』를 비판
적으로 읽는 과제를 주었을 때 대학원생 바실리 바실레비치가 루이스의 글이
너무 논리적이고 합리적이라고 평했다. 정교회는 하나님을 인간의 언어로 설
명하지 않는다." Daniel B. Clendenin, 『동방정교회개론』, 76-77; 그러나 부
정의 신학도 초월, 신비를 말하기 때문에 그것을 경험하지 못한 사람은 알 수
없기에 하나님을 증명하는데 무리가 있다; 그래서 하나님이 존재하는가 아니
면 존재하지 않는가라는 질문에서 시작한다면 하나님에게 접근할 수 없다. 하
나님 자체를 논하는 것은 불가능하다. 하나님은 증명될 수 없기 때문에 무엇
을 믿는다(believe)는 차원보다 무엇을 신앙(faith)한다는 차원이 솔직할 수 있
다. Harvey Cox, The Future of Faith (New York: Publishers Group
UK, 2009), 김창락 옮김, 『종교의 미래: 예수의 시대에서 미래의 종교를 보
다』 (서울: 문예출판사, 2004), 34; 신학은 하나님을 논하고 있지만 하나님 자

체를 다루기보다 다양한 하나님에 관한 신앙의 형태를 다루고 있다. 신학적 언어로 하나님을 분명하게 설명하는 것은 불가능하다. 그런데 우리는 신학 담론을 통해 하나님을 설명했으며, 또 선교에 신학을 덧씌움으로써 선교를 움직여 나갔다.

469) Dana L. Robert, 『세계 기독교와 선교의 미래』, 114.

470) 에딘버러 제1 분과위원회 보고서는 일본, 대만, 한국, 중국, 태국, 영국령 말레이 반도, 네덜란드령 동인도, 필리핀, 오스트랄라시아와 오세아니아, 인도, 실론(스리랑카), 중앙 아시아, 아프리카, 남아메리카 인디언, 유대인 등에 대한 리서치를 했다. 부록 B에서는 "선교가 행해지는 지역에 대한 세계적 조사 연구를 위한 제언"을 하고 있다. John R. Mott, Carrying the Gospel to All the Non-Christian World : Report of Commission I(New York: Fleming H. Revell Company, 1910), 이용원 옮김, 『비기독교 국가들에 대한 선교 : 1910년 에딘버러 세계선교사대회 제1 분과위원회 보고서』 (서울: 미션아카데미, 2010), 429-32.

471) Dana L. Robert, 『세계 기독교와 선교의 미래』, 113.

472) 마르쿠스 아우렐리우스(Marcus Aurelius Antoninus, 121-180)는 『명상록』에서 인간의 본질이나 참된 성질을 알려면 모든 외적 및 우연적 특성을 제거해야 한다고 했다. 한 인간에게 자신 외에 다른 것들은 인간의 것이 아니기 때문이라는 것이다. 인간에게 외부로부터 일어나는 모든 것은 공허한 것에 불과하다. 인간의 본질은 부와 지위와 사회적 명망, 건강 등 바깥 환경에 의거하지 않고, 자기가 자기 자신에게 주는 가치에만 의존한다. 그래서 그는 고요한 마음을 가지고 자신이 아닌 것들을 끊음으로 자유를 추구했다. Ernst Cassirer, 『인간이란 무엇인가』, 25-26; 그러나 하이데거(Martin Heidegger, 1889-1976)는 인간 존재를 세계 내에서 구상했다. 또한 현존재는 시간성 안에 머물러 있다. 그것도 과거의 시간이 아닌 현재의 시간성에서다. 만약 현존재자가 자기 존재를 전통에 의지하여 존재론을 자명한 것으로 받아들인다면 자신을 망각하게 된다. Martin Heidegger, Sein und Zeit, (Tübingen: Max Niemeyer, 1972), 전양범 옮김, 『존재와 시간』 (서울: 동서문화사, 2011), 35; 현존재의 개별성, 즉 일반 사물과는 달리 '각기 나의' 현존재이다. 김광식 편저, 『기독교 사상 : 현대인을 위한 신학 강좌 6』 (서울: 종로서적, 1989), 134; 하이데거는 제1차 세계대전의 경험을 통해 인간 실존을 고민하게 되었다. 그의 시대까지 형이상학은 나무, 책상, 산 등 구체적 사물인 '존재자'에 대한 것이었다. 형이상학은 '존재자'에게만 관심을 두고 그 존재자의 본질을 찾으려고만 했기 때문에 '존재'를 망각했다. 그래서 하이데거는 『존재와 시간』에서 '존재자의 존재'를 질문했다. 그가 보기에 인간 존재는 '현존재'이다. Martin Heidegger, 『존재와 시간』, 60; 현존재란 스스로 존재하면서 스스로 존재에 대해 이해하려는 존재자이다. 나의 실존은 '거기(Da, 現)에 있음(sein, 存在)'이다. 그래서 현존재는 자신에 의해서만 결정된다. 그는 현존재와 본질을 구분하지 않았으며 현존재 속에 중심문제가 있다고 보았다. 이러한 현존재는 '세계-내-존재'이다. Martin Heidegger, 『존재와 시간』, 22; 인간은 세계의 일부이고, 세계에 대처하고, 세계와 왕래하는 존재자이다. Martin Heidegger, 『존재와 시간』, 73; 이 현존재자는 자기라는 존재를 고유한 가능성으로 지니고 있다. 현존재는 자신의 존재양식에 의거하여 현상적으로 제시되어야 한다. 하이데거에게 있어서 중요한 것은 일상적인 인간의 현존재이다. 존재는 결코 자명한 것이나 보편적인 것이 아니다. 김광식, 『현대의 신학사

상』(서울: 대한기독교서회, 1983), 141; 현존재는 본질에 대한 실존의 우위를 가진다; 하이데거의 사상은 후기에 언어 문제로 넘어 간다. 그는 언어를 '존재의 집'이라 하여 인간이 말하는 것이 아니라 언어가 말하는 것이라고 보았다.

473) Adolf von Harnack, 『기독교의 본질』, 48; 사르트르는 신의 부재를 경험하며 인간은 이 세계 내에 내던져진 존재이기 때문에 스스로 돌보아야 할 존재들로 본다. 그래서 그는 인간을 이성과 사회라는 보편적으로 규정하기 보다는 먹고, 자고, 느끼고, 생각하고, 사랑하고, 교제하고 놀이하는 구체적인 인간에 관심을 두었다. 이대희, 『인간이란 무엇인가』, 237-50.

474) 방연상, 『타자를 위한, 타자를 향한 선교』, 88.

475) 선한용, 『시간과 영원』, 69; 오스카 쿨만이 하나님의 영원성을 '시간의 끝없는 연속'이라고 말했지만, 어거스틴은 영원과 시간의 차이는 어떤 길이에 있는 것이 아니라 본성에 있다고 보았다.

476) St. Augustine, 『성 어거스틴의 고백록』, 11,13,16.

477) 선한용, 『시간과 영원』, 75.

478) Stefan Klein, Zeit : der Stoff, aus dem das Leben ist : eine Gebrauchsanleitung, 유영미 옮김, 『시간의 놀라운 발견』(서울: 웅진지식하우스, 2007), 88.

479) 양명수 외, 『오늘의 어거스틴 : 어거스틴 사상 연구』(서울: 대한기독교서회, 1997), 23-24.

480) St. Augustine, 『성 어거스틴의 고백록』, 11,20,26.

481) St. Augustine, 『성 어거스틴의 고백록』, 77.

482) 양명수 외, 『오늘의 어거스틴 : 어거스틴 사상 연구』, 28.

483) Robert Grudin, Time and the Art of Living, 오은숙 옮김, 『당신의 시간을 위한 철학』(서울: 경당, 2015), 30.

484) 양명수 외, 『오늘의 어거스틴 : 어거스틴 사상 연구』, 25.

485) 그런데 시간을 길이로 보게 되면 보편적 역사관이 생겨나게 된다. 기독교 종말론은 시간을 단순히 길이로 본 결과로 나타난 현상이다. 예로, 세대주의 전천년설은 인류 역사를 7세대로 나누어 인간의 내면적 시간을 무시했다. 그것은 오직 주님의 재림이라는 미래적 차원을 강조하는 가운데 단순히 시간을 과거, 현재, 미래로 구분하였다. 인간은 현재라는 시간 안에 과거, 현재, 미래를 포함하고 살아가는 존재자인데 인간을 시간의 틀 속에 가둔 것이다. 한국 개신교 선교는 구속사와 종말론에 강조점을 둠으로 과거와 현재를 상실하게 되었다. 개신교 선교는 형식주의적 방법을 재현하고 있다. 선교가 대위임령(마 28:19-20)을 문자적으로 해석하는 가운데 개인을 무시한 구속사라는 보편역사를 통해 역사 전체 틀 안에서 의미를 부여한다. 그 결과 하나님은 세상과 관계없는 기계론적 신으로 투사되어 창조부터 종말까지 특정한 사람들을 구원하는 형식에 갇히게 되었다. 대위임령은 어떤 날을 예비하기 위해 증인들을 통한 공격적이고 전투적인 방식의 명령이 되어서는 안 된다. Johannes Nissen, New Testament and Mission, (Peter Lang GmbH, 2002), 최동규 옮김, 『신약성경과 선교』(서울: 기독교문서선교회, 2005), 55.

486) 장 아메리(Jean Améry)는 늙어가는 인간의 소외는 총체적 소외라고 말한다. 노인에게는 철학이라 불리는 것이 아무 위로도 주지 못하며 공허한 장광

설에 지나지 않는다. 노인이 되어 프랑스 실존주의라는 정신적 지도를 해독하
는 일만 해도 쉽지 않았는데 새로운 주요 개념들인 라캉, 푸코, 알튀세르를
사르트르 코드로 풀어 보려고 하지만 자신의 무능함을 경험하게 된다. Jean
Améry, Über das Altern : Revolte und Resignation, 김희상 옮김, 『늙어
감에 대하여 : 저항과 체념 사이에서』 (파주: 돌베게, 2016), 144, 153; 인간
은 구체적이 자신의 공간 안에서 자신의 시간을 배열하게 되는 것이다.

487) 양명수 외, 『오늘의 어거스틴 : 어거스틴 사상 연구』, 26.

488) Jean Améry, 『늙어감에 대하여 : 저항과 체념 사이에서』, 50.

489) Martin Buber, Der Glaube der Propheten, 남정길 역, 『예언자의 신앙』
(서울: 대한기독교출판사, 1977), 157.

490) '남반부'라는 말은 20세기 중반까지 기독교왕국(Christendom)이었던 북반부
기독교에 대해 반대되는 개념이다. 월스의 남반부 표현은 기독교 중심이 아니
었던 지역들에 대한 총칭이다. 반면에 필립 젠킨스는 지정학적 의미를 넘어
경제적인 부와 자원을 고려한 용어로 보았으며, 고든-콘웰신학교 보고서는 북
반부는 유럽과 북미를, 남반부는 아시아, 아프리카, 라틴 아메리카 그리고 오
세아니아라는 지정학적으로 구분했다. Gordon-Conwell Theological Semi-
nary, "Christianity in its Context 1970-2020," Society, Religion and
Mission (June 2013): 9.

491) Dana L. Robert, 『세계 기독교와 선교의 미래』, 105; 특이한 점은 오늘날
범세계적으로 성장하는 교회들은 오순절주의라는 특징을 담고 있다. Dana L.
Robert, 『세계 기독교와 선교의 미래』, 113; 이러한 현상은 오순절주의가 21
세기 교회와 신학을 주도할 것이라는 예측을 하게 해 준다. 서구 교회의 계몽
주의 이후 이성과 합리적 신앙을 주도한 가운데 영적인 차원을 무시했는데,
이제 아프리카교회는 영적인 차원과 더불어 신학에 대한 새로운 질문들로 인
해 신학의 주제들이 바뀔 가능성이 있다. 서구의 신학적 주제들은 아프리카
기독교의 새로운 패러다임에 의해 침식될 것이다.

492) Mark Noll, 『복음주의와 세계 기독교의 형성』, 38; 아프리카가 독립하기 전
인 1930년대 중반까지는 백인선교사들과 아프리카계 미국인들이 주류를 이루
었다. 그러나 일례로, 아프리카에서 기독교화를 담당한 사람들은 주로 원주민
교리교사들과 원주민 복음전도자들이었다. 시몬 킴방구(Simon Kimbangu)가
세례를 받고 교사와 복음 전도자로 봉사하기를 희망했으나 유럽인의 시각에서
자격 미달로 거부당한 뒤 기도하는 중에 하나님께서 그에게 가르칠 수 있는
허가를 주신 후에 환상과 기적과 치유의 능력으로 사역하였다. 이후에 킴방구
주의는 현대 아프리카의 기독교 역사에 주목할 만한 현상이 되었다. Klaus
Hock, 『아프리카 및 근동의 기독교』, 230-31.

493) Raimundo Panikkar, The Intrareligious Dialogue (New York: Paulist
Press, 1978), 김승철 옮김, 『종교간의 대화』 (서울: 서광사, 1992), 26.

494) Raimundo Panikkar, 『종교간의 대화』, 23.

495) Mikhail M. Bakhtin, 『도스토옙스키 시학의 제 문제』, 88.

496) 이강은, 『미하일 바흐친과 폴리포니야』 (서울: 역락, 2011), 108.

497) 이강은, 『미하일 바흐친과 폴리포니야』, 193.

498) Mikhail M. Bakhtin, Problemy poetiki Dostoevskogo. trans. Caryl

Emerson. Problems of Dostoevsky's Poetics (Minneapolis: University of Minnesota Press, 1984), 336.

499) Mikhail M. Bakhtin, Problems of Dostoevsky's Poetics, 17.

500) 아포리즘은 깊은 진리를 간결하게 표현한 말이나 글. 격언, 금언, 잠언, 경구 따위를 이른다. 조주관은 메타(meta)라는 말을 통해, 도스토예프스키를 '피상적인 이해'를 넘어 '보다 높은 곳에서 멀리 바라보며 이해'한 작가로 본다.

501) 조주관, 『도스토옙스키의 메타지식』, 23-24.

502) 톨스토이(Lev Nikolayevich Tolstoy, 1818-1910)의 『전쟁과 평화』는 작중 인물이 황제에서 병사에 이르기까지 559명이 등장하지만 작가의 말이 모든 것을 이끌어 가고 있으며, 그레고리 성가(Gretorian Chant)도 단선음악을 드러낸다.

503) Mikhail M. Bakhtin, 『도스토예프스키 시학의 제 문제』, 116.

504) 김욱동 편역, 『바흐친과 대화주의』, 73.

505) Mikhail M. Bakhtin, Problems of Dostoevsky's Poetics, 8.

506) Paul de Man, "대화와 대화주의", 김욱동 편역, 『바흐친과 대화주의』, 100.

507) Fyodor Mikhailovich Dostoevskii, Prestuplenie i nakazanie (Moskva: Nauka, 1970), 유성인 옮김, 『죄와 벌』 (서울: 하서, 2008), 559, 563.

508) Fyodor Mikhailovich Dostoevskii, 『죄와 벌』, 561; Walter Nigg, Dostojewskij : die religiöse Uberwindung des Nihilismus (Hamburg: Agentur des Rauhen Hauses, 1951), 임석진 옮김, 『예언자적 사상가 도스토예프스키』 (왜관: 분도출판사, 1981), 29-31.

509) Mikhail M. Bakhtin, 『도스토옙스키 시학의 제 문제』, 8.

510) Caryl Emerson & Gary Saul Morson "바흐친의 문학 이론," 김욱동 편역, 『바흐친과 대화주의』 (서울: 나남, 1990), 78.

511) Mikhail M. Bakhtin, 『도스토예프스키 시학의 제 문제』, 82; 바흐친은 도스토예프스키를 문학에서의 사상의 예술가로 본다. 같은 책, 110.

512) 조주관, "언어의 구심력과 원심력 : 바흐친의 언어철학을 중심으로", 「성곡논총」 제33집 (8/2002), 367.

513) 이강은, 『미하일 바흐친과 폴리포니야』, 99.

514) Mikhail M. Bakhtin, 『도스또예프스끼 시학의 제 문제』, 8-9.

515) 김욱동 편역, 『바흐친과 대화주의』, 74.

516) Gary Saul Morson & Caryl Emerson, "시공성의 개념", 여홍상 엮음, 『바흐친과 문학 이론』, 175.

517) 조주관, "언어의 구심력과 원심력", 368; 훔볼트는 언어가 지시 대상의 단순한 묘사만 하는 것이 아니라 현실을 창조한다고 했다. 그는 언어를 '에르곤'(Ergon)이 아니고 '에네르기아'(Energia)라고 했다. 이규호, 『말의 힘』 (서울: 좋은날, 1998), 27; 언어는 세상의 사물이나 사실들을 피동적으로 표현하는 정적인 것이 아니라 인간의 사고를 형성하는 동적인 에네르기아(energia)인 것이다. 언어는 단순히 뜻을 전달하는 매체의 기능이 아닌 인간의 사유를 규정하는 것이다. 그래서 언어는 그 국가의 문화와 세계관을 담고 있다고 보

아야 할 것이다. 인간은 하나의 언어사회 안에 사는 가운데 그 언어와 문화를 공유하는 것이다. 소쉬르는 훔볼트의 언어 사상에 영감을 얻어 언어의 '기표'와 '기의'의 차이를 구분했으며, 데리다는 언어학의 이 차이 개념을 가져와 '차이의 철학'을 발전시켰다. 데리다는 전통적인 철학 개념들의 동일화를 비판할 때 차이 개념을 사용했다. 그는 차이에 대해 '동일화'하지 않는 것, '다른 거울' 같은 것으로 돌리지 않는 것으로 본질을 고정시키거나 다른 것을 드러내거나 같은 것으로 환원시키지 않는 것이라고 했다. 이규호, 『말의 힘』, 219.

518) 김욱동 편역, 『바흐친과 대화주의』, 76.

519) 바흐친의 대화주의는 소크라테스(Socrates BC 470-399)의 대화와 관련이 있다. 바흐친은 소크라테스처럼 존재하는 것은 인간이고, 인간은 타자와 대화적인 사건을 만들어 나간다고 보았다. 아낙사고라스(Anaxagoras BC 500-428)가 천체(celestial body)를 연구한 사람이었다면, 소크라테스는 인간(human being) 탐구에 더 많은 관심을 가졌던 사람이다. 소크라테스 시대의 사람들은 세계가 어떻게 이루어졌는지를 연구할 때 사물의 원형을 찾는 것에 관심을 두었다. 그들은 시행착오를 겪으며 사물들의 전체를 설명할 수 있는 조화의 법칙, 불변의 법칙을 찾으려 했다. 그들은 실제의 세계에서 나타나는 현상에 대해서는 주의를 기울이지 않은 채 이전의 학설로부터 자신의 학설을 세워나갔다. 그러나 소크라테스는 학설이 아닌 인간을 탐구했다. 그는 인간이 자신에게 좋다고 여기는 것을 행하는 것에 모순이 있음을 발견했다. '선'이란 무엇인가? 자기에게 좋은 것을 하다보면 악도 행할 수 있기 때문에 그는 생활의 참된 목표를 찾으려 했다. 소크라테스가 생각하기에 선의 전문가란 선을 가르치는 사람이 아니라 선을 몸소 실천하는 사람이었다. 그는 진정한 선을 찾기 위해 사람들과의 대화를 시도했다. 그는 갖가지 형태의 선 하나하나에 대해 그것을 가장 많이 알고 있을 것이라고 여겨지는 사람들을 찾아 대화했다. 그는 사람들을 재산이나 지위에 따라 평가하지 않고 사상(idea)으로 평가했다. 그는 대화에서 사람들에게 스스로 그들의 생활 태도를 설명하게 하고는 그것을 검토하고 숙고하였다. 그의 대화방식은 하나의 질문에서 또 다른 질문으로 이야기를 전개시켜 나가면서 말하는 사람의 생각에 모순과 혼란이 있음을 드러나게 하는 것이었다. 그 결과 대화는 모두를 유익하게 했다. 왜냐하면 사람들은 대화를 통해 서로 상대방에게 있는 선의 아름다움을 보고 그의 선을 사랑하게 되기 때문이다. Cora Mason, Socrates : The Man Who Dared to Ask (Boston: The Beacon Press, 1954), 최명관 옮김, 『소크라테스: 영원한 인간상』 (서울: 창, 2010), 100-114, 147.

520) H. W. Saggs, The Encounter with the Divine in Mesopotamia and Israel, Jordan Lectures (London: University London/Athlone, 1976), 64-67.

521) 서중석, 『복음서의 예수와 공동체의 형태』 (서울: 이레서원, 2007), 98.

522) 순더마이어는 예수에게 나타난 특징이 사람들과 "함께 하는 삶"(konvivenz)이었다고 말한다. Theo Sundermeier, Konvivenz und Differenz: Studien zu einer verstehenden Missionswissenschaft (Erlangen: Verlag der Ev.-Luth. Mission, 1995), 채수일 편역, 『선교신학의 유형과 과제』(서울: 대한기독교서회, 1999), 33, 36; 예수는 사람들 가운데서 살았으며 그들과 함께 식사를 나누었고 또한 함께 기뻐하고 함께 슬퍼했다.

523) Theo Sundermeier, 『선교신학의 유형과 과제』, 37.

524) 복음서는 성경 본문(저자)과 오늘의 상황(독자)과 관련된다. 그것은 복음서 저자가 한편으로 자신을 과거의 예수와 관련시켜 이야기함과 동시에 다른 한 편으로는 현재 자신이 속한 공동체와 관련시켜 이야기한 것이다. 서중석, 『복음서의 예수와 공동체의 형성』, 238,213.

525) Johannes Nissen, 『신약성경과 선교』, 104.

526) Michael Holquist ed., The Dialogic Imagination : Four Essays by M. M. Bakhtin, trans. Caryl Emerson and Michael Holquest (Austin: Univ. of Texas Press, 1981), 342.

527) Michael Holquist ed., The Dialogic Imagination : Four Essays, 344.

528) 여홍상 엮음, 『바흐친과 문학 이론』 (서울: 문학과지성사, 1997), 373.

529) 여홍상 엮음, 『바흐친과 문학 이론』, 372.

530) Michael Holquist ed., The Dialogic Imagination : Four Essays, 345.

531) 히브리 성서에서 '토라'는 이스라엘의 형성과 더불어 하나님의 말씀과 모세의 말이 섞여 있다. 모세는 시내산에서 하나님과 대화했으며, 이스라엘은 모세를 중개자로 세워 하나님의 말씀을 경청하는 가운데 그 말씀에 응답했다. '느비임'에는 예언자들이 하나님의 말씀을 그대로 대언하는 내용이 들어 있다. 예언자들은 이스라엘 백성들에게 하나님의 말씀을 가감하지 않고 전달했다. 그렇지만 그 말씀은 예언자들의 삶의 자리와 분리될 수 없는 것이다. '크투빔'은 주로 인간이 하나님께 하는 말들로 구성되어 있는 책이다. 시편은 전적으로 인간의 말로 구성되어 있다. 시인들은 자신들의 삶의 자리에서 개인적으로나 공동체적으로 찬양, 감사, 탄식을 고백했다. 잠언서는 경험의 최고 가치를 말하는 것으로 좋은 경험을 얻기 위한 조건으로 겸손(11:2), 충고를 따름(13:10), 신중함(8:12, 14:8), 이해심(17:24), 의로움(10:31)을 내세운다. 잠언서는 도덕 계율과 인생 관찰에서 나온 것으로 지혜는 연장자의 말을 듣는 데에서 시작된다. 연장자는 부지런함과 정직, 말조심과 감정 다스림, 부자들에 대한 바른 몸가짐, 뇌물, 술, 여자들에 대한 올바른 태도를 말한다. 잠언서는 선행의 동기와 선행 결과 얻게 되는 보상은 부, 영광, 명예, 후손, 장수라고 가르친다. 선행의 결과에 따른 축복은 하나님의 질서로 인과응보(因果應報) 교리로 귀결된다. 구덕관, 『지혜와 율법』 (서울: 대한기독교출판사, 1982), 33-34; 그러나 이것은 인생의 경험에서 나온 평균적인 것이기 때문에 보편적 언어로 작용한다. 인간의 다양한 삶의 자리는 평균적 지혜로 모든 것을 해결할 수 없다. 그래서 욥기서는 개체적 언어로 나타냈다. 욥기서는 잠언서의 평화로운 낙관주의적 세계관, 인생관과 대립한다. 의인의 고난은 보편적 논리인 인과응보 교리로 해석될 수 없다. 욥의 고난(3장)에 대해, 세 친구들은 잠언서의 전통을 따라 엘리바스는 연단적 의미로(4장-5장, 15장, 22장), 빌닷은 죄로 인한 것으로(8:4-7, 18장, 24장-27장), 소발은 회개를 통한 회복(11장, 29장)을 말한다. 이들은 인과응보 교리를 충실히 따르고 있다. 그래서 그들은 욥에게 회개하고 돌아올 것을 촉구한다. 그러나 욥은 하나님이 인간들 다루시는 방식에 대하여 인과응보 교리로 너무 쉽고 단순하게 다루는 것에 항의했다. 하나님의 자유는 지혜의 잘 짜진 것에 가려져서는 안 된다. 구덕관, 『지혜와 율법』, 116; 욥기서가 결론적으로 하나님 경외로 나아가지만, 성서는 평균적 지혜로 모든 것을 담을 수 없음을 보여 준다. 잠언서와 욥기서가 서로 충돌된 내용을 담고 있는 것은, 성서가 시대적 상황과 관련된 가운데 써진 것임을 알 수 있다. 전도서는 세상에서 인과응보적 정의의 부재를 드러내며 인과응보 교리가 실제 인생

과 아무런 상관이 없기 때문에 그 교리를 지혜의 기본 원리나 신조로 받아들
여서는 안 된다고 말한다. 같은 책, 126; 가난은 가끔 악인들과 더불어 의인
에게도 내려지고 있으며(7:15, 8:10-16, 9:11), 한 사람의 종교적, 도덕적 질
이 생활 상태와 아무 상관이 없으며(9:2), 하나님이 의인을 심사하고(5:5), 보
상하기도 하시지만(8:12) 언제나 그런 것은 아니다. 전도서는 신정론에 대한
질문을 한 것이다.(3:16, 5:7, 7:15); 우리는 인간에 대해 어떤 교리나 원칙으
로 규정하거나 설명할 수 없다. 성서가 다양한 내용을 담고 있는 것은 인간
실존이 다양하기 때문이다. 로마서 안에서 성 어거스틴이 변화된 것은 "낮에
와 같이 단정히 행하고 방탕과 술 취하지 말며, 음란과 호색하지 말며, 쟁투
와 시기하지 말고, 오직 주 예수 그리스도로 옷 입고 정욕을 위하여 육신의
일을 도모하지 말라"(롬 13:13-14)는 본문으로, 마르틴 루터가 "복음에는 하
나님의 의가 나타나서 믿음으로 믿음에 이르게 하나니 기록된바 오직 의인은
믿음으로 말미암아 살리라"(롬 1:17)는 구절로 변화 받은 것은 그들의 실존이
각각 달랐기 때문이다.

532) 푸시킨(Aleksandr Sergeevich Pushkin, 1799-1837)은 문어와 구어의 경
　　계를 극복한 가운데 『보리스 고두노프』에서 생생하게 살아 숨 쉬는 민중의 구
　　어를 사용하므로 이전의 문학이 사용했던 고전주의 규범인 삼문체설(상문체,
　　중문체, 하문체)에서 벗어나게 했다. Aleksandr Sergeevich Pushkin, Boris
　　Godunov (London: Bristol Classical Press, 1995), 최선 옮김, 『보리스 고
　　두노프 : 황제 보리스와 그리슈까 오뜨레삐예프에 대한 희극』 (서울: 고려대학
　　교 출판부, 2003), 7-12,35-46,104-107,135-137.

533) Paul G. Hiebert, Anthropological Reflections on Missiological Issues
　　(Grand Rapids: Baker Book House Company, 1994), 김영동 · 안영권 옮
　　김, 『인류학적 접근을 통한 선교현장의 문화이해』 (서울: 죠이선교회출판부,
　　2001), 139-175; '본질적 확정 집합'은 그리스도인은 특정한 교리 체계를 시
　　인하는 것으로 비기독교인과의 선이 분명하게 그어진다. '본질적 불확정 집합'
　　은 변화를 하나의 과정으로 보기 때문에 이것이냐 저것이냐를 구분하지 않는
　　다. 이것은 인도문화에 기초한다. 그리스도인이 되는 것은 한 결정적인 사건이
　　만들어 내기 보다는 점진적인 사건들의 결과로 본다. '관계적 확정(중심) 집합'
　　은 중심, 또는 준거점을 기준으로 확정한다. 누군가가 그리스도 중심 안에 있
　　으면 거리와 관계없이 그리스도인이라 불린다. 이것은 경계선을 유지하는 것
　　보다 중심과의 관련성에서 본다. 히브리 문화는 하나님과의 관계를 중요하게
　　여긴다. '관계적 불확정 집합'은 중심과 관계를 맺지만 경계는 불분명하다. 인
　　간의 성별뿐만 아니라 인간과 동물, 식물 그리고 자연 사이의 경계선도 불확
　　정적이다. 그리스도인과 비 그리스도인 간에 전혀 구별이 없다. 이와 같은 네
　　가지 유형은 경계와 중심 개념을 축소한 것으로 언어 사고에 도움을 준다.

534) Karen Armstrong, The Great Transformation : The Beginning of
　　Our Religious Traditions (New York: Anchor Books, 2006), 정영목 옮
　　김, 『축의 시대』 (서울: 교양인, 2010), 2.

535) 남경희, 『서구정신의 원형』, 7.

536) 남경희, 『서구정신의 원형』, 27-28.

537) 남경희, 『서구정신의 원형』, 99.

538) 남경희, 『서구정신의 원형』, 21; 반면에 동아시아인들은 진리 개념이 없었기
　　때문에 진리에 대한 철학적 관심이 없는 것으로 나타난다. 한문은 상형문자

(hieroglyph)로 술어적 구문은 생략된 경우가 많으며 계사로서의 존재도 미미하다. 한문의 문자는 진리 개념 전달이 아니라 사물에 대한 이해와 대화로 기능했다.

539) 반면에 서구에서는 '일상 언어'에 의해 그려진 것은 실재가 아니라 현상에 불과한 것으로 격하시켰다. 그것은 일상 언어에 대한 부정으로 닫힌 언어임을 보여 준다.

540) 남경희, 『서구정신의 원형』, 39.

541) 남경희, 『서구정신의 원형』, 48.

542) 남경희, 『서구정신의 원형』, 55.

543) 하이데거가 보기에 인간은 언어의 주택 속에 살고 있었다. 인간이 언어에 지배되고 있는 것이다. Martin Heidegger, Platons Lehre von der Wahrheit, mit eidnem Brief über den 'Humanismus' (Bern: 1949), 53; 이규호, 『말의 힘』, 25; 또한 그는 언어라는 명사를 동명사화 내지는 동사화시켜 '언어의 말함'이라고 했다. '말이 말함'은 그 개념이 지시하는 것의 근원성을 나타내는 것이다. 김광식, 『언행일치의 신학』, 102,107.

544) 유럽은 중세 이후 진리가 우연적인 것으로 '존재하게 됨', '앞으로 나옴', '어두운 배경으로부터 대낮의 밝은 빛 속으로 부상함'을 의미하는 것으로 '존재하게 됨', '생성 과정의 결과로 이르게 된 상태'를 보여 준다. 남경희, 『서구정신의 원형』, 31-32; 중세 신학도 '존재'와 '본질'을 구분했다. 이렇게 된 것은 음성문자가 본래 의미와 존재가 괴리되어 있기 때문에 나타난 자연스러운 결과이다.

545) Wilhelm von Humboldt, Über den Nationalcharaker der Sprachen (Berlin: 1822), 안정오 옮김, 『언어의 민족적 특성에 대하여』 (서울: 고려대학교출판문화원, 2017), 131; 훔볼트가 살던 19세기 독일 언어학계에서는 언어들의 비교를 통해 언어 간의 유사성과 친족어를 찾아내어 원형을 찾으려는 '역사비교언어학'이 주를 이루고 있었다. 훔볼트는 1820년에 『비교언어 연구』 (Über das vergleichende Sprachstudium)를 통해 보편적 언어를 구체화했다. 그는 "언어가 스스로의 사용과 목적을 가지고 고유한 연구로 취급할 때에만 언어와 민족의 발전 그리고 인간형성에 대한 분명하고 의미 있는 해명을 할 수 있다"고 말했다. Wilhelm von Humboldt, 『언어의 민족적 특성에 대하여』, 133; 이것은 언어의 세계관을 전제로 하는 것으로 비교언어 연구는 어떤 개별적인 문법 형식을 취하여 모든 언어에 관련된 형식을 연구하는 것과 동시에 민족과 인간 그리고 역사를 포함하는 것이었다. 그는 1822년에 쓴 『언어들의 민족적 특성에 대하여』(Über den Nationalcharaker der Sprachen)에서 "언어의 상이성은 기호나 소리의 상이성이 아니라 세계관 자체의 상이성이다"라고 했다. Wilhelm von Humboldt, 『언어의 민족적 특성에 대하여』, 134; 언어는 세계관이 바탕이 되어 있기 때문에 나의 말과 다른 말을 하는 사람은 구분된다. 그가 1811년에 쓴 논문 「보고와 추가」 (Berichtigungen und Zusaetze)에서 언어는 민족의 사상을 표상하는 세계관으로 "개별 언어는 민족적 특성을 지닌다."라고 했다. 그는 각 민족들의 다양한 언어를 통해 그 민족들을 이해하려고 했다. 이것은 훔볼트의 낭만주의 시각을 보여주는 것으로 독일의 후기 낭만파가 언어를 역사적인 현상으로 평가하는 가운데 민족정신의 표현으로 간주한 것과 같다. Wilhelm von Humboldt, 같은 책, 122.

546) Ferdinand de Saussure, Cours de Linguistique Générale (Paris:

1916), 김현권·최용호 옮김, 『일반언어학 노트』(경기도: 인간사랑, 2007), 52-53.

547) 공시언어학은 "공존하는 항들을 서로 결합시키고 동일한 집단의식에 의해 인지되는-하나의 체계를 형성하는 논리적인 관계 및 심리적인 관계-와 관련된 것"을 연구했다. 반면에 통시언어학(Diachronic Linguistics)은 "집단의식에 의해 인지되지도 않고, 체계를 형성하는 일도 없는 서로 대치되는 연속적인 항들을 결합시킨 관계"이므로 언어 연구대상이 될 수 없다고 본다. V. N. Voloshinov, 『바흐찐이 말하는 새로운 프로이드』, 105.

548) Jacques Derrida, 김보연 편역, 『해체』 (서울: 문예출판사, 2004), 15; 소쉬르는 언어를 세 가지 양상으로 구별했다. 첫째로, 인간에게 고유한 언어행위(언어활동)를 실현시키는데 필요한 물리적 생리적 심리적 현상의 총체인 '랑가주'(langage)가 있다. 둘째는 추상적인 형식 체계인 '랑그'(langue)가 있다. 셋째로, 개인의 구체적인 언어행위(발화)인 '파롤'(parole)이 있다. 언어행위의 성분인 랑그와 파롤에서, '랑그'는 언어사회의 구성원들이 공유하는 일반적이고 추상적인 언어체계이며, '파롤'은 개개인의 언어생활을 통하여 발현되는 것이다. 그런데 소쉬르는 오직 '랑그'만 언어 분석 대상으로 삼는 가운데 '랑가주'와 '파롤'은 언어학적 분석 대상에서 제외시켰다. 그는 언어적 정체성을 찾는데 있어서, 랑가주는 자율적 실체로서 내적 통일성과 타당성이 없으며, 파롤은 의지력과 지력이 요구되는 개인적인 언어 행위이기 때문에 제외시켰던 것이다. 그는 '랑그'에서 언어학과 언어의 원리를 찾으려고 했다. 개짓는 소리와 같은 자연적인 소리들은 각 지역의 문화에 따라 훈련을 통해 지니고 있는 지각의 틀로 만들어진 것에 불과하다. 그 결과 소쉬르의 연구대상은 사회적으로 받아들여진 추상적 체계인 랑그만 남게 되었다. 조주관, "언어의 구심력과 원심력", 338; 랑그는 체계로서의 언어로 공시적이고, 파롤은 구체적인 것으로 통시적이다. 소쉬르에게 파롤은 언어체계의 논리적 순수성을 왜곡시키는 비합리적인 힘이었다. 그는 시간 속에서 살아가는 전달 가능한 것으로서의 '언어의 삶'이 아니라, '언어체계'를 강조한다. 그 이유는 해양신호 체계에서 붉은 깃발과 푸른 깃발은 서로 다른 기호들과의 차이에 의해 생겨난 것으로 기호는 그 어떤 존재도 갖고 있지 못한 것이기 때문이다. 비록 언어가 전달과정에서 빚어진 사건들이긴 하지만, 언어를 전달과정에 대한 연구로 대체할 수 없다고 본다. Ferdinand de Saussure, 『일반언어학 노트』, 87-88.

549) Jacques Derrida, 『해체』, 11; 그러나 야스퍼스(Karl Jaspers)는 언어들이 인류의 언어로서 공통성을 갖고 있기 때문에 사전과 문법으로 어느 정도까지는 서로 번역될 수 있으나 모든 언어들은 서로 번역될 수 없는 세계를 스스로의 안에 지니고 있다고 했다. Karl Jaspers, Die Sprache (München: 1964), 9; 이규호, 『말의 힘』, 51.

550) 조주관, "언어의 구심력과 원심력", 331.

551) 바흐친은, 훔볼트의 제자들이 스승의 '개인적 주관주의' 언어학에다가 '심리주의'와 '이데올로기' 구조로 이해한 것에, 문제가 있음을 지적한다. 바흐친이 보기에, 훔볼트 제자들의 언어는 "창조의 부단한 과정이며, 언어창조의 법칙은 개인 심리의 법칙이며, 언어가 창조적인 예술처럼 의미 있는 창조행위이며, 고정된 체계(어휘, 문법, 음성학)로서의 언어는 도구로서 실용적으로 가르치기 위해 추상적으로 재구성한 것"이라고 보았다. V. N. Volosinov, Marxism and the Philosophy of Language(Sankt-Peterburg: Izdatel'stvo Asta-

Press LTD, 1995), 송기한 옮김, 『언어와 이데올로기』(서울: 푸른세상, 2005), 82-83; 그러나 언어는 심리적 법칙에 의해 움직이는 것이 아니라 내적, 외적, 사회적 관계 안에서 만들어지는 것이며 실용적 도구가 아닌 인간의 상황에 따른 담론이기 때문에 단적으로 심리와 사상이라는 것으로 말할 수 없다. 또한 바흐친은 소쉬르의 '추상적 객관주의' 언어학에 대해서도 소쉬르의 일반언어학이 상정하는 추상적 체계는 허구의 세계라고 본다. 언어는 추상적 체계가 아니라 구체적 과정이며, 본질이 아니라 유기적 기능으로서 역사 속에서 끊임없이 발전하는 것이다.

552) V. N. Voloshinov, 『언어와 이데올로기』, 163.

553) 소쉬르가 언어체계를 마치 개인의 의식과는 독립적인 것으로 파악하고 있지만 엄격한 의미에서 언어체계는 개인의 의식을 떠나서는 성립될 수 없다. 또한 언어는 사회적 산물로, 인간의 의식들 사이에서 이루어지는 역동적 과정에서 나온다. 언어는 의사소통의 콘텍스트인 것이다. 조주관, "언어의 구심력과 원심력", 340; 바흐친이 보기에 언어는 역동적인 의사소통의 수단이다. 언어는 개인적인 심리나 정신의 창조적인 표현이나 고정 불변하는 추상적 체계가 아니다; 반면에 마르크스주의는 문학의 이데올로기적 성격과 사회경제적 성격을 지나치게 강조함으로 문학 고유의 독자적 특성을 파악하는데 실패한 것이다.

554) 스탈린(Joseph Stalin, 1879-1953)은 1932년 사회주의 리얼리즘(Socialist Realism)을 추구했다. 스탈린은 "작가란 인간 영혼을 다루는 기술자이어야 한다."고 말함으로 소련에서 1930년대 문학은 소비에트가 주도하는 것으로 러시아인의 행동과 의식을 결정해 나갔다. 소비에트 공식예술이 즐겨 다루던 내용은 집단농장 노동자, 전쟁 영웅, 건설 영웅, 붉은 군대의 병사로서 소비에트 사회 건설의 집단의식과 애국심을 고취시키는 것이었다. 이덕형, 『러시아 문화예술의 천년』(서울: 생각의 나무, 2009), 751; 그 시대의 문학은 삶 자체의 사실적 묘사가 아닌 혁명이념이나 정부가 필요한 사실을 반영했다. 김경묵, 『이야기 러시아사』(서울: 청아출판사, 2004), 403; 사회주의 리얼리즘은 정치학의 '사회주의'와 미학의 '리얼리즘'의 합성어로 블라디미르 레닌(Vladimir Il'ich Lenin, 1870-1924)의 반영 존재론에서 유래했다. 예술은 특정한 발전 국면 속에서 현실을 반영해주는 특정한 형태로 나타나는 것이며, 이때 객관적 현실의 변화 양상들을 내포하고 있어야 한다는 것이다. 엥겔스(Friedrich Engels, 1820-1895)가 "전형적인 상황에 놓인 전형적인 인물을 묘사하는 것"이라고 말한 것은 사회주의 리얼리즘의 정의를 잘 설명해 준 것이다. 사회주의 리얼리즘은 예술가에게 당성(partiinost), 민중성(narodnost), 계급성(klassovost), 이념성(ideinost), 전형성(tipichnost)의 틀로 문학과 예술의 역할을 강조했다; 사회주의 리얼리즘은 예술가들에게 당이 채택한 정치노선이나 정책에 절대적으로 순응하는 작품을 만들어야 했고, 문학작품의 주요 소재로는 부르주아 계층이 아닌 프롤레타리아 관점에서 세계를 관찰하고 평가해야 했으며, 문학이 억압과 착취를 당하는 프롤레타리아 계층을 해방시키는 이데올로기를 실천하는 수단으로 사용되어야 했고, 작가는 미래의 사회적 발전의 법칙과 안목을 기초로 하여 작중인물과 사건을 창조해야 했다. 지노비예프(Alexsandre Zinoviev, 1922-2006)는 이러한 소비에트 시대의 인간 유형을 '호모 소비에티쿠스'(Homo Sovieticus)라고 정의했다. Alexandre Zinoviev, Homo Sovieticus (Boston: The Atlantic Monthly, 1985) 참조.

555) Gilles Deleuze, 『천개의 고원 : 자본주의와 분열증 2』, 147-55.

556) Gilles Deleuze, 『천개의 고원 : 자본주의와 분열증 2』, 155.

557) 들뢰즈는 언어 행위에서 '개인적인 언표 행위'란 없다고 말한다. 그는 "자유 간접화법에는 집단적 배치물이 있으며, 그 배치물이 작동한 결과 이에 관련된 주체화의 과정들이 결정되고 개체성은 담론 속에 할당되어 유동적으로 배분"된다고 보았다. Gilles Deleuze, 『천개의 고원 : 자본주의와 분열증 2』, 156; 교사가 학생에게 질문할 때 정보를 얻기 위한 것이 아니라 '명령'을 내리고 지시하기 위해 하는 것이다. 명령어는 언어의 기능이 되었다. 언어는 복종하거나 복종시키기 위해 존재한다. 예로, 정부의 공식 성명은 어떤 것을 준수하고 지켜야 하는지를 전달할 뿐 진실성은 거의 개의치 않는다. 우리가 언어의 외적인 출발점을 모른다면 언어는 말하기와 말하기 사이에서 작동할 뿐이다. 그 결과 이야기는 들은 것, 타인이 말한 것을 전달하는 것에 불과하게 된다. 언어가 첫 번째 사람으로부터 두 번째 사람에게로 간다. 그런데 두 번째 사람은 본 가운데 들었지만, 세 번째 사람과 네 번째 사람은 못 본 가운데 들은 것으로 말을 전달할 뿐이다. 곧 언어는 정보가 아니라 명령어로 기능하는 말의 전달에 불과한 것이 되고 만다. 뒤로크(Duroc)는 하나의 행위가 무엇으로 이루어졌는지를 추적한 결과 사법적 배치물이 있음을 알게 되었다. 예로, 몸체는 나이를 갖고 있지만, 은퇴와 같은 나이든 범주는 특정 사회에서 몸체에 즉각 귀속되는 비물체적 변형이 된다. 그래서 우리는 집단적 배치물에 대해 언어에 내재하는 행위나 언표와 더불어 잉여를 만들거나 명령어를 만드는 행위는 무엇으로 이루어져 있는지를 묻게 된다. Gilles Deleuze, 『천개의 고원 : 자본주의와 분열증 2』, 157; 러시아 마르크스주의는 문학을 이데올로기의 반영이라는 수동적인 매체로 사용함으로 '구심력 언어'로 작동시켰다. 그러나 문학은 단순히 사회경제적 하부구조의 반영이라고 할 수 없다.

558) V. N. Voloshinov, 『언어와 이데올로기』, 43.

559) 조주관, "언어의 구심력과 원심력", 358.

560) Victor Erlich, 『러시아 형식주의』, 27-30.

561) Victor Erlich, 『러시아 형식주의』, 55.

562) '형식주의'(Formalism)라는 명칭은 문예사조가 아니라 외부에서 부여한 이름이다. 그것은 전문적인 언어학자들과 현대 언어학을 이용한 문학 이론가들의 모임인 페테르부르그의 '시적언어연구회'(OPOYAZ, Obscestvo izucenija poèticeskigo jazyka)와 시학을 탐구하는 언어학자들의 모임인 모스크바의 '언어학연구회'(Moscow Linguistic Circle)에 대한 비판으로 붙여진 부정적 이름이다. 본 논문에서는 편의상 형식주의라는 명칭을 사용한다.

563) Victor Erlich, 『러시아 형식주의』, 86.

564) 조주관, "언어의 구심력과 원심력", 348.

565) 형식주의는 상징주의와 역사주의에 대한 반동으로 볼 수 있는데, 상징주의(symbolism)는 언어를 형이상학적인 것을 표현하거나 사상을 전달하는 수단으로 사용했다. 상징주의와 반대되는 태도를 보인 실증주의자들이 오로지 언어의 정보 전달적인 지시적 기능에 몰두하였다. 상징주의는 사실주의 시대에도 사물이 강조되는 가운데 언어는 단지 사상을 전달하는 수단이며, 사물을 가리키는 지침이 되었다. 그 결과 언어는 인간을 규정하고 제한했다. 그래서 상징주의 시학은 형식과 내용간의 기계적 이분법을 없애려고 노력했다. Victor Erlich, 『러시아 형식주의』, 45.

566) Victor Erlich, 『러시아 형식주의』, 205. 형식주의는 체코슬로바키아의 프라
    그 언어학회에서 명맥을 유지하는 가운데 구조주의(Structuralism)를 만들었
    으며, 이후 폴란드의 바르샤바 문학회가 형식주의 전통의 입장에 서 있다; 형
    식주의는 사회적 사상이 아닌 문학의 독립성을 확보해 나갔고 문학을 언어의
    예술로 규정하여 문학텍스트의 언어적 특성을 강조했다. 포테브니야(Alexandr
    Potebnja, 1835-1891)는 시 창작 본질을 언어학적인 면에서 기술했고, "시인
    보다는 그의 시 작품을, 문학 작품의 심저에 놓여 있는 심리학적 과정보다는
    문학 작품의 객관적 구조를 연구해야 한다."라는 베젤로프스키(Alexandr
    Veselovskij, 1838-1906)는 시학 체계에 관심을 가졌다. Victor Erlich, 『러
    시아 형식주의』, 30,38.

567) Mikhail M. Bakhtin, Formal'nyi metod v literaturovedenii, 이득재 옮
    김, 『문예학의 형식적 방법』 (서울: 문예출판사, 1992), 102.

568) 언어와 마찬가지로 문학에 있어서도 역사와 관련시킴으로 제한된 인식을 제
    공하고 있다. 문학에서 역사주의는 위대한 시인들의 유물을 찾는 가운데 전기
    주의를 취하게 되고, 푸시킨 같은 위대한 작가들의 주석을 다는 것에 몰두하
    게 된다. 그들은 오직 과거에서 해답을 찾았다. 서사시는 과거의 기록인 이야
    기 역사이다. 인간이 기록으로 남긴 역사는 그리스의 호메로스(Homeros,
    BC 800-750)가 쓴 『일리아드』, 『오딧세이』와 한국의 『삼국사기』, 『삼국유
    사』, 이승휴(李承休, 1224-1300)의 『제왕운기』, 그리고 중국의 사마천(司馬遷,
    BC 145-86)이 쓴 『史記』 등이 있다. 안건훈, 『역사와 역사관』 (파주: 서광사,
    1977), 19; 서사시는 기록 때문에 신화와 다르게 취급된다. 바흐친은 서사시
    가 '절대적 과거'를 표현한다고 보았다. 그는 서사시에 내재하는 시간과 그것
    이 세계를 표현하는 배경으로 특징짓기 위해 그러한 용어를 사용했다. 독일의
    괴테(Johann Wolfgang von Goethe, 1749-1832)와 실러(Johann Christoph
    Friedrich von Schiller, 1759-1805)는 절대적 과거를 발전시켰다. 크로노토
    프에서 공간보다 시간의 우위성을 말한다면, 그 시기의 서사시 표현은 더 중
    요했을 것이다. 여홍상 엮음, 『바흐친과 문학이론』, 166; 그러나 소설이 독자
    와 대화하는 장르라면 서사시는 독자와 접촉할 영역이 없다. 서사시적 시간은
    질적인 거리감에 의해 현재와 단절되어 있다. 그것은 단순히 오래 된 일이라
    기보다 이질적이며 완전히 분리된 시간으로 절대적 과거는 단순히 일시적인
    과거가 아니다. 여홍상 엮음, 『바흐친과 문학이론』, 167; 서사시는 신성불가침
    이며, 권위적인 말과 유사하다. 그것은 닫힌 체계를 지니고 있기 때문에 서사
    시의 세계에서는 개방성, 미결정성, 그리고 불확정성이 존재할 틈이 없다. 여
    홍상 엮음, 『바흐친과 문학이론』, 169.

569) 조주관, "언어의 구심력과 원심력", 348.

570) Emmanuel Lévinas, Autrement qu'être ou au-delà de l'essence, 김
    연숙·박한표 옮김, 『존재와 다르게』 (고양: 인간사랑, 2010), 21.

571) Emmanuel Lévinas, 『존재와 다르게』, 79,

572) Emmanuel Lévinas, 『존재와 다르게』, 99.

573) 육동인, 『누구나 인재다』 (서울: 북스코프, 2006), 28.

574) 홍익희, 『유대인 창의성의 비밀』 (서울: 행성비, 2013), 181.

575) 윤종록, 『후츠파로 일어서라』 (서울: 크레듀, 2013), 157.

576) V. N. Voloshinov, 『언어와 이데올로기』, 162-64.

577) 최현무, 『바흐찐과 대화주의』 (서울: 나남, 1990), 248.

578) 김욱동 편역, 『바흐친과 대화주의』, 139.

579) 김욱동 편역, 『바흐친과 대화주의』, 177.

580) 이규호, 『말의 힘』, 58.

581) 이규호, 『말의 힘』, 133.

582) 조주관, "언어의 구심력과 원심력", 331-33.

583) 김욱동, 『대화적 상상력』, 162.

584) Mikhail M. Bakhtin, "Slovo v romane", 361.

585) 본래 말은 '언어체계'가 아니라 '이야기'로 만들어진 것이다. 언어의 발생학
적 기원을 밝히는 것은 어렵지만 언어의 원래 현상이 이야기인 것은 분명하
다. 언어 현상은 서로의 이야기 속에서 낱말들이 생겨나고 그 낱말들이 연결
된 것이다. 그리고 이야기 형식은 '독백'(monolog)이 아니라 '대화'(dialog)이
다. '독백'은 한 사람이 다른 사람에게 그의 답변을 요구함 없이 혼자 말하는
것이다. 객관적인 사실을 전달하는 강연(lecture), 보도(news), 연설(speech),
협상(negotiation), 토론(debate), 회담(meeting) 등은 현실적인 목적을 이루
는 모놀로그 형식이다. 반면에 '디알로그'는 말을 서로 주고받는 상호지향 관
계에서 이루어지는 것이다. 서로의 이야기는 서로 열린 마음을 가지고 대화하
기 때문에 현실적인 목적을 갖지 않는다.

586) 조주관, "언어의 구심력과 원심력", 356.

587) 조주관, "언어의 구심력과 원심력", 356.

588) Mikhail M. Bakhtin, "Slovo v romane", 356-57.

589) Colin. Davis, Levinas : An Introduction (Notre Dame, Ind.:
University of Notre Dame Press, 1996), 주완식 옮김, 『처음 읽는 레비나
스』 (파주: 동녘, 2014), 117.

590) 김욱동 편역, 『바흐친과 대화주의』, 124.

591) 이득재, 『바흐찐 읽기: 바흐찐의 사상 · 언어 · 문학』 (서울: 문화과학사,
2003), 175-176; Mikhail M. Bakhtin, Искусство и ответственность :
К философии поступка, 최건영 옮김, 『예술과 책임』 (서울: 뿔, 2011),
19, 22.

592) 이상민, 『유대인의 생각하는 힘』 (서울: 라의눈, 2016), 272,

593) 이강은, 『미하일 바흐친과 폴리포니야』, 109.

594) Mikhail M. Bakhtin, "Slovo v romane", 343

595) 방연상·홍정호, "레비나스(E. Levinas)의『존재와 다르게, 본질을 넘어』에 나
타난 '말함'과 '말해진 것'에 대한 신학적 성찰."「神學思想」168 (2015), 256.

596) 사회학은 공공영역에서 합의에 이르는 대화를 다룬다. 사회학이 과학적, 객
관적이라는 바리게이트 뒤에 숨어 있게 된다면 정책 입안자의 조정을 피할 길
이 없다. 지그문트 바우만(Zygmunt Bauman)은 사회학을 '인간 경험과의 대
화'라고 했다. 우리는 세계와 교류하며 '나에게 생기는 일'을 경험한다. 또한
우리가 세계와 조우하는 과정에서 '살면서 내가 겪는 일'을 체험한다. 즉 경험
은 객관적이고 체험은 주관적이다. 그런데 사회학적으로 변형된 대화는 경험

과 체험 사이에 대립이 생기도록 만들어 준다. 그 결과 상대화되어 확장되게 하는 것이 사회학의 대화 목적이다. Zygmunt Bauman, Michael Hviid Jacobson & Keith Tester, What Use is Sociology? (Cambridge: Polity Press), 노명우 옮김, 『사회학의 쓸모 : 지그문트 바우만과의 대화』 (파주: 서해문집, 2015), 25-28; 즉 사회학에서는 대화를 통해 합의된 공공의 적용을 원칙으로 한다. 그것은 대화자 모두가 공감하지는 않지만 공공을 위해 잠정적으로 합의하는 것이다. 예로, 성소수자에 대한 존중이 신앙적으로 나의 생각과 일치할 수 없지만 공공의 합의에 따르는 것을 말한다.

597) E. Stanley Jones, 『원탁의 그리스도』, 13.

598) E. Stanley Jones, 『원탁의 그리스도』, 158.

599) E. Stanley Jones, 『원탁의 그리스도』, 159.

600) E. Stanley Jones, 『원탁의 그리스도』, 19.

601) Fyodor Mikhailovich Dostoevskii, Dnevnik pisatelia, Zapiski iz podpol'ia, 제윤 편역, 『도스토예프스키 고백록』 (서울: 을유문화사, 2017), 118.

602) Fyodor Mikhailovich Dostoevskii, 『도스토예프스키 고백록』, 138-39.

603) Fyodor Mikhailovich Dostoevskii, 『도스토예프스키 고백록』, 165.

604) 조주관, 『도스토옙스키의 메타지식』, 31.

605) 조주관, 『도스토옙스키의 메타지식』, 38.

606) 조주관, 『도스토옙스키의 메타지식』, 32.

607) Fyodor Mikhailovich Dostoevskii, 『도스토예프스키 고백록』, 41-42.

608) Fyodor Mikhailovich Dostoevskii, 『도스토예프스키 고백록』, 145.

609) Fyodor Mikhailovich Dostoevskii, 『도스토예프스키 고백록』, 148.

610) Fyodor Mikhailovich Dostoevskii, 『도스토예프스키 고백록』, 160.

611) 조주관, 『도스토옙스키의 메타지식』, 62.

612) Mikhail M. Bakhtin, "행위철학", 『예술과 책임』, 118.

613) Mikhail M. Bakhtin, 『예술과 책임』, 17-28.

614) 한 단어를 사전적 정의만으로 규정할 때 일반적 뜻(정의, 함의, 의의)은 드러내지만, 한 단어가 가지는 문맥, 시대, 배경, 계층에 따라, 단어는 계속 새로운 뜻으로 읽히고, 늘 새로운 시공간에서 새로운 의미를 생성하게 되는 것이므로, 행동은 단독의 지평에서 찾아야 한다. 인간은 자신의 생애 전체를 행위하고 있다. 인간의 모든 사고와 그 내용은 책임을 지는 행위이다. 즉 사고와 행위는 같은 것이라는 말이다. 정재현은 진리의 이름으로 많은 억압과 횡포가 있음을 말한다. 그것은 진리가 동일성, 같음의 논리로 해석되었기 때문이다. 그러나 예수는 진리가 너희를 자유하게 하리라고 했지 안정되게 하리라고 하지 않았다. 진리라는 주어와 자유라는 술어에서 주어가 우선권을 가진 것이 아니라 주어가 술어에 의존되어 있는 것이기 때문에 진리는 하늘에서 뚝 떨어진 완제품과 같은 명사가 아니라 자유하게 하는 과정에 참여하는 사건이요 행위로서의 동사인 것이다. 정재현, 『자유가 너희를 진리하게 하리라』 (파주: 한울, 2006), 67-70.

615) Alain Badiou, Manifeste pour la philosophie (Paris: Seuil, 1989), 서용순 옮김, 『철학을 위한 선언』 (서울: 길, 2014), 118.

616) 플라톤이 『대화록』에서 '영의 불멸성'을 말한 이후에 아리스토텔레스는 인간을 '소우주'로 표현했다. 소우주는 인간과 우주 사이에 유비적 대응관계로, 인간 안에는 우주의 모든 층들인 육체적, 영적, 정신적인 것이 공유되고 있다고 본다. 그 결과 인간의 몸은 죽지만 영은 계속 살아남는다는 사고가 생겨나게 되었다. 인간의 불멸은 영원한 원형에 참여함으로 그 영이 썩지 않게 된다고 보았다. 그 결과 인간의 '몸'과 '혼'을 동물과 비교하는 가운데 인간만이 가지고 있다는 '영'이라는 세 부분(Clemens of Alexandria, Origenes of Alexandria, Gregory of Nyssa)으로 구분하거나, 또는 '몸'과 '영혼' 두 면(Athanasius of Greece, Augustine of Hippo)으로 보기도 한다. 영과 혼과 몸의 구분은 끊임없이 변하는 물질계가 아닌 영속적인 존재를 추구한 결과로서 현실세계를 무시하게 되며, 인간의 개체성과 관련된 구체적 특징들을 무시하게 된다; 그런데 인간은 '영·혼·몸'이 분리되어 있는 것이 아니라 단일적(unitary)이다. "히브리인의 시에서는 마음, 영혼, 육신, 정신 등과 같은 개념들만이 아니라, 귀와 입, 손과 팔과도 같은 개념들이 서로 동등하게 교환되는 일이 드물지 않다." Hans Walter Wolff, 『구약성서의 인간학』, 24-25; 인간은 영으로만 존재하는 것이 아니라 몸으로도 존재하는 것이다. 히브리 성서는 인간의 마음, 영혼, 육신, 정신 등을 자유롭게 교환하며 사용했다. 예로, 시편 기자가 "나의 '영혼'이 야훼의 궁정을 향하여 갈망하오니 진실로 신음하옵니다. 나의 '마음'과 '육체'가 살아계신 하나님을 향하여 환호성을 지르옵니다."(시편 84:3)라고 고백함으로서 인간을 표현할 때 '영·혼·몸'을 구분하지 않고 자유롭게 바꿔가며 사용하고 있다. 인간은 '영·혼·몸'이라는 어느 부분의 우월성을 말할 수 없는 복합적 존재자인 것이다. 플라톤이 우주의 중심을 인간이 아닌 선 자체와 같은 추상적 개념을 배치하였는데, 인간은 구체적인 삶의 현실이기 때문에 현실을 무시한 보편적 원리에 함몰되어서는 안 된다.

617) 최진석, 『민중과 그로테스크의 문화정치학』, 50.

618) Mikhail M. Bakhtin, 『예술과 책임』, 13.

619) Mikhail M. Bakhtin, 『예술과 책임』, 11-13; 신비주의가 사건성과 관련이 없다면 정적종교로 닫힌 종교가 되고 만다. 신비주의는 신의 관조와 더불어 인간의 사건성 속으로 들어와야 한다. 신비주의자들의 인류애에 대한 행동이 사람들에게 매력을 주어 자율적 윤리로 향하게 만들어 주는 것은 사건성과 관련되어 있기 때문이다; 철학은 자유에 대해 논의할 때 결정론과 비결정론으로 나누어 고찰한다. 결정론은 모든 일은 원인에서 발생한 결과로 보는 것으로, 그 요소는 유전자, 환경, 신, 운명이다. 반면에 모든 것이 우연(자유의지)에 의해 발생한다고 보는 비결정론이 있다. 베르그송은 논리적으로 볼 때 결정론이 옳다고 보지만, 자유(liberty)는 논증과 설명의 대상이 아니라 구체적 행위이기 때문에 비결정론이 옳다고 본다. '행동'이란 시간 속에서 필연적으로 비결정적이다. 황수영, 『베르그손, 생성으로 생명을 사유하기』, 66; 인간은 완성된 존재가 아닌 하나님과의 관계 속에서 계속적으로 완성되어 나가는 존재다.

620) Mikhail M. Bakhtin, 『예술과 책임』, 17-32 참고.

621) 방연상, 『타자를 향한, 타자와 함께하는 선교』, 126-29.

622) 방연상, 『타자를 향한, 타자와 함께하는 선교』, 130-31.

623) 방연상, 『타자를 향한, 타자와 함께하는 선교』, 144.

624) 최진석, 『민중과 그로테스크의 문화정치학』, 66-68.

625) Otto Friedrich Bollnow, 『실존철학 입문』, 185.

626) 최진석, 『민중과 그로테스크의 문화정치학』, 59.

627) 최진석, 『민중과 그로테스크의 문화정치학』, 60.

628) 최진석, 『민중과 그로테스크의 문화정치학』, 64.

629) 최진석, 『민중과 그로테스크의 문화정치학』, 71.

630) Jon Douglas Levenson, 『시내산과 시온 : 성서신학의 두 기둥』, 103.

631) Walter Eichrodt, 『구약성서신학 I』, 92.

632) Jon Douglas Levenson, 『시내산과 시온 : 성서신학의 두 기둥』, 107.

633) 김영진, 『조약과 언약 : 고대근동의 국제조약과 구약성서의 언약 연구』 (서울: 한들출판사, 2005), 25.

634) Hans Walter Wolff, 『구약성서의 인간학』, 369.

635) 김영진, 『조약과 언약 : 고대근동의 국제조약과 구약성서의 언약 연구』, 58.

636) O. Palmer Robertson, The Christ of the Covenants (Phillipsburg: Presbyterian and Reformend Pub., 1980), 김의원 옮김, 『계약신학과 그리스도』 (서울: 기독교문서선교회, 1999), 13.

637) Walther Eichrodt, Theology of the Old Testament I (Philadelphia: The Westminster Press), 박문재 옮김, 『구약성서신학 I』 (서울: 크리스챤다이제스트, 1998), 36.

638) 김영진, 『조약과 언약 : 고대근동의 국제조약과 구약성서의 언약 연구』, 20.

639) 김광식, 『언행일치의 신학』 (서울; 종로서적성서출판, 2000), 137.

640) 김광식, 『언행일치의 신학』, 178.

641) Alain Badiou, La relation énigmatique entre philosophie et politique (Meaux: Germina, 2011), 서용순 옮김, 『투사를 위한 철학』 (파주: 오월의 봄, 2013), 10.

642) Alain Badiou, Saint Paul : la fondation de l'universalisme (Paris: PUF, 2015), 현성환 옮김, 『사도바울』 (서울; 새물결, 2008), 32-33.

643) Alain Badiou, Ethics : An Essay on the Understanding of Evil (New York: Verso, 2001), 이종영 옮김, 『윤리학 : 악에 대한 의식에 관한 에세이』 (서울: 동문선, 2001), 106.

644) 노정선, "민중신학, 인민신학, 통일신학" 「한국문화신학회 논문집」 16집 (2010, 10), 31-32; 노정선, 『동북아평화를 위한 패러다임의 전환』 (서울: 동연, 2008) 참고.

645) Mikhail M. Bakhtin, 최건영 옮김, 『행위철학』 (서울: 뿔, 2011), 115.

646) 최진석, 『민중과 그로테스크의 문화정치학』, 110.

647) 칸트(Immanuel Kant, 1724-1804)가 "인간을 수단으로 대하지 말고 목적으로 대하라"고 한 것은, 벤담(Jeremy Bentham, 1748년-1832)이 공리주의 (utilitarianism)로 인간을 수단화한 것에 대한 비판과 인간의 자율성과 자유를 말하고자 한 것이다. 칸트는 순수이성비판에서 인간이 수학적, 과학적 지식

으로 분석될 수 있지만 실천이성비판을 통해 인간에게는 도덕이라는 특별한 세계가 있음을 말했다.

648) 미적인 것은 '감성'을 의미하는 것이다. 지금까지 선교가 '이성'에 치중한 것 이었다면 '감성'을 포함시킴으로써 균형을 만들어 나갈 필요가 있다.

649) 이경재는 인간을 미학적 실존으로 규명했다. 그것은 인간을 진리와 선의 패 러다임에서 해석하는 진리적 실존과 윤리적 실존이 아닌 미의 패러다임에서 이해하는 것이었다. 이경재, "미학신학 또는 문예신학"「신학과세계」 51 (2004.12). 305; 그는 인간을 의미를 지니고 살아가는 인간의 다양성에서 인 간의 모습을 보고자 했다. 그는 초월적 존재와 신앙적 관계를 맺는 종교와 인 식론적 토대 위에서 진리를 획득하는 철학에서 말하는 인간 이해를 거부했다.

650) 최진석,『민중과 그로테스크의 문화정치학』, 116.

651) 최진석,『민중과 그로테스크의 문화정치학』, 111.

652) 최진석,『민중과 그로테스크의 문화정치학』, 134.

653) 최진석,『민중과 그로테스크의 문화정치학』, 107.

654) Mikhail M. Bakhtin,『도스또예프스끼 시학의 제 문제』, 65.

655) 최진석,『민중과 그로테스크의 문화정치학』, 114.

656) 최진석,『민중과 그로테스크의 문화정치학』, 133.

657) Emmanuel Levinas, Autrement qu'être ou au-delá de l'essence, 서 동욱 옮김,『존재에서 존재자로 : 본질의 저편』(서울: 민음사, 2005), 82.

658) Emmanuel Lévinas, Ethique et Infini, 양명수 옮김, 『윤리와 무한』(서 울: 다산글방, 2000), 99.

659) Emmanuel Levinas, trans. by Alphonso Lingis, "God and Philosophy," Collected Philosophical Paper (Pennsylvania: Duquesne University Press, 1987), 172.

660) Emmanuel Levinas,『윤리와 무한』, 110.

661) Emmanuel Levinas, translated by Alphonso Lingis, Totality and Infinity (London: Kluwer Academic Publishers, 1991), 303.

662) Mary Warnock, Existentialism (London: Oxford University Press, 1970), 이명숙·곽강제 옮김, 『실존주의』(서울: 서광사, 2016), 218.

663) 헤겔(G. W. Friedrich Hegel, 1770-1831)은 『정신현상학』에서 의식, 곧 정 신이 자기 스스로를 전개하여 절대지에 도달함으로써 자기 자신으로 돌아오는 과정을 말한다. 인간은 식물처럼 씨앗에서 뿌리와 싹으로, 줄기와 잎으로, 꽃 으로 그리고 열매를 맺는 과정이다. 그것은 변증법으로 꽃봉오리는 꽃에 의해 부정되고 꽃은 열매에 의해 부정된다. "진리는 곧 전체이다." G. W. Fried-rich Hegel, Phänomenologie des Geistes (Hamburg: Felix Meiner, 1980), 임석진 역,『정신현상학 I, II』(파주: 한길사, 2005), 55; 모든 사물은 끊 임없는 변화의 과정에 있다. 그리고 그것은 지양(sublation), 곧 폐기함과 동 시에 보존이다. 그것은 완전히 제거해 버리는 부정이 아니라 긍정적인 것은 보존하여 모순을 통일하고 높은 단계로 진행해 나가는 운동이다. G. W. Friedrich Hegel, Vorlesungsmanu- skripte 1, 1816-1831 (Hamburg: Felix Meiner, 1987), 최신환 옮김,『종교철학』(서울: 지식산업사, 1999),

24-25, 76; 그러나 인간은 일률적으로 어떤 관념에 의해 설명될 수 없다. 헤겔이 변증법적으로 모든 것을 통합하려는 사고는 개체의 고유성과 단독성을 부정하게 된다. 그 결과 외계의 자연은 정신이 외화된 상태에 불과하며 인간도 단순히 역사발전의 계기로 작용하게 된다.

664) 방연상, 『타자와 책임』 (서울: 한들출판사, 2013), 148.

665) Emmanuel Levinas, Totality and Infinity, 26-27.

666) Colin Davis, 『처음 읽는 레비나스』, 48.

667) Colin Davis, 『처음 읽는 레비나스』, 64.

668) Emmanuel Levinas, Otherwise than Being or Beyond Essence (Pittsburgh, Pa.: Duquesne University Press, 1998), 48.

669) Mother Teresa, 박재만 역, 『우리는 사랑을 깨달았습니다』 (서울: 성바오로, 1997), 17.

670) Emmanuel Lévinas, Totality and Infinity, 215; 선교는 눈에 보이는 것에서 시작한다. 선교는 경계선을 넘어가 사랑의 실천을 하는 것에 있다. 페이절스(Elaine Pageals)는 사람들이 소그룹 안에서 희망을 발견하는 것을 보고, 신앙은 사랑의 행위라고 말했다. Elaine H. Pagels, Beyond Belief: The Secret Gospel of Thomas, 권영주 역, 『믿음을 넘어서』 (서울: 루비박스, 2006) 참조.

671) 때로는 선교의 궁극적 목적을 요한복음의 생명, 복음주의의 회심 등으로 나타내기도 한다.

672) 방연상, 『타자와 책임』, 132-33.

673) 방연상, 『타자와 책임』, 148.

674) 방연상, 『타자와 책임』, 138.

675) Klaus Hock, 『아프리카 및 근동의 기독교』, 309.

676) Mikhail M. Bakhtin, 『도스또예프스끼 시학의 제 문제』, 8-9.

677) 김욱동, "포스트모더니스트로서의 바흐친", 김욱동 편역, 『바흐친과 대화주의』, 308.

678) Klaus Hock, 『아프리카 및 근동의 기독교』, 123-24.

679) 바울은 그리스도의 겸손과 복종을 아담과 하와의 교만과 불복종에 대비시킨다. "그리스도는 근본 하나님의 본체시나 하나님과 동등 됨을 취할 것으로 여기지 아니하시고 오히려 자기를 비워 종의 형체를 가져 사람들과 같이 되었고 사람의 모양으로 나타나셨으매 자기를 낮추시고 죽기까지 복종하셨으니 곧 십자가에 죽으심이라."(빌 2:6-8).

680) 러시아 정교회는 모든 신앙의 시금석을 케노시스에 맞춤으로 자발적으로 죽음을 맞이한 보리스와 글렙 왕자를 성인으로 시성하였다. 그 이유는 보리스와 글렙의 형인 스뱌토폴크가 키예프를 차지하기 위해 자신들을 살해할 줄 알면서도 반항하지 않고 목숨을 내 놓았기 때문이다. 러시아 정교회는 케노시스 신앙을 가장 중심에 놓고 있다.

681) Susan M. Felch, Paul J. Contino ed., Bakhtin and Religion : A Feeling for Faith (Evanston, Ill.: Northwestern University Press, 2001),

러시아기독문화연구회 옮김, 『바흐찐과 기독교 : 믿음의 감정』(부산: 부산대출판부, 2009), 136-39.

682) 바울은 인간이 개별적 존재임을 말한다. "우리가 그를 전파하여 '각' 사람을 권하고 모든 지혜로 '각' 사람을 가르침은 '각' 사람을 그리스도 안에서 완전한 자로 세우려 함이니."(골 1:28)

683) "이는 하나님이 그 해를 '악인'과 '선인'에게 비추시며 비를 '의로운 자'와 '불의한 자'에게 내려주심이라."(마 5:45).

684) "이 천국 복음이 모든 민족에게 증언되기 위하여 온 세상에 전파되리니 그제야 끝이 오리라."(마 24:14)

685) 바흐친은 도스토예프스키의 작품이 다 미완성된 것을 본다. 소설에 나오는 인물들 그 어느 누구도 완성되어 있지 않다. 그것은 '미완성으로서의 완성'이라고 말할 수 있다. 인간의 모든 행위는 죽기까지 완성된 존재가 없는 것처럼, 이 논문도 미완성으로서의 완성으로 끝낼 수밖에 없다.

세계기독교 상황에서의 선교

초판 1쇄 인쇄 2021. 3. 20.
초판 1쇄 발행 2021. 3. 25.

지은이 | 장명수

펴낸이 | 이미숙

편집인 | 염성철

펴낸 곳 | 도서출판 해븐

등록 | 2005. 3. 10. No. 2005-13
등록된 곳 | 경기도 고양시 일산서구 산현로92번길 42
출판부 | 031-911-1137
ISBN | 979-11-87455-44-8(93230)
copyright ⓒ 장명수 2021 〈printed in korea〉

도서출판 해븐은 하나님의 백성들이 주기도를 통해서 날마다 기도하는 대로 이 땅에 하나님 나라가 이루어지고 주님께서 다시 오셔서 영원한 하나님의 나라가 임하기까지 하나님의 나라를 전하고 세우는 일을 계속할 것입니다.